合伙人
律师成长之道

丁慧 著

台海出版社

图书在版编目（CIP）数据

合伙人：律师成长之道 / 丁慧著 . –– 北京：台海
出版社，2021.1
ISBN 978-7-5168-2791-8

Ⅰ . ①合… Ⅱ . ①丁… Ⅲ . ①律师—工作—中国
Ⅳ . ① D926.54

中国版本图书馆 CIP 数据核字（2020）第 210312 号

合伙人：律师成长之道

著　　者：丁　慧

出 版 人：蔡　旭
责任编辑：赵旭雯

出版发行：台海出版社
地　　址：北京市东城区景山东街 20 号　邮政编码：100009
电　　话：010 — 64041652（发行，邮购）
传　　真：010 — 84045799（总编室）
网　　址：www.taimeng.org.cn/thcbs/default.htm
电子邮箱：thcbs@126.com

经　　销：全国各地新华书店
印　　刷：天津旭非印刷有限公司
本书如有破损、缺页、装订错误，请与本社联系调换

开　　本：710 毫米 ×1000 毫米　1/16
字　　数：375 千字　　　　　印　　张：23.25
版　　次：2021 年 1 月第 1 版　　印　　次：2021 年 1 月第 1 次印刷
书　　号：ISBN 978-7-5168-2791-8

定　　价：68.00 元

律师的成长

唯有开疆拓土，
方显英雄本色！

我的学生丁慧写了一部律政小说《合伙人：律师成长之道》。她是一个被法律耽误了的作家，又因为写小说，耽误了她成为一个大律师。"两栖型"的人才要么平庸，要么卓越，但凡两头通吃的时候那可不得了。记得当年毛主席就夸陈毅元帅"上马能打仗，下马能赋诗"，是诗人元帅。如果丁慧的律政小说《合伙人：律师成长之道》一炮而红，她有可能成为"出庭能打官司，在家能写小说"的作家律师或者律师作家。

《合伙人：律师成长之道》的主人公叫潘越，绍兴安昌人。安昌这个小镇很独特，"夏商的魂、春秋的水、唐宋的桥、明清的房、现代的人"。这是一个延续五千年历史的小镇。传说四千多年前，大禹治水三过家门而不入的故事，就发生在安昌。安昌有一座小山叫涂山，史记记载大禹娶了涂山之女为妻。两千年前，越王勾践卧薪尝胆，十年生聚，十年教养，通过安昌的河道来往于萧山湘湖的练兵场和绍兴府山的卧薪尝胆之地，最终兴兵伐吴，成就越国复兴伟业。有副名联曰"有志者，事竟成，破釜沉舟，百二秦川终属楚。苦心人，天不负，卧薪尝胆，三千越甲可吞吴"。一千年前，唐朝后五代十国时期，吴越王钱镠把小镇定名为安昌，从此沿用至今。安昌的小桥，许多就从那个时代延续下来，每座桥名都带一个"安"，寓意安国昌民。五百年前，王阳明到安昌办私塾，叫"翠园精舍"，开始了他知行合一的探索。五百年间，安昌又出了聪明、智慧、忠诚、能干的"绍兴师爷"。历史上说无绍不成衙，天下师爷出绍兴，绍兴师爷出安昌。据说明清两代安昌就出了近万个师爷，还有那个被雍正帝惦记的"朕安好，吴邬先生可好"的邬思道师爷，据说也是安昌人。现在的安昌小镇，很好地保留了唐宋明清的建筑风格。小桥流水，白墙黑瓦，烟火缭绕，生活滋润。一派江南小镇的盛世繁华。

俗话说一方水土养一方人。在绍兴，在安昌，师爷的故事，师爷的精神影响了一代又一代的绍兴人。在近现代，最具有绍兴师爷特质的伟大人物就是周恩来。

在周恩来的身上，集中了聪明、智慧、忠诚、担当的绍兴师爷特质。周恩来曾经说："我是浙江绍兴人"，"我的家庭几代祖先也是绍兴师爷"。《合伙人：律师成长之道》的主人公潘越，就是在绍兴安昌的师爷文化熏陶中成长起来的现代律师。潘越好学上进，积极进取，走南闯北，经历广泛，属于典型的绍兴人俗话说的"走过三江六码头，吃过馕桶热老酒"的见多识广之人。潘越这一代现代律师的出现，使得绍兴安昌的师爷，在沉寂了百年之后，又有了现代律师作为传承之人。潘越虽然是小说中的一个虚拟人物，他在书中的走南闯北、使命担当、风花雪月、爱恨情仇，都是小说作者的情感流淌。但是现实中，安昌小镇的越兴私塾堂，却聚集了数十位天南海北的大律师，重新恢复了师爷的称呼和行当。能把师爷的称呼招牌延续并擦亮，这对于绍兴，对于律师界而言都有非常积极的意义。对于绍兴而言，绍兴师爷的金字招牌已经蒙尘百年。绍兴师爷属于中华文明史上，集聪明、智慧、忠诚、担当的一个特殊文人群体。绍兴师爷称呼和行当的恢复，对于绍兴是荣光重现。对于现代律师而言，师爷称呼和行当的沿用，让资深大律师们有了一个新的进步台阶。师爷这个称呼，说他是爷，他有专业做支持；说他是师，他又有爷的辈分。《合伙人：律师成长之道》这部律政小说，会像一阵风，吹去绍兴师爷金字招牌上的积尘；会像一根链条，把绍兴师爷和现代律师相连。

小说终归是小说，律师界的读者们，千万不要把《合伙人：律师成长之道》小说中的人物和事务所做对照解读。绍兴师爷这块金字招牌，还需要绍兴政府、安昌古镇和未来师爷们的共同擦拭打磨。本人作为现实中的绍兴籍律师和现代师爷，真诚邀请《合伙人：律师成长之道》作者丁慧，来绍兴安昌师爷故里体验生活，写出《合伙人：律师成长之道》的续篇，写出越兴私塾堂师爷们的精彩故事。

潘跃新[*]

*系原君合律师事务所合伙人，君合上海分所主任，原中华全国律师协会教育委员会秘书长，全国律协、清华大学法学院、上海对外经贸大学法学院联合举办"巨匠律师实务培训"项目负责人，律派巨匠法律服务机构创始人，越兴私塾堂堂主。

致年轻律师的信

律师是一项值得用尽半生努力
去做到最好的事业。

读完本书，掩卷回想，感慨良多。

那是我们风华正茂的年代，那是我们从法律专业毕业、开始执业律师的黄金年代，那是整个社会蓬勃发展的年代！

那是20世纪90年代，是中国律师业专业化、规模化、跨区域发展的风起之时，上海也是律师行业发展的风起之地。

如今的年轻律师们只要遵循着既定规则坚持努力，总能找到发展方向。而我们当年出发时，哪里有既定规则？各行各业都涌现出前所未有的新生事物，大家都是一边走，一边学习，又一边形成规则。

小说的主人公潘越，是我们那一代律师的代表。他意气风发、壮怀激烈，认定"开疆拓土，方显英雄本色"。他放弃已经熟悉的北京、海南律所市场，勇闯上海滩，他的勇气和豪情令人钦佩。

20世纪90年代，律所的跨区域扩张刚刚开始。上海作为经济中心和国际大都市，海纳百川，包容万象，一波又一波的外地律师们在此找到了发展的机遇。同时上海的律师们也在与外地律师们的竞争、合作过程中，发展了海派律师这一群体并形成自己独有的风格。本书中体现的京派律师与海派律师，风格迥异，又在合作中交相融合，冲突协调，这也是如今很难再有的趣事了。

《合伙人：律师成长之道》仿佛是一本记叙当年北京律师在上海发展的回忆录，往事一幕一幕，虚虚实实就像我们飞快过往的人生。正如小说里写得那样：谁也不是一生下来就老得咬不动的，谁没有过青葱岁月？谁没有经过小荷出水的时光？谁不是从千疮百孔中重生？

作者在小说中体现的专业和情节抓人眼球，专业方面简直可以作为青年律师自我学习的教科书，情节又让这本书曲折动人、欲罢不能，反映出作者深厚的法律功底和文学功底。由于书中故事描述生动，在读到相关的人物和情节时，我都能依稀地感受到人物和事务所的原型。但是我知道，小说就是小说，小说中的人物不能简单地去对号，这些人物是我们那一代优秀律师的代表，他们就是最好的我们，更希望你们能够超越他们！

律政小说、电视剧、电影，已经形成一个独立的门类。老一代律师们的过往故事，是非常值得挖掘的源泉。希望未来作者能够写出更多的律师故事，能够让大家看到老一代律师们的努力、奋进和多样风采。我们热爱律师这个职业，我们曾经用尽半生努力把它做到最好，希望热爱律师、热爱法律的你们能够有比我们更好的故事！

朱洪超 *

目 录
CONTENT

第一章
律师的阵地无处不在

江山都是打出来的，
电话、会议、饭局……战场无处不在。

就知道没那么简单！

早上秦大江兴奋地打电话跟潘越说，镜湖市政府的人通知他，电子厂改制法律服务合同中午前能盖好章，到时候先给个传真件。

潘越挂了电话，心想："呵呵。江山都是打出来的！想兵不血刃攻城略地，顺顺利利拿下合同？你当别人是 Hello Kitty？"

还没到中午，果然镜湖市政府侯秘书打来电话。侯秘书没提合同的事，简单热情地寒暄了几句后，说："潘大律师，下午市政府在镜湖宾馆大会议室开会，晚上有个工作餐，刘副市长也在，几个相关部门准备讨论讨论改制的事情，你在镜湖吗？能来给我们指导一下吗？"

必须在啊！

镜湖市是县级市，属于绍兴，这两年发展迅猛。镜湖电子厂进行彻底公司化改制的法律服务，这将是潘越全面主导国有企业改制全流程法律服务的第一单业务，那是志在必得！这种业务在法律服务机构之间竞争惨烈，所以，一天没有签订法律服务合同，潘越就一天睡不着觉。现在这个情况，九九八十一难差不多已经走完了八十难，就剩最后一难了，这个节骨眼上的饭局，能不在吗？

潘越此时还在北京。他的反应飞快："侯秘书，我这会儿还在外地。本来这里的事情要明天结束，现在的情况，我马上先回镜湖喽！"潘越这算是没说谎，隔壁市也是外地，要是航班晚点，还可以用堵车这个万能借口。但如果给他知道了潘越要从北京飞过去赶场，这猴哥儿马上就会抓住潘越焦急的心态。

挂了电话，潘越脑子里自动跳出来红色警示语：这是一场硬仗！《红楼梦》里，林黛玉初进贾府的过程写得那么详细：怎么下轿，怎么进门，怎么说话……尤其是怎么吃饭，你以为单单是为了铺排豪门望族的日常吗？这是给林黛玉的入学考试！林黛玉虽然弱不禁风，但作为训练有素的资深名媛，非常清楚知道这次考试的重要程度。她不动声色地眼观六路、步步为营，最终取得优异成绩，一举为以后在贾府孙辈里稳坐第一流的地位打下了坚实的基础！她在即将弃舟登岸前的心情，估计和潘越现在是一样的：成败在此一举啊！

潘越心里斟酌了一下陪战人员：第一个想到的是能力超强的三亚所的副主任律师罗明亮，但一想到他脖子上粗大的金链子，和一般人听不懂的海南普通话，就把他 pass 了。其他人一时三刻不能马上到位，新来的实习生秦大江？他虽然土了一点，却是正宗的经济法研究生，是骡子是马这次拉出来试试！秦大江还在三亚办公室，现在立刻出发，正好赶上明天干活。潘越一边想着，一边已经在赶往机场的路上了。

潘越下午顺利赶到镜湖，就住进了镜湖宾馆不远处的镜湖大酒店。在酒店里安顿下来后马上出发，时间刚刚好。他郑重地在门口的镜子里检查了一下自己的仪容：一副细细的金属边眼镜，定制的藏蓝色西装配浅蓝色衬衣，他不喜欢打领带，就随意地微敞着领口，裤脚利落，皮鞋黑亮，一副自信从容、京城大律师的派头。潘越喜欢自己的样子，打硬仗，没有形象可不行。

镜湖宾馆餐厅窗外，黄昏正浓。路边上还没有取下来的写着"欢度九三国庆"的标语横幅在深秋的风里晃动。镜湖宾馆中餐包房里，却是一派热闹的气氛。

镜湖市副市长刘秉璋带头举杯："欢迎北京来的镜湖大律师！"刘秉璋四十岁上下，身姿挺拔，穿着灰西装白衬衫，明显比宴会厅里的其他穿着土黄或者深灰色夹克衫的官员们显得洋气有派头。

刘副市长这个绕嘴的欢迎词引起一片笑声，他继续笑说："昨天我去省里开会，临洲市的米市长横着从我眼前走过去了。不就是他们的凤凰公司上市了嘛！今天我们请来了潘大律师，把镜湖电子厂交到他手上，期待着三五年之间，我也可以横着从老米眼前头走过去，你们也都可以横着走一走！"

潘越站在刘副市长身边，和大家一起将杯中酒一饮而尽。等笑声落下去一些后，说："刘副市长是一个有情怀的领导者。针对这个国有企业的改制，他定下来的基调是：不做'翻牌子'式的企业公司化改制，要做就做百年老店！我在这方面正好有一些经验，主导的海南里海集团分拆上市的案例在证券报上做过专题报道。所以，我有信心把咱们这件事情做好！咱们的目标很明确：把镜湖电子厂改制成具有现代公司治理结构的企业，让厂里的上万名职工安居乐业，为以后进入资本市场，成为咱们浙江省标杆性企业打下坚实的基础！"

侯秘书接过话说："潘大律师可是地道的镜湖人。既算是咱们镜湖的才子——在北京社科院法学研究所读的研究生；又算是咱们镜湖的传奇。在座的不少人知道1988年镜湖县府一号文、二号文、三号文的故事吧？那时还叫镜湖县，那三个文件的主角潘越就是今天这个大律师潘越！潘律师以前是中国司法部律师服务中心的专职律师，估计是觉得还不够过瘾，现在下海自己开律所做律师。市里为了这次改制，对入选的十几家律师的几十名律师都做了较为详细的综合评估。海南里海集团的项目，刘副市长和几位班子成员专门考察过，海口主管副市长专门介绍了这块内容，潘律师在其中发挥了关键作用。国有企业改制、重组、上市这些事情可不是随便做的，弄得不好是要承担法律后果。所以，这次咱们镜湖把希望寄托在潘大律师身上，希望他毫无保留，把改制工作一举成功，为家乡人民做点贡献！"随后他又笑呵呵地加了一句，"潘大律师的家乡是安昌镇，我的家乡也是安昌镇，我跟着家乡人觉得自豪啊！"

一个好汉三个帮。侯秘书这么抬举，比潘越自夸效果好多了。侯秘书在上半年跟着刘副市长一起去海南考察时，潘越作为在海南的镜湖人尽心尽力，这个朋友没有白交。

潘越笑说："司法部和经贸部的几个朋友一起创立了北京均昊律师事务所。我现在是北京均昊律师事务所的合伙人。"

有人说："司法部，经贸部，那是天上啦，镜湖离天太远了！潘大律师在天上，不晓得吧，镜湖电子厂可是镜湖市劳苦功高的老国企！总工、总技术都在苏联留过学。当年镜湖年轻人找对象，电子厂的人优先考虑。这几年大环境不好，电子厂也有冗员过多、设备老化的问题。船大难掉头，已经是半停产状态。但它成立时间长，镜湖人一家两代或者夫妻双方都在电子厂上班的大有人在。家庭没有收入，吃饭、生病、上学、养老问题都跑出来了，现在是社会问题。潘律师刚才说刘副市长的话有分量，怎么能没有分量呢！"

刘副市长说："明天张厂长先带着潘律师再到厂子里看一遍，补充核实资料。后天咱们正式召开电子厂改制启动大会！启动大会一开，上万老百姓的命运就算交到了潘大律师手上了！有句话叫'酒风看作风'，所以今晚我们既要让他感受到家乡人民的热情，也要检查一下他的作风到底过硬不过硬！"

潘越笑着接口道："我酒量小，胆子却大。好多年没有喝过家乡的黄酒了，今晚要争一个作风过硬的牌匾挂挂。"边说边将酒店门卡掏出来亮了一下放在桌上，对侯秘书说："这是我的房卡。横着、竖着，睡觉的床不能错。"

侯秘书笑说："我只能保证人不错，床上的事情太复杂，我管不了。"

笑声此起彼伏，气氛一派和谐，大家你来我往进行得很热闹。这时，有位中年男人遥遥向潘越举了举杯说："出口转内销的大律师，我也和你碰一个。"

潘越迅速收敛了笑容，似笑非笑地问："不好意思，请问您是？"

这是一种很不客气的说法。

官员的饭局，最忌讳人家和你喝酒，你说我不认识你是谁。这些人手里大大小小都握着权力，而权力会让人自然而然生出一种自负。潘越跟上至中央部级、下至乡镇村委大大小小无数官员打过交道，岂能不知道这个道理？而事实上，作为职业律师，一次性记住对方的职位、名字几乎是一种本能反应。

对面这个人是工商银行镜湖分行的副行长沈达成，从一开始潘越就感受到了他的不屑。一个银行副行长目中无人很正常，但潘越知道，如果不能在一句话之内把他封死，他这种不加掩饰的轻蔑态度就会立刻很微妙地影响在座的人，潘越的自尊心不允许，况且以后很多事情也会难办很多。潘越的这句话既很不客气，又为自己争取了一个思考的时间。

沈行长变了脸色。他看惯了别人讨好的笑脸，没想到一个靠着政府给饭吃的律师，居然敢这么不客气！但碍于副市长在座，又不好翻脸，胖脸顿时涨得通红。

侯秘书笑嘻嘻地说："这是工商银行分管信贷的沈行长，咱们电子厂的财神爷。"他这时候打圆场，其实就是帮潘越。但他是个官场老油条，很懂得适可而止。

潘越遂微微一笑："我上周三在北京刚跟工行总行的黄行长吃过饭，我们均昊律师事务所是你们工行总行的法律顾问。"

先拿一个大帽子把对方压住，是一个打压对方很好的方法。不过有时候用得不好会适得其反，如何使用要因人而异。潘越接着说："出口转内销是经济学名词，一般是指在经济危机的背景下，原来外贸出口型企业受到国际市场消费的压缩，产品销售在国际市场销路受阻，只能通过转内销的方式来获得企业的生存和发展。现在往往用来形容质量比较好的本地产品。"潘越举起酒杯话锋一转："所以沈行长到底是不是在夸我，我可吃不准。"潘越把话说完，气度却不失，干脆地将杯中酒一饮而尽。潘越一本正经地掉了一地书袋，最后又给沈达成留了一个大台阶，尺度把握得恰到好处。

潘越心里有个大概，电子厂状况一塌糊涂，一定欠了不少银行贷款。这种状况下，政府与银行之间应该是：离不开他们，又管不了他们，关系微妙。果然刘副市长哈哈一笑，说："北京的大律师，确实名不虚传啊！"气氛立刻就转尴尬为活跃了。

这时，坐在潘越对面的一位老者站了起来，双手撑着桌面，硬邦邦地说："潘律师，今天市里的领导都在，我只问一句话：厂子里的职工怎么办？"他有七十出头了，穿着半旧的老式夹克衫，高而瘦，两鬓已经斑白，眼镜后面却显出严肃的光来，和笑意融融的气氛不大协调。

潘越是真的不知道这个人是谁，因为刚才并没有人介绍他，只是介绍了他旁边的白胖子是电子厂厂长兼党委书记。此刻，党委书记笑眯眯地低头看着茶杯，既仿佛事不关己，又仿佛认真倾听。

面对挑衅，迅速区别出对"人"还是对"事"，是一种能力。老者说话的方式虽然是硬了一点，但问题涉及电子厂改制的实质。就事论事，这是绝对不能含糊的。

潘越也站起来，认真地回答说："电子厂改制的主要目的就是要解决人的问题，本质上就是厂子里职工的基本生活问题。政府的思路是：职工生活问题解决了，由此产生的社会问题才会顺带解决掉。换句话说，有稳定才有发展，要发展先要稳定。而刚才所说的不做'翻牌'改制，就是要建立现代企业制度，以员工持股为手段，达到大河满、小河溢的目的。具体到员工怎么持股、怎么分配、怎么收益，刘副市长在启动大会时会跟大家详细说明，在改制文件里也会有明确的程序。"

老者旁边的白胖子这才笑眯眯地站起来说："潘律师，这是我们厂工会的赵主席。他的问题也是全厂职工的问题啊。"

潘越认真地说："张厂长，我对赵主席肃然起敬。我跟二位交个底，刘副市长有过交代，电子厂改制全流程都要不惜代价地严格依照法律程序进行，在以改制方案为核心的改制文件报请政府批准之前，要先经过职工代表大会审议，职代会有决定权和否决权！"

赵主席的表情这才放松下来："潘律师，我们这一辈子都奉献给了电子厂，只要厂子能好，我们什么工作都配合！"

他们客气地喝了酒。侯秘书笑说："都站起来干吗？我向各位领导提议，以后站着喝的酒不作数。"

潘越坦然笑说："赵主席算是长辈了，我站着是应该的。"

潘越不知道的是，就是因为这句话，让赵主席认定潘越是个厚道人。后来在改制方案进入职代会审议程序后，他对潘越鼎力支持，无怨无悔地做了大量工作。

当晚潘越根本不知道是怎么回的酒店。

第二天一大早，潘越就被镜湖电子厂办公室小刘的电话叫醒了，通知他半小时后厂里来车接他们去厂里实地查看。潘越挂了电话赶紧给秦大江打传呼，没等到回电话，却传来敲门声。潘越打开门，门外站着一个二十出头的男孩子，个子不高，浓眉毛小眼睛，绷着脸，穿着土黄色夹克，裤子的褶子从膝盖一直打到了小腿，怎么看都像每天挑担卖菜的王小二。可是他的腰上又用皮套别着 BP 机，专门露在衣服外面，这就很有劳动市场包工头的气质了。

他就是实习生秦大江，在西南政法读研三。因为面相老气、长得着急，看起来不会觉得比 35 岁的潘越小几岁。秦大江通过拐弯抹角的关系找到潘越要进律所实习，是年轻人里少有的、死心眼一定要当律师的人。

他操着拗口的四川普通话说："潘律师，我在你隔壁。我昨天晚上到喽，听服务员说你喝醉了嗉，我就没喊你。"他拼命要掩盖自己的稚嫩，极力让自己显得严肃成熟，所以看起来好像时时刻刻在生气。

潘越昨天是从北京直接飞过来的，秦大江是从海南轮船倒火车过来的，所以到得很晚。

"行，五分钟洗漱，酒店大堂见面，咱们准备去厂里。"

潘越一边洗漱，一边在脑子里安排了一下今天的事情：上午去电子厂，中午和老同事吃饭，下午约了赵亚黎把大事了结，晚上回家陪父母吃饭。老县委书记马良才全家到杭州女儿家去了，这次就不去看望了。

潘越在大堂一看到秦大江还是刚才那身衣服，顿时火冒三丈："所里给你定做的西装，你没带来吗？"

秦大江窘迫地说："带了。我想反正是去看工厂，就没穿。"

潘越忽然想到，也许那是秦大江迄今为止最好的一套衣服，轻易不舍得穿，就缓了口气，看了看表说："算了。下次一定记得，律师任何时候都应当是衣着得体的。"

他耷拉着脸，没说话。这是个自尊心很强的家伙。

他们只是重新看了一下工厂的一些细节就回来了。工厂已经看过好几次，而且后面有的是机会要跟工厂打交道，这次不过是走马观花完成领导的指示。潘越中午约好了别人吃饭，好不容易拒绝了厂里的挽留。刚回到酒店，一进房间，床头的电话就响了起来，潘越直奔床头接起电话。

"你猜我是谁？"

一听到这个轻俏的声音，潘越十分意外："你还真是鬼啊！你怎么知道这个电话的？"

"我昨天上午说的事，你想好了没有？"

"什么想好了没有。不是跟你说了吗？不要胡思乱想！"

"你……你等着！"啪！对方把电话挂了。

潘越无奈地放回电话，心想：这毛丫头居然敢说让我等着，胆子够大的！一面将手里的一摞资料扔到桌上。

这时站在门外的秦大江操着"川普"说："潘律师，我要换房。"

潘越说："小秦，走，跟我一起吃饭去。"

他俩出了房门。潘越想了想，又回身从桌上拿起自己的皮包和大哥大。他们两人一前一后在酒店走廊里走着。潘越双手都拿着东西，秦大江拎着两只拳头，丝毫没有从潘越手里接过皮包的意思。潘越心里自嘲地想：这个助理比我还像大牌律师。一边接上他刚才的问题："换什么房？房间怎么了？"

"有人骚扰我！"秦大江绷着脸说。

"运气这么好？对于一个男人来说，骚扰这种事情，择其善者而从之，其不善者而拒之，不就完了。"

秦大江正欲说话，走廊尽头那里，镜湖物资局的几个老同事已经看到了他们，大声和他打着招呼。

潘越和老同事们久别重逢，欣喜非常。一群人说说笑笑，进了镜湖大酒店的中餐厅最大的一个包房。这是镜湖市目前最高档的中餐厅，装修富丽堂皇。这几个人都是以前采购科的老同事，大家走南闯北是见过世面的，但是看到这么豪华的地方，还是啧啧称赞。

刘庆华说："潘科长，你现在是万元户了吧？"

潘越离开镜湖物资局之前是采购科副科长。后来虽然身份屡有变换，但以前的同事还习惯这么称呼潘越。

一直没把自己当外人、拿着潘越大砖头手机按得滴滴响的周小勇嗤笑他说："万元户？老刘，光是这个大哥大就不止一万块！"

刘庆华快熬到退休了，现在工资也不过270块。他嘴巴张得能塞个鸡蛋："一万块！就买个能走着打的电话？这能买半套房子啊！"他急起身凑到周小勇跟前去看，因为起得太急了，咣啷一声把椅子掀翻，自己也狼狈地被绊了个趔趄。他顾不上扶起椅子，一步跨到周小勇面前，"这就是大哥大？那用它给张秘书打个电话，问他高局长出门了没有？"

众人纷纷赞成，都想看看用大哥大怎么打电话。潘越微笑地抽出大哥大的天线，说："张秘书电话多少？"

刘庆华说："我来打！"

几个人抢起来，都说自己打。

潘越笑说："这样吧，为了不耽误咱们吃饭，你们就每个人打一个，想打给谁打给谁。"

屋里顿时气氛高涨，大家都吵吵嚷嚷地兴奋非常。

秦大江坐不住，就远远地站在窗口抽烟，一边看着屋内的情形。他心里默默地算了个账：大哥大打一个电话是一分钟三毛钱，不到一分钟按照一分钟计算。

它是海南三亚的号码，漫游到镜湖这个县级市是一分钟加一块三毛钱漫游费……这几个人轮流打一遍电话，自己一个月的生活费就没有了！这说明两个问题：第一，潘律师这个人心气大，第二，做律师很挣钱！

挨个打电话的人底气十足，"喂、喂、喂"地在屋里左冲右突，最后有人叉着腰在窗边站定，还顺手打开了窗户。窗外经过的行人纷纷张望，打电话的人更加威风凛凛："我用大哥大给你打电话嘛，大哥大，一万多块钱一个呢……"

热闹中，物资局高学峰局长带着几个人到了。几番推让后，大家按照各自位份落座。酒过三巡，潘越端起酒杯："高局长，您随意。我先干为敬！"

高局长派头很足，笑眯眯地端起酒杯喝了一口，拍拍潘越的肩膀，对众人说："这个家伙，你们看他戴个眼镜，斯文白净，是个不派用场的书生吧？当年我在棺材板仓库里一看到他，就看出他绝非池中之物。果不其然，真给我争气，一口气干到咱们浙江省物资系统最年轻的副经理！才二十三四岁，就进入了组织上重点培养梯队！可是他心高气傲，高考考上了大专硬是不去上，拼了命去北京上研究生。他算是撞着好时候了，研究生一毕业，赶上海南建省，他就海阔凭鱼跃，天高任鸟飞！后来你们都看到了，老县委良才老书记钦点的人才！"

他啜了口茶，意犹未尽："1988 年，是小潘元年啊！记得才刚刚过完元旦，县政府一口气发了三份文件：一号文成立镜湖海南办事处；二号文在海口成立镜海工贸公司；三号文任命潘越担任海南办事处副主任，兼镜海工贸公司经理。这才是'神龙脱却金钩去，摇头摆尾再不回！'三五年时间，他就从一个县城干部，脱胎换骨成了国家人才！我的眼光怎么样？"

镜湖自古出文人雅士，高局长讲话很有江南文人的特点。

潘越笑说："我算哪门子神龙？就比葫芦画瓢算个龙，不也得高局长给点睛吗？要不然，我就一直在那棺材板仓库里演聊斋吧！"一句话说得众人哈哈大笑起来。

笑归笑，高局长说："咱们物资局从前过了几年好日子，这你知道。你在的时候，还有炸药特许经营权。可是这几年是王小二过年，一年不如一年！国家也知道是要吐故纳新的时候了，去年十四大党和政府确立了要建立社会主义市场经济制度，说要鼓励股票、证券市场这些新东西。可是去年深圳发行股票为什么搞成了一个事件？你在海南，离深圳近，说说你的看法。"

潘越心里暗暗佩服。小小县城物资局的局长，能提出这么前沿的问题，基层干部真是藏龙卧虎！

潘越略微沉吟了一下，说："国家鼓励资本市场发展之后，开头几年股票市场的示范效应让好多小老百姓尝到了甜头，全国掀起了'股票热'。去年8月6日，深圳对外公布将在8月8日发售500万张新股认购证。谁也没想到，两天时间里全国有120多万人涌到了深圳来买这个新股认购证。他们在发售网点的窗口前打地铺通宵排队。8日早上窗口开放，不到1个小时就全部卖完了！这样，大部分没有买到的人不甘心放弃，不愿意离开，情绪越来越激动，就开始聚众闹事。那时政府也没有处理这样问题的经验，协调来协调去，却没有实质性解决这个矛盾。到了10日，聚众的人在一部分人的鼓动下跑到深圳市政府门前游行示威，这件事情就演变成了一个事件。这充分说明，股票市场是一个高风险的市场，小细节处理不当，都可能引发社会问题，甚至是带来政治风险。"

在座的都对股票一知半解，只听说炒股票能发大财，不知道国家还发生过这样的大事情，听得津津有味。高局长思索着说："股票、证券都是资本主义的东西。国家拿深圳、上海做试点，哪怕出了那样的政治风险，也没有停下来的意思？"

"我在司法部中国律师服务中心做律师的时候，就公司上市所涉及的政治风险、法律风险等问题写过专门的文章。总书记说过，市场经济不存在姓资还是姓社的问题，社会主义也有市场经济，股票、证券就是市场经济的具体表现。所以，这个事件的影响虽然大，但是国家不但没有停下试点的意思，相反，国务院办公厅在去年10月下发了通知，正式成立中国证券监督管理委员会，目的就是为了证券市场长远有序的发展。"

这时，一直默不作声的秦大江突然接口说："中国证监会成立后，马上就出台了'股票发行与交易管理暂行条例'嘛。这就是说，中国资本市场以后走路肯定是要以法律开路的方式嘛，通过控制法律风险，来调节政治风险。"秦大江有个坏毛病，说话喜欢抖腿。这时候因为紧张，两条腿轮着抖，简直像是坐在弹簧椅上。

所有人都惊讶地看着秦大江。因为他穿着土气，行为举止很拘谨，都以为是潘越带来的农村老家亲戚。这番话一说，有一鸣惊人的效果！潘越识货，很有捡到宝贝的感觉，对众人笑说："这是西南政法大学经济法专业的研究生，专门研究这一块的法律，明年才毕业。现在跟着我实习。"

高局长说："后生可畏啊！"又对大家说，"现在大家效益都不好，但是各有各的算盘。巧者劳而智者忧，无能者无所求。我这段时间一直在自学、研究公司上市和股票发行。事怕认真，我觉得也没有什么。我想过了，如果把社会上、企业里闲散的资金组织过来，用来发展企业，然后大家一起分红，这才是聪明人做的聪明事！"

潘越想哪有那么简单？但又觉得一两句话说不清楚，也就没有再讨论下去。大家说说笑笑，不知不觉一顿午饭吃到下午两点多，才在饭店门口一一告别。

送走了客人，潘越才感觉到腰上一阵发麻，挂在腰上的 BP 机不停地震动。拿出来一看，居然有十几条未读信息。最上面一条的留言是"赵女士请你速回电话"。是十几分钟前发的。潘越赶紧拿出大哥大打了过去。那边很快接起了电话："你好，找哪位？"

十年夫妻，她的声音潘越还是能听出来的。潘越说："我。抱歉让你等了那么久。刚才在喝酒，刚看到传呼，赶紧给你打过来了。"

"行了，事到如今就别假惺惺了。半小时后县民政局见，东西别忘了都带着。"电话里，赵亚黎的声音带着柔和的磁性，但是语气却是不容置疑的。这不奇怪，她是镜湖电视台主持人。

潘越迟疑了几秒，说："好。"这几秒并不是说潘越对离婚这事还有不舍。恰恰相反，微微迟疑一下是不想让她感觉到急切。

挂了电话，这才往后翻 BP 机上的留言，十几条全是"钱女士请你回电话"。最后一条是"钱女士请你等着她"。潘越没理这个留言。回头跟站在旁边的秦大江说："大江，我下午去办点私事，你自己到处转转去吧。镜湖还是个不错的地方。"

秦大江的小眼睛一亮，他敏感地意识到自己已经从"小秦"，变成了"大江"，这代表着一种认同。他机灵地说，"我不喜欢看风景嗦。我回房间看资料去。"

潘越也就不管他了。拎着包出了宾馆大门，溜达着往民政局走。镜湖是个地道的江南水乡，一条主街，上百条河汊。潘越在这里工作了很多年，对眼前的一切无比熟悉。浓密的树荫遮天蔽日，叮叮当当的自行车铃声此起彼伏，小贩们唱着古老的调子沿街叫卖。几十年了，这里还是没有什么变化。潘越走着走着，心里生出了许多感慨。在他小时候这是一条土泥路，一下雨之后就千沟万壑。即便这样，姆妈带着他能从安昌来一次这里就是进城，是要预备很久的大事，要穿上最好的衣服才行。时代发展太快了，路还是那条路，而他已经脱胎换骨。

潘越在民政局门口没看到赵亚黎。刚站定想抽根烟，赵亚黎从里面闪了出来。潘越一看到她的样子就忍不住笑了：她戴了副大号太阳镜，还蒙着一个大口罩，向潘越一挥手转身先进去了。

潘越在她身后笑说："你现在名气这么大了？"

"哼，这又不是什么值得炫耀的事儿。"她从小在山东长大，又在北京进修了两年，一口流利的京片子。

"你已经回电视台上班了？北京的课程结束了？"

"东西都还在北京搁着呢。"

民政局就在二楼，话没说完就到了。赵亚黎的娘家在镜湖算得上是可以呼风唤雨的，所以他们并没有在大窗口排队，而是在安排好的办公室里办完了手续。从进去到拿到绿皮本，过程不超过十分钟。

从民政局出来，他们并肩走着，都不知道该怎么告别。潘越说："东西都还在北京，你打算留在北京吗？"

赵亚黎摘下口罩淡淡一笑："北京有什么好的？我回来就能升副处，年底还能再分一套房子。倒是你，国家司法部下属的律师，是正儿八经的国家干部，你说放弃就放弃了。现在做私人律所合伙人，我觉得不靠谱。你还真以为中国律师能跟外国律师一样啊？"

话不投机半句多，他停下脚步看着她。她很漂亮，即便是戴着大号太阳镜，但卷发蓬松、身材窈窕，依然吸引着很多人的目光。记得刚刚认识她的时候，她才十七八岁，编着麻花辫，总是骑着一辆斜梁的漂亮自行车去县城的图书馆上班，骄傲、羞涩、单纯，说一口县城很少听到的、标准的普通话，喜欢总是去借书的他……他们也曾执手相看两不厌，整天都有说不完的话，怎么会走到今天这样的结果？往事如烟啊！

小城下午的阳光和十年前结婚的时候一样，无拘无束、没心没肺地洒落着。身边不相干的行人如流水，和着汽车喇叭声和自行车叮叮当当的铃声，街边小店大喇叭唱着今年最流行的歌曲：

"月落乌啼总是千年的风霜，涛声依旧不见去年的夜晚……"

10月的风卷着街边的纸屑四处游逛，吹得赵亚黎的长风衣随风飞舞。隔着太阳镜看不清赵亚黎的眼睛，潘越咽回了针锋相对的话，说："你以后自己多保重。"

听了这句话，赵亚黎用手捂住嘴，长长吸了口气，略带哽咽地说："谢谢你……你……你什么时候回北京告诉我，去把你的东西拿走。"他们在北京租房子住，潘越的东西还都在那里。

潘越也有些心酸，他突然想让赵亚黎把眼镜摘了，他再看一次她的眼睛，又觉得自己婆婆妈妈的，就没说出口，而是说："好。这里你是名人，我就不请你吃散伙饭了。咱们回北京吃。"

赵亚黎没再说话，缓缓地后退了两步，然后转身离开。潘越看着她的背影渐渐远去，看着他们之间那根看不见的红线，就这样断落在镜湖的嘈杂的街道上。

毛宁的歌还在那里大声地放着："今天的你我，怎样重复昨天的故事……"

千万别再重复了，潘越心里想，一边漫无目的地在街头走着。他一直是这样，喜欢通过走路来调节心情。正走着，大江打来电话："潘律师，钱婷婷来了。"

潘越吃了一惊："什么？她怎么跑到这里来了？人呢？"

"我刚帮她办好入住，她去房间了嗦！"

"你陪她吃个晚饭，我晚点回去。"

秦大江抗拒地说："我吃过了。"

"吃过了也可以再吃一次！她一个北京小姑娘，在这里人生地不熟，走到哪里你务必都得陪着！"

潘越挂了电话，嘴角却忍不住笑了。秦大江这个事情处理得还不错，知道帮钱婷婷办理入住，判断出钱婷婷没有自己的大哥大号码，还适当地表示了他对钱婷婷的不满和不屑。

第二章
偶遇佳人，旗开得胜

哪有什么生而平等，
每一个高度都需要付出。

潘越一进宾馆的大门，就看到秦大江和钱婷婷在宾馆大堂的沙发上遥遥坐着，互不搭理。一看到潘越，钱婷婷几乎是立刻扑了过来，泪眼汪汪地说："中午不是给你打电话让你等着了吗？打传呼也不回，给你BP机留言让你等着我你也不等。"

她是个刚满20岁的小姑娘，身材高挑，扎着马尾辫，穿一套粉红色的运动服，浑身都是青春活力。她是北京社科院一个研究所下属培训部的小会计，对潘越一往情深，带着年轻人的无所畏惧对潘越奋勇直追。

看到她这样，潘越是有气也发不出了："你自己乘飞机到杭州机场，再打车过来的？"

钱婷婷鼓着嘴："嗯！"又补充了一句，"这是我第一次坐飞机。"

潘越又喜又忧。喜的是自己这把年纪，还可以让一个20岁的北京小姑娘千山万水地追来；忧的是小姑娘初生牛犊不怕虎，这么缠下去还真有点担心。

潘越极力让自己像个长者，拍了拍钱婷婷的头，一面叫住了正准备离开的秦大江："大江，你们吃饭了吗？"

秦大江耷拉个脸说："我带她去吃饭，她不肯去撒。要等你吃饭呢！"

潘越一向是重女轻男，对女孩硬不起心肠，对男孩却毫不留情。虽然觉得钱婷婷麻烦，却也说不出硬话，只能对秦大江板起脸来准备教训他。刚要开口，手里的大哥大又响了起来。潘越瞧了瞧来电号码，脸上像是突然开了一朵烟花，瞬间灿烂起来。

他接通来电，柔声说："你在哪呢？"

里面传来一个女孩的声音："潘大律师，你肯定猜不到我在你的家乡镜湖吧？"

潘越边接电话，边踱到了旁边去。钱婷婷和秦大江大眼瞪着小眼。秦大江从来没有见过女孩子这么不害臊，主动追男人，还追得这么理直气壮。可是他的家乡重庆一向女强男弱，他从小被女生欺负惯了，说不出一句响亮的话，又实在想表达自己的鄙视，思忖了半天，瞪着她语气生硬地说："潘律师没什么钱！"

钱婷婷柳眉倒竖："我姓钱，有那么稀罕钱吗？"

可怜秦大江，一个西南政法的法律硕士高才生，被这句逻辑混乱的话呛得半天没找到一句话能怼回去，硬是被哽住在那里，只好气哼哼转身坐回了沙发！

潘越笑眯眯地边往门口走，边说："你们住镜湖大酒店？那太好了，我正好有个特别好的朋友专程在那里等你，你一进门就能看到他。"

说话间，随着旋转门的转动，一个女孩打着大哥大走进来，边走边说："怎么可能？我已经进门了，怎么没……"

她惊讶地看着不远处站着的潘越，半天没发出声音。她的出现引起大堂一阵小小的骚动，因为她实在是太出众了！

潘越的前妻赵亚黎是电视台主持人，好看那是肯定的，也决然没有这个女孩身上这种光芒显露、熠熠生辉的漂亮。她大概二十四五岁，非常时髦，一手拿着大哥大，一手拎着精致的白色棋盘格手包，拉着一个小巧的棕色皮拉杆箱。小城市还极少看到的棕栗色的头发瀑布一样直泻到腰，白色的长裙完美展现出她的窈窕身材。门开处，风吹动她的长发和裙摆，更显得绰约优雅、楚楚动人。

潘越走过去笑说："怎么样？我那个朋友有诚意吗？"潘越穿着做工考究的藏蓝色的西装，没有系领带，衬衫的领口敞着，浑身上下散发着成熟男人的自信魅力。没有这样的魅力，怎么可能让二十岁的北京姑娘钱婷婷在当面表白被拒绝后，又不顾一切，用尽所有积蓄买了机票从首都直追到镜湖来？

她又惊又喜："你……你怎么在这里？"

她身后一起来的三四个人走过来，看到她在和别人说话，都很惊奇："林洋，你在这里也能遇到熟人？"

她笑说："我也没想到。"一面得体地给潘越介绍说："这位是我们证监会法律部的陈处，这位是法律部李腾，这位是市场监管部的马竞。我们刚从上海调研结束。"又给大家介绍说："这是司法部下属中国律师服务中心的潘越律师，镜湖可是他的家乡。"

林洋不动声色地帮潘越把这次偶遇价值发挥到了最大化。潘越简直大喜过望，能认识证监会的专家，可是特别宝贵的资源啊！

潘越一边和他们握手寒暄，一边笑说："今天各位领导专家莅临镜湖指导工作，我们小城真是蓬荜生辉啊！"由于摸不准他们的来意和接待部门，就没有贸然说什么，而是一边说，一边询问地看了林洋一眼。

林洋笑说："这趟出差特别忙，大家这几天在上海也都挺累的。这不，我们吃完饭就直接回来了，大家都说就想好好睡一觉，养足精神明天一大早好奔赴下一个战场呢。"林洋这番话说得滴水不漏，什么都交代清楚了，又什么都没说。

陈处长只是微笑地点点头，并没有说什么。证监会刚刚成立，各方面都比较敏感，他行事特别谨慎。这时两个办公室模样的人已经从前台拿好了房卡，过来极为客气地给他们一一分发。

潘越听懂了林洋的意思，就笑说："那么我就不打扰了，各位领导今天好好休息。我明天回北京，咱们到了北京再叙。"

大家客气地告别后，潘越悄声对林洋说："我有事找你。"

潘越和林洋在北京是比较熟悉的朋友。潘越一直对她抱有好感，但未敢轻举妄动。一是自己的手续还没有了结，二是林洋的追求者众多。今天意外在这样的小城相遇，都觉得带着点神奇，也就平添了几分亲昵，倒让潘越陡然增加了勇气和决心。

秦大江看看林洋，看看钱婷婷。林洋气质出众，举手投足带着优雅从容；钱婷婷穿着运动装扎着马尾辫，噘着嘴被一群人挤得站在了沙发边上，好像抢糖抢了个空的傻丫头。秦大江操着"川普"幸灾乐祸地说："啧啧啧，来了一只白天鹅呐！"

看他们上了电梯，潘越心情极好地跟他俩说："真是没想到，在这里碰到了证监会的大神们。大江，咱们这个电子厂的案子，还真需要他们给辅导一下，把底子打得牢牢的，能不能上市都可以先把主动权拿在手里。”

潘越装作没看到钱婷婷的嘴噘得能挂个油瓶子，对秦大江说：“婷婷是个福星，大江，你带着咱婷婷美女去吃饭，今晚她想吃什么吃什么，想干吗就干吗，你务必都要跟着！”

秦大江笑了一半的表情化为愤怒：“我不去嗦！她昨天晚上已经骚扰我一晚上了！”

昨晚钱婷婷从前台那里套出了秦大江的房间电话，打到他房间探听潘越的动向，谁知道这个土老帽软硬不吃、宁死不屈。钱婷婷就隔几分钟打一下，一口气打了十几个电话，好好出了口恶气！

钱婷婷正没好气，狠狠地瞪了他一眼说：“你个告状虫、马屁精！你也是个男人？你还说人家是大白鹅呢！”

秦大江急了：“我哪时候说大白鹅咧？哈儿才说人家大白鹅咧！我从来没说过大白鹅三个字！我说的是白……”

“你自己听听，一口一个大白鹅、大白鹅、大白鹅、大白鹅……”钱婷婷边说边动上了手，快如闪电地在秦大江的手上抓了一把。钱婷婷又羞又气，正有气没处撒，这一把抓得毫不手软！

秦大江只觉手背上一阵刺痛，瞬间给抓出三道血痕。他没想到北京女孩和重庆女孩一样，说动手就动手，简直给气疯了！说时迟那时快，他一步躲到潘越身后，恨恨地说：“我不跟你们女的一般见识！”他嘴笨，拌嘴语速跟不上，只能用上被重庆女同学欺负之下总结出的最实用经验。

潘越哭笑不得：“行了行了！我再说一遍，婷婷是个小福星，她从北京来的所有费用我们都要报销。大江你还要保证她的安全。你们都看到了，今晚千载难逢在这里遇到证监会的领导们，我要做正事！”

秦大江哭丧着脸说：“我的安全谁保证咧？”

潘越看到林洋已经从电梯里出来了，她换了一套裤装和平底鞋，窈窕之外还多了一些英气。潘越用手指点了点秦大江算是加重语气，就迎上去和林洋一起走出了宾馆的大门。

潘越拉开门口等着的出租车的门让林洋先上。林洋抿着嘴笑问：“我们去哪？”

"去我的家乡。"

"这里不就是你的家乡吗？"

"去安昌。"潘越坐好后吩咐司机。一面对林洋说："在外面，家乡最多具体到市、县，在这里家乡就是家门口。我出生成长都在安昌镇，可能你都没听说过。"

"安昌听得少，绍兴的名声倒是大得很呢，还是个专门出师爷的地方。对了，周总理好像就是绍兴人。"

"绍兴师爷、绍兴黄酒、绍兴的吴侬软语，我跟你慢慢说这些好玩儿的东西。"

好玩儿的东西说了没一半他们就进了安昌。天色刚进黄昏，潘越和林洋并肩沿着大街走了不远，林洋说："这和北方的县城感觉差不多嘛。"言犹未了，他们已经转过弯来，她眼前是一条河，河面上船橹往来不绝，不时有人相互打着招呼，沿河两岸是连绵不绝的竹棚遮着石板路，正是开饭的时候，炊烟袅袅，到处弥漫着饭香，将小镇笼罩在安逸、从容的氛围里。林洋赞叹："唐风宋韵就是这样吧。"

潘越笑说："中国人原本过的日子不就是这个样子吗？前者呼而后者应，往来而不绝，黄发垂髫并怡然自乐。"潘越指了指远处："我家就在那里，我姆妈知道今晚我要回家吃饭，一定做了好吃的，走吧，去我家尝尝最地道的安昌家常菜。"

林洋在一个临水的小店门口站定，笑说："下次我带点北京的特产再正式拜会你家母上大人吧，不能让老人家觉得北京人这么不懂礼数。我虽然吃了饭，但还是想尝尝这家小店。"

小店里突然进来这么洋气的两位客人，店主人笑得特别开心。潘越点了霉干菜焖肉、蒸腊肠、茴香豆等几样小菜，加两碗鱼肉皮子馄饨。店主人竖起大指，夸他点菜地道，又推荐有自家酿的花雕酒。潘越说："不尝尝安昌的黄酒不算真正来过安昌，必须来一壶。"店主人便从柜面上拿起一个青花瓷的长颈酒壶，走到店角揭起一个大酒坛的红塞，用酒提子满满地提出来两勺酒灌在酒壶里。端到桌上时，却是放在一个乌黑的木托盘里，酒壶、两盏酒碗，还有一碟冰糖、一碟桂花。林洋倚在河边的栏杆上，赞道："果然是古镇，连上酒都这么有古风。"潘越指着冰糖和桂花说："我们点酒是没有这个的，估计是老板怕你喝不惯，专门送给你的。"

"这样对着夕阳晚风归舟、小桥流水人家，喝一碗加了冰糖桂花的花雕，你是不是故意要让我醉啊！"

正说着，店主人又端来了一个粗瓷小碟，上面放着两只雪白的大鹅。店主人笑嘻嘻地用生硬的普通话说："这是我自己用糯米捏的，不收钱，给你们尝尝。"

林洋捧着捏得古拙有趣的糯米鹅爱不释手："真是高手在民间，北京有泥人张，安昌有糯米鹅。"

潘越笑说："美女的待遇就是不一样，我从小到大吃了这么多次，从来没有人送过东西给我。"

两人边吃边聊，临着晚风不知不觉将一壶酒喝完了。结账后起身离开时，居然都带了几分薄醉。出了门，潘越说："这是我们安昌的交通枢纽。来，我带你看看最地道的小巷。"穿过一条横街一转身，他们已经在一条高墙重檐、古朴幽静的仅容两人并行的窄巷里。路是幽幽的青石板，两边是粉墙黛瓦的老宅，墙壁和大门都斑驳沧桑。曲曲折折的小巷上面是灰亮的、窄窄的黄昏天色。

林洋长长地往肺里吸了一口气，说："我还是第一次走在这样地道的江南小巷子里。真好！如果下雨，这就是戴望舒笔下的雨巷吧？"

潘越微微一笑："你走过以后，这里就比那个雨巷还要美了。"

走了没有多远，右手边又是一个小小的岔路，林洋一抬头，这岔路正通向一座小石桥。

"天呐，这里移步换景，你从小就住在这么幸福的地方啊！"林洋沿着光滑的青条石台阶走到桥上，眼前是茫茫薄暮笼罩下的另一条蜿蜒的小河。皎洁的月光将小河与两岸照得黑白分明，河两岸的老房子各有青石台阶一直延伸到河水里，一个老阿婆蹲在自家后门的石阶淘洗东西，搅得水哗啦哗啦地响。河水从他们脚下流过，看久了有微微的眩晕，仿佛是站在船上。

林洋按着迎风飞扬的长发惊叹说："原来中国的水墨山水不是写意，是临摹啊！"

潘越笑说："城市路多，我们这里河汊子多。这条河和刚才那条主河道是交叉的。"

"这河这么瘦，也能划船吗？"

"当然能。威尼斯的标志是贡多拉，安昌的标志是乌篷船。我小时候，乡里乡亲都是早上撑着乌篷船赶早市，他们会拖着长长的音调吆喝。买东西就站在石阶上叫一下，他们把船撑过来交易。你看到那棵大皂角树了吗？树底下那一家就是我家。"

"真的假的？"

潘越一把拉起她的手："走，我带你去我家。"

林洋红了脸，挣开手。

一个见惯了大场面，却会为他害羞的女孩，潘越怎能不怦然心动？

潘越低头含笑问她："你到底是谁？你是谁的女儿？谁的妹妹？你怎么走到我家这里来了？"

出乎意外，林洋并没有将这个问题看作玩笑，而是微微一笑，说："我在北京四中读完高中，转到香港读大学，后来又在美国读国际金融研究生。之所以要在三个地方读书，是家里人想让我多了解这三个地方的文化差异。研究生毕业后回国在人民银行工作，中国证监会成立后从人行调人，就把我暂时借调了过去。"

潘越又喜又惊。喜的是林洋对他抛出了默许的信号，惊的是她的家庭居然特别到这个程度！林洋的家庭条件很好，从她的行为举止一目了然，潘越是有思想准备的。可是这种程度就决然不是一般家庭可以做到的了。

潘越心里凉了半截。赵亚黎的娘家在镜湖就是属于所谓的"特殊家庭"，潘越对这类家庭是有阴影的。他为这类家庭中出身的女孩性格中的凌厉和强势吃够了苦头，现在只想和一个书香门第、温柔和顺的女孩子平静生活到老。潘越犹存侥幸地问："咱们前几次见面，都是在邢然张罗的聚会上，而且每次王先生都指名要你坐在他旁边。你是王先生的亲戚？"王先生的家世传承，亲戚朋友多为教授医生，林洋是他的亲戚，那也差不多吧。

但林洋闪了闪眼睛，笑而不答。这时候小河面上传来"咿呀咿呀"的声音，有船摇着橹从远处荡过来。林洋惊叹："还真的是乌篷船啊！"

那小船四五米长，船的两边各有一个小小的半圆形篷子，涂着乌黑的油漆，从远处摇过来。小船快到桥边时，船上有人出来对着一户人家喊了两声。邻水处的窗户应声而开，随即有人从房子里迎出来。小船也就在那人家的石阶边慢慢靠了岸，两三个人从船上鱼贯而下，和岸上的人亲热地说笑。

潘越心里一动，笑问："你想不想坐这样的小船？"

"可惜我们明天一早就要离开镜湖了。这次是没时间了。"

潘越对那船家大声用镜湖土话喊了一句。然后拉起林洋说："咱们过去。"潘越带着她三穿两绕到了那户人家的后门边，岸上站着的三个人和船老大都奇怪地看着他们。潘越用镜湖土话说："从北京来的朋友，想坐坐咱们镜湖的小船。能不能请老乡帮个忙，载着我们在这河的两头漂一个来回，阿好？"

船老大为难地说："白天就没有关系，现在太晚了。回家还要好几里水路。"

潘越拿出20块钱塞给他："就一个来回。北京过来的朋友来一次不容易，就给她试试我们镜湖的小船是什么感觉嘛！"

船老大捎过多少乡亲，从来没有想到过收钱。他一斤小菜才卖一角六分钱，这人居然一口气拿出20块！他憨笑着推脱了几次，赶紧答应下来。并走到船头从篷子里抱出一条花面被子铺开来，说："我过来送女儿的，新被子，不脏。"

船老大用竹篙点住了船，潘越轻车熟路跳上船。林洋上船可就惊心动魄了。岸上的人看她战战兢兢实在不得章法，都笑起来，七手八脚地帮着潘越把她扶到船上。小船极窄，两人并排坐。潘越将被子折一半坐着，一半盖着两人的腿。

船老大隔着乌篷提醒一声："船走啰！"就咿咿呀呀地摇起橹来。船儿轻轻晃着离开岸边，朝着大大的月亮漂去。林洋抓紧了潘越的胳膊，紧张地问："船会翻吗？河里有鳄鱼吗？"

潘越一本正经地说："会翻的，你要抓紧我。河里好多鳄鱼，我们小时候经常骑着鳄鱼打水仗。"

林洋被逗得笑个不停。月光把小河照得雪亮，小船哗啦哗啦地前行，将水里金黄的月亮搅得恍恍惚惚。晚风轻拂，秋虫低鸣，两人肩并肩紧挨着坐着，和着吱呀吱呀的摇橹的声音，林洋心情荡漾，忍不住轻轻哼唱："弯弯的月亮下面，是那弯弯地小船……"她停住哼唱，笑说："应该还有一个阿娇，你有没有一个童年的阿娇？"

潘越看着水中的月亮，干脆地回答："有。"

"啊？真让我猜着了！这是心灵深处的小秘密吧？今天可以讲出来吗？"

潘越敛住笑容，说："这真的是心灵深处的小秘密，从来没有跟别人提起过。"

潘越点了一支烟，慢慢地进入了回忆："我小时候父母都是双职工，没人带我，就送我到安昌乡下叔叔家里，在那里读完了小学一、二年级。叔叔的邻居家里有姐妹两个小姑娘，大的叫春芳，长得膀大腰圆，是干农活的好手；妹妹叫春娇，她长得跟姐姐相反，细瘦苍白，身体一直不大好，就不怎么去田里干活，在家里烧饭和带弟弟。"

林洋睁大了眼睛："真的有个阿娇？不是你编的？"

"不是编的。我在这水乡长到十七八岁，正是情窦初开的年纪，怎么会没有一个喜欢的女孩子呢？我也不知道你怎么会提到这个名字，实在是巧合。听完了你就知道，我怎么会忍心编呢？我在叔叔家里，因为读书好，也不用去田里，任务也是负责在家烧饭和看着两个小堂弟，这样我和阿娇的分工差不多。她大概比我大两岁，就总管着我。每天，她看看日头该烧饭了，就趴在院墙头上叫我烧饭；从哪个阿婆那里新学了一样菜，也趴在院墙头上教我。她父亲是木匠，因为有手艺，条件比我叔叔家好得多，家里隔三岔五可以吃一顿又甜又糯的玉米面发糕。那时候大家都吃不上饭，能吃到这个发糕，那真是香啊！她每次都藏起来两块偷留着给我吃。我俩那时经常放学了一起走，我还记得有时候去村后老祠堂门口捉蛐蛐，或者一起趴在祠堂的土墙上，看着红彤彤的太阳慢慢地从树林上掉下去，只留下血红血红的火烧云。那时候只觉得时间无穷无尽……"

潘越将烟头弹出去，小火花划了一条弧线，落在水里，瞬间就熄灭了。

"后来呢？"

"后来小学毕业，大概 12 岁，我离开安昌乡下回到教育更好一些的镇上来读初中，后来又考上了县里最好的高中。可惜因为我父亲成分问题，政审不过关，失去了读高中的机会。我大哭一场后从此告别学校，开始自立谋生。有段时间叔叔做了一点小生意，好像赚到一点钱。我母亲就又让我回去跟着叔叔赚钱，这样我和阿娇分开了四五年又见面了，也都从什么事情都不懂的孩子长成了情窦初开的年轻人。"

"然后顺理成章的青梅竹马？"

"是的，顺理成章的青梅竹马，特别美好。还记得夏天的晚上，我们两个人手拉着手，默默地坐在乡下那种大大的稻草垛下面，星星特别亮，蛐蛐儿叫得特别欢，可是心里总是有无限的惆怅。可能是因为我们心里都知道，她是一个乡下姑娘，我是一个城镇男孩，我们之间天然存在着万千种不可能吧。"

"那个时候，你有没有为了美丽哀愁的阿娇，萌生出留在乡下的念头？"

"没有，一次也没有。我从小的梦想是成为外交官。为了梦想，每天一边累得半死和叔叔一起做工，一边背英语单词，他们都觉得我像个怪物。所以阿娇虽然美丽，却牵绊不住我想要看看大千世界的心。但是我一直很感谢她，她陪伴我度过了最失落、最迷惘的青春期。"

"后来呢？"

"后来我就离开了安昌，去了镜湖，去了绍兴，去了海南，去了北京……这一去就是十个年头没有回过家乡。"

"十年生死两茫茫……十年后的阿娇已经嫁人了吧？"

"是的。"潘越的眼睛看着很远很远的水面。

"你去看她了吗？哦，还是不要去看吧，看了也许会失望。"

"没去。我也没机会有你这种纠结的心情。因为已经看不到了。"

"她进城了？成了打工妹？嫁到外地去了？"

"你刚才不是说了吗？十年生死两茫茫——她死了。"

"啊！"林洋猝不及防地轻声叫了出来，"怎么会？为什么？"

"是啊，怎么会！"潘越难过地说，"那时她已经过世一两年了。听说她很晚才嫁人，嫁过去一两年就得了白血病，很快就没有了，也没有留下孩子。"

林洋好久没有说话。潘越转头一看，她咬着嘴唇，眼圈红红地盯着水里的月亮。潘越默默将她拥在怀里。

林洋伤感地说："你说，她为了什么要来人世一遭？她孤零零地在这红尘里打了个转，什么都没带走，什么都没留下。现在，大概已经不会再有人记得她了……"

"还真是这样。她乡下的男人应该很快就会再娶一个。她没有孩子，婆家的人很快就会忘了她。她姐姐嫁了人，也不会记得她。父母忙着给她弟弟带孩子，大概也都没有时间想起她。"

"不过，还好还有你记得她。而且，她唯一在乎过的男人可能也只有你。"

"还有你这么好的女孩用眼泪来纪念她。"潘越柔情似水，轻轻低头去找她的唇。她起初有些微微的抗拒，很快就陶醉在潘越的攻势里了。

好久，林洋推开潘越，嗔怪道："你乘人之危。"

潘越的心怦怦直跳，拉着她的手压在自己的心口说："你感觉一下。怎么办？你把我的魂都带走了！"

"去你的！"林洋含羞坐正了身体，提高声音说，"咱们在水上漂了多久了？"

船老大终于逮着机会，可怜巴巴地用土话跟潘越说："老板，你们还要来回几次？我家离这里还有十几里水路呢。"他收了钱不好意思停下来，反反复复在这段河面已经摇了三四趟了。

潘越让他就近靠了岸。两人上了岸拉着手并肩而行，就和刚来时完全不一样了。潘越将林洋挤靠在墙上，长长地吻着她。这种爱的甜蜜和情投意合让他们激情荡漾，情难自持。

林洋终于将潘越推开，理了理头发说："你追我，要有心理准备。"

潘越说："什么心理准备？不管山高水远，我追定你了！"

"我爷爷是……"林洋说了一个名字。

潘越惊呆了！这个名字，是从小历史考试和政治考试都是必考的内容——换句话说，他是新中国历史的缔造者之一。潘越纵然自诩是见过大世面的人，也绝对想不到林洋会是这样的来历。潘越凌乱地说："他不姓林啊！"

"他们那一代人都是这样的。我父亲跟着我奶奶姓。"

潘越叹了口气说："我是认真的，我要认真地想一想。"他牵着她的手默默地出小巷叫了辆车打车回酒店。

刚进酒店的大门，潘越就听到秦大江在大堂一角喊："潘律师！"

潘越看了他一眼，直到把林洋送进电梯里，才回身问："你怎么在这里？小钱呢？"

"她在里面喝醉了撒！"秦大江跳着脚指了指身后的酒店酒吧。"我又要看着酒吧里烂醉的她，又担心错过你回酒店。一趟一趟在酒吧和大堂之间来回走，差不多走了三百趟了。"

潘越口里说："怎么会这样？"一边往酒吧走。

秦大江扭头就往电梯处走。潘越一把抓住他，一起拉进了酒吧——今晚要是让秦大江走了，自己可就被动了。

小酒吧里灯光昏暗，放着英文老歌，并没其他客人，两个服务员靠在吧台的角落里聊天。钱婷婷一个人趴在吧台上，一手握着啤酒杯，还在抽抽搭搭地哭。

"你怎么能让她喝酒呢？"

秦大江硬邦邦地说："你说的，她想干吗就干吗嗦！"

潘越被堵得哑口无言，威胁说："你要是敢离开，这次出差费用全部不报销，从你的实习工资里扣！"

断了秦大江的后路，这才走到钱婷婷身边，歪着头看着她，"哭够了没有？"

钱婷婷从看到潘越接到林洋的电话，脸上开了一朵大烟花开始，心已经破碎到感觉人生都没有意义了，又给土老帽秦大江看了笑话，越想越觉得自己失败，哭得两只眼睛像两个大红桃。她抬起头来一看到潘越，只觉得无限委屈，眼泪滚滚落下，哭着说："你看见美女就跑了，根本不管我是专门千万里追着你来的，你无情无义！"

秦大江被潘越硬拖在这里，怀恨在心，小声跟了一句："就是！"

潘越说："她是我的女朋友。再说，我是跟她谈正事去了嘛。"

"嗾！"钱婷婷和秦大江不约而同地一起发出这个声音，俩人互相看了一眼。钱婷婷没忍住扑哧笑了出来，此时脸上的眼泪还没来得及擦掉，顿时又羞又怒，一脚踢在秦大江小腿骨上："你怎么还在这里！"

秦大江疼得叫出了声，捂着腿简直气歪了鼻子："王八蛋还想在这里！"

潘越说："行了行了，哭得人都难看了。你还是早上八九点钟的太阳，多少英雄才子在等着你呢！我答应你，等你嫁人的那一天，送一份厚礼给你！"

钱婷婷倏地抬起头："你说的？绝不反悔？"

"绝不反悔！"

"我没爹了。"她倔强地说，"我要你在我的婚礼上代替我爹送我出嫁，哪怕以后你成了大名人也绝不许反悔！"

潘越正色说："那我更不会反悔了！"

秦大江站在潘越身后，哼着鼻子说："你嫁人那天，我当服务员去端茶送水、奏乐点炮，感谢那个无知无畏的傻瓜为民除害！"

潘越劝好了难缠的钱婷婷。三个人一边走，潘越一边跟秦大江叮嘱正事："明天上午去市政府参加电子厂改造的正式会谈，你今晚要把所有的资料整理好，做到心中有数。明天早上务必干干净净的，穿所里定做的西装，打领带，皮鞋擦亮。早上七点半到一楼吃早饭，回房间再刷个牙，八点十分市政府派车来接，在这之前你要已经等在一楼大堂了。"

潘越说一句，秦大江就"哦"了一声。

钱婷婷嗤笑说："你到底是他老板还是他妈？"又说，"我也去！"

潘越看了一眼她的粉红运动装，严肃地说："不行。见客户必须穿正装！"

回到房间，潘越已经下定了决心。自己是男人，男人连喜欢的女人都不敢追，或者还讲个条件再追，那还算个什么男人？错过了她，也许这辈子再也遇不到让自己心跳得这么快的女人了。与其将来追悔莫及，不如现在奋力一搏！不管了！

他鼓起勇气给林洋的房间打电话："怎么办？想你了。"

林洋无声地笑了："你也是个大律师，这么肉麻。"

"我也觉得肉麻，可是大脑完全不受控制。我热死了。我房间的空调坏了。"

林洋扑哧一笑："你十月里还用空调？傻啊？"

"真的没骗你，热得难受。"

这么明显的话林洋当然不会听不懂，过了一会儿，她说："你想好了？"

"想好了！我要我喜欢的女人。我要给我喜欢的女人幸福！"

"你将可能是透明的。"

"什么意思？"

"所有跟你沾着边的人，都有可能被查得清清楚楚。"

"我是律师，这侵犯人权。"

电话里沉默着。

潘越说："我不怕。"

"任何情况，我将永远听家人的话。"

"我只听你的话。"

"我不会有话给你的。你将可能非常孤独，也将可能失去一切。"

潘越笑了："这是威胁，不过我不怕。我曾经一无所有，所以我不怕失去。"

电话里又是一阵沉默，很久很久的沉默，时间长得让潘越怀疑她是不是还在："你……"

"坏蛋！"一声娇嗔，她挂掉了电话。

潘越一阵狂喜，放下电话，不顾穿着皮鞋一步跳到床上，对着镜子扬起手臂一握拳，"噢嗬！"然后跳下床，整整衣服，三步并作两步出了房门，在走廊里又马上放匀了脚步。

第三章
大律师的气度

越是半懂不懂的人，

越是不能掉以轻心。

第二天早上八点，潘越精神抖擞地出了电梯，正看见秦大江拎着一个酒店的纸袋，表情严肃地站在大堂。

真是佛要金装，人要衣装。在"祥云盛"定制西装的映衬下，原来土得掉渣的秦大江也有了几分律师气质。偏偏潘越眼尖，看到了他黑皮鞋里突兀的白色袜子。他生气地走过去正要开口说他，不提防斜前方一个踩着高跟鞋的美女，走着直撞到身上来。潘越正觉得莫名其妙，定睛一看却是钱婷婷！她穿了一套绛红色的西装套裙，头发梳得一丝不苟，俨然一个职业感十足的白领丽人。

潘越还没搞清楚她这是又在唱哪出戏，侯秘书已经进了旋转门热情地招呼潘越："潘律师，辛苦了！"

潘越迎了上去："侯秘书，怎么劳烦你亲自过来了？"

"老朋友嘛，应该的。这是……"侯秘书看了看潘越身后的两个人。

潘越一回头看见钱婷婷一本正经地站在秦大江旁边，只得含糊地说："都是我的助理，这是小秦，秦大江，这个……是小钱，钱婷婷。"

"果然都是精兵强将！几位大律师，咱们先上车，边走边说。"潘越和侯秘书在前面走。

钱婷婷踩着高跟鞋鼻孔朝天跟在潘越后面，得意地路过秦大江。秦大江差点当场喷出一口血来！

项目启动大会是在镜湖市政府最大的会议室里召开的，参加会谈的有分管工业的刘秉璋副市长，还有侯秘书、相关的政府部门、银行、审计机构、评估机构、电子厂的几个主要的领导干部、电子厂职工代表等。大会议室里满满当当的。

刘副市长在讲话中开诚布公地说："很多国有企业进行的公司化改制都用的是'翻牌子'的做法，就是直接将名称换为'公司'，将'厂长'换为'董事长'等，根本不触及产权制度和企业管理层机构。我认为，在国家发布了一系列跟国有企业改制有关的政策和制度后，这种"翻牌子"的做法是短视的和投机的，不能解决根本性问题，而且在老问题没解决的情况下很快会延伸出新问题。我们镜湖既然要做，就要把这件事情做好，让每个员工受益，让大家重新找到以前那种作为电子厂员工的自豪感和归属感……"

秦大江听得非常认真，一丝不苟地在笔记本上奋笔疾书。他那努力表现得老练成熟的外表下，内心正无比激动。这不是白日做梦吧！他，一个地道的四川乡下娃，父母见到村主任都要笑脸相迎，觉得村委会开会都是国家大事！今天，他居然可以坐着市政府的小车，在市政府的会议室里，和经常出现在电视里的副市长一起开会！他抬起头看到了摄像机，立刻又挺直了脊背。要不是捏了一把自己挺疼的，真不敢相信这是真的！真希望这个电视节目能上卫星，真希望家里人能看到他在和市长开会啊！

轮到潘越发言了。潘越简单地说了两句开场白，直奔主题："企业进行公司化改制的依据，除了《民法通则》《转换经营机制条例》等之外，我可以透露给大家的是《公司法》已经基本起草完毕，预计明年就会正式颁布实施，而我们正好可以接着《公司法》的东风，向企业上市这个目标继续迈进。下面我重点讲一下改制的思路和方法。"

潘越没有拿任何稿子，所有的内容都是脱口而出，目光柔和而自信地环视着在场的每一个人："第一步，成立改制工作小组；第二步，界定产权，这是国有企业改制的一个基础工作；第三步，进行资产评估；第四步，形成书面的改制文件，改制文件的核心内容是改制方案；第五步，召开职工代表大会,审议通过改制文件；第六步，将职代会通过的改制方案报请主管部门审批；第七步，全体员工的重新定位；第八步，取得债权人的支持；第九步，根据改制方案确定的股权结构，各股东认缴股资,并在认缴后召开首次股东大会;第十步,变更工商登记和税务登记,和进行其他权属登记,就是产权、土地使用权、工业产权到相应的管理机关进行登记,为下一步公司上市打好基础。这十大步是基本步骤,但并不是说每一步都是必要步骤,我们会在实际操作过程中随时评估、随时调整。这些步骤完成以后,我们基本上就可以建立起一个以现代企业管理制度为核心,以员工持股为手段,具有一定竞争力的现代意义上的公司。"

潘越讲话时,语调平稳、语气平和,面带微笑,但是有一种自然的气势散发出来,这种气势让整个会场完全没有任何交谈和走动。

这才是大律师的气度和口才!

这才是职业精英!

这才是胸有成竹、谋定而后动!

秦大江就是从此时此刻开始崇拜潘越的。昨天,他还对潘越做事漫不经心、看到美女没底线的行为感到轻蔑,对潘越的专业能力充满怀疑。什么大律师?保不齐就是个大忽悠!而此时秦大江已经下定决心,要做像潘越一样的律师!他热血沸腾中扭头看了一眼钱婷婷,发现她正无聊地在纸上画小人,就打心底里轻蔑地"哼"了一声。

中间休息了一会儿,会谈重新开始,刘副市长开场干脆简短:"成立镜湖电子厂改制工作组,我本人担任组长。"随后他宣布了工作组成员和工作组下设的办公室的成员以及工作内容和工作方式,最后说:"各部门、各单位均要指定专门的对接人,一旦指定不能随意变动。这次改制关系到镜湖市上万名老百姓,必须严格按照程序进行,哪个环节出了问题,就在哪个环节问责!改制完成以后,所有人都是受益人。大家辛苦了!"

刘副市长没有参加后半部分的会谈,会场就比较活跃。不管是职工代表,还是厂长书记,问得最多的还是股票上市的问题。坐在潘越对角线的沈达成冷冷地说:"改制是改制,上市是上市,这是两个完全不同的事情,北京来的律师应该比我们清楚。不说改制说上市,那不就是画大饼吗?哼!现在那么多改制的企业,有几个能上市的?"

会议室里骤然一静,都看着潘越。潘越看了看沈达成,沈达成带着嘲弄和挑衅隔着桌子毫不示弱地也看着他。沈达成懂法律,并不代表他就懂公司改制。但是越是这样的半懂不懂的人，越是不能掉以轻心。因为别人都不懂，也就看不清楚到底谁是半瓶子水。

潘越严肃地说："改制和上市确实是两个程序，但又并不是完全割裂的两个程序。打个不恰当的比喻，就好像咱们电子厂现在是个被迫辍学的孩子。现在进行公司化改制好比是让他回到学校读初中，将来在企业内部建立现代公司治理结构，完善现代企业管理制度好比是升学读高中，而这一切都是为上市——也就是考大学做准备的。孩子考上大学，企业一举上市，这是咱们的目的。那么多读高中的，有几个能考上大学？所以也不能说沈行长说的就是错的。"潘越停下来看了看沈达成。

沈达成一鳞半爪的法律知识没法和潘越相比，此时说不出什么响亮的理由来，只是打鼻子眼里"哼"了一声。

潘越接着说："目前的大形势下，以上市为目的的改制是一个趋势，咱们的理念是走在前面的。但是实际上只有规模大、效益好、主营业务突出的企业是资本市场喜欢的类型。咱们镜湖电子厂虽然有技术、有规模，可是效益差、摊子大，最终能不能通过改制来提高效益、突出主营业务就要看我们的合作共事了。我在设计改制方案的时候，会直接做好下一步可能上市的衔接。如果咱们各部门各司其职，紧密配合，成功改制后，你们问我能不能上市？我在这里可以毫不犹豫地回答，从企业本身来看，'能！'可是千里之堤，毁于蚁穴，往往是细节决定成败。一旦没有严格执行改制方案，以后不要说上市，连改制都可能失败。到时候我的律师费虽然能够照收，我作为镜湖人收起来也没有什么意思，各位的压力就更大了。"

秦大江总结了一下潘越的发言，迅速概括出核心要点："'利'字当头，'利''害'结合！"

中午，市政府还是将工作餐安排在了镜湖宾馆。一放松下来，潘越这时才感到累极了。秦大江闷着头只顾走路，钱婷婷不声不响把潘越手上的东西全部接过去拿着。潘越心里萌生出"还是女孩办事省心"的想法来。

沈达成路过他们，嘲笑说："北京来的大律师果然不一样，到哪里都有美女跟着。"

侯秘书笑说："沈行长中午不能跑，您的支持可是至关重要！"

"哼，我哪敢和带着美女出差的大律师一桌吃饭？"说完扬长而去。

酒桌上只要有女孩，那气氛立刻不一样了，更何况还是北京来的漂亮女孩，大领导又不在场，人人变得妙语连珠。潘越本来想让秦大江看着钱婷婷，不要让她喝多了，女孩子喝醉了难看。但秦大江这傻小子事事都以潘越为榜样，喝酒也是依样画葫芦，喝得忒实在。

钱婷婷一看他们摆出阵势，不紧不慢地倒了一圈茶，这才睁着无辜的大眼睛说："你们欺负我单身嘛！在座的还有没结婚的吗？"

看美女点名，六个镜湖男人举了七只手！

钱婷婷点驸马一样，一个一个确认了一遍。确认完了说："咱们没结婚的一致对外哦，不能让他们结了婚的欺负咱们！"

这一招简直让众人叹为观止！这酒喝得是真热闹，酒桌上的镜湖人民在钱婷婷的指挥下，内斗得一塌糊涂，还团结一致把剩下那三两个倒霉蛋灌得大醉。钱婷婷这次战术运用在镜湖酒场几乎成为一个传说。她只到过镜湖一次，但是一直到很久以后，参加过这次酒战的镜湖人提到钱婷婷还会五体投地地说："北京姑娘硬是厉害，一句话就能让兄弟反目、河水倒流！"

多亏了钱婷婷，他们三个都没喝多少，顺顺当当地自己走回了宾馆。潘越没忘记说秦大江："你以后出差记得用所里的手提袋，不要用酒店的这种袋子。记得要穿黑色的袜子配黑皮鞋。律师要注意细节。"又跟钱婷婷说："你买衣服的发票拿来，给你报销。"

钱婷婷说："有上限吗？"

潘越把手一挥说："你今天巾帼一出，谁与争锋。200块以内！"

钱婷婷坏笑说："那就200块吧，我明天到北京拿其他发票充了哈。"

"为什么？"

"你不觉得这衣服眼熟吗？这是我找酒店西餐厅主管借的制服。"

潘越哈哈大笑，拍着秦大江的肩膀说："大江，你离这鬼丫头远点！要不然有一天你被她卖了，还是你自己看的买卖合同！"

第二天早上不到八点，潘越已经出现在北京中国证监会的办公室里了。

潘越进门时只有李腾在。潘越看李腾刚刚二十出头，就知道他这样名校毕业直接进了证监会的年轻人，一定是自我感觉特别良好的。果然，他抬眼扫了扫潘越，冷漠地问："找谁？"

潘越说："李腾你来得真早，陈处来了吗？"

李腾毕竟年轻，被人叫出了名字，又看潘越并没有满脸堆笑地讨好，摸不准他的来路。犹豫了一下，应了一句："哦，没看见。"就不再理潘越，自顾拿起暖水瓶给自己泡茶。

潘越对于机关人员爱理不理的情况习以为常，有自己的一套办法。潘越看着李腾的玻璃杯说："你这是铁观音？"

"嗯。"

"铁观音是乌龙茶，属于半发酵茶，你这样泡，茶叶可惜了。"

李腾举起杯子观察着茶叶说："不都是这么泡的吗？我喝不了他们那么浓。"

等林洋进办公室的时候，李腾和潘越正就茶叶问题讨论的热火朝天。潘越说："你这样脑力消耗大的，要多喝红茶。云南滇红、福建闽红、安徽祁红都可以。红茶本来就是补气的，再放点枸杞或者黄芪，消除疲劳、增强免疫力，特别好。"

林洋看见潘越居然在这里，又惊又喜："你还真勤奋！昨晚半夜回的北京吧？"

混国家机关的年轻人，个个最少都有一百个心眼儿。李腾立刻感觉到他俩关系不一般，他虽然不知道林洋有什么背景，但绝对知道林洋是要好好团结的人，便开口说："林姐，让潘哥批讲了这一会儿，咱们办公室的茶叶都得扔了。"

让李腾从爱答不理到称呼"潘哥"，只用了 20 分钟！

潘越扬了扬手里的资料："镜湖电子厂改制的情况比较特殊，我是来讨教学习的。"正说着，陈处手里端着一个大玻璃咖啡瓶改成的茶杯也进来了。他不太高，胖胖的，看到潘越一愣。这种玻璃瓶装的咖啡刚刚进入中国没多久，能够喝得起的人是少数，用这种瓶子做茶杯目前是一种时尚。

潘越说："陈处，我是来请教学习的。关于国有企业改制上市的好多具体问题，我跟我的老师王述教授也讨论过，王教授说您是真正了解政策的专家，让我来请教您。"

"王教授是你的老师？你在什么地方读的书？"

"法学研究所。"

他表情缓和下来："那你是我正宗的师弟喽！"叙完闲话，几个人坐下来。潘越摊开了资料："镜湖电子厂的改制的特殊性在于，上面主管副市长全力支持，下面电子厂的厂长是职代会选出来的，从上到下一条心在做这件事。电子厂本身虽然严重亏损，但是有底子，有技术，有几个工程师还是苏联留过学的，做出来的东西在市场上很有竞争力。从这几点出发，我想趁着这次企业公司化改制直接把基础打好，这样企业一旦扭亏为盈，就为以后进入资本市场铺平道路了。只是怎么衔接我没有想好，也没有可以借鉴的方法。"

陈处说："改制的操作程序直观地体现为一系列相互衔接的法律文本。除了核心文件改制方案以外，你们还要做'通告''员工意向调查书''入股说明书''股权认购申请书'等这些文件。这些文件产生的源头，是基于改制的'法律方法'。但是，为什么很多国有企业改制失败？不要说上市，改制以后根本没有改变实质经营问题。造成这种后果的原因是什么呢？我认为还有一种方法没有好好运用，那就是'财务方法'。"

潘越心头一亮，思索着说："陈处这个提法很新鲜，可是我作为律师，去构建财务方法，是不是有些不妥？"

陈处说："国有企业改制中的法律方法，是指利用法律之手，以保障全部改制行为的适法性为切入点，从程序和实体两个方面实现改制行为的合法性。可是我国并未颁布规范国有企业改制的专门法律。我个人认为，只要在'产权明晰、责任分明'的范畴内，想到法律之手之外还有财务之手，以国有资产的股东权益和企业的法人财产的处置为切入点，就可以两只手同时抓，将两只手统一纳入合情、合理的范围内。"

提到好多手，大家都笑起来。陈处说："我在这里说句私房话，我们对改制文件的要求是'周密而且完备'。但是改制是一个动态发展的过程，不可能也不应当在一开始就产生一个'周密而且完备'的改制方案，那怎么办？最好的方法就是符合'合情'和'合理'两个基本原则。只要改制方案充分考虑了员工稳定问题、国有资产流失问题，并且能够采取有效的应对措施，不管是法律之手，还是财务之手，动手的目的都是为了将问题纳入合情合理的轨道，这就是我们的工作。"陈处层层剥茧，不紧不慢地把问题说得深入浅出、形象生动。旁边科室的人过来串门，不知不觉也都围着旁听起来。

潘越点点头说："我打算在评估前进行必要的资产提留后，将电子厂的部分对外投资和非经营性资产剥离出去，得到一个评估后的净资产。然后原国有股东的资产全部由公司的经营者、骨干员工和外部投资者受让。股权结构按照制衡的原则，经营者控股保持在 20% ～ 40% 之间，有利于公司稳定、长远的发展。"

证监会精英汇聚，围观的人中有人接过话说："刚才说到财务方法，我觉得有几个方法可以用。"

潘越一抬头，认出是在镜湖见过的监管处的马竞。他是从人民银行调过来的，在财务方面尤为专业。他看潘越左右找椅子，就微笑地摆摆手表示不用麻烦，继续说："国有企业改制中，首先可以好好考虑考虑对于税费的运用。国家经贸委、财政部对这一块都有相应的税费减免政策，地方政府的力度就更大了，据我所知，即便是没有也是可以争取和协调的；其次可以考虑税前抵补。"

他看到潘越疑惑的眼神，解释说："税前抵补的意思，就是如果改制的公司全部接受原企业员工的话，可以首先用企业国有净资产抵扣在职员工和离退休人员的有关费用，不足部分由土地评估值弥补，弥补后仍有不足部分可以采取挂亏的方法，用以后年度所得的收益增量部分税前抵补，直到抵完为止。其他的财务方法还可以考虑调整资产负债表等。"

潘越恍然大悟。

其他人面对这样具体的、鲜活的改制资料，都来了兴趣，纷纷站在自己的角度发表意见。大家讨论得不亦乐乎，一上午很快过去了。听到走廊上说笑的人声多起来，大家才意识到了午饭时间。去晚了食堂排队时间长，围观的人都匆忙赶去食堂。

潘越看本科室的人都还没去，就笑说："各位领导忙了一个上午，我请大家中午吃个便饭。"潘越预料到陈处会拒绝，接着说，"就在咱们保利大厦附近的西餐厅吃个套餐，那里安静一些。"

大部分人还没有吃过西餐，大家不知不觉放慢了手上的事情。

陈处正在犹豫。林洋不经意地说："瞧你的领带，歪到哪了。"这句话非常巧妙地解除了陈处的后顾之忧。他笑说："搞了半天这是家属上门啊。既然这样，我们听小林的。"

潘越心里既高兴又矛盾。林洋肯主动将两人的关系披露给同事，潘越当然高兴，但是潘越骨子里是很自负的人，总觉得利用了林洋的关系，就显示不出自己的实力了。

午饭后，潘越马不停蹄回到均昊所总部办公室。均昊律师事务所在北京五星级的平和宾馆九楼，作为中国顶级的律师事务所之一，它的办公环境堪比国际大公司。进门的前台上摆着鲜花，办公室满铺地毯，大开间办公室素雅、洁净，每个台面上都有一台电脑和电话。

潘越扫了一遍办公室，正是工作时间，大家开庭的开庭、访客户的访客户，办公室里没什么人。秦大江坐在角落里，面前堆着厚厚的资料，正低头写着什么。

"大江，和电子厂办公室联系了吗？产权界定和资产评估进行到哪一步了？改制方案的框架完善的怎么样了？"

秦大江一一回答了潘越的问题。潘越对秦大江的工作很满意，又说："把税前抵补这部分内容添加到相应的改制方案里面。"潘越一边说，秦大江一边在纸上记录，记录完之后，秦大江看了一遍内容，说："这实际上就是使用企业以后年度应交的所得税减去改制上一年实交所得税后的剩余部分进行税前抵补，好聪明咧。"

潘越一听，问："你懂财务？"

秦大江说："我本科的专业是审计。"

潘越心中笑开了花，表面不动声色拍拍他的肩膀。一眼扫到秦大江面前的电脑还是"均昊律师事务所"几个屏保的字飘来飘去："你怎么不用电脑？"

秦大江诺诺半天，终于说："这几个字怎么消掉？"

潘越哭笑不得，伸手拍了一下键盘："这是电脑屏保，按任意键就可以退出来。"

秦大江恍然大悟，盯着键盘看了半天，追问道："任意键是哪个键？"

另一边坐着的美女终于忍不住，大笑起来。

潘越笑说："你这是指责我海南的办公室没有配电脑吗？我告诉你，电脑已经买了，和总所一样一人一台，你过两天回海南办公室就有了。"一面又对那个笑得收不住的美女说："姜半夏，你就知道看笑话，就不能教教他吗？"

姜半夏是均昊所首席英语翻译，细眉杏目，皮肤雪白，穿一套极为修身合体的套裙，长得漂亮又才华出众，她等闲不正眼看别人，说话也从不顾及别人的感受，有个外号叫"有毒姜"。她都没看这师徒俩，盯着自己的电脑嘲讽说："潘大律师，你是找了一个出土文物来吗？完全没有你的范儿。"

潘越很会护犊子："他是什么年纪？等他到了我这个年纪，说不定范儿还超过我呢！"

姜半夏扬了扬眉毛表示不屑。

潘越问："其他人呢？"

她朝小会议室里一努嘴："枢密们都在了，就等你了。"

从大开间往里面走是均昊所的贵宾小会议室。此时小会议室里，白色的皮沙发上坐着其他四个合伙人，都穿着藏蓝色西装、黑皮鞋、白衬衫，打着领带。看起来好像现代大律师的一幅油画，只是各人形态不同，中间打着暗红色条纹领带年纪稍大一些的，身材略微发福，两鬓已然斑白，他是合伙人之一王琛大律师，因为年纪较长，其他人均尊称他为王先生。他虽然年纪最长，却是坐得最有型的，腰背挺得笔直，一手拿着眼镜，一手拿着资料在看。他左边的是邢然，一米八几的大个，眉毛奇特的浓而短，西装穿在他身上就跟穿在刘德华身上似的，帅得没边。他懒懒地靠在沙发上，两条大长腿伸着，正和吴大维聊天。吴大维坐在王先生右边，他没有邢然那么高，也更瘦一些，戴着考究的金丝边眼镜，悠闲地架着二郎腿。他和邢然是北京大学的同班同学，睡在上下铺的兄弟。吴大维边上靠在沙发上听他俩聊天的是蒋力宇，他比较瘦高，也戴着眼镜，他是邢然和吴大维是北京大学的校友。除了王先生，他们的年纪都差不多大，一定要分出兄弟的话，蒋力宇是邢然和吴大维的学弟，小一两岁。

四个人看到潘越进来，纷纷嘲笑说："又一个割据一方的诸侯回京了。"（蒋力宇是均昊所海口分所的主任，潘越是均昊所三亚分所的主任，所以他们说"又一个"。）

潘越随便在邢然旁边坐下来："怎么着？五巨头又聚会？要发生什么大事？"潘越说得不算夸张，这家中国顶级的律师事务所里，最有权势的五个人都在这里了。

王先生说："都到齐了，咱们开个小会，议一议力宇提议在深圳开分所的可行性。"

潘越说："好啊。只要是开分所，开在哪里我都赞成。要是有一天均昊所的风气变成了'稳定优先，保守发展'，那就没意思了，我就不玩儿了。"

蒋力宇说："等一下，老潘我先问你个问题，你知道你离开海口所谁最想你吗？"在去创立均昊所三亚分所之前，潘越在均昊所海口分所做了四个多月的律所副主任。

"谁？"

"我的前台阿丽！"

小会议室里的人都笑起来。蒋力宇说："你把阿丽带到你们三亚去吧，我是没法管了。我说办公室里不能吃东西，她说以前潘律师都不管的；我说下班要把电脑关掉，她说以前潘律师都不管的；我说必须电话铃响三声之内接电话，她说以前潘律师都不管的……我就奇了怪了，你一共在我们海口所待了五个月都不到，怎么遗毒这么深？"

潘越呵呵一笑："我是不管。你让我一个大老爷们怎么管小姑娘？再说了，女孩哪有不吃零食的？吃就吃呗，客户又不会因为我的律所前台吃零食不来找我干活。"

"明天都去三亚所看看。我倒是很好奇三亚所的前台是什么样的。"邢然说。

"不用看，漂亮那是肯定的！"吴大维说。

说完了笑话，言归正传。王先生说："对内，均昊所配合中央提出的'十万人才过海峡'的口号，立志'要把红旗插遍海南'。力宇在海口竖起了第一杆旗帜，小潘在三亚竖起了第二杆旗帜，效益都非常不错。对外，咱们纽约分所已经成立。下一步怎么发展？借着力宇的提议大家说说想法。"

邢然说："均昊所借鉴国际一流大所的模式，走公司化、专业化、规模化发展的路子，这个基本方针不能变。公司化方面，我们作为第一家授薪制律所必须实行一盘棋式的管理；专业化方面，继续秉承'提供高端法律服务'的理念；规模化方面，往一线城市扩张、设立分所是必经之路。"

蒋力宇点点头："南方谈话我反复研究了好多遍，我认为中央的发展思路已经很明确了。我觉得咱们应该走在前面，所以我建议尽快设立深圳分所。"

"我基本同意你俩的观点。但是，"吴大维话锋一转，"我觉得我们忽视了一个非常非常重要的据点——上海滩！"他表情严肃地环视了一下众人，才继续说："经济繁荣法律才会繁荣！世界级的国际金融中心，19 世纪发展起来的有伦敦、纽约、巴黎这些老牌城市；20世纪初发展起来的有新加坡、巴哈马，甚至开曼这些我们原来看不上眼的城市；80年代东京也开始崛起；现在连曼谷和吉隆坡也开放了金融市场。这些，说明了什么问题？刚才说到南方谈话，南方谈话非常明确地提出到了'我们周边的一些国家和地区发展势头迅猛'的现象，这说明，中央注意到了，并且急切地要追上周边国家的发展，建立我们自己的国际金融中心！如果要在大中国建立自己的国际金融中心，各位想一想，你们会首选哪里？"

会议室里陷入了沉思，每个人的答案都不约而同指向了同一个地方。

"我喜欢做第一！目前还没有一家所在上海开分所，咱们就做第一个吃螃蟹的人！"潘越首先表态。

王先生说："我附议。要么不做，要么做第一，很好！"

接着开始讨论谁去上海开疆拓土的问题。潘越悄悄摸出了BP机，开始津津有味地翻看林洋的留言。在上海开分所的事情虽然重要，但是和潘越没有关系。潘越在今年五月刚刚赤手空拳创立了三亚分所，上海分所不可能再让他去。蒋力宇眼神虚无地听着其他三个人争论，心里想着自己的案子，这事和他也没关系。

王先生看邢然和吴大维绕来绕去，绕得头疼。王先生说："大维，上海所是重要的基地，不可能新招一个合伙人放在那里。"

吴大维说："那是当然。"

"上海分所第一个合伙人一定要总所派人过去。"

"那是当然。"

"邢然负责和国家经贸部对接，离不开北京。"

吴大维犹豫了一下："那倒是。"

"所以上海只能你去。"

"我不去！"

所有人都笑了。大家都心知肚明应该谁去，又都不肯明说，这情形实在太好笑了。可是事情总要往前推进。王先生笑问："你不去的理由是什么？"

吴大维推推眼镜，搜肠刮肚地想了一阵子，说："我听不懂上海话。"

王先生笑说："胡闹！谁能听懂上海话？"

吴大维眼睛扫了一圈，急中生智地一指："老潘啊！"

潘越正沉浸在林洋情意绵绵的留言里，忽然感觉会议室里画风一变。他抬起头，其他四个人都正奇怪地看着他。

"怎么了？"

邢然突然侧身来抢他的 BP 机，潘越回手一躲："什么毛病啊？"

邢然说："我就见不得你这花痴的表情，保准是在谈情说爱！"

"谈情说爱怎么了？我扛个佐丹奴破包装一袋子现金，从海口坐了七个小时大巴到三亚开荒的时候，你怎么没见到？对了，三亚办公室的装修费用还没有给我报完呢！"

吴大维说："你们看，他还有开荒的经验。"

又是一阵笑声。

潘越说："我晚上还有事呢！赶紧的，说你们的正事。到底谁去上海？"

"你。"吴大维严肃地说。

"神经病！"

所有的人还都看着他。

"都看着我干吗？"

"……"

"怎么就得出这个决议了？"

"你听得懂上海话。"蒋力宇用两根手指支着下巴，笑得深不可测。

"我晕死！告诉你们，现在调我回北京我倒是可以考虑考虑。我马上要在北京结婚了，我不可能去！"

"你不是死不回北京的吗？不对，结婚？你能结婚吗？"

"现在能了。"

邢然伸手捅了潘越一拳："人家亚黎嫂子多好。就你这个作劲儿，真是天生的上海人！"

"我不去上海啊！三亚的一亩三分地我刚刚精耕细作、播下种子……"

"行了行了，你播的种子多了，不在乎多一茬少一茬……"吴大维看硬的不行换了软的："这样吧，下个月先陪你去上海看看，去考察，这总可以吧。"

"去也是我陪你！"

"好，就算你陪我。"吴大维嘿嘿一笑，"老潘，大势所趋，你要顺势而为嘛！"

第四章
占领上海滩

行家一出手,

就知道有没有。

1994 年 3 月初的一个黄昏,镜湖宾馆会议室里灯火通明。由市政府相关机构、电子厂领导班子、各个第三方中介机构等凡是跟改制沾着边的机构、部门列席的镜湖电子厂改制协调会,已经连续不断地开了四五个小时了。

镜湖电子厂职工代表大会将在明天召开,最重要的议题就是审议、通过电子厂改制工作方案。所以今天的协调会非常重要,刘副市长指示务必全力以赴做好准备,以便明天的职代会能够将电子厂改制方案一次性通过,否则这个时间点拖过去,下面一连串的事情都会受到严重影响。政府各机构部门之间、政府机构与电子厂之间各种博弈都在今天这个会议上充分展现。

各个机关斗智斗勇打太极的时候,潘越表情严肃地开始游离会外,他琢磨起"会议"这个神奇的程序,其功能真是被中国人发挥到了极致。很多老百姓不理解为什么政府机构那么无能,芝麻大的事情都要开会解决。而实际上,在政府机关,芝麻大的事情都是和"责任""业绩"挂钩的。"业绩"的最大化和"责任"的最小化是根本,如果一定要有所选择,则宁可放弃"业绩",也不能担"责任"——这差不多是大多数人做事最隐秘的出发点。而"会议"这个程序正是将两者明确的必由之路。但是也有优先考虑"业绩",不怕承担"责任"的"例外",这和一个地区经济发展的程度有很大关系。越是经济发达的地区,政府越是不怕担责任，而更希望办实事出业绩，越是经济落后的地区则越是相反。镜湖属于长三角地区，自古就是鱼米之乡，经济发达程度一直居于全国前列，也正是因为这一点，潘越大胆地鼓动刘副市长在镜湖市首开先例，进行国有企业改制。潘越忽然想到林洋的父亲，他站在共和国的部长这样的高度，在参加大大小小的会议时，会不会也偶尔会有像他这样看起来目光炯炯，其实神游四海的时候？

正在乱想，劳动局的人突然发问："潘律师，电子厂的职工们都很担心电子厂业务进行主辅分离后，厂子是不是就不管被分离出来的人的死活了？这个问题比较敏感，明天职代会一定会被提出来的。"

潘越心想：这个时候还来问这种最基本的问题，看来劳动局的人根本就没有认真看改制方案，之前的会议也都是走过场！他一面回答说："这个问题我简单举个例子，就拿电子厂职工服务部来说吧，职工服务部有十二间门面房，全部临着镜湖行政大道人民路。挂在职工服务部下的职工有 100 多个人，而职工服务部前三年的财务核算都是盈利的，这还是在服务部用了其中的五间门面房做仓库，100 多个人里面只有 20 多个人正常上班的基础上。但是前三年所有职工服务部的职工也都是和厂里的职工一样只能发 30% 的工资，其他的盈利全部用来弥补厂里的亏空。换句话说，主辅分离后，职工服务部不用再每年倒贴钱给工厂，反而能为工厂养活一部分人，所以如果一定要是谁不管谁，那也是辅业不再管主业，小马不用再拉大车的问题。"

会议室里，大家轻松地笑了一下。潘越接着说："同样的还有工厂的食堂、医院、幼儿园、小学、冰棒厂等这些和电子厂主营业务联系不紧密的都要独立出来，成为独立法人……"

潘越在讲话，下面有人悄悄说："这个大律师可以的，连咱们的职工服务部的情况都摸得这么细。"

另一个人说："分离出来的职工就不算国有企业的人了，国家不管养老了，他在避重就轻。"

潘越继续说："说到国家养老的问题。很多人认为：主辅分离，主业还是国家的，职工还是全民工，国家照样管一辈子，而辅业就变成了私营企业，以后就靠自己的自生自灭了。这个问题在法律上，被称为'职工身份转换'。我可以明确地说，今后国家也不会再有'全民工''集体工''合同工'这样的职工身份了。经过改制后的电子厂按照国家要求，不管是主业还是辅业，性质都是一样的，都是公司化企业，所有的人员都要先和原单位，也就是电子厂签订解除劳动关系的协议，再和新的企业重新签订劳动合同，被公司聘任后成为公司的员工。这是明天召开职工代表大会时，必须要明确的重点。"

会议室即刻发出嗡嗡的声音，在座的人里面亲戚朋友多有在电子厂上班的，听了这话都议论纷纷。马上有人问："国家说解除就解除了？有的人为电子厂奉献了一辈子，现在快退休了，如果和原单位签了解除协议，新的公司却不要，国家又不管了，这肯定要出大事！"

潘越耐心地说："这一部分人员的安置问题当然必须考虑，除了这一部分人员，其他的已经离休、退休、内退的人员，快退休的人员，下岗人员，工伤、有精神疾病的人员等这些，都必须妥善安置。他们属于弱势群体，但是由于缺乏基本生存能力，又属于优先安排的群体。这些人员安置的是否成功直接关系到社会的稳定大局，是改制成功的重要前提！这是刘副市长首先确认和反复强调的。"

财政局的人马上问："所谓安置，主要就是补贴和赔偿，这部分费用从哪里支出？"

潘越说："安置费用原则上由电子厂自行负担，鉴于电子厂的现状，计划从国有净资产中按照规定标准计提安置费用，由改制后的企业承接并按时向需要安置的人员发放。"

电子厂的人问："安置费都包括哪些方面？金额大概是多少？"

"安置费用的科目我们设计得非常详细，不要说基本养老保险费、医疗保险费，连档案寄存、劳模补贴这样的费用都一一列举阐明了，大家在改制方案里可以找到。具体的安置费金额由政府经过各方协商统一确定。"

又有人笑说："潘律师，工商银行不但拒绝继续贷款，而且已经起诉到法院，要求电子厂立即还钱。现在厂房、机器、设备都被法院查封啦！"

潘越心想："沈达成幺蛾子，不相干的人看笑话，都是'果然'啊！"他笑着回答说："银行有银行的立场和考虑，这样是正常现象。如果我的判断不出意外，随着改制进程的推进，电子厂面临的诉讼会越来越多，这是好事。让问题浮出水面，才能更好地解决问题。"

潘越说得轻巧，其实心里是没底的。银行能不能继续贷款不是法律问题，但却会产生直接的法律后果，他还没有想到更好的解决办法。解决这个问题的方法有，和市政府沟通，请求政府出面协调银行重组贷款，这是下策。通过中间人搭桥直接和沈达成协商，这是中策。而让改制绕过银行，没有它一样把事情做得漂亮，一旦改制成功银行会追着要求贷款，这才是上策。由于"拨改贷"的原因，企业债务负担沉重，绕过金融机构的支持单独进行改制，这在全国都没有先例。嗯，这就好玩儿了！这事还真激起了潘越的斗志，"我就要搞一个'零资产'改制，想按着我的头让我喝水？对不起，我要自己挖井！"

会议结束，潘越一看表已经晚上八点多了。本来物资局高局长约了他晚上一起见面吃饭，会议结束的时间一拖再拖，潘越只能在会议结束后和高局长通了个电话。电话里几句寒暄后，高局长问到了具体问题：小企业的改制上市的模式是不是和电子厂一样？身小体量轻能不能走得快一些？

潘越略一思索，想起上次聚会时高局长关心的话题，迅速判断出：高局长可能是想对物资局下属的某个企业进行改制，但最后的目标必然是上市圈钱。对于这个业务，潘越心里立刻就否定了。因为一，他手里现在拿着电子厂的大项目，根本忙不过来；二，物资局下属的几个小企业管理层的关系盘根错节，搞不好会陷在里面；三，物资局是老娘家，效益又不好，律师费是个问题。

潘越说："国有企业改制跟企业本身的规模关系不大，基本模式是一样的，所有的程序都要完全按照流程全部走一遍。因为要把工作落实到每个人，甚至有可能更麻烦一些。所以时间不会更快，也许还有可能更长，否则风险就很大。"

高局长说："你这么说倒好像一尺水会翻作十丈波。哪有那么麻烦？小企业没有电子厂那么规范，都一板一眼地走程序肯定做不出事情。你当了律师胆子倒是小了。风险这东西，你说有它就有，你说没有就没有。小平同志刚说过，要胆子大一点、步子大一点嘛！"

潘越听出来高局长不高兴了，但也没有再说话。国有企业改制是对国有资产的重新洗牌，绝对不是开玩笑，绝对不能捡到篮子里都是菜。

高局长说："这样吧，我们自己先改，关键的地方请你这个大律师把把关，不知道请得动请不动？"

潘越松了一口气，笑说："高局长这是批评我。高局长放心，只要是你牵头做的事情，我这个法律顾问随时随地免费提供咨询。除了改制要按照制度政策来，要是涉及集资这样的事情，一定要慎重。"

挂了电话，因为要赶火车，又婉拒了政府和电子厂的邀请，赶紧和秦大江在路边摊吃了口饭。秦大江说："潘律师，我跟你说件事，你莫得生气。"

"说。"

"罗律师给我打过好几个电话，龚律师也打过。"

"哦？说什么？"罗明亮律师是均昊所三亚所的副主任，龚骏律师是均昊所总所刚刚加入的合伙人。潘越心里明镜似的，秦大江还有几个月就毕业了，抢人大战开始了。

"想让我跟着他们做助理撒。"秦大江乡音浓重的普通话毫无进展，"两位大律师都承诺帮我解决户口呐。"

"龚律师能帮你解决北京户口？"

"他说可以，但是要交两万块钱。他可以帮我垫付这两万块钱，以后逐月从我工资里扣。"

这个政策潘越当然知道。潘越说："两万块不是小数目，龚律师很有诚意。三亚的户口不值钱，罗律师还给了什么条件？"

"住房补贴，还有案件提成。"

潘越警觉起来："均昊所的性质是公司化管理，除非升职为合伙人，助理采用授薪制，不得进行案件提成。"

秦大江作为实习律师自然不知道均昊所的这种规定，忙描补说："罗律师的意思是如果我能成为合伙人的话……"

潘越打断他说："这说明大家的眼睛是雪亮的，都争着要你。北京户口的事情你要好好考虑考虑，错过这次机会以后要拿就不容易了。"

秦大江默默吃了几口饭，问："潘律师有北京户口吗？"

"没有。"

潘越没有再说话，等着秦大江开条件。潘越要看看秦大江的格局有多大，如果秦大江借此斩上一刀，那潘越就要考虑考虑了。

秦大江停住筷子想了一会儿，下决心说："潘律师不在乎北京户口，我也不在乎北京户口。"

"我要去上海了，我也没有上海户口。你跟我到了上海，也不一定能帮你办成上海户口。"潘越实话实说。

"潘律师已经决定要去上海了？三亚所放弃了？"

"嗯，去上海。原地踏步有什么意思，大丈夫应该立马横刀、开疆拓土。"

"上海户口没有就没有，反正我是一个人，我跟定你这个师傅了！"

潘越表面上不动声色，其实心花怒放，"行，今天我就正式收你做徒弟。我也有干货给你：从你正式入职开始月薪800块，每月再有300块租房补贴，其他的按规定办理。"

"加起来是1100块吗？"秦大江不敢相信地瞪着他。

"可能会扣点税吧，这你比我专业。"

秦大江差点喘不过气来！他本科是审计专业，对数字非常敏感：在重庆乡下，父母一年的纯收入加起来不会超过300块。舅舅在县城做老师，每个月说是有80块的工资，从来没有全额发过。舅妈每天早上在街上摆摊卖早点每月大概能有200块的收入，是家里的主要收入来源。他这段时间做改制资料，清楚地知道镜湖电子厂的苏联留学回来的高级工程师，月工资可以到400块。可是电子厂半死不活，也不可能全额发放。而他，还没毕业的法学院研究生，每个月可以拿1100块钱！

潘越继续说："我俩明天参加完电子厂职代会以后，我回北京你去上海，咱们各自干活。"

"师傅，我感觉你好像对于职代会能通过我们的改制方案胸有成竹！"

秦大江一口一个师傅让潘越心里很高兴，他说："你以为我在镜湖蹲守了一个多星期在干吗？如果我连这点把握都没有，那对于整个项目的控制能力就有问题了。"

"我好几个晚上没睡着觉了。我担心万一职代会开起来，总会有一些人不满意我们，到时候人家会不会觉得我们的工作没有做好？会不会觉得律师不专业？如果失败了会不会让律师背黑锅？"

潘越没有直接回答他的问题，而是说："我建议你好好研究一下林彪。林彪号称从来没有打过败仗，而他最擅长的是用最小的牺牲换取最大的胜利。他是怎么做到的？跟你说，打仗之前'造势'非常重要，只要大势已成，战争的进退都只能顺势而为。你去看完再来跟我讨论。"潘越把话题拉回到正事上，"我已经把招聘广告发出去了，你到了上海就安排面试前台和财务，不要耽误4月初上海分所开业。其他开业的事情总所的欧总会派人协助上海筹备，你就负责管好自己的一摊事。"

"我面试？"

"嗯。"

"我自己就参加过一个面试，就是被你面试，我搞不来嗮……"

"你觉得顺眼就行。学历、专业招聘广告上都有，只要符合了你就挑合你眼缘的。你当给自己挑女朋友也行，挑助理也行，都无所谓。这不是大事，挑的不好随时可以再换，我没时间管这些小事。"

秦大江只得答应了。发自肺腑地说："潘律师，给你做徒弟太过瘾了。人家做律师助理还在学习怎么复印案卷，我已经在独当一面办理国有企业改制这样的大项目。我的同学们还都在参加各种面试找工作，我已经在面试别人给别人工作了。"

"你师傅最不喜欢按牌理出牌。能放手让你独当一面，自然是你做的事情已经有两把斧头。做律师能享福，也得能吃苦。这个月把你一个人放在镜湖，人生地不熟没日没夜地干，上周跟着我还干了两三个通宵，算是能吃苦的了。不错！"

"嘿嘿，师傅原来心里有数。"

潘越没理他，补充说："丑话说在前面，均昊所不许两人同在一所。你真的把招来的女孩子发展成了女朋友，别让我知道。否则其中一个肯定杀无赦。"

秦大江听懂了那句话的重点是"别让我知道"，笑得浑身乱晃，"……师傅，我很怀疑你能管好一个顶级律所。"

"一个顶级律所的牌子是由什么决定的？"

"办公环境、人员素质、案件质量这些吧。"

"你这个顺序应该倒过来。案件质量是第一位的，也是决定性的。其他的条件都是皮之不存，毛将焉附。等以后有了合适的行政主管，管理自然而然水到渠成。一个顶级律所的主任的主要精力要放在决定性的工作上，懂了吗？"

"师傅，我要好好琢磨琢磨您的名人名言。"

潘越起身说："赶紧结账去，傻徒弟累死师傅，你是真没有眼色！"

他俩往宾馆走着，秦大江问："师傅，你在三亚所做得好好的，为什么要去一无所有的上海？"

"大江，我对别人有另一种说法。跟你说实话：唯有开疆拓土，方显英雄本色！都觉得上海排外，是铁板一块，外地所做不进去，我偏不信这个邪！我喜欢在别人的地盘上插上自己的旗帜的感觉！"

第二天下午，潘越已经又回到北京均昊律师事务所总部。今天是周五，所里的人像是赶到河里的鸬鹚捉足了鱼又回到船上一样，出差的、开庭的、谈判的都回所来了。潘越一进门，前台肖蓉就大喊一声："潘律师，想死你了！"潘越一路走，办公室一路热闹，不断有女孩子们和他戏谑说笑。潘越手里拿着一厚摞文件，边走边和她们从言语上过招，边扫视着看谁手上比较不忙。过道上迎面走来一个细瘦的女孩，因为细瘦显得两只眼睛特别大，她手里端着茶杯，看到潘越紧张地笑了笑，刚想低头走过。

潘越叫住她："你现在忙吗？"

女孩一阵慌乱："我去倒了杯茶……我在整理案卷……"

均昊所里所有的女孩子都不怕潘越，除非她是新来的。因为新来的人对于高级合伙人有一种天然的敬畏。潘越将手里的一摞资料给她："整理案卷不着急。你把这些资料扫描一下，发到我邮箱里。我的邮箱地址贴在这里了。最好一个别针的文件扫一个单独的文件夹。"

"哦，好的。"女孩子白得透明，眼睛不敢看潘越，赶紧一手捏着茶杯一手接过了资料，小手腕瘦得真担心拿不动这些资料。

潘越也没问她是谁，反正她总会知道他是谁。潘越进了自己的办公室，把其他的东西随便一丢，又去窗前站了一会儿。潘越的办公室虽然不大，但是有一面落地大窗，看得见故宫的红墙琉璃瓦和车水马龙的长安街，视野非常好，给人的感觉就更好了。去年年初潘越把父母接到北京来玩，专门来参观过这间办公室，让父母为儿子的事业小有所成骄傲一下。接待朋友们来北京游玩，参观办公室一度也是热门路线。现在潘越已经过了刚刚在北京站稳脚跟的新鲜期，这大半年的时间一直在海口、三亚、北京、上海之间奔波，北京办公室空置的时候反而更多，现在估计马上要换主人了。

略一伤感，潘越想起事情还有很多，转身进了邢然的办公室。邢然和周笑麟正凑在开着的窗户边抽烟，看见潘越进来赶紧挥着手低声说："快关门！快关门！"

潘越在身后关上门："鬼鬼祟祟的，干什么呢！"

"欧总在狠抓管理，不允许在办公室抽烟，抓到一次罚款100。"欧总是王先生的太太，被王先生请来做均昊所办公室行政总经理。她管人、做菜都很有一套，把均昊所管理得服服帖帖、井井有条。

潘越笑说："举报有奖吗？我一进门就领200块奖金也不错。"一面说，一面接住了邢然扔过来的烟。周笑麟把手里的报纸递给他，点了点折好的地方的大标题《上海呼唤高端法律人才》。潘越还没往下看，办公室的门被快速地敲了两下，三个人不约而同迅速将烟藏在手心里屏气盯着门，吴大维推门而入。邢然松了口气吐出一口烟："哎哟我去，抽根烟快吓出神经病了！"

吴大维不抽烟，挥手赶着屋里的烟雾说："自欺欺人。我听到外面此起彼伏的想死你了，就知道是你老潘来了。"

潘越念着报纸："本报记者采访上海律师协会副会长石建山……石会长说：'上海律师行业缺乏竞争，尤其是高端法律服务这部分业务，需要既精通法律又精通外语，还要有一定的情商和经验，人才太少了，几乎没有竞争……'"

邢然说："老潘你听到了吧，这可是上海律协在向你敞开胸怀啊！多大方！多牛掰！"

"我听不懂上海话。"

大家轰然一笑。潘越看着周笑麟说："你跟着傻笑什么？你听得懂中国话吗？"

周笑麟刚刚加盟均昊所，是均昊所纽约分所的掌门人，跟人吵架用英语比用中国话利索多了。他说："得了吧，整个均昊所谁不知道你掉进过上海话的坑里。对了，我特别好奇的是，你是怎么被绕进去的？"官员之间说话讲究一个点到为止，但律师之间不存在上下级的概念，以相互拆台为乐事。

吴大维说："老潘睡着的时候都比别人醒着的时候聪明，谁能绕得了他？"

潘越说："怎么办呢？问我自己要不要去，那我肯定是不去。可是举手表决的时候，每个人举了两只手。既然所里指定我去，那我服从分配，事情总要有人去做吧。"

大家哈哈大笑起来——都明白潘越去上海是目前最好的办法，平衡了各方面的利益，除了潘越必须牺牲自己的利益。从这个角度说，每个人都欠潘越一个大人情。

　　三杆大烟枪抽完了烟，潘越说："王先生在吗？"

　　"在，走，一起过去。"邢然开门先走，一边嘱咐走在最后的周笑麟："赶紧关门，别让味儿出来……"再一回头，欧总正迎面走来。她50岁上下，一套得体的套裙，气质极好。她先跟潘越打了招呼，然后严肃地问邢然："邢律师，你刚才说什么？"

　　邢然也严肃地回答："欧总，保持办公环境整洁有序人人有责！"

　　欧总走后，他们粲然一笑。几个人忍住笑赶紧鱼贯进入王先生的办公室。

　　王先生对潘越说："有的人干了一辈子律师也未必有机会亲手开出来一家分所，你就独自开了两家分所，了不起！从你开分所的情况来看，上海和三亚区别大吗？"

　　潘越说："两者几乎不能相提并论。我在三亚是先拉开阵势干活，牌子一挂，一边找业务一边跑开业手续，两不耽误。但是在上海就规矩多了，先去徐汇区司法局拜码头、要开分所需要的资料、了解流程，再按部就班准备资料，拿不到证绝对不敢先干活。问题是咱们是上海司法局接受申请开立的第一家分所，所有人都不知道该怎么办。今天想一个程序、明天加一个资料，不是一般的随机，简直是摸着石头过河的具体操作版。"

　　"这就是摸着老潘过河嘛！"几个人乐不可支。

　　"办公地点选在了哪里？"

　　"上海目前的发展和北京相比还是差了一些，几乎没有像回事的写字楼或者商业大厦。我们只能在四星级以上的宾馆里找，问题是星级的宾馆也不多见。他们推荐了几个地方，我和大维去看了，也都有不适合的地方。后来还是选了太原别墅。它在上海的中心区徐汇区，原先是法国律师狄百克的私人花园别墅，四几年美国五星上将马歇尔到上海调解国共两党和谈就住在那里，所以又叫马歇尔别墅，是个老牌豪宅改建的高档涉外宾馆。"

　　"那就好。上海分所是咱们在上海滩的门面，要舍得花钱，装修、设备都要一流的。这个上海分所不是小潘的上海分所，而是均昊所的上海分所，咱们要举全所之力，让均昊所的牌子在上海滩上响当当！"

潘越当然马上抓住了重点，笑说："王先生这句话说得好，举全所之力，让均昊所的牌子在上海滩上响当当！上海滩卧虎藏龙，自成体系、封闭排外的风气各位都知道。我虽然有信心，但也需要总所给我点实际的支持。"

邢然说："给你个梯子你还上得真快！"

王先生笑说："怎么个支持法？"

潘越也没扭扭捏捏："一个是租金，开始几个月总所最好能承担一部分，人家租个门面房做小生意，还有免租期的讲究。另一个是人员，各位发动关系多介绍几个靠谱的合伙人，我去谈。还有就是能不能给我派一个行政总管，欧总的得意弟子之类的就更好了，你们知道我不愿意管人。"

租金的问题，涉及的情况就比较复杂。按照均昊以前开分所的惯例，分所的营业场所的所有的装修和设备费用由总所承担，但租金由分所自己负担。这个制度是基于原来的分所财务独立核算的情况。现在随着所里业务的发展，合伙人会议已经确立了公司化管理的新模式。在这个模式下，分所财务不再单独核算，而是改为由总所统一核算。如果财务统一核算，那么分所的租金自然也是由总所支付。

但潘越接受到上海开荒的前提就是：上海分所财务独立核算。在总所制度已经明确的情况下，给上海开绿灯已经让大家很为难，此时潘越又提出总所再承担三个月租金，似乎有点得寸进尺。但实际上潘越绝不会无缘无故增加这个条件，他的理由也很充分：一，他接受这个任务，是为了解决高伙之间不可调和的矛盾，换句话说，是为了所里的发展；二，这种临危受命前途未卜，成功了是均昊所的成功，失败了却是他个人的失败。如果在上海滩铩羽而归，以后的律师从业之路就很难说了，这有一个职业风险在里面；三，他放弃了三亚已经开始成熟的市场，甚至有一部分已经做了一半的业务也不得不交给别人，这一部分的损失应该有一个合理的补偿；四，既然说到支持，再也没有比真金白银的支持更直接的了。

既然潘越能够提出来这个问题，其他人也都知道他是经过深思熟虑，无论如何是无法说服他放弃了。但对于各位高伙来说，还有一个这次破例、下次会不会变成惯例的担忧，大家讨论来讨论去达不成一致意见。

潘越心想，机不可失，今天必须说服他们。他说："你们还是纠结在会不会以后形成惯例这个问题上。其实根本不可能！因为上海所之所以成为特例，是因为它是全中国的律师事务所中第一家在上海滩开的分所，而第一只有一次。"

吴大维说："分所到底要不要独立核算，我们在年底时必须要严肃认真地讨论一下了，所以上海所也有可能是另一个意义上的最后一家分所。考虑到上海的实际情况，我基本同意前两到三个月的租金由总所负担。"

邢然说："老潘，我感觉不好，总觉得哪里不对。你们上海人是不是管这个叫敲竹杠？我们被你敲了一笔！"

潘越说："什么你们我们？要么你去上海，你来敲我们！"

周笑麟说："这句话可以一剑封喉。"

吴大维说："那这个议题就过了。现在说合伙人的事情，王先生、力宇和我总共有三四个备选合伙人，上海分所开业之前我提前几天去上海，和你一起都走访一遍，当然决定权还是在你。"

周笑麟说："我手上也有一个，杜克大学法学博士，现在纽约宾达律师事务所执业。他16岁上北大，是个打打实实的牛人。他想明年回国，但是因为他是东北人，回来也只考虑来北京。"

潘越如获至宝，马上说："这人我先预定了啊，你们谁都不能跟我抢，谁跟我抢我就去谁家吃饭去！"

王先生说："这个话题也过。"接着他按下电话的免提，"欧总啊，这会儿方便请你到我办公室来一下吗？"

不到几分钟，欧总就敲门进来，看了他们一圈说："上海分所来要人吧？"

众人都笑了。欧总看着潘越说："谁要都可以，上海分所要就不给。"

潘越只是笑。欧总说："你心里清楚得很吧？只要你一开口，我办公室里的小姑娘们都得跑上海去，我立马得成光杆司令。"

潘越笑说："那我派人过来学习总可以吧？"

欧总笑了："你这个提法好，我马上做一套行政主管培训体系出来，以后各个分所的行政管理就可以保持一致，最好是能垂直管理。"

邢然说："行政垂直管理？除非是分所和总所并表统一核算。"

欧总知道核算问题是矛盾的焦点，并不穷追，而是说："小潘，总所的人周三已经派到上海去了。你是说4月1日开业吧？现在不到一个月了，你还没有找到人？小丫头一个人在上海忙的脚踩风火轮，要撂挑子了，你得赶紧招人！"

邢然说："4月1日愚人节开业？晕死！你开所怎么跟开玩笑似的？还是要图个吉利，寻个黄道吉日吧。"

"算了算了，择日不如撞日。不过4月1日开业，以后每年所庆都是愚人节确实有点问题，那就3月31日开业吧。你们谁有空谁去上海看一眼就行了。"

王先生认真说："不能像三亚所一样那么随便。上海分所是咱们的一面旗帜，咱们是全中国第一家敢在上海滩开分所的律所，一定要热热闹闹整出点动静来！"

吴大维说："上海律协不是说高端法律服务没有竞争吗？咱们就是冲着这块业务去的！我建议这个开业仪式搞成西式的酒会，咱们分头邀请客人。经贸部、全国律协、上海律协、司法部、上海市司法局、跨国公司……凡是可以支持咱们工作的，都要尽可能的邀请。"

周笑麟说："这个主意好。在美国，有很多普通人不了解北京，但是很少有人不知道上海滩，上海滩的影响力大得超乎想象。"

王先生说："好，就搞西式酒会！费用总所来承担，到时候全体合伙人都要参加！"

"等一等。"欧总说，"你们嘴巴一开一合就定了开西式酒会。请问各位，西式的酒会到底该怎么布置？我算是见过世面的，也就参加过一次。会场是在室内还是室外？长桌子还是圆桌子？要几种酒？几种酒杯？吃什么？要不要另外准备一个中餐厅？要不要借音响喇叭放音乐……这可是开业，弄砸了怎么办？"

吴大维说："我在美国读书的时候，倒是和同学们一起学着老美办过几次party，虽然人数都不多，也算是个经验，我来做指导。"

几个正事谈完了，王先生提议晚上聚餐。潘越笑嘻嘻地说还有事，拉着欧总要借所里的"一起气死"。"一起气死"是所里的一辆破红旗车，车牌号是"1774"，大家都叫它"一起气死"。它是目前所里唯一的一辆车，欧总管得比较严格。大家都知道潘越借车要干吗，都摇着手纷纷说今天没事。

王先生叫住潘越说："正想说这个呢，差点儿忘了。"他让潘越关上门说，"你和小林的事情，小林跟我说了。"他严肃地看着潘越："亚黎是个好姑娘，你说离就离了？"

潘越知道王先生和林家的关系不同寻常，他来问，就有点半正式的性质了。

052

从某种角度来说，也未尝不是好事。他说："我们之前已经分居差不多三年了。其实您老也应该知道，我前年之所以下决心离开北京总所，愿意去海口分所待着、去三亚开分所，重要的一个原因就是我想离她远一点。从前年离开北京的家到现在，我再也没有回去过。"

"你们之间到底是为什么？有什么不可调和的矛盾？"

潘越实话实说："其实刚开始还只是生活差异上的矛盾，她要过朝九晚五的生活，我做律师业务每天最少要工作10个小时，还要全国出差，不可能达到她的要求。以前嘛大吵三六九，小吵天天有。我知道，两口子吵架的事情男人们都经历过。可是被反锁在屋里吵个三天三夜，不让吃饭、不让睡觉、不让打电话，估计经历过的不多——女人发起疯来不可想象的！但是导致我们婚姻破裂的主要原因是……"潘越垂下头深深地叹了口气，"她把我们的孩子打了。"

王先生也愣住了，办公室静了一会儿。王先生默默地扔给潘越一根烟，马上说："只能闻不能抽啊，发现一次罚100块钱。"

潘越将烟放在鼻子底下嗅着，说："我已经三十多岁了，特别想要个孩子。我们俩明媒正娶、年富力强，怎么她就不能容下一个我的孩子？"

王先生不等他说完就打断说："我能理解你。"

停了一歇，王先生说："小林的情况我就不重复了。你的情况我也是了解的。但是小林不同于别的姑娘，其他的花花草草枝枝叶叶，不管是真是假都得剪得干干净净。对于她来说，你在哪里影响不大，她想去哪里都可以，重点是你值不值得她去。"

潘越笑说："我就是吃了干打雷不下雨的亏。"这时潘越的大哥大突然响了起来，潘越看了看号码，笑说："神了。"一边接通了电话，"真是说曹操曹操就到，王先生正在这里说你好呢。"

电话里传来赵亚黎的声音："这么巧！那你代我向王先生、欧总问个好。就一个事情，既然你在北京，哪天过来把你的东西拿走吧。我要搬家了。"

潘越立刻意识到，这就是说她要结婚了。潘越说："那些东西你看着处理吧。要就要，不愿意要就扔了。"

赵亚黎停顿了一下，说："你倒真是什么都能放得下！"

潘越说："对了，在镜湖咱们说什么时候吃个分手饭。怎么样？你明后天有时间吗？"

"周日吧。"

"好的，周日中午，咱们叫上北京的亲朋好友一起，务必把分手饭吃得热热闹闹、高高兴兴！"

潘越挂了电话，说："后天中午我和赵亚黎吃分手饭，请各位务必光临。我去让欧总帮着定个酒店。"

王先生说："你别嫌我这老头子多管闲事。我个人对你的性格是欣赏和喜欢的。"

"那王先生可一定要帮我啊！"

"唉！我把小林看那么牢，每次吃饭必须离你十万八千里，到底是怎么被你追上的？"

第五章
律师脱下西装就像脱去了铠甲

人生的路很漫长，
但关键的只有几步。

　　潘越从王先生那里出来直接进了吴大维的办公室。吴大维喜欢中式风，办公室自费更换成中式办公家具，茶几上摆着讲究的茶具之类的小物件，一派中国老贵族喜欢的风格，比别人讲究得多。

　　律师们都是有点口才的，尤其在均昊所里，没有两把刷子根本不行。潘越的口才算是好的，随时随地开口都能说得逻辑清晰、调理分明，但和吴大维比起来还是甘拜下风。吴大维简直是天生的政治家。大家都说他投错了胎，如能投胎在美国那种靠演讲打天下的地方，早晚都有可能成为第一个美国华裔总统。他说话是气势与内容并行，只要听他讲一个小时，一般厅局以下的干部会认为他至少得是国家的部级领导；嗓音特有磁性，仅凭借声音让女孩们犯花痴的他也是一枝独秀。这估计跟他根正苗红的出身有关，他家里随便拿一本相册，里面全是他家人和国家领导人合影的照片。但上山下乡吃大苦头的事情他也没缺席。后来恢复高考，他凭本事考上大学，又去美国留学拿到学位。所以，他身上有着一般人没有的气场。

　　"有什么好茶？"潘越说，"上海那边几个备选合伙人的情况，咱俩通通气。"

　　吴大维是均昊所目前的主任。加上"目前"二字，这里头有个缘故。按照司法部的要求，律师事务所一定要有主任。可是均昊所自成立开始就定了民主、平等、公开的管理方法，所以他们确定了由邢然、吴大维、周笑麟定期轮换做主任管理律所事务，以相互制约。

吴大维一边给潘越用复杂的方式泡茶，一边问："你有什么想法？"

"目前女性不考虑，以后人多了就无所谓了。"

"这是林洋定下的基本国策？"

"现在是开荒时期，男人都当牲口用，女人我怕顶不上。"

吴大维说："你这话不对。有的女人比男人厉害多了，我前妻就比我厉害。"

"怎么你也成了前妻？不是说好了她从美国回来随你吗？"

"是啊，她连担保书都从美国寄回来了。不但寄了我的，还寄了邢然的。她担保我俩去美国进修。这次只要我去，基本上就可以拿到绿卡。可是我不想去，邢然也不想去。我俩都觉得，美国再好，是人家的主场，我们本事再大也掀不起大浪，没劲！她看说服不了我，就又想等美国的律师执照下来再回国。可是拿到执照以后，她的那个律所舍不得她走，给她开出了特别好的条件。我俩思来想去，算了，谁也不勉强谁，都有权利过自己想要的生活！所以……"他做了一个了结的手势。

原来两个人都过于优秀，也有无法调和的矛盾。

"咱们说正事。"吴大维扳着手指说："邓辉，31 岁，上海人，人大法学院研究生毕业，父亲是上海老干部。他现在是大型国有企业集团法律部的副总。"

"这么年轻的国家干部，为什么想干律师？舍得吗？"

"干得不开心。到了现在，这种国家级的大企业里，法务部居然还是行政部的下属二级部，法律的地位可见一斑。你想他人大法学院毕业是什么眼界？他一直在做兼职律师，有经验。现在有出来做专业律师的打算，但是非常谨慎和挑剔。"

潘越思考着。

"第二个是我想重点争取的，是去年年底在全国律协开会的时候遇到的人，我对他一见钟情。刘查理，山东人，你别笑。这名字是原名，因为他父亲是老教会学校的高才生。他本人研究生毕业于华政，28 岁，风华正茂，个性张扬，长得也是一表人才。去年年初刚刚成立的上海同理律师事务所，他是创始合伙之一人。他跟我说，均昊所是他的对标，他一定会在五年之内超过均昊所！"

"所以你想把他挖过来？真想得出，去挖一个创始合伙人。你太饥不择食了吧！"

"他是金融法律服务专家，别看没留过学，英文不会比我差，可能金融法律英语上比我还好。以前一直在上海国营律所做，是上海大律师应国韬老先生的得意弟子，你不想要？"

"想！"潘越干脆地说，"这样的人值得我三年五年地盯着他！"他突然想起一个人来："我手里也有一个可以争取的——日本早稻田大学法学博士。三十出头的年纪正是做事情的时候，现在在日本全球药业排名前20强的公司里做法律总监。"

"这种背景的牛人还不拼了老命抢回来，有什么好犹豫的？"

潘越笑了："唉！可惜了，她是个女的！"又说，"而且人家日本公司推崇员工终身制，对她这样的高管是捧在手心里的。所以不知道她肯不肯回国。"

"拿到早稻田大学法学博士的女人，你集齐七个就可以召唤神龙了！她们绝对不会让你失望。你得想点办法让她回国，这样东亚方向的法律事务你就算是有了掌门人。我知道你有办法的，只要是个女的你总是有办法的。"吴大维坏笑起来。

潘越没理他，说："我再想想吧。不过现在我们从外面四处挖人，办所理念和行为方式都不会太一致。人进来以后需要总所的律师带一段时间，把均昊所的文化传承一下。我在镜湖的项目进入关键阶段了，分不开身。"

"这个我们讨论过了，各人手头上都有事情，长时间肯定脱不开身。这样吧，我们谁有空谁去上海待个把星期，大家拉扯着带。你浙江的案子怎么样了？"

在均昊所还是一个较小的规模的这个阶段，合伙人们还保持着一个很好的习惯——集体讨论影响重大的项目。合伙人之间是无限连带责任，利益同享、风险同担，大家都很谨慎。而且坚持下来也有收获，通过讨论互相学习、共同提高。今年邢然做的济南的法律项目，吴大维、邢然和蒋力宇一起做的海南机场的法律项目还都还开了专门的讨论会。

潘越把目前遇到的问题大概讲了一下。吴大维说："这个得叫上邢然，这家伙这方面专业。"一边拿起电话来："邢大累，来讨论案子。"

邢然年纪轻轻就半头白发，号称是被所里累的，所以有邢大累这个绰号。

没一会儿邢然端着大茶杯走进来："正想换换脑子呢，老外对法律条文实在太较真了！老潘，你给国企做法律服务就不会遇到秀才遇到兵的情况，这点我挺羡慕你。"

潘越一瞬间想起了半懂不懂的沈达成，摇摇头说："知我者谓我心忧，不知我者谓我何求。不说了，来来来，正好说说这个国企改制的事情。"潘越总体介绍了一下镜湖电子厂改制背景和进度。

邢然说："改制方案得到政府的认可同意了吗？"从程序上，国有企业的改制方案要先经过职代会审议通过，才上报给以体改部门牵头的各有关部门征求认可。但邢然是专家，自然知道谁具有决定权。

"认可了，而且职代会已经通过改制方案。政府的关注点是平稳过渡，尽快盈利。"潘越说："最大的问题出在银行。银行在这个关键时候起诉并查封了资产，一时之间很被动。没有更好的应对措施，暂时只能见招拆招。"

"有些做法可以先做，但是还不能说，黑猫白猫抓住老鼠就是好猫。"邢然说，"我觉得我们在济南的做法就很有借鉴意义。虽然两家企业的情况不同，但大方向和目标是一样的。"邢然拿过一支笔，几张纸，在茶几上边说边画："在咱们上次研究的基础上，我理顺了一下。先由企业管理层以经济补充金与企业欠付个人债务所对应的量化资产，再按照职务标准出部分现金，共同设立工会持股会。企业主辅分离、职工带资分流，将企业支付给职工的身份置换经济补充金所对应的量化资产从企业资产中剥离出来，企业以资产方式清偿职工债务。职工将企业以资偿债取得的资产等价转让给工会持股会，职工对工会持股会主张债权，在产权转让协议中约定偿债时间表。"

邢然画了几个箭头："全体职工以经济补充金量化资产、工会持股会以受让的资产共同设立一个新的法人实体，工会持股会持有新法人 44% 的控股权。原企业以剩余资产承担剩余债务，并在新公司托管下存续经营，适当的时候新公司兼并老企业完全实现其他债权人的利益。"

吴大维说："说起来简单，这里头要综合运用国有企业改制的法律方法、财务方法和资本运作方法。但是好处是显而易见的，做到了所谓'零资产'改制，就是由老企业的全体职工接受了老企业的全部资产、债务和业务。只要企业有核心产品，有技术，有人才，这个方法是相当不错的。"

潘越拿起来鬼画符一样的方案图研究了一会儿，总结说："老企业以资产的方式支付给职工安置和补偿费用，职工把这部分费用投资给新公司，再把新公司的产权转让给工会持股会，按照协议约定享受债权人权益，承担比较小的风险。管理层因为除了要以补偿金入股外，还要有一部分现金出资，他们来承担重大经营风险，同时保障其他职工的利益。老企业的剩余资产用来保障金融债权和其他债权，等还清债务后被新公司兼并……"潘越抑制不住内心的惊喜，"好！"

邢然笑说："你别想着整银行，他们也不容易。我们倒是可以通过和工总行沟通来做些疏导工作。不过小小的县级分行和总行级别差得太远，力量传导下去可能就弱多了。"

潘越说："本来他们就翻不起大浪。只是我想借这个机会把问题解决掉，以后可以运用的方法就多了。"

吴大维说："我很好奇，你作为律师，是怎么让镜湖市政府能跟着你的指挥棒转的？这很难做到。"

潘越笑："无非是合作共赢，协同发展。刘秉璋市长刚刚40出头，草根出身想要突围，需要业绩啊。他又有个法律文凭，见识不一样。"

"要说看问题抓要点的本事，那是谁也不如你老潘，这个纯靠天赋，读多少书是没用的。"

三个人都笑了。邢然突然想起来："对了，老潘你走了，三亚所怎么办？"

吴大维说："副主任罗明亮罗律师，你和他共事过这么久，感觉怎么样？"

潘越沉思了一下，并没有评价罗明亮本人，而是直接说："我建议还是和海口所合并吧。"潘越没有回避他俩疑惑的眼神，"原因主要有二，一是海南经济大开发，热闹有余但是后劲不足，而且海南的交通始终是个大问题；二是我们马上要开深圳分所，南方的布点足够了。"

三个人各自思索了一下，吴大维说："行，这个提议交到合伙人会议讨论。"

谈完了正事，邢然站起来说："天都黑了，老潘赶紧去接林洋吧。大维，咱俩跳舞去？"邢然是个舞王，喜欢跳拉丁舞。

吴大维说："拉倒吧！上次我去还说等你教我呢，结果你被一众美女围得密不透风，我当了一晚上壁花。我可不去了！"

潘越出了吴大维的办公室，早已过了下班的时间，外面的大办公室里灯火通明，好多人在埋头加班。潘越从欧总那里拿了车钥匙，和她边走边聊。路过影印室时，欧总习惯性地说："怎么没关灯？"便进去关灯，就听她说，"章云苏？第一天来实习就加班了？"

女孩说："欧总，已经快好了。"

潘越跟进去，发现加班的是帮自己干活的女孩："是你？你在做我的事情吗？"

"这一叠马上可以结束了。是因为一开始不太会用扫描仪，耽误了一些时间。"她说着一边把扫描仪里的资料翻了个面。

潘越说："哦，这些资料不着急。我是想全部留下电子档备案的。你有时间就做一些，做完了拷在优盘里给我就行。今天赶紧下班吧，天都黑了。"

"好的。"她手脚利索地将分散的资料整理好。

欧总出来和潘越边走边说："我本来挺怕这些学习特别优秀的孩子的。学习好的孩子都自视甚高，事务性的琐事不愿意干，专业性的事情又一时半会儿上不了手。这丫头不错，难得聪明的孩子还踏实。"

"她是哪个学校的？怎么个优秀法？"

"人大法学院的研究生。小姑娘是天津人，厉害在从小学到研究生没考过试，一路保送上来的。看不出来吧！"

"本科保送人大？"潘越震惊地说，"人不可貌相啊！"

潘越回到办公室，想想林洋下班还要一会儿时间。就用办公室电话拨通了那个熟悉的号码。很快一个温柔的女音接起了电话，一句标准日本语："空帮哇。"

"燕妮，是我。"顿了一下，"潘越。"

"啊，是你！"那边换成了惊喜的中文。

"你好吗？"

"你呀！你平均一年向我问一次好，我怎么好意思不好。"那边虽然抱怨着，声音里依然透出亲昵，"怎么？这次是什么事？"

"北京均昊律师事务所所在上海开了分所，我是创始合伙人。"

"你好好的司法部直属律师，不做了？"

"不做了，下海自由泳了。"

"这才是你。"

"你也回来吧。来上海做律所的高级合伙人。"

那边略一沉吟："除了高级合伙人，还有其他身份吗？"

潘越温和而干脆地说："没有了。"

她轻轻叹了口气，笑说："我想想。不过，答案应该是否定的。"

"先别忙着否定。这样，你有空跟我们的其他合伙人谈谈，多了解了解再说。"

"我现在生活悠闲自得，没有特别的理由，为什么要重新选择？"

"当年你肯从海南舒适的生活里跳出来，一无所有地去日本留学，是为什么呢？你的个性不适合悠闲自得、无所事事的生活。现在中国是经济爆发增长期，正需要你这样的人才。我给你准备好了大展拳脚的平台，好好想想，回来吧。"

"我已不是当年的我了。过了 30 岁，女人需要的生活重点是不一样的。"

"你的重点将永远是不甘平庸。回来吧。"

她在电话那端无声地笑了。这个男人太了解她。她说："我想想。"

潘越放下电话，对是否说服了她还是没底。邢然的话对他启发很大，确实，如果梁燕妮能够加盟，均昊上海分所的东亚法律事务将成为一块金字招牌。梁燕妮和潘越曾无话不谈。那时潘越还在海南，和赵亚黎冷战分居，各种烦恼、琐事只会和她倾诉。后来他俩渐行渐远，是因为梁燕妮要去日本留学，而潘越一心想在国内建功立业。那时一别，人生就各不相干了。

潘越的小情绪被林洋的电话打断了，一直在办公室磨蹭的潘越迅速拿起外套出门去接她。正好电梯在关门，潘越喊："等一等！"

电梯门再次打开，大眼睛实习生章云苏按着电梯按钮局促地对潘越一笑。电梯门一关上，狭小的空间里就他们两人，镜面的电梯门映着他俩的身影。潘越穿着黑色的呢大衣，章云苏是一件黑色的长羽绒服。她一直低着头扣着羽绒服的扣子，一缕长发垂了下来，她轻轻用细长白皙的手指将它们拢到耳后。

潘越心想，人家形容女孩子身上带着书卷气，原来就是这种气质。电梯里静悄悄的，气氛显得有点尴尬，潘越就没话找话："家不在北京，住哪里呢？"

"宿舍。"

"哦，那还不太远。现在还有公交吧？"

"有的。"

她显然不会聊天。好在电梯很快就到了。他俩出了大楼的门，一股子寒风嗖嗖地迎面吹来，潘越竖起来呢大衣的领子禁不住说了声："好冷！"

章云苏赶紧戴上了羽绒服的帽子，整张脸深陷在大帽子里，冲潘越摇摇手："再见。"

这么冷的天，又黑透了。潘越终于还是没忍住："那个，我去接女朋友，路过你们人大，我带你过去吧。"

"不用，谢谢您。"章云苏哪里敢搭高级合伙人的顺风车。一面使劲甩着衣袖把手缩进袖子里去，一面加快了脚步走了。

潘越看着夜色里章云苏瘦弱的身影在寒风中瑟缩地走着，还是因为给自己干活弄到这么晚，感觉要是就这么开车走了，简直就是赤裸裸的资本家。于是开上车路过章云苏的时候，就停了下来喊她："赶紧上车，这里不让停车！"

章云苏没办法拒绝，只好赶紧上了后座。

他们无话可说。潘越看她太局促了，就找话说："你的姓是弓长张，还是立早章？"

"薄水窦章，云苏潘葛。我是立早章。"

潘越听得一头雾水："什么意思？"

"我的名字就百家姓的顺序，正好我父亲姓章，我母亲姓苏。"

潘越笑了："有意思。你的父母是知识分子吧？"

"嗯，他们两个都在大学里当老师。"

"天津大学？"

"南开。"

"一家里两个南开教授，了不起。那你怎么会想做律师呢？"

"我不想做律师。"

听她这么直接地跟合伙人说出真实想法，倒是让潘越很吃惊。"那干吗来均昊所实习？"

"我也想做大学老师。可是如果以后做了老师，一个实际的案例都没有接触过，连律师事务所怎么运行都不知道，怎么教学生呢？所以就来了。"

潘越忍不住从倒后镜里看了她一眼。

她看潘越没说话，就问了一句："均昊所只接受以后能留下来的实习生吗？"

"你会留下来吗？"

"我……应该是不会。"

"别担心，你这么优秀的孩子，均昊所很欢迎来实习。即便是现在留不住，以后做了老师，也可以帮均昊所培养更多的优秀人才嘛！"潘越还是很欣赏她的，虽然看起来弱不禁风，可是有想法、不迎合，是难得的人格独立的人。

在人大门口放下她，一边开车一边给林洋打电话："好了吗？别着急，外面冷，我到了打你的电话你再下楼。还是那个'一起气死'。"

潘越也觉得奇怪，自己在感情上也算个饱经沧桑的人了，怎么好像是第一次恋爱？以前看小说，说人会得相思病，想一个人会茶不思饭不想，辗转反侧睡不着，觉得都是扯淡。一个大男人要齐家治国平天下，哪有那些心思？现在算是知道了。从过完年开始，他海南、浙江、上海三地疲于奔波，完全可以忽略北京。可每个周五不管在天涯海角都要回到北京，十几个小时舟车劳顿，就是为了要接她下班，一起亲亲热热吃个饭过个周末。

潘越把车停在楼下，把车里的暖风打得足足的，站在车边上等她下来。

林洋穿着浅蓝色的长大衣。她身材修长，大衣裁剪极好，浅浅的蓝色在一群黑灰的衣服里显得鹤立鸡群。

潘越一看到她就笑起来。她刮了一下潘越的鼻子："傻笑什么呢？"

潘越等着她身后的人走远了，拦腰抱起她打了个转。林洋咯咯地笑着掐潘越："疯子！"

潘越说："赶紧上车，车上暖和。"

车里放着林洋最喜欢的英文老歌："I fell in love with you watching Casablanca……"潘越握着林洋的手放在车挡上，这样换挡时也可以不分开。一面开始跟她说着这一个星期发生的大小事情。潘越不是个絮叨的人，也明知道沈达成、侯志国、高学峰这些人和她永远在两个世界。可是潘越就是愿意讲给她听，事无巨细一一汇报，她也总是听得津津有味。

很多年以后，潘越偶然看到一句话："当你老了，你会发现，你最愿意说话的那个人，其实是你最爱的人"。潘越对着这句话，坐了整整一个下午。那时潘越已经不爱讲话了。那时的潘越已经心如止水、喜怒不形于色，除了专业之外，再也没有什么废话。

车窗外北风呼啸，骑自行车的人包得严严实实的，费力地迎着寒风踩着脚蹬。车内音乐如水，像一只温暖的船载着他们驶过长安街。

潘越心里想：这就是幸福吧！

周日中午，北京老东华饭店门口，潘越正经八百地穿着西装打着领带，他身边的赵亚黎也很给力，为了配着橙色的毛呢裙子好看，冒着春寒穿着丝袜，颇是一景。

一众狐朋狗友看见潘越他俩站在门口笑脸盈盈，硬是不知道怎么开口打招呼。

邢然塞了个红包给赵亚黎："一日为嫂，终身喊嫂子。嫂子，我恭喜你摆脱老潘这个不靠谱的男人。下次再找男朋友，四眼儿的十有八九是坏人，一定要严防死守！"

吴大维、蒋力宇和周笑麟都戴眼镜，六只手同时把他推到一边。每个人都递上红包，纷纷说："老潘这人不靠谱，但是他眼光好！看看嫂子您，再看看他的朋友我们，真是不得不佩服他！"

赵亚黎被他们逗得笑得合不拢嘴，说："红包就不用了吧，这怎么好意思。又不能回礼。"

吴大维说："不一定，估计您得给我回礼。我觉得你们这个形式挺好，回头我吃分手饭借鉴一下你们这个创意，搞个西式酒会的分手宴。"

分手宴一共摆了四桌，潘越和赵亚黎发表了简短的敬酒词："感谢诸位在我们婚姻存续期间对我们的照顾和关爱。以后虽然我们的婚姻从形式上解体了，但是友谊仍然地久天长！"然后挨桌敬酒，哪一桌都不是省油的灯，闹得沸反盈天！

服务员们完全看不懂了：这两人穿得那么喜庆，却站在台上说离婚快乐？从来没听说过离婚分手还要办个酒席的！这是演的什么戏？再看这离婚的两人，谁也没见谁凄凄惨惨，反而比结婚还闹得欢腾，这到底是咋回事？

他们这里声浪一浪高过一浪，隔壁桌的人不高兴了，派了个年轻人过来交涉："喂！你们小点儿声行吗？这饭店不是给你们包场！"

今天饭店是两家同时共用，他们这四桌和另外六桌中间用屏风分隔开的。屏风那边的六桌正在办寿宴，本来也是热热闹闹。可是他们实在是太闹了，人家那边说话都听不见，这才派人过来提意见。

这边正喝得无法无天，一听人家在办寿宴，纷纷端起酒杯："这是同饭的缘分啊，走！给老人家敬酒去！"也不管认识不认识，一群人拎着酒瓶子，端着酒杯哗啦就去敬酒。结果到了跟前他们都乐了：坐在正当中红光满面、白发苍苍的老人是司法部退了二线的老部长崔部长！崔部长家和邢然家做了很久的邻居，说他看着邢然长大一点也不过分。而他们几个合伙人都曾经在司法部下属律师机构做职业律师，谁不认识老部长？而且离开司法部的体制自己开所，各种问题也没少请教崔部长。这种奇遇让已经喝嗨了的年轻人们尖叫起来，为了抢在前面敬酒简直不知道打了多少嘴仗！崔部长被这群青年才俊哄得心花怒放，本来已经好几年滴酒不沾，这次开心得喝酒喝得按都按不住。

这一顿分手饭吃得那叫潇潇洒洒、轰轰烈烈！20年后，有个很火的电影，在开头设计了夫妻离婚摆分手宴的情节，潘越在家里看中央六台重播的时候，随手关了电视：这种桥段都是他真实人生玩儿剩下的！

分手宴结束，欧总看他们几个酒都高了，就叫张师傅把"一起气死"开了过来，一辆破车塞了七个人，直接把他们接到了自己家里。

他们这群人没少在王先生家蹭饭。欧总的手艺好，王奶奶的手艺更好。几个人虽然喝得放浪形骸，见了王先生的母亲叫起奶奶来却是一个比一个嘴甜，把老太太哄得立即就说："晚上谁也甭走了，咱吃饺子！"

欧总和老太太卷起袖子开始摘菜剁馅，几个男人在小书房的地板上一坐，照例打起了双升。厨房里叮叮当当剁馅的声音响得欢，书房里此起彼伏的吵闹声也叫得欢。邻居过来串门稀奇地说："你们家这是来了多少亲戚啊？热闹得快赶上过年了！"

欧总进书房叫他们吃饺子的时候，他们正闹得沸反盈天。邢然饿得受不了，先去厨房摸了俩馒头一碗咸菜，馒头夹着咸菜吃得正欢。龚骏坐在潘越后面眼珠子快瞪出来了，喊着："你怎么还有二呢？"潘越头上顶着三个枕头，吴大维顶着三个沙发垫，周笑麟顶着两个枕头，蒋力宇没枕头也没沙发垫了，顶着两件揉在一起的大衣，一只大衣袖子垂在脸上也顾不上管，狠狠甩出两张牌："对钩！哈哈！主钩扣底，一钩到底！哈哈哈……"

王奶奶的饺子是一绝，忙了一下午包了几百个饺子，他们狼吞虎咽，饺子瞬间就见了底。邢然气得抱着一碗饺子汤守在桌边不肯走。他刚吃了俩馒头，吃得太猛撑着了，咸菜又齁得慌，只能喝点饺子汤化化食儿。

吃完了晚饭，周笑麟和龚骏要打麻将。这俩人在美国寂寞空虚冷，组团打麻将打上了瘾。俩人打了一堆电话，大家周日晚上都没空出来，凑来凑去三缺一。龚骏一眼看见潘越还在埋头吃饺子，就问："老潘，会打麻将吗？"

"算会吧，不过打得不好。"

周笑麟和龚骏相视一笑："我们太欢迎你这种打得不好的海南土豪了。赶紧吃完跟我们走！"

潘越一想，明天早上飞机回上海，今晚也只能一个人在酒店睡觉，就说："走就走！"

三人吃饱喝足后离开王先生家，直奔他朋友家去。他朋友的太太还在美国没有回来，家里没有女主人，家具摆得毫无章法。屋子当中一桌麻将已经摆好，四人二话不说直接开打，一直打到凌晨两点。

潘越说："不行了，我得睡会儿，等会儿还得赶早班飞机去上海。"

大家横三竖四各自就地找地方睡觉。潘越就和衣在沙发上一倒，没两分钟就睡着了。

四点多潘越醒来，看看其他人还在睡，就没叫他们，自己出了门。

天还是黑的，北京城还在沉睡，天上的星星晶莹透亮，空气呵气成霜，正是一天中最冷的时候。这朋友家是北京的老四合院房子，四合院里搭建得曲曲折折。潘越捂着呢子短大衣在迷宫一样的院子里转了半天才匆匆出了大门，沿着胡同往外走。整个胡同里就回荡着潘越一个人走路的脚步声，好不寥落。好在胡同口亮着昏黄的路灯，算是能勉强看清脚下的路。出了胡同走了好远才看见有夏利开过来，潘越如获至宝，赶紧打上了车，说一声："先去燕京酒店，您在酒店门口稍微等我一小会儿，我拿个行李马上去北京机场。"

司机一听，这一大早拉到这么好一活儿，立刻来了精神，脆亮地答了一声："好嘞！"

潘越在车上睡得晕晕乎乎就到了酒店，可是在房间里拎起行李后，却到处找不到身份证！裤子口袋里的东西都掏出来了，只有机票和一把零钱。上飞机，身份证是个要命的东西，补都没地方补！潘越把行李包掏了个底朝天，对着一堆衣服冷静地想了想：身份证一定是和机票放在一起的。今天身份证最后可能掉出来的地方，就是刚才他睡觉的沙发。可是菩萨基督，我刚才在哪里睡觉来着？千万不能让这司机走了啊！

潘越赶紧拎着行李出来，看见小夏利还在，心里松了口气，对司机说："您还记得我刚才在哪里上的车吗？"

司机已经等得不耐烦了："记得。您几点的飞机，得赶紧了吧？"

"得赶紧了！麻烦您再把我拉回刚才我上车的地方，我身份证丢在那里了。没有身份证上不了飞机！"

司机一听，调转车头一踩油门就飞奔出去。好在还早，路上还没有什么车。顺利地到了那胡同。潘越好容易在曲折凌乱的四合院里找到了朋友的屋子，一通狂敲，压着声音喊："开门，龚骏，开门！周笑麟，开门！"

旁边屋子有人骂起来："神经病吧！几点啊！找抽是吧！"

潘越急得团团转，突然想起来大哥大，就拿出大哥大来打龚骏的电话，还好电话是通的。

龚骏拿着大哥大蓬头垢面打开门，只看见一道影子闪进了屋子里。再一回头，潘越正趴在地上用胳膊在沙发底下往外划拉，划拉出一双臭拖鞋。

龚骏伸了个懒腰："老潘，你不是一早要去上海吗？怎么在沙发底下淘上金了？"

潘越顾不上理他，把拼在一起的三人沙发索性拉开来，沙发缝里"啪嗒"掉出来一张身份证。潘越如获至宝，赶紧捡起来确认是自己的。这才从地上站起身来，边拍裤子边说："行了，身份证找到了。我走了，你接着睡吧。"

龚骏说："等等，我跟你一起去上海。"

潘越说："别玩儿我，我赶飞机要来不及了。"

龚骏浑身上下一摸，从西装口袋里摸出了钱包，他打开检查了一下："钱，身份证都在。走吧！"一手拿起自己的外套，一手五指叉开拢了拢头发："人不激情枉少年，我跟你去上海开荒！"

龚骏北大法学院名师高才生，在外经贸部干了两年后考入哈佛读 MBA，是目前所里经济知识、商业知识和法律知识都受过顶级培训的第一人。潘越没想到一夜麻将换来一个这么优秀的同盟军，来不及表达激动的心情，只说："快！夏利在门口打着表呢！"

同一辆夏利车,在同一个早晨载着同一个人,第三次驶过长安街。

北京城已经醒了,晨光初现,灰灰的天还带着北京城特有的薄雾。老人们在街边上一边走,一边甩着胳膊踢着腿。妈妈们骑着自行车带着孩子,都还穿着棉衣服,捂着大口罩,一路按得车铃铛叮当作响。公交车站已经开始有人排队等车了,庄严肃穆的天安门飞快地从车窗掠过……

潘越回过头看着越来越远的天安门,心里默念:"再见,北京!"

第六章
炒掉一个高级合伙人

谈判谈到图穷匕见，
那是下策。

潘越正式扎营上海。头等大事是分所开业，可是分所最最基本的人还没稳定下来，四天换了三个前台。

秦大江招前台，分不清前台行政和律师助理的区别，一心求好，招了个华政刑法专业研究生毕业的女孩子。人家来了两天，发现居然是来做前台的，遂愤而辞之。临时招的第二个是地道的上海女孩子，上班先跟着总所派过来的行政支持王怡在外面采购了一天东西，直接就说太累不来了。第三个女孩子，人是高挑靓丽，就是有美女的通病，总觉得她的事情别人会抢着帮她做，她只要负责漂亮就好了。王怡又要搞装修，又要买设备，又要准备酒会，忙得一阵风一样，她就坐在前台里纹丝不动，把王怡委屈的给总所欧总打电话要请病假。潘越真是觉得颜面尽失。龚骏还取笑潘越："你不是喜欢美女的嘛！"

两人正在心烦，潘越的大哥大响了，电话里一声脆亮的女孩的声音："老潘！"

潘越差点就下意识地答应了，心里犹豫了一下，这么年轻的声音，谁敢这么叫他。那个声音利索地说："真没良心，我的声音都忘了？钱婷婷！"

钱婷婷的声音又脆又响，龚骏听得一清二楚正想走开。潘越止住他，对电话里说："我正想找你呢，你快点辞职到我们上海来！"

钱婷婷说："凭什么啊？你以为社科院下面的会计岗是那么简单的？"

潘越没有废话："月薪800块。"

"赤裸裸的金钱诱惑啊，我不……"

潘越说："每个月加200块住房补贴。"

"老潘，不许反悔啊！我卖给你了！"

潘越赶紧咽下了再加100交通补贴的话："今天下午就出发，明天过来上班。"

"周扒皮啊！那不可能……"

"给你500块钱搬家补助，晚来一天就取消了。"

"要现金，我可没发票抵扣。就这么定了！"

"你找我什么事？"

"……那什么，就为给财神爷烧炷香呗！"

挂了电话，潘越说："怎么把她给忘了。这小姑娘是你们北京人，是社科院一个研究所里专干杂活的小会计。我对她印象深刻是因为有一次我让她帮我贴发票，一把几十张零碎发票扔给她，下午给我的时候贴得板板正正，栏目分得清清楚楚。那时候她也不知道我是谁，干活不挑人还干得好，我就喜欢这样儿的。正好她还是个会计，前台和会计可以都兼起来。"

秦大江早已悔得捶胸顿足、泪流满面，早知道拼死也应该多看几个人啊！

钱婷婷走马上任，上海分所的情况立刻为之一变：和律所附近一家干净的饭店谈妥了午餐包餐事宜，全所四个人的吃饭问题先解决了，每天定时定点有了靠谱的午餐，再也不用一到了午饭时间就四处打游击了。和王怡关系搞得情同姐妹，俩人每天一起加班到晚上十二点还能说说笑笑，王怡再也没有向总所提出过要提前回北京的申请。总所行政总经理欧总有名的严厉，居然被她搞定，要来了总所全套行政、财务管理制度，根本不用潘越出手。

龚骏这才相信了潘越的判断，他能想到的一个优秀的律所行政管理人员所需要具备的素质，钱婷婷全部超乎他的想象。唯一的缺点，就是嘴巴太厉害。

龚骏在美国算是参加过西式酒会的人，在上海分所第一件事就是代替吴大维做了酒会指导。1994年，上海还没有会务服务公司这种机构，上海分所开业酒会这样的活动全部要自己动手。租场地、制作邀请函、制作横幅、标志牌、租音响、采购酒品饮料……钱婷婷的脚被鞋磨了个大泡，手里拿着龚骏手工画的酒会摆放草图，在会场中一瘸一拐地来回穿梭。秦大江在镜湖和上海两地跑。潘越和龚骏每天带着一摞邀请函一天十几个单位的跑，笑得脸都僵硬了，晚上再和秦大江搞改制文件……整个上海分所人员简直就是应接不暇。

3月29日，吴大维到了上海检查了一下会务情况，发现所有的横幅指示都没有英文，作为一个放眼全球法律高端服务市场，推崇服务能力与服务意识均与国际接轨，全中国唯一在纽约开了分所的律所，怎么能不是双语标牌呢？全部都得重做！王怡只得在电脑上一个字母一个字母敲出来、放大，再打印出来后，手工裁剪，贴在标牌下面。

但吴大维也不单单是找麻烦来了，他从北京开到了上海一辆二手桑塔纳支援上海分所，这辆普桑，可是为上海分所立下了汗马功劳。

3月31日，均昊律师事务所上海分所的开业酒会终于如期举行了。由于酒会的形式新颖洋气，气氛热烈活泼，在推崇洋派的上海律师界还是引起了不小的震动。

分所开业酒会结束，业务就得言归正传了。吴大维趁着这两天在上海，就和潘越一起约几个准合伙人面谈。

几个备选的合伙人中，除了梁燕妮在日本未回，邓辉和刘查理都受邀参加了均昊所上海分所的开业酒会。刘查理顾虑着自己创始合伙人的身份，暂时不愿意跟他俩单独接触。两人就约定了邓辉，为了显示诚意，两人开车到邓辉的办公室去。

邓辉的办公室在浦东。20世纪90年代的上海正在大建设、大开发，整个交通一塌糊涂，到处都在修路。两人都不认识路，吴大维开车，潘越在副驾驶看地图，从徐家汇开到浦东，各种岔路、隧道交错纵横，眼看着东方明珠的三个还在施工的大球就在眼前，可是怎么也绕不到跟前，一路上足足开了两个多小时，总算是见到了邓辉。

邓辉长得白白嫩嫩、矮矮胖胖，俨然就是一个法律界的王刚。他非常谨慎，问的问题很细致，处处透着上海人的精明。吴大维知道他能力出众，身后还有上海市几家巨型央企的法律服务业务，所以也是知无不言、言无不尽。双方都很有诚意，所以谈话也比较深入。两人聊了很久，吴大维觉得奇怪，怎么老潘今天这么含蓄？转头一看，这家伙靠在沙发背上睡着了！睡着了！睡着了……

均昊所和邓辉双方情投意合、你情我愿，本来很容易到一个锅里吃饭，但邓辉的律师执业证临时挂着的那个上海律所不给他办转出手续。邓辉把申请报告打到司法局,上海市司法局研究认为,上海的律师只能在上海的律师事务所里流动,不能让北京的律所把人才挖走了。作为北京辖属的律师事务所来上海开分所,所有的人都应该是从总所派遣,不能从上海的律师事务所里挖人。结论是:不批准!

证不能动,人就不能动。邓辉只能等机会了。

说到执业证的问题,潘越想起来梁燕妮,赶紧和她联系有没有拿过中国的律师证?梁燕妮虽然贵为早稻田法学博士,但是从来没参加过中国律师资格考试[1],自然也没有证。她若有所悟地说,"这么说,我还得赶紧考个律师证。"即便她考这么难的证也如探囊取物,但从9月考试到实习满一年,最快也要一年半时间拿到执业证。所以梁燕妮也只能暂停了。

目标中的几个合伙人都没有谈成,吴大维只好先回了北京,留下潘越慢慢去磨刘查理。

总所的人撤走了,潘越把所里的人召集起来开会,看了一下自己的家底:

龚骏,有美国执业证,有中国执业证,但他是总所的人,只能算是上海分所临时工;秦大江,刚刚报完名参加今年的律师资格考试。7月份才能拿到研究生毕业证;钱婷婷,会计大专生,中文自考本科,一天法律没学过。换句话说,这个看起来高大上的均昊所上海分所,只有他潘越一个人有律师执业证书!潘越心想:所谓惨淡经营,也不过如此吧!

龚骏作为总所派驻的高级合伙人,先跟大家务虚,讲了一下均昊所的发展和理念:"均昊所是中国最早设立的合伙制律师事务所之一,目标是成为一家提供全方位法律服务、在众多法律服务专业领域占据领先地位的律师事务所,并将在不远的将来在全所范围内建立垂直行政管理体系和一体化的网络办公系统。均昊所是目前中国唯一一家在外国开了分所的中国律师事务所,以后还要在伦敦、东京等地开分所,把红旗插遍全世界。当然这是豪情壮志,但是没有理想就没有未来嘛!这些均昊所的理想和未来,也就是每个均昊所人的理想和未来,这就需要正直的品行、创新的思考能力以及团队合作的精神。团队的每个人都尽职勤勉、相互支持、热爱法律、相信法律价值,努力发挥出每个人特有的能力,共同创造一个令人舒适的、让人有高度荣誉感的文化环境。团队合作是驶向理想彼岸的帆

---

[1] 现指国家统一法律职业资格考试。

船，每一个人都可以在我们的团队里发挥出最大潜能，实现自我的价值，最终共同到达理想的彼岸。"

潘越务实："6月份开始，所里要有组织地去各大高校开展招聘会，网罗人才。关于学生招聘和新人入职以及以后的实习生制度，小钱要尽快在总所制度的基础上形成分所的制度。大江的最重要的任务是今年十月份考出律师资格证。10月份之前小钱在工作上能多担一些就多担一些。"

潘越喜欢秦大江，看得出他虽然表面很土，不会察言观色，其实法律功底扎实，好学上进，很有自尊心。他有心想好好培养秦大江。

"凭什么呀！"钱婷婷毫不客气地说，"他考律师证是给他自己考的，又不是给均昊所考的！"

"团队嘛，应该互相帮助。"潘越对钱婷婷一点招也没。他对所有的女孩子都没招。他自己解释为：男人创造和维护世界的秩序，而女人是来捣乱的。有本事的男人自会收拾残局，只有没本事的男人才会抱怨。

"敢情你们是团队，我不是团队啊？刚才龚律师说了一大套什么要创造令人舒适的环境，最终共同到达理想的彼岸，说了半天我是划船的，专门送你们去对岸的啊？"

龚骏赶紧说："岂敢岂敢，我们完全是在你的指挥下划船的，上岸也是你先上。"

龚骏是通过两件事情迅速建立起对钱婷婷的膜拜的。

第一件事情是上海分所开业之前，有一天黄昏他在街上散步，远远看见钱婷婷和王怡两个人在一个新疆人的推车前买切糕。他正想叫住她俩，就听见她们和新疆人争执起来。钱婷婷说："不是说好买三块钱的吗？我买不起50块钱的。"

新疆人凶巴巴地说："一刀切下去就是这么多！"

龚骏赶紧紧走两步，想替这俩女孩买下来，免得她们因为舍不得钱吃了大亏。还没走到跟前就听见钱婷婷干脆地说："那我们不要了！"

新疆人手里握着切糕的刀上前一步："切下来你敢不要？你不要我卖给谁？切下来就必须要！"

王怡胆怯地拉着钱婷婷的衣服说："算了……"

龚骏放缓了脚步，这时候他倒好奇了，想看看这两个女孩怎么处理这个僵局。

这新疆人五大三粗，凶神恶煞一样逼近两个女孩，举着刀随时都要动手的样子："你敢不买试试？你想欺负少数民族吗？"

龚骏心里骂了一声，赶紧想找个家伙准备干仗！可是上海的街道干净得很，连个板砖都找不到。他急中生智，迅速脱下一只皮鞋倒提在手里。这皮鞋是在国外买的，质量很好，拿在手里很有一种可以作为武器的安全感。他手里倒拎着一只皮鞋一脚高一脚低地往跟前走，大脑紧张地盘算着第一鞋底该抡在新疆人的什么部位。

钱婷婷毫不退缩地大声说："我只要三块钱的！谁让你切那么多的！不要了！"

已经有行人停下来远远地围观，担心地看着两个小姑娘。胆敢挑衅卖切糕的人，这太让人刺激了。

钱婷婷说完也不跟他吵，拉起王怡转身就走。新疆人上前一步想拦住她，但也担心推车无人照管，跟了两步停下来，狠狠地瞪着她说："你敢不要？你给我站住！"

王怡刚想站住，钱婷婷一把拽着她，顶着新疆人杀死人的眼光，一步不停地往前走。

新疆人手握切糕刀，狠狠地瞪着她俩的背影，但终究没有追上去。只是发狠地对着远处围观的人骂了一句狠话。周围的人迅速散开了。

这时龚骏才发现好多人奇怪地看着他。他回过神来把在手心里握出汗来的皮鞋扔在地上，一边颠三倒四地穿鞋子，一边在心里感叹："巾帼啊！巾帼啊！巾帼啊！"这件事，钱婷婷一直都不知道龚俊目睹了整个过程。

第二件事是龚骏被宾馆服务员欺负了，全靠钱婷婷出了一口恶气。龚俊在上海分所长住在宾馆里，但这宾馆还是国营管理，服务员素质参差不齐。有人会对老外恭恭敬敬，对中国人傲慢无礼。有一次，他们干洗衣服把龚骏的一套定制西装洗坏了，龚骏投诉讲理未果，还被讽刺了一顿，气得要找电视台曝光。钱婷婷听说了这故事一拍桌子就出去了，中午回来告诉龚骏，他的房费从此以后打六折，外加每天两套免费洗衣额度。晚上龚骏回房间发现楼层换了一个服务员，对他尤其彬彬有礼，客气得好像香港的酒店服务生。从此以后龚骏对钱婷婷的敬仰之情就如黄河之水一样滔滔不绝了。

事实上，他们很快发现，钱婷婷在她的执管范围内，几乎没有搞不定的事！龚骏和潘越就此交流过，一致认为她学过孙子兵法：像鼓动隔壁房产公司的前台去和楼上没完没了装修的公司进行暴力威胁，就属于借刀杀人；在别人跟宾馆保安就停车位进行交涉谈判的时候插上一嘴，最后在楼下给他们的普桑搞了个专属停车位，就属于趁火打劫，等等。诸如此类事情，不一而足。

他们服从钱婷婷的管理，除了因为钱婷婷把均昊所上海分所里里外外打理得顺顺当当之外，还因为他们一直在钱婷婷面前有三分气短。比如钱婷婷神通广大，以先使用后付钱的方式租来了一台日本原装的传真、复印、扫描一体机，放在办公室特别高端大气上档次。他们围着啧啧称赞的时候，钱婷婷就会问他们："合伙人同志们，你们今天有客户传真吗？你们有案卷要扫描吗？你们今天挣钱了吗？"

潘越和龚骏只能："呵呵，呵呵！"

每天中午吃饭，钱婷婷就会数落他们："你们吃我的（她管订餐、点菜），花我的（她管财务），用我的（她管所有的设备和办公用品），到底什么时候开始挣钱？"搞得两个高级合伙人巨没面子。所以钱婷婷一不高兴，潘越和龚骏都得哄着她。秦大江深刻感觉上海分所正在逐渐形成以钱婷婷为领导核心的领导集体。

潘越说："要不你也考。"

"考就考！我可以考吗？"

"大专就可以考，更何况你也算本科。"

"什么叫也算？你还是律师呢？搞这种不入流的歧视。老潘，我今年非得考过给你看看！"

潘越被钱婷婷时不时损上两句已经习以为常，自动忽略："考吧考吧，你俩今年都重要，一对宝贝，行了吧？"

"龚律师下班后带我去买复习资料。我先说好，你们每个人都有辅导我的义务，我要考不上我就不干了！"

这可把潘越吓坏了。美女要多少有多少，能干的行政前台可是走一个少一个！潘越赶紧说："你考过考不过都加薪，只要你考了！"

龚骏说："真是不想在上海干了，到北京总所去，薪水肯定比上海高。"

潘越恨不得用眼神杀死他："挖人家墙脚损阴德啊！"

钱婷婷脑子一热要考律师证，散了会冷静下来，大话说出去要是考不上，人就丢大了。她看看秦大江计上心来。秦大江人是傻了一点，但是法律功底扎实，考律师证是分分钟的事情。钱婷婷找到秦大江，笑嘻嘻地说："咱俩合租个两房省点房租呗。"

潘越和龚骏都是阅人无数的老江湖，很珍惜钱婷婷这种敢想、敢干、能干、会干的人才。但秦大江看钱婷婷横看横不顺眼，竖看竖不顺眼，嫌弃得不要不要的。所以头都不抬、一口回绝："除非黄河水倒流！"

"你还'山无陵江水为竭'呢！你这样表白我很害羞的好吧。哼！"钱婷婷说完一串也不理他转身走了。

潘越和龚骏都很清楚答案，钱婷婷一定会想办法达到目的的，都以吃瓜群众的好奇心态围观，看看这次钱婷婷会用什么手段。

吴大维打电话给潘越："老蒋给你说了吗？罗明亮又跟他提了要升高级合伙人的事情。"

潘越沉吟了一会儿："关所的事情还是我去一趟三亚吧，搞不好罗明亮要弄出事情来。"

"你什么时候去？"

"尽快。"

挂了电话，潘越突然想，现在是海南旅游最好的季节，为什么不和林洋一起去度假呢？说干就干，立刻打电话让林洋请假，他马上飞北京和她汇合，再一起飞海南。

林洋还有些犹豫："今天还有一天会呢，太任性了吧？"

"老龚说的，'人不激情枉少年'，你走了天塌不下来！就当咱逃跑一次，走了！"

"好！"

蒋力宇穿着短袖，在火热的海南机场接上他们，看他俩厚外套，拎着四个拳头，只有林洋背了一个随手的小包，不禁莫名惊讶："你俩是私奔来的吗？"

林洋笑说："我是被律师拐卖来的。"

蒋力宇赶紧给助理打电话，让帮忙买生活用品，又说："人家一看你俩这样就知道是北方来的。我先带你俩去买衣服。"

潘越看着车外说："不到一年的时间，这里已经变化得我快认不出来了！"

蒋力宇一边开车一边指着远处的山头说："你们看那些能看到海的地方，都在造别墅。现在房子已经卖到 1500 一个平方。整个海南像是一个大工地，海南的房地产疯了！"

潘越和林洋都很吃惊："北京、上海的房子都还没有突破 1000 呢！"

"是的，现在有价无市，卖得并不好。"

潘越说："有价无市就是泡沫膨胀，咱们做房地产法律服务项目的时候要当心了。"

"咱们的房地产法律服务项目还是老客户，新客户都没接。律所都在忙三亚机场的全流程法律服务项目，别的还真忙不过来。你为什么想这个时候关掉三亚所？"

"老罗能力强，但是我一直不太放心他信口开河、胡乱许诺的性格。以前我在跟前盯着，他还有所收敛。现在如果放手让自己他做，真怕出问题。要是总所再派个合伙人过去呢，可能强龙难压地头蛇，两个人还会有矛盾。所以我想不如关掉算了。"

蒋力宇皱着眉头说："我跟大维提到过，老罗跟我提过几次想升高级合伙人。现在不但没升反而还要关掉所，你小心他会跳起来。"

"你同意接受他做合伙人吗？"

"不同意。合作可以。"蒋力宇也很干脆。

"那这个麻烦迟早要解决掉，拖得越久问题越大。三亚机场的项目，我离开以后大部分交在你这里，小部分需要当地合作的交在他那里，现在你又拿下了全流程法律服务，那一部分服务内容是不是还是要放在他那里？"

"是的。关掉所以后还留他吗？目前整个三亚地区，大的法律服务项目，一半在他手上，是个很有能力的律师。"

潘越盯着起伏的海水看了一会儿，说："他这人不能留，你们都压不住他。"

蒋力宇松了口气："其实我也有这个感觉，他是走野路子的地头蛇律师，稍有不慎还可能给均昊所的声誉造成坏影响，也只有你能对付得了他。"

海南大开发给海口带来了突飞猛进的繁华，俨然就是小香港。潘越和林洋先在海口玩了一天，便开着蒋力宇的车到了三亚。三亚可以算是地道的潘越的地盘了，他没有通知分所，而是先和她痛快地玩了两天。

黄昏时分，他俩开车沿着海边在无人的公路一路开去。或者看着太阳将落未落，将一片大海染得橙红，海水将落日的余晖倒映的华丽刺眼、金光闪闪。风吹椰林，白鸥掠过海面，晚归的渔船从极远极远的海线慢慢驶近，海浪哗啦、哗啦有节奏地拍着沙滩。他们牵着手在沙滩上走过，时间在他们脚下缓缓而行。

林洋坐在酒店大堂三角钢琴前，她十指在琴键上轻轻一抚，一串美妙轻快的音符便飞了出来，引得大堂的几个外国客人纷纷驻足，甚至有人微笑着围观过来。林洋微微歪着头，专注地盯着琴键，手指灵活纤巧，随着她手指的起落，音乐如潮水一波一波地漫过沙滩。从大堂的落地窗望出去，沙滩上亮起了点点的地灯，更远的地方，无边无际的大海在银色的月光下微微起伏。潘越斜靠在钢琴边上，迷醉地看着黑白琴键上林洋修长灵活的手指，每一次林洋抬起头对他嫣然一笑，他都想将整个世界放在她的脚下。

他们并肩坐在海边，潘越轻吻着她的头发问："你怎么会喜欢我？"

"你自信，又内心强大啊。别人都把我当成部长的女儿来追的，只有你把我当成了年轻女孩子来追。"

"说你的家庭没有吓住我，那是骗你的，怎么可能不被吓到呢？"

"所以，我还挺害怕你追到一半放弃了呢。"林洋将头靠在他的肩上，"我还从来没有怕失去一个男人过……"

林洋从骨子里散发出的那种未经世事的天真，那种从未尝过生活艰辛，总是从容、优雅、温和的女人味深深地吸引着他。潘越周围所有的人，包括潘越自己，都怀有实现人生抱负、创造最大幸福，甚至出人头地、光耀门楣的思想。只有她，唯一只有她，不为难自己，不苛求别人，只是心满意足地生活——这正是最令潘越着迷的气质。

"你呢？你喜欢的女孩是什么样的？"

潘越笑了："傻瓜，你这样问，我当然会说就是你嘛。"他轻轻地叹了口气："我确实一直都喜欢漂亮温柔的女孩子，可是越来越觉得，漂亮易得，温柔难求。越来越多的漂亮女孩想把自己变成雌雄同体的超人。"潘越轻抚着林洋的长发，"上帝之所以创造了男人和女人这两种完全不同的生物，难道不就是要各司其职吗？我对聪明好强的女性打心眼儿里尊敬钦佩，但不会有爱慕。套用钱钟书老先生说杨绛先生的话，遇到你之前我不知道什么叫迷恋，遇到你之后我不想再迷恋。"

他们轻轻甜甜地拥吻，完全迷醉在爱情里。

均昊律师事务所三亚分所里，潘越的到来引起得沸腾终于归于平静。罗明亮的普通话带着浓浓的海南味道："到我办公室来坐嘛，你的办公室好久没人啦。"

潘越岂能不知谈判中主场的重要性？他微笑着摆摆手，根本没接他的话。罗明亮只好从自己办公室搬来了工夫茶具，给两人泡茶。

罗明亮是海口人，长相非常有亚热带人的特点：个子不高，黝黑干瘦，眼神凌厉，金丝边的眼镜配着本地人喜欢的镀金腕表和四个大方金戒指，很有土豪气质。

两人各怀心事地推杯换盏，几句寒暄过后，潘越说："我先到了海口，蒋律师和咱们这边的业务合作越来越多了。"

"是的。"罗明亮顺着潘越的话说，"蒋律师那里比较规范，相比之下咱们三亚所现在群龙无首、各自为政，几个提成律师的意见很大。"

潘越冷冷地说："哦？"

罗明亮自顾自地说："他们觉得有的手续拿出去要担惊受怕啦。还说所里过分压榨，提成不合理啦。这也是他们的想法啦。不过因为我个人去年创收超过了30万，一年贡献的管理费用有好几万，比其他有的合伙人高一点啦。所以讲讲他们，这一点威信还是勉强有的。我都跟他们讲，没什么合理不合理啦。我对你、对均昊所有感情，倒是觉得无所谓的啦。"

罗明亮今天是抱着一定要倒逼潘越提出接受他为高级合伙人的目的。他拿案子很有一套，和当事人会谈时派头十足，律师费收得很高，又很有几分野路子，去年创收创了新高，自然不甘心继续做提成律师——几万块交给所里还不如他自己拿去另外租房子开个律所，但是又舍不得放弃均昊所这个平台，所以他升为高级合伙人的愿望就特别强烈。

按照律师事务所发展初级阶段的一般规律，提成律师的业务收入与律所按照三七分成。包括罗明亮在内的几个提成律师，是潘越带领均昊所三亚分所快速扩张的产物。

但是均昊所总所经过了最初的摸索阶段后，很快确立按照国际律所先进的公司化管理方式，在法律服务人员中只接受合伙人和授薪律师或者律师助理两个类别，对于律所无法进行有效管理的提成律师在逐步清理。

潘越听懂了罗明亮的话里的几层意思：一，所里有硬伤；二，他可以鼓动其他律师把事情闹大；三，他有实力；四，所谓无所谓嘛，就是可以谈。潘越略略松了口气。这几层意思基本在他的意料之中，他心里有底了。

这些意思的核心还是在于所里的硬伤，就是他说的"手续拿出去要担惊受怕"。它形成的原因主要是：按照约定，合伙制律师事务所至少应当有三个以上有三年以上执业年限的合伙人。均昊所三亚分所真正的合伙人只有潘越一个，其他两个挂名合伙人一个是已经退休的前法官，一个是单单为了挂证实际另有职业的企业高管。三亚所已经开了将近一年，三个人合伙人之间由于种种原因还没有来得及签署合伙协议。换句话说，均昊所的三亚分所还没有取得正式的营业执照。潘越搞了一些小手段，边做业务边办手续，因为准合伙人能搞定管理机构，他一直没将这件事放在心上。再后来忙起了上海分所的事情，就把三亚所的事情放下了。罗明亮做三亚所的副主任暂时代行律所主任的管理职能后，了解所里的一些情况，自然不会放过这些问题。

潘越很清楚律所的事情可大可小。一旦认真起来，不要说会对均昊所的声誉产生恶劣的影响，而且甚至可以断送自己的律师生涯。罗明亮这样温情脉脉却暗藏杀机的威胁，潘越已经预见到了，只是没想到这么迫不及待。

潘越笑说："所里的情况罗律师都清楚，罗律师的情况我也基本了解。"

罗明亮在做案子时习惯性采用非常手段，私生活混乱，纳税问题……这些潘越一清二楚。虽然这些牌不是王牌，但是拿出来警告还是有效果的。

罗明亮嘴角扯了一下："哈哈……"

潘越抬手止住了罗明亮往下说，他并不想把这场谈话变成一来一往的针锋相对。潘越明白自己的死穴显而易见，所以他到了三亚并没有立即到所里跟罗明亮摊牌。而是一边陪着林洋游玩，一边暗自反复琢磨置之死地而后生的出路。终于在一个深夜豁然开朗——所有的被动和惧怕就是源于牵挂太多，患得患失永远不可能成为谈判的赢家。有些事情一旦想通了、放下了，反而轻松了。

他开了个玩笑："罗老弟的心思我知道，不想做合伙人的律师不是好律师。"他笑说："律师们有情绪，我能理解。你说现在你创收最多，所以大家都愿意跟着你的指挥棒转，我姑且也就相信了。那又怎样呢？"

罗明亮一直伺候着潘越的表情，敏感地捕捉到了潘越笑容背后的冷峻。"那又怎样？"这不是显而易见的吗？反问过来是什么意思？但这个反问一时还不好回答，否则显得穷凶极恶。罗明亮连喝了好几杯茶，才说："均昊所，是要做国际标杆大律所的嘛！哈哈。"

"均昊所要做国际标杆大律所，和我有什么关系？"

罗明亮冷笑一下，也不答话。等着看潘越葫芦里卖的什么药。

"铁打的营盘流水的兵。均昊所是铁打的营盘，我们都是流水的兵。均昊所要做国际标杆大律所，离开我就做不成了吗？"潘越呵呵一笑，"我应该还没有重要到那个程度。"

"不是谁离开谁的问题啦！可是事情总是要有人负责任的吧，问题是，这个责任到底有多大嘛！"

潘越摇摇手，笑说："咱就不绕了。我前几年还是年轻，做事只求结果忽略了过程，是应该吃点亏。所以如果因为我在均昊所三亚分所做了什么事情不合规矩，我也不打算牵连别人。"

罗明亮警惕地认真听着。

"你说负责任，那还能有什么责任？肯定没有刑事责任吧？大不了就是被均昊所除名呗。或许看在我开疆拓土有点苦劳的份上，让我自己辞职就更好了。你说有没有可能被全国律协通报，连律师都做不成？那有什么关系？中国之大，总有我吃一碗饭的地方。"

罗明亮一下子愣住了！

潘越的各种托词他都想好了应对，但是绝对没有想到，潘越会什么都不要，釜底抽薪。开玩笑吧？中国名头最响亮、高端法律服务最多、最先进的均昊律师事务所高级合伙人的身份，说放掉就放掉了！他惊异地讪笑："啊！那个……那个……我不是那个意思……"

潘越很真诚："我父亲成分不好，小时候家里穷得养不起我，一直把我寄养在各种亲戚家里。我从17岁开始自力更生，做过木匠、挖过煤、当过小学代课老师……赚钱能力还是有一些的。最坏也就是回去作木匠嘛，我做的小板凳还是正宗的榫卯结构，饿肚子还不至于。以我现在的阅历，收购一个家具公司应该也可以很快致富。我父母都有退休金，我无家无业，无妻无子，也就无牵无挂。"

罗明亮硬生生被茶水噎住了，好半天才咽下去口里了无滋味的茶水。明明在发牌时手里拿了一对大猫，分分钟可以扣住对方底牌，结果对家一亮手中的牌说：你赢了，但我手里一分没有！

他将工夫茶当成了酒，一口一杯地自斟自饮了几杯，僵硬地说："老兄这又是何必呢？难道我就这么不够资格做均昊所的合伙人吗？"

潘越看第一步的效果达到了预期，心想这就成功一半了，表面却不动声色。潘越一向不喜欢把事情做绝，谈判谈到图穷匕见，那是下策，是很没有风度的事情。多一个罗明亮这样的朋友，肯定比多一个罗明亮这样的敌人好。他笑说："罗律师认为均昊所的主流是什么？"

罗明亮说："主流？大客户、大业务、大标的，无非是这些喽。"

潘越点点头："这确实是主流。"反正他现在说什么潘越都会赞同，"还有一个管理的主流问题，均昊所的几个主要合伙人，都是有留学背景的海归。"

"呵呵，现在就是外国月亮圆过中国，盲目崇尚'海龟'嘛！"

潘越正色说："现在均昊所确实是海归主导。当然，他们'海龟'有'海龟'的阳关道，我们土鳖有土鳖的独木桥。但是，他们是均昊所的主要管理者！他们主导着均昊所的管理模式和发展方向。这一点，你、我是有共识的吧？"

"还是应该以业绩论英雄吧。"罗明亮去年做出了三亚律师个人创利前三名的业绩，所以他并不服气。

"确实以业绩论英雄。就说邢然邢律师吧，他去年的业绩是110万，今年到现在已经超过140万了，我个人觉得他在年底应该会突破180万。"

罗明亮惊呆了！一个律师一年能做出来180万的业绩！这是什么概念！这远远超出了罗明亮的想象。

潘越耐心解释说："我想说的是，海归们主导律所的管理模式，最突出的三点就是：第一，各地分所不再单独财务核算，而是由总所统一核算；第二，所有分所不再接受提成律师，现在还有提成律师的要逐步清理；第三，各地分所的行政由总所试行垂直管理。其他当然还有，这三点是最主要的。因为均昊所的发展方向是要跟国际接轨，国际大所的管理模式就是这样。"

"统一核算？垂直管理？这怎么可能啦？各地情况都不一样，哪能都像北京那样子？开玩笑吧？我不相信能全部那样！"

潘越笑说："你跟蒋力宇提到过升合伙人的事情，难道蒋力宇没有跟你说过，海口所已经按照总所的要求在清理提成律师了？老蒋自己也是美国博士、总所高伙，几个提成律师业绩也都还可以，你问问他，顶住这个趋势了吗？"

这对于擅长走野路子罗明亮来说，方方面面可操作的空间都很有限了，他一口气憋在那里，恼怒地嘟囔了一句海南粗话。

"所以老罗，如果不喜欢这个文化，做这个合伙人有什么意思。"潘越话锋一转，"可是这个所成立的基础很好，现在也做熟了，关掉实在是可惜。"

罗明亮抬头看着他。

"不如就给你做。你打自己的牌子，自己干岂不是更好？你可以接着和现在的合伙人合作，也可以继续和蒋律师合作，空间其实更大了。"

罗明亮看着潘越，神色从警惕到沉思，从沉思到喜悦："我光想到另外找地方了，怎么没想到这一点呐？"

老潘开了个玩笑："你一定要记得把手续办完整。"

罗明亮重新冲上新茶，终于露出了槟榔牙，笑着说："见谅见谅。老潘，你果然是做大事的人，两好做一好。中午我请客，诚心诚意给你赔罪啦！"

潘越就这么兵不血刃地解决了罗明亮这个大雷，还顺便把三亚分所的场地、家具直接打包转给了罗明亮接盘，几近完美地将三亚分所收官。

第七章
一败涂地，绝处逢生

行到水穷处，

坐看云起时。

在海南黄花梨制品工厂里，老技工细心地给坐在车床前的潘越讲解完操作要点。这家黄花梨厂是罗明亮的客户单位，对罗明亮的客人非常客气。

潘越已经做了几个木珠子试手，这会儿他胸有成竹地拿起一截粗黑古旧的原料准备操作。老技工说："老板，慢工出细活啦。这样的黄花梨料已经没有啦，做一个，世界上就少一个啦。"

潘越说："放心吧。"

林洋睁大了眼睛看着。他用小电锯将大一点的料切割成大小差不多的方形，再小心车成大小一样的木珠，刨孔、打磨，手下的活又快又利索。他将十几颗做好的珠子托在手心里给林洋看。

林洋又惊又喜："你太神奇了！"

在旁边观看的厂长佩服地说："老板手感好厉害啊，赶上我们这里的老技师啦！我学了这么久还做不到你这样。"

潘越笑说："我们这一代人为了生存，得上九天揽月，得下五洋捉鳖。以前学过一点木工活，没想到今天派上用场了。"

晚上回到酒店，潘越将已经穿好的手串戴在林洋的手腕上："老的海南黄花梨，树木已经绝迹了，现在的也不让砍伐。咱们这是用以前的老料加工的，价值堪比极品翡翠。重点是老料虽然稀缺毕竟还有，但我手工做的全世界却只有这一件。"

林洋在他额上一吻："你今天做东西时候专注的样子特别迷人。"

潘越说："今天和老罗谈判，我说到'我无家无业、无妻无子，也就无牵无挂'的时候，突然心里一阵孤独。"潘越拉着她的手，盯着她的眼睛说，"男人南征北战，就是要给所爱的女人一个家，否则一切都没有意义了。咱们结婚吧！"

他紧张地看着林洋。林洋先是睁大了眼睛，慢慢地，乌黑的瞳仁里漾出一缕笑容，这一缕笑容像波纹很快扩散到整个眼睛，又从眼睛扩散到嘴角，终于整个在脸上绽开来了。

潘越欣喜若狂一把抱起她："明天去挑戒指，回北京我就请王先生到你家提亲！"

林洋趴在他的耳边问："你喜欢小猫还是喜欢小狗？"

"只要有你，你喜欢什么我就喜欢什么。我无所谓。"

"如果一定要你选一个呢？"

"猫吧。"

"喵……"

潘越按着她翻身而起！这种柔情简直把潘越的心化成了水。

第二天黄昏，潘越和林洋懒洋洋地躺在泳池边的藤椅上，潘越绘声绘色地讲述和罗明亮的斗智斗勇，林洋听得津津有味。林洋问："罗律师属于那种黑白两道通吃的律师吧？为什么会对你服气呢？"

潘越笑说："首先有一个专业问题。虽然说英雄不问出处，但中国社科院法律专业出身，和海口教育学院法律专业出身，专业水平的高低还是有区别的，而专业的人天生会让人尊敬。其次有一个做人的问题。主任律师克扣提成律师的提成费用，还是中国大部分律所的普遍现象，这不是小数目。但我对不是自己挣的钱片叶不沾身，他服气。最后就是业务能力，我的个人创利一直是律所最多的。实力就是最好的说服力。"

林洋歪着头说："是因为你从中国法律服务中心辞职后可以把案件带走吗？要不然，你一个外地人，连海南本地话都听不懂，怎么做下来那么多业务？"

潘越一笑："说起来刚到三亚开拓业务的办法，现在想想还真是挺有意思。"潘越喝了口饮料，说，"我先给自己提出了两个问题：一，海南公司的特点是什么？二，在一个公司里，谁能决定聘请法律顾问？针对问题一，海南这个地方是个岛，本地人少。这几年热火朝天，全国人民都涌到了海南，公司之多那真是可以用雨后春笋来形容，但是公司相互之间熟悉程度低，公司与公司之间的信息流通有限。针对问题二，谁能决定请法律顾问这件事？有的人会说，法务总监。但实际上总监这个级别显然只能决定个别案件、个别法律问题是否交给专业律师。聘用长期专业律师做法律顾问，至少要到总经理或者以上的级别。所以……"

"所以，你要想办法见到总经理？"

"聪明！"潘越笑说，"一般稍微有点规模的公司，陌生人来访能过得了前台这一关就不错了。大多数前台一听说你是律师，会很客气地说，挺好的，留下名片吧，有事情会联系你的。有一些前台会打个电话给法务部经理，运气好的话法务部经理出来见个面，换张名片也就到此为止了。可是我做到了只要上门，十有八九肯定可以见到总经理。"

"你先别说，让我想想你怎么做到的。"林洋仰着头苦想了半天，笑说，"完了，我做不了律师，我想不出来。"

潘越说："还好你做不了律师。娶个女律师，过个日子也像和合伙人搭班。"他接着说，"我自己做了一个经济诈骗案的刑事案件的卷宗，卷宗里放了一张三人合影的彩色照片。卷宗和照片一起放在一个考究的考克箱里。到了一家公司，我递上名片自我介绍后告诉他们，本地发生了一起严重的经济诈骗案，已经有多家公司受骗，涉案的金额巨大。现在司法局要求律师协助查询有关诈骗案件受到的波及情况。前台的小姑娘一听有重大诈骗案，肯定是重大事件。只要是重大事件肯定是要上报总经理的。不管是她直接通知总经理，还是先通知法务经理或者法务总监，最后八九成总经理会尽快跟我面谈……"

林洋惊叹："天哪！你太聪明啦！"回味了一会儿又问，"可是人家一听案件和自己无关，不就结束了吗？"

"是的。人的想法都是会更关注与自己有关系的。我就让这个案件和他们有关嘛。比如花大概30分钟将案件简单介绍完毕，人家会说我们没有这遇到过。这时候，就可以以放松、闲聊的交流方式和对方聊一聊，这件案件发生的公司运行的法律风险点在哪里，怎样化解这样的风险，通常公司的合同保管应该如何，怎样预防合同诈骗，为什么要注意诉讼时效……这些风险都和每家公司息息相关，一般总经理们都会跟我有比较深层次的交流。通过交流让对方了解我的专业，相信我的能力，很快就能建立联系。"

林洋崇拜地看着他："真看不出，你看起来文质彬彬居然会有这样的胆识！"又问，"那照片是通缉犯的照片吗？"

"那我就没有花心思去找了。就拿了一张以前三个好哥们儿的照片充了一下数而已。"

林洋抿嘴一笑："那么现在你到了上海重新开始，又要再用这个办法了吗？"

潘越叹了口气："这正是我这些日子一直在思考的。上海是一个商业成熟的城市，自成体系、天然排外，内部循环得井然有序，海南这一套拿过去就不能用了。得另创一套武功来打破它的铜墙铁壁。"

林洋抚摸着他的脸说："你现在压力很大吧？我能帮你什么吗？"

潘越说："千万不要。我喜欢自创武功打败对手在江湖上占有一席之地带来的成就感，我肯定能做到。"

林洋说："我记得我爸爸跟我哥哥说，中国的大是大非都在报纸上，年轻人要多看报纸，多思考报纸上传递出来的信息。这话也送给你吧。"

潘越对她轻轻一吻："放心吧，我不会比你的哥哥差的！"

潘越的大哥大响起来，潘越一看是镜湖的号码，心里有些疑惑。接通后电话里传来一个低沉的声音："潘律师，我是刘秉璋。"

"刘市长？"

"你有没有时间马上来一趟镜湖？"

"马上？"

"是的，越快越好！"刘秉璋顿了一下，"我非常需要一个专业律师。"

潘越马上明白了他有了麻烦，立即说："我现在海南，我看一下晚上有没有航班，如果没有就乘明天最早的一班飞机到杭州。"

"好。"刘秉璋又说，"不能安排人接你，你打车来。不要住镜湖宾馆，到了镜湖大酒店用大堂电话给我的 BP 机留言 111 三个数字就行了。"

潘越说："我知道了。"虽然感觉到事态严重，但这个时候不能有任何犹豫，否则就会彻底失去他的信任。

挂了电话，林洋看他表情瞬间变得极为严肃，关切地问："怎么了？"

潘越叹了口气说："做国家干部真是在刀尖上跳舞。"

"说什么呢！"林洋推了他一下。

潘越搂过她："镜湖市副市长可能有些麻烦，我明天去镜湖。一个堂堂法律专业的副市长，现在约见我居然要用暗号，问题严重了。"

林洋郑重起来："暗号约见？你自己要当心！"

"我是律师，放心吧！我越来越觉得当初离开体制是对的。再也不想回到体制内了。"

林洋认真地说："我家里的传统是，男人都要进入体制。"

潘越笑说："还好不是我嫁给你，是你嫁给我。"但是潘越心里还是隐隐有了不安。

镜湖大酒店潘越的房间里，刘秉璋穿着一件不显眼的土黄色夹克衫，气色非常不好。他坐下来说："老潘，给我支烟。"

两人默默地各自抽完了大半根烟，他才说："纪委在查我。"

这句话对于任何一个党的干部来说，都像是看到了一柄大刀在头上举起。潘越心里倒吸了一口凉气，他尽力保持着平稳的语气说："刘市长，这个时候，你找我来，就要百分百地信任我了。"

刘秉璋看着他说："我现在对于欧美人在遇到问题时，先说我要打电话给我的律师有了切身感受。我很无助，现在只能信任你。"

听到这句话，潘越非常感慨。刘秉璋是标准的年轻有为的知识型干部，受过正规高等教育，有知识、有眼光、有气魄，本人也长得也相貌堂堂，穿衣出行都很有讲究，在一群土生土长的干部中显得出类拔萃。他一向非常自负，却在今天说出了"我很无助"这样的话。

刘秉璋简要说了就在周一省纪委找他去镜湖宾馆的谈话内容，因为要求他对谈话保密，所以他才会神神秘秘地约见潘越。

"一般来说纪委的规格越高，程序越严谨，时间也会越长。大概分为几个阶段：侧面了解，初核，立案，审理。纪委查案和法院立案不太一样，纪委立案一般来说就是问题已经基本查清楚了。现在你的情况应该是已经经过侧面了解，还在初核阶段，应该还没有立案。主要涉及哪些方面？"

"电子厂改制导致国有资产流失，私自经商办企业，生活作风问题——主要是这三个方面。"

潘越大脑飞快地转动，缓慢而谨慎地说："三个方面中，后两个即便是事实也不致酿成大错，要命的是第一个。但是，第一个方面中所有的改制方案和步骤都是按照法律程序进行的，只要依照方案进行，肯定经得起查，不会有大问题。"

听到潘越的这番话，刘秉璋感觉心里悬着的一块大石头扑通落了地。

这一天晚上，两个人促膝深谈，连晚饭也是叫到房间吃的，刘秉璋直到凌晨两点才离开。

潘越在镜湖待了几天。先去拜访了镜湖电子厂的张厂长和工会赵主席。张厂长作为第一个被职工选举出来的厂长，总揽电子厂改制大局，对改制工作进展情况了如指掌。赵主席是老共产党员，人品耿直，在电子厂威信极高。

潘越又邀请物资局的老同事们去温泉宾馆泡温泉，偶遇镜湖越剧团的梅秀冬副团长在教宾馆的越剧表演队学戏，大家在温泉宾馆门口纷纷和娇小玲珑、绰约多姿的梅团长合影留念。梅团长是见过世面的，落落大方地主动挽着每个人的胳膊亲密留影。

潘越还帮助镜湖退休老教师刘宗林办理了卖掉其名下铜矿厂的全套法律手续。

侯秘书送潘越到杭州机场的时候，不经意地说："咱们镜湖的张书记调到省里了。这次多亏了你这个大律师啊！"

潘越一时没有领会这两句话之间的关联。

侯秘书意味深长地说："政府都是牵一发而动全身，要空缺一位副书记啊。"

潘越恍然大悟，市委副书记和副市长，老百姓听起来觉得官职差不多，但实际上从职权范围和上升空间，都不是一个层级了。难怪刘秉璋会被突然举报。

到了上海，龚骏一见到他就说："上海现在是嗷嗷待哺。"他故意把"嗷嗷"两个字说得夸张。龚骏不但把自己在北京项目中需要上海的律所合作的业务全部拿到了上海分所，还毫不客气地让其他合伙人把需要上海的律所合作的业务全部放到上海分所，已经和其他律所签订合作协议的，协议期满也不准再续约，总算是让上海分所开始有业务了。

但是，整个上海分所只有潘越有律师执业证。几个案子都要等着潘越回来了才能去工商局调取工商登记资料，这是为什么龚骏说"嗷嗷待哺"。

潘越一面当着均昊所上海分所律所主任这个最大的官，一面听命于律所一年级助理秦大江的安排，随时被他指挥着，去这里调资料，去那里开庭。

钱婷婷手持一支笔伸到他面前调戏他："老潘，请问一边当司令员一边当勤务兵的感觉如何？"

"你是哪部分的？这么没礼貌，叫你们领导出来！"潘越这种逻辑混乱的话会被钱婷婷继续没完没了地嘲笑。

潘越之所以这么心不在焉，是因为他心里无时无刻在焦虑着：案源！案源！案源！

它是律师事务所的发展基础！

它是执业律师的生存之本！

它是合伙人的立足之源！

没有案源，所有的一切都是空中楼阁！潘越本人对于案源的质量是有非常高的要求，在街边支一个法律咨询的摊位，或者在电台做交通事故免费咨询而来的案源，他是不做的。

上海这座城市排外的特性，不仅仅存在于普通民众身上，上海的公司企业之间有自己固定的循环圈子，北京来的律所，连进入这个圈子的大门都找不到！

钱婷婷已经用简单粗暴的方法搞定了和秦大江合租的事情。在秦大江出差前，借口要给每个人配个小冰箱，随时可能送货上门为由收钥匙。秦大江看潘越交了钥匙，也就没有怀疑。等他出差回来已经木已成舟，钱婷婷在田林十一村租了个小两居，家都搬好了。

秦大江一回到办公室听说被强行搬了家，气得抓起钱婷婷放在桌上的钥匙摔到了前台上，钥匙从前台弹起来叮叮当当飞出去好远。钱婷婷踩着高跟鞋哼着小曲捡回了钥匙，一点没生气。

可是下了班秦大江能去哪呢？他在上海举目无亲，更舍不得花钱住宾馆，再说也不能天天住宾馆啊！在办公室坐到晚上十二点，又饿又累。想找点吃的吧，发现钱婷婷还在前台，跷着脚悠闲地用电脑打空当接龙。他简直出奇地愤怒，拎着包摔门出了办公室！他宁肯在街上游荡也不愿意看到这个女人！

他前脚走，钱婷婷后脚赶紧锁门出来跟上："我说秦硕士，我请你吃夜宵。"

她那一本正经、不伦不类的称呼差点让秦大江绷不住，赶紧转过脸忍住了。

"咱俩讲和吧。这次事情确实是我做错了，我向您真诚地道歉。我有实际的诚意：您住朝南的大屋，我住朝北的小屋，咱们房租平摊。我买的冰箱、洗衣机您随便用。"

"水电费也全部平摊！"

"成！"

"你打扫所有房间的卫生，包括我的房间。永远、任何情况都不能反悔！"

"那你有了女朋友，我去你屋打扫卫生人家不嫌弃我吗？"

秦大江一瞪眼睛。

钱婷婷赶紧说："成！等你有了女朋友我连你俩一块儿当祖宗伺候上，成了吧！"

秦大江走投无路地接住了钥匙，长叹一声："羊入虎口。"说完之后又觉得有点灭自己志气长别人威风，加了一句："我发起脾气来很吓人的！"

钱婷婷一本正经地拼命点头，以忍住内心的狂笑爆发出来。

五一劳动节，钱婷婷组织了均昊所上海分所的首次集体活动——安昌水乡一日游。他们四个人一辆普桑妥妥的，连车都不用租。潘越一边开车一边说："我觉得我可以申请神经病吉尼斯世界纪录。我生在安昌，长在安昌，居然还当司机专门花钱去安昌旅游。"

"花钱是必须的，你这叫为家乡的 GDP 做贡献！"

几个人找了个临河的小酒馆，一进门看到老板，潘越才发现这就是那次和林洋一起吃饭的那家，不由添了几分相思。大家要了一坛黄酒、几个小菜，喝得热热闹闹。潘越酒到半酣就找了借口出来，打电话给林洋。林洋接通电话不待他开口，先说："我爸正给我上政治课呢，等会儿打给你。"

电话那端随即有个威严的声音："是谁？"

林洋也没有犹豫："是我男朋友。"

"把电话拿过来，我跟他说话。"

潘越的心没来由地紧张极了，怦怦直跳。他听到另一个人拿过电话的声音，主动说："伯父……"

"嗯。什么时间有空，我要和你聊聊。"声音平和而不容置疑。

挂了电话潘越再也没有心情喝酒了，他顺势在河边的石头台阶上坐下来想对策。思来想去最好的对策就是面对，丑女婿总要见泰山，拼了！

潘越哪敢延迟，以最快的速度到了北京。

5月是"杨柳青青江水平，闻郎江上唱歌声"的多情季节，北京城的空气到处漂浮着暧昧的春色。深吸一口气，肺里充满着花红柳绿，蜂飞蝶舞。胡同里孩子们脱掉了厚衣服，相互追逐着跑得满头大汗。姑娘们早早换上了裙子，骄傲地在小伙子们的眼睛前走来走去。广场上风筝满天，不时有一群鸽子带着鸽哨呼啸掠过，引得行人纷纷仰头张望。

然而从林洋父亲的办公室里出来，潘越再看到的春天却是完全两样了。午后阳光半死不活地照着，只有光，没有热，像是老天爷一个嘲弄的表情，或者是林洋的父亲直盯着他的眼睛。这种光能够穿透世界万事万物，穿透他的五脏六腑，一直看到他的思想深处。

"法律口的部委都可以选择。但是不能做律师。"还是那种平和而不容置疑的口吻。他的父亲是地道的北方人，消瘦高大，不怒自威。

潘越敏感地意识到：看起来放弃律师生涯，进入安排好的职位，前程不可限量。但实际上如果答应了，就是放弃了独立的人格。他想挣扎一下。以他的口才，只要稍能回旋，就有说服别人的可能："其实我……"

根本没有给他任何机会："没有其实。"

一边是林洋笑靥如花、柔情似水，一边是无形大网缚手缚脚、听命顺从……

潘越又想起了和赵亚黎的婚姻，一样的强势家族，一样的不容置辩，一样的俯视傲慢。他已经试图挣扎过一次了。他曾经以为暂时妥协不代表什么，以后奋斗的成绩总会让他重立尊严。但结果他被现实打击得头破血流。那只是一个在小城市呼风唤雨的家庭而已。他其实什么都改变不了，更何况现在！赤手空拳在林洋的家族里争得一个独立的空间，可能吗？他已经盲目自信地错过一次了，为此付出了将近十年的代价。可是，他真的舍得放弃这样一个机会吗？爱情、地位、财富、声望……

他看着桌子对面的老人，他像是坐在大雷音寺的如来佛祖，言简意赅却掌控一切。而自己就是号称齐天大圣的孙悟空，心有所求终要俯首低头！孙猴子被紧箍咒逼迫得必须成佛，潘越是不是甘心一辈子做没有独立人格的木偶？

潘越艰难而痛苦万分地看清了那个唯一的答案：不！

潘越垂着头沿着长安街慢慢走着。林洋就像已经握在手里的沙，越是握得紧，越是留不住，而这种眼睁睁留不住爱人的绝望，让人心碎，让人心如刀割，让人生无可恋……

还是个孩子就好了，可以马上就放声痛哭一场，能够痛快地哭一场该有多好。现在只能带着一张成年男人该有的表情，一直走。穿过一条又一条街道，等待一个又一个红绿灯，看着一张又一张陌生的面孔，一直走，一直走，一直走……北京城像是一个静音默片，没有颜色，没有声音，没有气味。

他从阳光肆虐一直走到华灯初上，整整不停歇地走了七个小时。肉体上的精疲力竭稍稍减轻了心里的疼痛和绝望。他累得瘫坐在马路牙子上，掏出大哥大摁了开机键。几乎是立刻，大哥大就响了起来。电话里邢然说："老潘你在哪儿呢？我接你去。"

他也不知道自己在哪。举目四看，暮色里一个陌生的小胡同，一串无精打采的昏黄的路灯，三两个晚归的行人。原来自以为很熟悉的北京城要让他迷失是这样容易。抬眼望去，不论是高楼大厦，还是破屋小院，都亮起了灯。每一盏灯都在等着自己爱的人回家吧，他的灯呢？他丢了自己的灯，以后，那么长的一生，都要孤独地活着了。

潘越许久许久没有说话，害怕一张口会被眼泪呛到。

邢然静静地在电话那边耐心地等着。

这一夜，邢然、吴大维陪着潘越在东来顺涮羊肉。吴大维跟老板说，劳驾今天不要催我们，一个小时 100 块钱，让我们吃到自己走。潘越自己吃了四盘羊肉，大醉而归，抱着树吐得披肝沥胆、涕泪交流。从那以后他再也不吃羊肉了。

潘越在上海真是人鱼公主上岸，每一步都踩在刀尖上。他想，都说上帝关上一扇门就会打开一扇窗，为什么到了我这儿就把爱情的门关了，把事业的窗户也封死了呢？是不是开业没选黄道吉日真的诸事不顺？

潘越的办公室窗户正对着太原别墅的草坪。草坪上按照西式的样子摆着白色的铁艺桌椅，边上还有一个秋千架。他整天不是对着这个秋千架发呆，就是拿份报纸晃在秋千上。

马路上传来老阿婆拖着长长的调子，一声声地用沪语叫卖"珠子花啊……巴嘟花啊……"，老阿婆用细铅丝将栀子花、白兰花穿成手串，或者做成胸花，放在提篮里沿街叫卖，把上海的春天叫得软绵绵的、甜糯糯的。

这是一个多么笑里藏刀、绵里藏针的春天啊！

潘越已经习惯于将一张报纸翻来覆去地看上好几遍了。他记得林洋说："中国的大是大非都在报纸上，年轻人要多看报纸，多思考报纸上传递出来的信息……"

今天翻来覆去看了半天，被报纸一角的小新闻吸引了："海南特区法律事务研讨会即将召开……"他对着这小小的豆腐干新闻看了半个小时后，心里突然一动。拿出大哥大按照留下的电话打了过去。一番自我介绍之后，他说："是的，我是北京均昊律师事务所的高级合伙人，均昊所上海分所主任，之前是中国法律服务中心驻海南办事处专职律师……不，我不是要出席论坛。我要作为特邀嘉宾在论坛上做主题发言！"

几天之后，上海老牌五星级新锦江大酒店能容纳两百人的会议室里坐得满满当当，美女主持人正在介绍："我们对于海南特区的法律事务说了这么多看法和建议，那么海南律师行业到底是什么状况，恐怕只有在海南执业的律师最有发言权了。下面我们请原北京均昊律师事务所三亚分所主任，现北京均昊律师事务所上海分所主任潘越律师发言！"

出席研讨会的有各公司的高管，或上海多家律所的合伙人和律师，但是真正在海南下过海游过泳的，还真不多。听到主持人介绍真的有一个在海南执业的律师，还是大名鼎鼎的均昊所的高级合伙人，这可是全国第一家在外地开分所的律所的主任，也是上海第一家外地律师事务所分所的主任，久闻大名，今天居然看到真人了？大家不由都好奇地抬起头来，会场突然静了下来。

一片掌声中，潘越身着一套考究的藏蓝色西装，浅蓝衬衫，深蓝领带，配着一副细框眼镜，稳稳地走上了发言席，十分儒雅、自信。他站定以后镇定地环视了一下会场。也奇怪，被他这一扫，会场里嘈嘈的声音立刻静下来。他微微一笑说："大家大概都听说过'海南遍地是黄金，数钱数到手抽筋'这句话吧。怎么个'遍地是黄金'呢？我举个例子，在海南去到像新锦江这样的饭店里吃饭，是不能随便上洗手间的。为什么？因为上洗手间要给服务生小费！"

会场哗然笑了。

潘越仅有的两员大将，钱婷婷和秦大江在台下坐着。钱婷婷小声说："秦二，你说老潘算不算风度翩翩？"

秦大江没理她。这是秦大江通过长期和钱婷婷的战斗得来的经验。钱婷婷随心所欲地给他起的各种外号，他绝对不能有反应。一般越是暴怒反抗，她越是叫得欢。如果他充耳不闻，她倒是会很快失去兴趣。

钱婷婷又说："给小费？怎么给？两毛钱一次？"

潘越也笑了，接着说："小费不是公共厕所的使用费。几毛钱、几块钱是拿不出手的。洗手间会有一个小竹筐，里面扔着老板们给的小费，少则 10 元，多则 100！"

又是一片哗然，下面有人大声嘲笑说："100 块钱上一次厕所？侬当人家是傻瓜啊？"

钱婷婷的脸红了，气鼓鼓地冲那个说怪话的人瞪着眼睛。

潘越接着说："一个服务生一个月可以拿到一万多块的纯收入……还不用上税……"

"嗤……那在海南还哪能当律师？去洗手间当服务生算了嘛！"又有人嗤笑说。

秦大江在三亚分所待过，他操着"川普"大声说："是这样噻，去过的都知道噻！"但他的声音被淹没在各种嘲笑中。

其实这种反应正是潘越想要的效果！刚才的老先生发完言，有些人开始陆续离场，有些人为了等着吃会后的自助餐，自顾自在下面聊天。现在所有人的注意力都集中到他的话题上来了。

他笑说："洗手间的服务生是最热门的职业之一，不是酒店老板的重要亲戚，还真当不成。"

众人都摇头笑起来。等众人笑完了，潘越敛起笑容，认真地说："我只是举个例子说明，海南遍地黄金，连洗手间的服务生都可以用自己的服务来勤劳致富。作为一个真正的专业律师，用专业为别人排忧解难，收入难道会比洗手间的服务生低吗？"

众人笑着纷纷回头看刚才嗤笑的人，那人脸红地讪笑着。

"我在海南三亚分所，就说我们所里的副主任罗律师吧，从海口到三亚不过几年，去年一个人的创收就超过了30万。他是怎么做到的呢？"

会场一片寂静。在座的都是律师圈的行家，一个人一年创收30万，绝对是大牛了，谁不想知道是怎么做的呢！

会议中场休息，潘越从演讲台走到门口用了20分钟，因为不停地有人来换名片并交谈几句。有同行、有公关公司，更多的是各企业的高管来咨询法律问题。

潘越将这个方法推而广之，研究报纸和跑会成了主要工作。相应地，也终于接触到了大企业的董事长、总经理，拿到了一些高质量的案源。均昊所上海分所的马达终于启动了，而且一旦启动就自然而然地逐渐加快运转速度。

月底，钱婷婷看潘越一个人在办公室，无声地走进来说："头儿，办公室的租金怎么做账？"

潘越从来没见她这么鬼鬼祟祟，奇怪地问："什么怎么做账？"

"你跟我说，咱们办公室的租金前三个月是由总所补贴的，可是实际上这办公室是免费给咱们用的。我用什么方法来要补贴？除非做假……"

潘越恍然大悟，严肃地说："第一，严格按照总所的财务制度，该怎么做就怎么做。第二，这个办公室不是免费的，现在不用交房租是因为这一层楼被我海南的老客户租下来，我转租了人家两个房间，每年向他们公司提供法律服务，用律师费折抵的房租。"

"可是咱们实际没交房租，我怎么好向总所要补贴呢？"

潘越耐心说："这是两个关系。总所给上海分所的补贴，是因为要支持上海分所的发展。并不是因为上海分所交不起房租。同样，上海分所想办法让房东抵销了房租，并不代表总所就不会给补贴。"

钱婷婷皱着眉头想了一会儿，这才展颜一笑："嗯，是这个道理。那我就照实办理了。再说了，讲道理就讲道理，哪有那么多第一第二的，职业病真严重啊。"

潘越心情不佳，挥手让她出去。她说："反正你老人家也是闲着，你帮我看看这道题呗！"她变戏法一样从身后变出一本书。

她是问正事，潘越只得扫了一眼题目，是一道普通的民法题：甲16岁，初中毕业后在商店工作，月收入300元左右。甲工作半年后自作主张为自己买了一条金项链，价值1000元。甲的母亲认为甲不具有完全行为能力，购买项链未经监护人同意为由要求退货。商场有权拒绝吗？

他说："你说说你的答案。"

"我觉得商场有权拒绝。16岁的初中生花这么大一笔钱，应该要经过父母允许吧。"

潘越叹了口气："你学了半天法律，原来一直没有找到学法律的大门。跟我说说你的学习方法。"

"秦二……秦大江说，让我多做去年的真题，我一直在做去年的考卷。"

"大江说的没错。可他是在他自己的基础上做出的符合他自己的能力的方法。你对法律概念还是零，像这样概念不清地做真题，事倍功半，很有可能还是徒劳无功！"

"啊……你别吓我！"

"授人以鱼不如授人以渔，我来教你怎么走律师资格考试的捷径。"潘越从身后的书架上抽下来几本书，"如果从法律教科书开始看肯定已经来不及了，就看这些书吧！这些书什么内容都没有，就是法条，是最基本的。你下午去书店，把律师资格考试要考的法律条文全部买下来。回来就看法条！"

"不做题？那会不会考试的时候什么都不会？"

"法条看懂了，题目是水到渠成，而且还能提高解题速度。你记住，法条是案例的基础，只有吃透法条，你才能看懂案例到底在考什么。就比如这个案例，其实很简单。"

潘越打开《民法通则》："你看，第十一条第二款非常明白地写着'十六周岁以上不满十八周岁的公民，以自己的劳动收入为主要生活来源的，视为完全民事行为能力人。'"

"啊，在这里！"钱婷婷惊喜地说，"我知道了，原来这么简单嘛！"

潘越说："你这么快就知道了？"潘越合上书，问："什么叫'周岁'？什么叫'公民'？什么叫'完全民事行为能力'？什么叫'不完全民事行为能力'？"

饶是钱婷婷聪明伶俐，也一时语塞。

潘越说："'公民'本身的概念，要去看《宪法》，它说'公民是指具有一个国家的国籍，根据该国的法律规范享有权利和承担义务的自然人'。你看，从这里很容易看出'自然人'的概念范围显然比'公民'要大。但是在《民法通则》里'公民'和自然人是通用的。《宪法》的'公民'也提到了'权利'和'义务'。这两个概念，你看起来好像很清楚，普通人天天还放在嘴边'你侵犯了我的权利'，那么问题来了，到底什么是'权利'？什么叫'义务'？"

"……"

"同样，很多平时你觉得非常了解的概念，其实也不一定清楚它的边界。比如说，什么叫'法律'？什么叫'规范'？区别两者有什么意义？什么情况下才叫取得'国籍'？持有'绿卡'算不算取得'国籍'？持有'绿卡'的人算不算一国的公民？"

"我……"

"最简单最基本的一个法条，都可以问出这么多问题，其他实质性法条可想而知可以出多少题目。但是所有的题目千变万化，都是依据法条而来，所谓万变不离其宗。你听我的话把法条吃得透透的，最后三个月再开始做题。"

钱婷婷如醍醐灌顶："原来法条的每一个字、每一句话都是有含义的啊！"

潘越将法条和题目扔还给她，挥手让她出去。

钱婷婷一边收拾一边说："老大，您老人家自失恋以来面容消瘦、精神萎靡，茶饭不思、水米不香，我等小人看着实在着急……"

潘越抬眼警惕地看着她。

钱婷婷话锋一转："所以我等小人简直不忍再看……"

"说人话。"

"鉴于我大分所即将全面展开大学生招聘事宜，我在这方面既无经验也无借鉴。为了进一步做好招聘工作，让上海分所能够有序、良性地运转，我特向领导申请下周去总所培训一周……"

"说人话！"

"我妈下周生日，我想多回去几天。"

"我面容消瘦、精神萎靡、茶饭不思、水米不进你那么着急，所以解决方法是回家看你妈？你还说我是老大？"

"您还当真啊……我后面不是说了嘛，不忍再看。唉，至于嘛！您想想当年您老让我失恋那会儿我是多么坚强……您怎么劝我来着：因为我是早上八九点钟的太阳，所以还有多少英雄才子等着我。您也可以想想还有多少美女佳人在等着您嘛！不过也略有不同，您快日薄西山，年纪大的人谈恋爱都是老房子着火——不可救药！"

"滚！"

"谢主隆恩！"钱婷婷走到门口回头强调了一遍："我可是公差啊，不能扣我工资。"

"给我滚回来！你滚到北京去了，我们吃什么？"

"您老放心，我临滚前会烙三个大饼，给你们仨每人脖子上套一个。您三位记得每天转着圈儿吃就行。"

第八章
顶级律所的草台班子

律师的职责是为当事人负责，
专业能力只为这个目的服务。

　　均昊所上海分所第一次大学生招聘，潘越带着秦大江和钱婷婷这两个哼哈二将走访了复旦和华政。经过几轮你情我愿的删减，只留下来一男两女三个人来所里实习。

　　汪昭是复旦民商法专业研究生，江西人，个子不高，天然呆萌，干瘦得一副长年不能饱餐的样子。面试时穿着一套廉价西装，袖子口的商标闪闪发光。

　　李洛薇是华东政法经济法专业研究生，目测比汪昭还高，细瘦高，戴副圆圆的黑框眼镜，打破了一般人认为浙江女孩普遍不高的印象。潘越录取她固然因为她比较优秀，还有点私心就是她是镜湖人，老家就是安昌，家乡人嘛！

　　罗骁看名字觉得是个男生，其实是个女生，是李洛薇同班同寝室的同学。细长眼睛，和李洛薇站在一起，一白一黑，一胖一瘦，一个细眼一个圆眼，搭配得倒很是有趣儿。她是唯一穿着套裙面试的。

　　这三位看似普通的穷学生，每个人都出身农村、考上名校，每个人都是自己生活圈中的传奇。十年之后他们中有两个人成长为一流律所的高级合伙人，证明了潘越选人眼光的毒辣。

　　报到的第一天，三个人都是提前到了办公室，都被这么高级的律师事务所办公室惊呆了。整个办公室全铺地毯，前台摆的花是鲜花，临时等候区摆着咖啡、立顿红茶和小点心……这就是梦想中的工作环境啊。

他们跟着钱婷婷很拘谨地参观了办公室，了解了各区域的功能、他们的工位，领好了办公用品。他们惊奇地发现，作为见习生，居然每个人有一台自己的电脑。

第一次引进见习生，潘越很重视，特意开了个小会。均昊所对律师的培养程序是重点："毕业生在拿到毕业证之前，称之为见习生；毕业以后正式签订劳动合同之前，称之为实习生；实习期满后两相情愿签订正式的劳动合同，如果还没有取得律师执业证，就是律师助理；如果已经取得律师执业证，就成了初级律师；初级律师经过三年到五年的历练，可以晋升为中级律师；经过五年到八年晋升为资深律师；八年以上就可以申请成为二级合伙人；如果想要晋升为高级合伙人，除了有业绩压力外，那还需要所有高级合伙人三分之二以上通过。"

潘越指了指秦大江和钱婷婷说："他俩分别是行政财务和业务支持的负责人。大江，这三个年轻人就由你来安排日常工作。各位，均昊所的纽约分所马上要搬进世贸大厦办公，还有伦敦分所、法兰克福分所、日内瓦分所等着你们这样的年轻人去插上红旗、扬名立万，预祝你们都能够成为均昊所的高级合伙人！"这真是一个振奋人心的目标！每个年轻人都鼓足了干劲！

散会后，秦大江端起架子，以一个资深律师的傲娇，享受到了众星拱月的待遇。三个见习生一口一个老师，恭恭敬敬等着听他指挥。这对于被小前台钱婷婷欺负惯了的秦大江来说，只有两个字可以描述他的心情："舒坦！"

秦大江很快发现这三个人性格特别鲜明。汪昭的特点是自来熟，出门右转上个厕所都能在电梯口和人聊上，一起和全所人吃了一顿午饭的工夫，连饭店开业时间、几个服务员、平均工资收入、大部分是哪的人全都知道了，聊天能力一人能顶三个居委会大妈；李洛薇的特点是情商高，样样事情都能做得让人特别舒服。她看见钱婷婷在看考律师资格考试的书，第二天就带来了复旦编写的律师资格考试法条分析悄悄放在了前台；罗骁的特点是哆，能让别人干的事自己绝不动手，细眼睛一弯让别人无法拒绝，所以汪昭总是在屁颠屁颠帮她跑腿的路上。

律所逐渐有了人气，潘越在上海滩的打拼也逐渐有了"坐看云起"的迹象。天热起来了，他在上海滩的名气也逐渐亮起来了，出席各种会议论坛让他逐渐稳住了脚跟。自重身价的刘查理这才开了金口，答应同他见一面。

上海滩的大律师们都在观察着这家敢在上海滩开分所的律师事务所的带头

人，刘查理尤其关注，他自己刚刚带头创立的同理律所业务稳定、安定团结，形势一片大好，所以对和潘越的见面特别谨慎，唯恐被上海滩的其他律师看到。

约会地点和约会时间一改再改，当两人终于在鲜见中国人的上海滩美商会咖啡厅的角落里见面时，潘越感慨说："我和你见面太难了。偷情都没有偷得这么认真。"

刘查理穿着简单的白衬衫牛仔裤，一米七八左右，身材挺拔、风度翩翩，既有山东男人的硬朗帅气，又带着上海男人的斯文儒雅，真是个让潘越都羡慕的男人。刘查理在上海滩律师界少年成名、意气风发，彬彬有礼的谦虚中时时透露出意满志得的自负。

他微微一笑："还是潘律师经验丰富。我等初出茅庐，认真就是长情啊！"

两人相视大笑。他情商这么高，潘越更是喜欢得不要不要的。

他听潘越介绍完均昊所的情况后，也说了一下自己的情况。然后说："潘律师对我的厚爱让我很惶恐。但目前上海市司法局对于律所还是属地化管理，上海律师不允许跳槽到外地的律所。"

"办法总比问题多。"潘越笑说，"我认为上海司法局目前的做法太保守了，跟不上经济的发展。总所和司法部正在沟通这个问题，我相信这个框框很快就会打破。即便是今年不能打破，我们也可以通过其他方法来实现。"

"我在司法部开会时和邢律师、吴律师见过面，我知道他们为了创业都放弃了很多，特别钦佩他们作为创始合伙人的勇气和精神。但均昊所毕竟是北京的均昊所！"

潘越笑说："我来做其他合伙人的工作，让你直接成为均昊所高级合伙人，那么均昊所不就是你我共同的均昊所了吗？"

潘越的话音刚落，他的大哥大突然响起来。他烦躁地拿起来想摁掉，却发现居然是老妈的电话。他对刘查理说："是我母亲，不好意思我得接一下。"

刘查理做了一个"请"的姿势。

潘越接了电话，用安昌土话说："姆妈？怎么了？家里有事情吗？"

电话里老太太操着安昌土话大声说："有事情有事情，你五婶你还记得吧？就是隔壁你三爷爷的二儿子家里的，她有事情……"

潘越放了心，打断说："姆妈，我这里有点事情，我晚一点打给你……"

老太太有点耳背，根本没听见他的话，自顾自地大声喊说："你五婶眼睛快哭瞎了，要命啊！她儿子小坤啊，你记得吧？他被公安局抓起来了！你是律师嘛！你快点叫公安局把她儿子放出来嘛！哎呀我不说了，让你五婶自己跟你说……"

老太太总觉得电话里声音小了对方听不见，大哥大的听筒简直就是小喇叭，刘查理不想听都不行。他摇摇手笑说："五婶的事情比较重要，你先说。"

潘越还没开始讲话，电话那边五婶已经哭上了。潘越只得站起来走到外面的走廊里，去给连鬼影子都不记得的五婶解决麻烦。他耐心跟五婶解释："律师并不能命令公安局放人。"

五婶一听不哭了："哎呀！你姆妈说你很能干，在北京当律师。了不得了不得的！我想北京的大官嘛，怎么可能连个县城的公安局都管不住嘛！你不是大官啊？"

潘越觉得自己浑身上下长满嘴，此时也不能把北京律师和北京大官的关系跟她说清楚。但又必须给老妈争个面子，只得问："到底是什么事情？"

五婶绕了一个大圈子，潘越总算听懂了：她儿子嫖娼被抓了！

这不是什么大事，就是麻烦一些。潘越想了想说："五婶，你先别走，我问一下情况再打回给你。"

五婶一看有希望，唯恐潘越不尽心竭力，立刻又哭了起来，絮絮叨叨说了一大串。潘越好容易才挂了电话。

放在以前这个事情很简单，赵亚黎的弟弟、弟媳妇都在公安系统，跟谁说一下都能解决。现在就得斟酌一下了。潘越思来想去，很多关系不用放在那里会逐渐寡淡，交情交情，有交往才有情谊。正想着，听到走廊的尽头有人在压低了声音哭泣。他想怎么今天这么倒霉？到处都是女人在哭鼻子。但是这哭声在寂静的走廊里若有似无地飘着，倒叫人不得不心生好奇。他寻声找去，在尽头的洗手间，哭泣的声音是从女洗手间里传出来的，一边哭一边在用英语打电话。

潘越退了回来，拨通了侯秘书的电话。这样的事情对于侯秘书来说是芝麻绿豆的小事，但是潘越交代说："治安拘留能免则免，但是罚款一定要罚。"如果不让乡亲们自己肉痛一下，以后不知道有多少麻烦找来。

潘越正在讲电话，从洗手间里走出来一个二十几岁的女孩，身材高挑，体态微丰，打扮非常前卫时尚，亚麻金色的短发烫的小卷，绿色的丝绸吊带连体裤衬得双肩雪白，一双平底的红皮鞋，这种大胆配色也只有她这样特别自信的气质才不显得俗气。只是她此时哭得两眼通红，眼睛周围晕染的都是黑色。她一边走，手里的大哥大一边响，她一边按掉。循环往复了五六次，她终于接了电话，用英语冷冷地说了一句话，对方不知说了什么，她突然暴怒起来，将大哥大狠狠地摔在地上。大哥大在空荡荡的走廊的大理石地面上发出巨响，几个零件瞬间飞了出去。

巨响把潘越吓了一跳，等他回过神来，那女孩已经高仰着头扬长而去。他办完五婶的事情，看看左右无人，只得捡起那个倒霉的大哥大。难怪坊间笑传这东西可以防身，这么狠地摔，也只是把电池盖摔飞了。他就拿着回到了座位。

刘查理也正在接电话，用一口地道的山东土话说："那不中哩，光办了酒席没有领结婚证就不算结婚，这是法律规定哩，告不赢哩……"等他挂了电话，就换成了标准的普通话笑说："看来每个执业律师都有自动成为乡里乡亲、亲朋好友全面免费法律顾问的义务啊！"

潘越无奈地说："我母亲还喜欢炫耀。怎么办呢？当儿子的，这么努力不就是为了让她炫耀嘛。"

经过这么一折腾，两人的心理上倒是亲近了许多。刘查理看他拿回来两个大哥大，笑说："好阔气的五婶，一个法律咨询送一个大哥大？"

潘越笑着把刚才的事情讲了一下，说："等下交给这里的吧台，客人应该还会回来找。"

刘查理接着刚才的话头说："均昊所在律师界赫赫有名，我自然心向往之。但是说一句不知天高地厚的话，我作为上海的执业律师，如果不能创立一个海派律所以和京派的均昊所一较高下，我不甘心！"

话说到这个份上，潘越只能缓一步棋了，他举了举咖啡杯："好魄力！果然是长江后浪推前浪，一浪更比一浪强。"

刘查理说："我一直把均昊所作为目标，我的时间表是：五年内至少达到均昊所现在的成就。"

潘越说："五年时间，还只是一个律师事务所的磨合、整合期，进入不了大的跨越期。但我可以告诉你：均昊所的大门将一直为你敞开！"

两人在一楼作别，才发现外面暴雨如注。刘查理开着一辆气派的皇冠，问潘越："要我送你吗？"

潘越豪气地说："不用，我也开车过来的。"

潘越在大堂晃了一圈估摸刘查理走远了，才到地下车库把自己的普桑开了出来。心里特别感慨：二十几岁的年轻人能开得起这么好的车，上海滩真是英雄云集的地方啊！

雨大路堵，他耐心地挪动着。忽然看见路边一个绿色吊带连体裤的女孩，狼狈地举着小小的阳伞伸手在打车，一头亚麻金色的头发特别扎眼。

他停下车，摇下车窗问："黑车，坐不坐？"

她犹豫了一下，用上海话问："几钿钱？"

"公家车，你随便给。"

她看了看潘越，大概觉得他长相还算可靠，就拉开车门坐进车里。用上海话说："衡山路网球中心。"一边从包里拿出雨伞套套上雨伞，并拿纸巾来擦脸。

潘越说："你认识路吗？我不认识路。"

她看了他一眼，用普通话说："不认识路你怎么给领导开车？看你这么斯文，怎么会用公车占这点小便宜？"

她的吊带的领口又低，丝绸衣服淋了雨贴在身上，曲线毕露，简直让人流鼻血。潘越实在不好意思看她，盯着前面说："这种天怎么可能打得到车？我要是不想着占这点小便宜，你不是还在淋雨？你该谢谢我！"

"谢谢侬。格雨落是落得来，心情一塌乌涂！"

潘越想起正好她的大哥大下楼的时候忘记放在前台了，于是趁着红灯从后排包里拿出她的大哥大给她："是你的吧？"

她惊讶地看着手里的大哥大用上海话说："哪能嘎神奇？"又看看潘越，指着他用普通话说，"哦……你就是……"

潘越说："我现在直行还是转弯？你认识路吗？不认识路你旁边有地图，会看地图吗？"

她用沪语说："侬跟阿拉刚话客气一些些好伐？"又用普通话说，"好歹我也是上海本地人，怎么可能不知道衡山路？下个路口大转！"

潘越永远搞不清楚上海人讲的"大转""小转"到底是怎么转，他恨恨地说："我有一个建议：如果你再也不说上海话，我就免费送你到衡山路，你看怎么样？"

她嗤地笑了："我就知道你不是黑车！"

潘越说："刚才堵在路口我没有办法说那么多话，自报黑车是取得你的信任的最简单快捷的方法。"

"你为什么要带我？"

"为了还你的大哥大啊。"

她拿着它敛起笑容，深深地叹了口气。

两个人都不说话了，车里回响着音乐：

"I fell in love with you watching Casablanca.

Back row of the drive-in show in the flickering light.

Popcorn and cokes beneath the stars became champagne and caviar……"

她说："这个天气不要听这么伤感的音乐了。还有别的吗？"

潘越按下了停止键："没有了。我的车只有这一首歌。"

她再次看了看潘越，叹息道："只有这一首歌？唉，两个伤心失意人啊！"

到了衡山路，雨已经小了。她说："你不收钱，我请你喝酒吧。"

潘越说："都还没吃饭喝什么酒？干脆我请你吃饭，你请我喝酒。"

第二天早上，潘越被刺眼的阳光惊醒，模模糊糊睁开眼，发现自己睡在宾馆的房间里，窗口逆光站着一个美女正在梳头。

看他醒了，美女说："侬……"又换了普通话说，"你真是会睡。昨晚咱们喝到假酒了，我头疼了一晚上。"

潘越一低头，发现自己赤身裸体，赶紧拉了拉被单。

她说："别欲盖弥彰了，我都看过了。你挺瘦的，男人太瘦了也不好看。"

潘越哭笑不得。

女孩梳完头发，坐下来俯身穿鞋，浅浅的吊带随着她弯腰，露出雪白的胸脯，潘越赶紧伸手在床边摸到眼镜戴上。可惜等他戴好眼镜，女孩已经穿好了鞋子站起身来说："大家都是成年人了，应该都能为自己的行为负责。我们两人做个约定：出了这房间，我们就互不相识、互不相欠。"她拿起自己的包包说，"谢谢你还我的大哥大，房费我结，你可以睡到中午十二点。"说完拎起包就走了。

潘越听到门锁咔嗒的声音后，突然跳起来跑到桌前，打开包查看里面的东西——看清钱包原封未动，他松了口气躺回床上，这时才感到头痛欲裂。嗯，他不但喝到假酒了，好像还做了一场春梦！

潘越进了律所问新来的前台于倩："当事人在哪等？"他收到了传呼留言。

于倩说："这四个人一大早来了，一直在会议室等你。"

于倩去年从立信会计学校大专毕业，在一个小公司做过一年的前台兼管出纳和人事，算是有点工作经验。上海所原本暂时不需要增加前台，可是借一句鲁迅在《孔乙己》里说的：荐头情面大，推辞不得。想到以钱婷婷的要强劲头儿，前台的工作不可能做得久，确实也要有个接班人。所以司法局的同志一提出来，潘越马上同意了。

钱婷婷听见他说话，手里拿着书（她现在是手不释卷，上厕所都带着法条）走过来说："在大会议室。这几个人强调只要见北京的潘大律师！"

潘越就跟着钱婷婷往会议室走，钱婷婷中途停下来跟他神秘地说："老潘，有个男人特别特别帅，跟谭咏麟一模一样，连眼神也是那么忧郁。"

"比我还帅？"

钱婷婷反应极快："跟您没法比，两代人！"

潘越气笑了。

进了会议室，钱婷婷对坐着的四个人介绍说："这是我们律所的主任潘越律师。"

四个人立刻站了起来。中间的是年龄在60岁左右的老太太，头发花白，面容憔悴，穿戴倒还讲究，像是退休的老教师。她的一左一右各一个年轻男人，左边的二十几岁，略矮略胖，圆脸细眼。右边的约有30岁，眼神悲伤，穿着时尚，瘦而帅气，眉眼确实很像年轻时候的谭咏麟。帅哥和他右边的女人感觉是夫妻，女人比他矮了一头，生的朱唇皓齿，双瞳剪水，是个娇小玲珑的美女。四个人里只有她勉强向他微微一笑。

老太太客气地说："不好意思潘律师，打扰了。"

这种年纪的人说话这么得体，一定有些来历。潘越递上名片，在四人对面坐下来，对钱婷婷说："让汪昭进来做记录。"

汪昭刚拿着笔记本进来，正听见老太太说："潘律师，不好意思，我可不可以只把案件讲给您一个人听？我实在是惊弓之鸟了。"

汪昭尴尬地站住了。潘越用眼神示意让他继续，一边微笑说："律师接待当事人必须要两个人。而且请放心，汪律师是值得信任的、非常专业的律师。"

这句话，让贫困农家孩子出身而总有些自卑的汪昭差点进出眼泪来，他忍着热泪默默地低着头在潘越身边坐下来，准备好纸笔开始记录。

老太太说："潘律师是北京的律师吗？"

潘越听她问得古怪，照实说："均昊律师事务所的总所是在北京注册成立的，我本人是从总所委派到上海来的，现在在上海执业。"

老太太追问："那么潘律师还是算是北京的律师了？"

"我的执业证在上海分所，理论上我是上海的律师。"

老太太固执地说："你是北京总所派来的，应该在北京就是大律师了吧？"

潘越笑了笑："如果你的麻烦是跟北京有关系的，我们在北京有一个律师团队，提供法律服务没有问题。"

她好像抓住了救命稻草，慢慢地说："我们是今天一大早从临洲过来的。"顿了片刻又说："不知道潘律师有没有看新闻？关于临洲市副市长的。"

"米英捷？你们是他的亲戚？"

帅男人开口说："他是我父亲。这是我母亲，那是我弟弟米芃，我叫米普，我妻子郭唯。"他的声音死气沉沉、沙哑沉重，好像一个漏气的破气囊，和外表反差鲜明。

潘越心里吃了一惊：这可得算是今年最具有爆炸性的大案，号称新中国成立以来受贿数额最大的受贿案，没想到撞到他这里来了。他温和地说："我虽然一直在北京做律师，但实际上是镜湖人，和临洲市挺近的。我经常听到米市长的大名，他是很有能力的人。"他很惊讶，在电视上总是风度翩翩的米英捷，夫人居然这么大年纪了。

汪昭第一次这么近距离接触高官的家人，好奇得要死，拼命忍着不抬头去看他们，而是继续奋笔疾书。

老太太掏出手帕捂着脸哭了起来，一边哭一边用临洲土话说："怎么办？怎么办？怎么办？你叫我怎么办啊……"

她的哭声引发了其他人的哭泣。会议室里静悄悄的，一片哭泣的声音显得突兀心酸。

潘越把纸巾送到四人面前："也许情况没有那么糟，先擦擦眼泪。"

老太太哭着说："电视上都是胡说的。现在是墙倒众人推，骗子又那么多，我是实在没有办法了。"

潘越说："案子现在在哪里？先请你们熟悉的律师把事情搞清楚再说。"

"潘律师，不瞒你说，我们实在是一个律师也不认识。所以我们才找到您这里，请你做我们的律师！我们什么都不懂，现在不知道人在哪里，不知道案子归哪里管，不知道该做什么……"

汪昭抬头无比吃惊地看了一眼他们，不可思议地想：做到了市长这么大的官，周围肯定天天被各种能人围绕着，这重重包围圈、智囊团里，居然没有一个律师！

潘越为难地说："米夫人，我很想帮你。但我没有做过刑事案件，术业有专攻，我很抱歉，我帮不了你……"

老太太惊慌地说："潘律师，你一定要帮帮我！现在临洲的律师我们不敢相信……"

她的儿媳妇郭唯说："潘律师，请你帮帮我们。我们真的一个律师也不认识。临洲的律师，有的是骗子，有的不敢接这案子。在上海我们也不知道该怎么找律师，好不容易才找到你这么专业的，你一定要帮帮我们！"

"你们怎么找到我的？"

"有朋友听过您的发言，他要了您的名片给我们，让我们来找您的。他说均昊所是名所，而且一看您就是人品特别好、特别专业的律师。"

潘越说："谢谢。你们这个案子现在动静这么大，我能接一定接的。可是我不能不负责任，我的专业是非诉讼的法律服务，我没有做过刑事案件。"

郭唯更着急了："潘律师，求您帮帮我们吧！您知道吗？我其实借着别人的名义咨询过很多家律师事务所。前天我们来过一次上海找律师。我们沿着最热闹的淮海路走，只要是看到挂着律所的牌子的，就进去问问。所有的律师一听说是米市长的案子，都争先恐后许诺保证，有的甚至愿意免费代理。只有您潘律师，说自己不专业所以不愿意接。那我们更相信您一定可以的，您是律师，您肯定可以做！"她泪眼蒙蒙地看着他，凄楚无助。

潘越见不得女人示弱，在四个人炙热的眼神注视下，心里一软。他站起身来说："请稍等一下，我得想想。"一边示意了一下汪昭。

汪昭跟他一起走出来。他说："我去走廊抽根烟。"他走到走廊里点了支烟，默默地想：这件事情来得太突然了！

如果 6 月份西北航空的航班在西安东南坠毁，160 人全部遇难的事情在老百姓中的影响是一枚爆炸的原子弹的话，米英捷案件的影响可算是一枚爆炸的氢弹！电台、报纸、电视台都在连篇累牍地跟踪报道，各种律师纷纷发表独特见解。对于执业律师来说，抓到这个案子毫无疑问是显身扬名的好机会！潘越知道，只要愿意接受代理，只需几个月他就能够在上海滩乃至全中国打响名气，从而案源就会滚滚而来，完全解决案源问题！

可是，可是！由此带来的案源可以预见到九成都会是经济类刑事案件。这些案件既非自己所长，又非自己喜欢。从加入均昊所一开始，他就给自己规定了走专业化的道路，绝对不做百搭百用的万金油律师。现在一个赤裸裸的诱惑放在他面前，他到底能不能坚持自己？

他眯起眼睛看着冉冉上升的烟雾，反复权衡着。最后将烟头按灭在杂物筒上，下定了决心："律师的职责是为当事人负责，如果自己的专业能力不足以达到这个目的，那就根本不需要犹豫！"

他一进办公室，汪昭正在前台被一堆女孩子盯着问："谭咏麟怎么了？谭咏麟有没有留电话？要不要我进去给谭咏麟加水？"汪昭罕见地一脸严肃，对问话充耳不闻。他看见潘越进来，立即拿着本子在她们羡慕的目光中跟着老潘重新回到会议室。

不等潘越开口，郭唯说："潘律师，我说句话请您不要见怪——律师费随便你开！"

潘越摇摇手。

米夫人接过话说："我可以先打 20 万给你，马上就打！什么收据都不要！"

汪昭差点咬到自己的舌头！20 万！20 万！20 万！上海一套徐家汇 100 平方米的房子还不到十万块……20 万！他颤抖着手在笔记本上写下了"律师费，200000 元，先期。"那一个接一个的"0"真是诱人励志！第一期律师费就是两套上海闹市的房子啊！

他更不相信自己的耳朵的是，潘越说："米夫人，我想过了，我从来没有做过刑事案件。你们这件事情又关系重大，我不能耽误你们。我很抱歉地说，无功不受禄，我做不了。"

第九章
律师收费的奥妙

你不用回答所有的问题，

但你必须问对正确的问题。

汪昭震惊地侧头看了看潘越，潘越表情平静而诚恳。汪昭感觉他放弃20万，就好像拒绝了一顿饭一样平常。暴利临于身而不心动，"大！律！师！"他心里升起这个神圣的称谓！

直到他们离开，仍旧没有说服潘越接受委托。米夫人留下一张名片，说："潘律师，我随时等着您的电话。"

潘越回到办公室，内心感慨万分。他给镜湖的侯秘书打了个电话："这两天新闻都是临洲米市长的事情。"

侯秘书也叹息："老潘，兔死狐悲，我们心里都不好受。谁知道这事会发展成这样。"

"我想起镜湖电子厂改制前的那次酒会上，刘市长还说'期待着三五年间也能横着从老米眼前走一走……'造化弄人啊。"

"米市长能力出众，分管城市规划、建设、管理、交通、市政等十三大类工作，在一两年内让临洲市的市容市貌、交通建设都发生了巨大的变化，客观上讲是为临洲市的发展做出了积极贡献的。只是法律意识淡薄，终于酿成大错，可惜啊。"顿了一下，侯秘书又说，"正式选举结果已经出来了，刘市长现在是刘副书记了。"

"恭喜恭喜！刘书记年华正当，前途无量！"

侯秘书说："刘书记很重视党政工作和法律的结合，你潘律师开了一个好头啊！"

"侯秘书过奖了，分内工作而已。"

两人又聊了几句，这才放下电话。早已等在门外的汪昭敲门进来，把案件记录交给潘越。

潘越拿起来看了一眼：和现在的大多数年轻人一样，汪昭的钢笔字很糟糕，在自己的笔记本上记录得密密麻麻，毫无章法。

潘越把本子放下说："你通知所有人到小会议室学习。"

汪昭犹豫了一下，小心地问："是我记得不好吗？我马上改正。"

潘越虎着脸说："你记的是不好。不过现在让你改大概也不知道怎么改。这不怪你，怪我没有跟你们讲讲这些实务。现在既然发现了就赶紧讲，一放下我可能就忘记了。"

潘越进了会议室，看大家都在，还一本正经拿着笔和本，点点头说："把会议室门开着，前台有人进来都能听见。今天咱们讲讲见到当事人的第一课，怎么接待当事人。"他严肃地环视了一下，和平时嘻嘻哈哈完全不一样，"今天咱们就讲三个内容：第一，律师形象；第二，律师语言；第三，接待当事人。先说律师形象，当事人上门，看到一个律师，立刻会有个基本的判断：这个律师是不是值得信赖？这个判断来自哪里？来自第一眼看到的律师的外在表现。所以，律师的着装很重要。你们三个都有一个基本意识：不穿特别休闲的衣服，这很不错。再提醒注意：不要穿特别宽松的衣服。男孩子不要穿凉鞋，女孩子可以穿比较正式的凉鞋。至于什么是比较正式的凉鞋你们都比我懂。"

女孩子们笑起来，气氛轻松了好多。

潘越继续说："其次是律师语言，也就是说话的感觉。说话要沉稳，语速要慢。年轻律师喜欢和当事人多说话，甚至想显摆一下自己专业。潜意识里是心虚，怕当事人瞧出来自己稚嫩。其实律师的话不在多，而且在开口之前一定要想好说什么？面对的是哪些问题？都涉及哪些法律？哪些是因？哪些是果？观点一、二、三，这样才像一个律师在说话。"

潘越看了一眼秦大江："这一方面秦律师做得就很好，思路敏捷，法律知识扎实，说话逻辑条理清晰。我带他第一次和镜湖物资局的局长吃饭时，他还和你们现在一样研究生没毕业。结果一开口就镇住了场面，让老局长现在还记得他。"

钱婷婷在下面做了个不屑的鬼脸。潘越只当没看见，继续说："最后是接待当事人，一般都要两个人一起，至少一个是执业三年以上的律师，另一个可以是初级助理。从助理开始，必须掌握的一个工作技能就是记录。当事人咨询的记录、团队对于案件的讨论记录、开庭的庭审记录等。"

潘越拿过一张 A4 纸："一般不要在自己的笔记本上做记录，因为律师助理的记录是律师事务所的工作记录，要作为档案留存。你可以选择在这样的白纸上记录。记录应当有抬头'某某当事人接待记录'。下面写清楚'接待时间''接待地点''参加人员''记录人员'，这非常重要。写的时候要每个项目单列一行，顶格写。"

下面几个人手脚利索地同时拿过一张 A4 纸开始比葫芦画瓢。

"等小钱考完试把这个格式设计成模板，直接印刷成案件记录稿的样子，备一些在所里，这样就方便了。下面开始写正文。正文部分开头要有一个交代，比如当日某某一行四人到了均昊所会议室，就某某问题提出了咨询。下面按照问答的方式记录。姓名可以简写，甚至可以用符号代替。用符号代替的话记得在结尾处有一个说明，避免别人看不懂。内容也只记录和案件有关的，不要鸡毛蒜皮的事情全部写上去。"潘越顿了一下，说，"字迹要尽量工整，不要求特别整洁，但要基本上能让大多数人看得清楚明白。"

汪昭低着头连耳带腮涨得通红，虽然别人并没有特别注意他。他从小一直是别人口中最优秀的孩子，第一次被当众批评。

潘越转移了话题说："总体说，当事人来找律师，往往都是对他们来说事情已经大到不可收拾了。这种情况下都很有倾诉欲望。这个时候，律师要学会制止、打断当事人连篇累牍的描述。让当事人控制倾诉时间的方法有很多种，比如你可以在一开始就告诉当事人，咨询是收费的，每小时费用多少，让当事人知道律师的时间宝贵。不要他们问什么你就说什么，肚子里藏不住话。言多必失，也显不出你的沉稳老练……"

罗骁说："可是，打断别人说话是很不礼貌的嘛。"她一说完大家就又笑起来，她正好打断了潘越的说话。

潘越说："对，怎么打断也有个技巧问题。一个最实用的技巧就是主动提问。

怎么提问题，这是需要训练的功力。你们都是学文科的，开始的时候就按照时间、地点、人物这个顺序来提问，事件要素会在当事人回答问题的时候跳出来。他讲事件时，你跟着问：为什么你这么认为？证据是什么？以这种方式来引导当事人跟着你的思路走。当然了，对待当事人叙述也不能一概不听，否则不知道他是不是长篇大论。但是一听发现包子馅太厚，你就应该及时止损，从专业角度通过提问来控制谈话的节奏。千万不要和当事人信马由缰地聊，律师不是心理医生。"

顿了一下，潘越看没有人提问，接着说："律师的职责就是站在当事人的立场上帮他解决麻烦。这是不是就说明，律师可以百分之百地信任当事人？"

四个人都没有贸然回答。

潘越说："绝对不可以！除了每个人都有不同的道德底线之外，当事人的出发点是希望律师尽快解决麻烦，所以他会挑他觉得有利的信息来说。而那些隐藏掉、你又没有提问出来的信息才有可能是关键信息。所以，一，不能当场告诉当事人被咨询案件的准确结果。比如我觉得这个交通肇事案能拿到 10 万元的赔偿……这样的话永远不要说！引申出来二，尽量不要与当事人共谋、策划诉讼方案。通报案件进程，讨论资料内容这样的事情可以尽管做，但是案子具体要怎么做？诉讼案子要通过哪些帮助？非诉讼案子要保守哪些秘密？这些都需要律师管好自己的嘴。"

潘越这里正讲到兴头，会议室外面传来龚骏进门的声音："怎么一个人也没有？Anybody here？"

钱婷婷从会议室伸头说："嘿啊维阿！"

龚骏夸张地咳嗽起来："妹子，果然说的一口好强英哥力士。"他以为钱婷婷一个人在，就开玩笑损了她一句。

会议室里的人都笑了。钱婷婷尴尬地笑着，在一群名校高才生中很没面子。

潘越已经好几个星期没见着龚骏了，各种事情都需要碰一碰，就结束了临时培训："那今天就到这里吧。你们各自写一个记录给我。记录什么都行，写多少字都行，什么时候交都行。"

罗骁低声问："这是考试吗？"

潘越说："你们现在是在为自己的前程努力，算是你们自己考自己吧。"

龚骏先报告了一个好消息："咱们纽约分所迁入世贸大厦的事情基本敲定了，

年底前完成搬迁！"

潘越掩饰不住喜悦："太好了！牛啊！"

"还有好事呢，美国《世界知名律师事务所大全》里，在中国律师事务所名单中咱们均昊所排名第一！"

潘越一拍桌子："独占鳌头？赞！中午庆祝一下！"

"新招的这几个小朋友，学习能力如何？"

"你说到这个，我正要跟你说这个问题。我新招的这三个孩子，你挑两个带着，你走的时候给我留下。"

"大江不是在做我上海这边的案子吗？"

"主要是涉外法律服务这一块。"潘越说，"大江做的这一块主要是国有企业改制，用英语的地方不多。我想让你培养几个对于英语方面比较顺手的人留给我，这是我的短板。"

龚骏的手指在茶几上弹了几弹，说："这样，就从我手上这个为英国 3A 公司在上海成立子公司的事情入手吧。3A 公司成立子公司是为收购上海的一家公司做准备的，后续事情很多。咱们上海所派两个人进来，成立一个小团队。法律方面没有问题，英语方面我从总所再要一个熟手带个一年半载。"

"那就太好了。"

龚骏马上坐回电脑前开始发邮件："我先发段文章试试他们，听说不行，读写至少得基本过关。"他们养成的工作习惯都是，有什么事情马上做掉，绝不拖延。

潘越爱犊心切，立刻说："我去告诉他们一声。"

龚骏嗤笑他："他们连查收邮件都不主动的话，干活肯定也指望不上。"

潘越说："我就怕你老先生的这个脾气，别回头一个也没选上。这些孩子们都还没毕业，教一教也很正常。"

转身出来对几个见习生说了情况，然后说："龚律师毕业于北大，是哈佛MBA，有中国律师执照和纽约律师执照，是目前所里经济知识、商业知识和法律知识都受过顶级培训的第一人。你们谁入选，谁就是他的亲徒弟子。冲啊！"转身之前又说了一句，"每个律师都要有随时查收电子邮件的基本工作习惯。"

回到龚骏办公室，龚骏取笑他："潘妈妈。"又说，"看你打麻将时那个着三不着四的劲儿，真看不出这么护犊子。"

潘越说："你这么一带，也许就决定了哪个孩子一生的运势，我不过是举手之劳。你也算在上海有个亲徒弟。"

龚骏说："说到徒弟，我得表扬一下你的弟子秦大江。上次和他开那个庭，四川省高院的李副院长做审判长，后来听说提起他赞不绝口。"

"他是没气质、有能力的代表。"

"哈哈哈！对对，和他一起进政府机构办事，每次门卫都单独喊住他问'你是来干什么的？你会写字吗？过来登记一下！'哈哈。"

"我带着他出门洋相更多了，每次上街必然丢东西。小偷也不知道是怎么看懂的，就知道偷这个邋遢的人不需要技术。"

潘越其实挺得意的，秦大江在很短的时间里就能独当一面。几个高伙的嫡传弟子里面，秦大江没有留学背景，也算不上名校毕业，起点最低、形象最差、嘴巴最笨，但是思考能力最强，干的活总比别人进一步。

龚骏断言："我觉得他升到合伙人的时间会短于维峰。"黄维峰是龚骏的弟子，北大本硕连读，和秦大江差不多时间进均昊所。

潘越笑而不答。他心里隐隐约约感觉得到，均昊所虽然大，但是秦大江的心更大，他和黄维峰不是一路人。

龚骏感慨："这些孩子们真是赶上了好时候。今年新加入的三个高级合伙人，除了王栋梁和赵延是"60后"，胡瑛居然是个"70后"，二十郎当岁就甩开膀子干事业了。我当年这个岁数正在一望无际的庄稼地里挑棉花苗，饭都吃不饱。一米七八的大汉过秤都不敢撒尿，一泡尿撒出去都不到一百斤。"

"挑棉花苗已经算是阳光工种了，我这个岁数正在矿洞里挖矿，一年到头就是大几十号老爷们，早晚不见太阳，更看不到女人，母猪打前头过我们都觉得妖娆多姿，都快变态了。"

两个人正在比惨，突然听到门口扑哧一笑，钱婷婷没忍住笑出了声："我可不是故意偷听的哈，走到这里正好听到。老潘，我知道你干过木匠，当过小学老师，当过物资局小科员儿，现在居然还挖过矿？太能吹了吧！"

龚骏说："这就吹了？我干过的比老潘还多呢！"

钱婷婷说："是了是了，大风大浪出蛟龙，要不您二位不是凡人呢！"继而话锋一转，"我这小虾米是来请假的，还有一个月要考试了，我快死了。"

"哪至于此？一年考不过两年考，只要你别因为考不过开除我们就行。"

钱婷婷说："考是肯定是考不过的。不过总要努力一下，免得考个倒数第一被秦拽拽笑话。"

潘越说："你请假全职备考，千万别让秦大江知道。他不但不能请假，还得天天出差给我盯着重庆的新项目。"

龚骏敲了敲桌子："老潘，你重女轻男这回到了极致。这一回书就叫：'钱婷婷回北京全力备考，秦大江在重庆苦逼加班'！"

三个人都笑起来。

龚骏在下班之前看了邮件，说："三个人都不错！"选来选去，说："李洛薇的活干得最漂亮，算一个。男女搭配干活不累，那就再选一个男的吧，罗骁。就他俩吧。"

潘越笑了："那你失误了。罗骁是个女孩。不过选了就选了，算是她命好。"就这样，初出茅庐、本来怎么也不可能有资格给高级合伙人做助理的李洛薇和罗骁，居然成为哈佛毕业的龚骏的弟子。但她俩之中，一个抓住了机会，为她以后大鹏展翅打下了坚实的基础；另一个一步走叉，最终渐行渐远了。

当潘越以为米英捷的事情就此过去的时候，有一天半夜突然接到电话。大哥大信号不好，在刺啦刺啦的电流声里勉强听出了"我是米普"。

潘越挂了电话用床头的座机打过去，清楚多了，果然是米普。声音还是那样，像个漏气的破皮囊，刮得人耳朵疼。

米普说："潘律师，真没想到，事到如今你竟然是我唯一能打电话的人。"

潘越很意外，听他的口气知道睡不成了，索性坐了起来靠在枕头上："米普，我擅长的是公司治理、国企改制这些非讼业务。不熟悉刑事案件，对你家里这个事情确实心有余力不足。但是我很感谢你们一家人对我的信任。"

米普自顾自地说："我们家怎么到这一步的？"他在电话里哭了起来，久久地抽泣着说不出话来。

他的声音不像是在什么房间里。潘越想，大概他睡不着，大半夜的喝醉了在马路的什么地方趁着没人才能发泄一下吧。潘越耐心地等着，没有催促他。他能理解米普，现在是家庭里最年长的男人，压力必定是最大，想要找一个哭的机会和对象有多难。

好久，他才哽咽着说："我是长子，事情因我而起……"他抽泣着，"我对不起我父亲。他自己聪明，一直对我要求高；也对不起我母亲，她连字都不认识，完全不知道该怎么办；也对不起我妻子，为我放弃了出国读书，现在一无所有；也对不起我弟弟，他从小没吃过苦，一直把我当偶像……"他又痛哭起来："好好的一家人被我害成这样，我真是罪该万死！我死了，也许他们都能解脱出来……"

"没有谁对不起谁，事情已经这样了，再想这些没有意义。米普，你是长子，你母亲年纪也大了，可能心理上更依赖你，你不要说这么灰心的话。事情来了总是要面对它、解决它。"

"怎么解决？我害怕去坐牢，我害怕连累我父亲坐牢，我不知道该怎么办……"他又哭起来。

潘越回想起他出现在均昊所办公室时的样子，面庞英俊，眼神忧郁，让女孩子们视为男神，原来内心深处是这样脆弱、无助。

他不了解案情，只能说："事情也许没有那么坏。如果你们实在觉得临洲的律师不方便，我可以给你一个建议：你们直接去找上海律协，让刑事辩护委员会推荐一个律师给你，一定是值得信任的！"

"潘律师，如果我早点认识你，早点能做到像你这样有所为、有所不为就好了。现在说什么都晚了，我贪婪自私、愚蠢无知，我害了我奋斗了一辈子的父亲，害了全家人，我罪孽深重……"

潘越虽然不知道具体案情，但是电视台、电台的新闻里每天连篇累牍地报道、同行间相遇这段时间必然说到的热门话题，案件大概的情形略微知道一些。心里也不无遗憾地想：事到如今，他竟然丝毫没有意识到，他做的那些事情对于社会秩序、经济规则的伤害。他让别人无路可走，别人只能绝地反击啊！

潘越又安慰他了好一会儿，估摸着他的酒也该醒了，就嘱咐他赶紧回家休息，这个时候别再让家人再添额外的担忧了。

挂了电话，潘越看了看表，是凌晨两点多。睡是睡不着了，他索性起来走到阳台上去。夜深人静，突然特别特别思念林洋。他点了一支烟。今晚是个阴天，空气潮湿闷热，繁华的徐家汇归于平静，远处几幢失去了色彩的高楼在夜色里洗尽铅华，再也看不出白天的光彩。想想米英捷一家的经历，人生如此反复无常，索性破釜沉舟就抓住那点劫后余生的爱情多好啊！潘越想象着，从他脚下的这个破阳台出发，脚踏祥云，腾风驾雾，只消一刹那就可以到她身边。她对着他嫣然一笑，她弹着钢琴看着他，她妩媚地在耳边说"喵"……他还是她的，她也还是他的……这样的思念简直让潘越心如刀割！

　　早上潘越睡过了头，一进办公室就感觉到气氛不对。于倩眼神惊恐地从前台奔出来给他开门，一边低声说："潘律师，你的电话打不通。有三个公安局的人等您快一个小时了。"

　　公安局？潘越带着满腹疑虑进了会议室。三个人都穿着便衣，态度客气，说话也不转弯抹角："我们是临洲市公安局的。潘律师跟米普很熟吗？"

　　潘越原原本本把前几天米普一家来咨询的事情说了。

　　三个人边听边记，不时插上几句问话。

　　潘越问："怎么了？"

　　空气突然静了一下。中间年纪大一些的警察犹豫片刻，说："你马上就会看到新闻的——米普昨天晚上跳楼自杀了。他最后一个电话是打给你的，通话时间有一小时四十五分钟。所以，现在请你再详细回忆一下，昨晚他都跟你说了什么？"

　　潘越的头"嗡"的一声炸了："什么？你说什么？"

　　送走了警察，潘越将办公室反锁着，垂首坐在办公室里难过得不能呼吸！

　　一个活生生的人就这样消失了。前几天还坐在那个会议室，昨天晚上还跟他通电话……潘越的脑海里不停地想象着昨晚米普给他打电话时，也许就坐在某个高楼的楼顶。挂了他的电话，米普就从楼顶站了起来，不再犹豫、不再绝望、不再自责，下定决心一了百了地跳了下去……潘越内疚得几乎崩溃！如果早点觉察到，一定可以说服他的！我潘越本来是很擅长说服别人的！为什么我没有多问一句你在哪里？

　　潘越下意识地打了林洋办公室的电话。响了几声，他以为会没人接，但很快就听到电话被拿起来，传来她的声音："你好。"

　　一听到这个声音，潘越像是被魔障了，瞬间忘记了一切，一股热流哽在喉头，他拼命忍着，发不出声音。

她又说了一声："喂？"停了一歇，她柔声说，"是你吗？"

潘越的眼泪长落而下。几个月过去了，原来依然那么爱她，原来当他想倾诉什么时，唯一的对象仍然只有她。

林洋哑着声音说："宝宝……"

潘越迅速挂断了电话……只要她再说一句话，他就会不顾一切去北京的！他仰面靠在椅背上，拼命揉着脸不让眼泪落下来，感觉着心里那个最柔软的地方被刀尖长长地划过去，怎么这么痛！他绝望地意识到：以后，再也没有人可以倾诉了！

米普的死亡给均昊所上海分所笼上了一层沉重的色彩。死亡所带来的震撼，让潘越差点抑郁，好多年没有从米普的死亡阴影中走出来。

在此之前，对于律师这份职业的价值认识，在于实现人生抱负，在于解决财务自由，在于提高社会地位，在于看到更为广阔的世界……而米普的死亡让他们所有人都意识到，律师除了可以改变自己的命运，还可以改变别人的命运，可以挽救生命，甚至可以做一只上帝之手，改变故事中好多人的结局。

当然了，当十几年后，潘越在热爱的律师执业生涯中拼尽全力、呕心沥血后也终于发现，律师就是律师，谁的手也不是，什么也改变不了。这种无奈又是另一番滋味了。

又过了十几天，米英捷的家人再次出现在均昊律师事务所上海分所，这次只有婆媳两个女人了。

和上次出现的情景相比，没有了男人，只有两个穿着黑色衣服的女人让人心酸不已。米夫人挺直了腰背，说："潘律师，请你帮帮我们吧。米普最后的电话是打给你的，他只信任你一个人。"

提到米普，她忍不住拿出手绢哭出了声音。她旁边郭唯搂着她的肩膀说："妈妈，你不要哭了。"说着，她哭的声音却更凄惨。

潘越长长地吸了口气，问："米芃呢？"

米夫人说："前几天也带走了，说是协助调查。"

这个家庭几乎就是被他眼看着家破人亡，妻离子散，就是铁打的心也受不了。潘越说："这样吧，你俩谁能说得清楚，把案件跟我说一下。"

米夫人惊喜地抬起哭红的眼睛说："潘律师，我们把所有的资料都带来了！"

潘越听完了她们的叙述，快速地把资料翻了一遍，一边递给汪昭说："你去复印一下。"一边对她们说，"我要研究一下案情。我负责厘清米普和米芃名下所有公司的状况，和'富来拍卖行'业务的梳理。这个案件的刑事部分，我打算找个律师来跟我合作，你们有什么要求吗？"

两个女人一起说："没有要求，只要潘律师觉得好，我们都没有意见。"

郭唯递给潘越一张名片："潘律师，妈妈年纪大了，你有事情尽管和我联系。"

名片除了名字，只有电话和 BP 机号码。潘越看了她一眼，随身带着特意印制的只有联系方式的名片，她不像表面那样只是漂亮柔弱，这是个有心的人。

潘越心想事成，没几天在某个聚会上经上海律协副会长石建山的介绍，认识了上海滩鼎鼎有名的刑事辩护大律师柴进。

柴进的名言"只有两个柴进"在上海滩律师圈人尽皆知。两个柴进，无非一个是著名的梁山好汉，一个就是他上海滩大律师了，好大的口气！可是潘越看见的他和周世宗嫡派子孙长相却是完全两样。水浒里的柴进生得"龙眉凤目，皓齿朱唇，三牙掩口髭须，三十四五年纪"。上海滩的柴进虽然是个地道的上海人，年纪也是三十四五岁，但完全没有常人所想的那种上海男人的白皙细致，是个身材不高的大胖子，气势很足，整个人的精华都在小眼睛里，但凡心里有三分鬼的人都不敢跟他对视，给人的感觉和《谋杀一号》里的霍夫曼倒有几分相似。

石建山开玩笑说："潘律师文质彬彬，柴律师杀气腾腾，你们俩倒像是一副对仗工整的对联。"

潘越知道柴进在做达致律师事务所的合伙人之前是乾业律师事务所的合伙人，而他刚刚和乾业所的另一个合伙人舒赢同在另一个论坛上做演讲嘉宾，算是有点交情。所以潘越向柴进伸出手说："久仰久仰，我和舒赢律师是不错的朋友。"

柴进没什么表情，并没有立即伸手，而是盯着他说："真的？"

"真的。"

柴进又问："真的？你是舒赢的朋友？"

潘越的手尴尬地僵在那里，硬着头皮说："是的，我们前两天还一起吃过饭。"

柴进冷冷地伸手松松地握了一下潘越的手："那么，叫师傅吧！"

潘越愣了一下，因为舒赢年纪显然比柴进大很多。他看了看石建山。

石建山打个哈哈："柴律师大人大量，行了行了！哈哈哈，你们聊。"转身走了。

潘越虽然尴尬，却也并不愿意被柴进的气势压倒下去。他说："我对上海的律师圈了解得太少，这里头有什么故事吗？"

柴进傲然说："舒赢是我一手带出来的徒弟，这在上海滩的律师圈是人人都知道的事情。你是他的朋友，自然也是我的徒弟喽！"

潘越心想，原来这两人不对付。以后再也不能乱借别人的名字来套近乎了！口里痛快地说："我不知道、不了解，也不站队。好，现在不提别人，咱们自己翻篇重来！"他重新伸出手来说，"柴律师，久仰，我是均昊所上海分所的潘越。"

柴进心高气傲惯了，看他是个书生模样，又借着舒赢装幌子，本来带了三分轻视。没想到人倒是干脆利索，这次痛快伸出手，说："均昊所在纽约开了分所，让中国律师扬眉吐气！"

潘越说："柴律师，我正好有些事情要请教，有空一起喝茶吗？"

喝完茶，柴进已经答应了接受委托，担任米英捷的代理人，他说："我比较忙，所里刚引进了一位蔺律师，水平很高，让他和我一起做代理人。按照你说的，你要处理米芃公司的事情，你如果不介意就做米芃的代理人。"

潘越说："我不擅长刑事案件。"

柴进说："我也不懂公司治理。有我呢！"

潘越笑了。又问："柴律师的收费标准是？"

柴进说："我收费是明码标价的，所有的被告、所有的案子都是一个标准，两万元起步。"一般的律师，普通案子收 300 元、500 元律师费是平均水准。柴进一个案子要收到两万元，这在诉讼业务中属于很高的收费标准了。

"但是，"柴进接着说，"我不需要当事人给我报销任何费用。所有的差旅费、食宿费、通信费我全部自理。不需要别人负担。"

潘越追问了一句："两万？你确定够吗？这可是米英捷的案子！"

案件收费到底是贵了，还是便宜了，除了律师自身地位外，归根结底是要看案件本身。米家人的实力被各种宣传媒体夸张放大，柴进不可能不知道。也确实有无良律师趁机狠斩一刀。而大名鼎鼎的柴进居然还是坚持标准只收区区两万元律师费，不禁让潘越肃然起敬。

柴进说："我知道这个时候我报个天文数字他们也不一定不接受。可我柴进不干这样的事情，两万就是两万，谁也没资格让我破例。"

潘越脱口而出："佩服！明天我让当事人来签委托书，到哪里方便？"

"当然到你们所，这件事你是牵头人嘛！"

潘越对柴进的人品有了直观的感受。因为这件案子，潘越和柴进结下了几十年的友谊。

第十章
一见钟情误了终生

不要抢着说话，
不要担心沉默。

　　姜半夏在太原别墅楼下转了好几圈也没有找到上楼的地方，远远看到保安就走了过去。对面一个年轻的男人从相反的方向走过来，两人差不多同时走到保安身边。那个男人问："请问，这里有个均昊律师事务所，在哪里？"

　　姜半夏就站住了，眯着眼睛望向他。清晨的阳光从他的背后照过来，看不清脸，只看到他是个高个子的男人，打着领带，白衬衫在阳光里发出光来，头发短得像是劳改犯。他手里拎着个结实的黑色公文包。嗯，是标准的律师行头。

　　保安指好了路。他客气地谢过，又冲她笑了笑和她擦肩而过。姜半夏转身跟在他身后，心怦怦跳起来。

　　进电梯时他又看到了她，有些微微的吃惊。姜半夏没来由地红了脸："我也在找均昊所。"

　　"哦，那么正好一起。"口音带着恰到好处的南方味道。

　　从电梯擦得发亮的反光正好看到他俩前后而立，他其实不算高，只比她高了半个头，但是肩膀宽宽的，结实得像野蛮人，偏又穿得那么文质彬彬。姜半夏正在研究他的眼睛为什么小得和别人不一样，人家是眯眯眼，他是"一线天"……正暗自琢磨，突然发现他隐藏在"一线天"里面的眼珠正从镜子里盯着她，赶紧四下打量起电梯来。

两人一起进了均昊所。姜半夏有意识地落后半步，听他跟前台说："我是达致律师事务所的蔺瀚文，我跟潘律师约好了。"

于倩问："潘律师在，你请跟我来吧。"又看了一眼他身后的姜半夏，"两位是一起的吗？"

姜半夏说："我是从北京总所过来的……姜半夏。"

"噢，那姜律师先那里坐一下吧，潘律师正在接待当事人。我带蔺律师进去。"

蔺瀚文冲姜半夏笑笑，就跟着于倩走进去。

柴进已经到了，介绍说："这是我们律所的蔺律师，蔺相如的蔺。"

潘越看了名片笑说："蔺律师这个姓少见，蔺律师的长相也有特点。"

蔺瀚文说："都说我像黑社会。"

"嗯，虎着脸肯定是不像好惹的人。"

蔺瀚文说："上海律师圈今年盛传狼来了，北京的大律师已经把分所开到了上海，没想到这么快就有缘和北京的大律师共事了。"

潘越笑说："投石问路，我就是那块石头。我相信很快全国各大律师事务所都会在上海开分所的。米家婆媳已经等在会议室里了，咱们过去吧。"

三个人一起到了会议室，潘越把柴、蔺两位律师介绍了一下，说："柴律师是上海律协刑事法律专业委员会的副会长，蔺律师是他的合伙律师。他们两位都是非常专业的刑事辩护律师。"

米夫人和儿媳妇如获至宝、诚惶诚恐的神情让柴进心情复杂，一时天堂一时地狱啊！

潘越还担心柴进咄咄逼人的气势会吓到两个女人。出乎潘越的意料，柴进跟米夫人说话声音柔和，简直可以用温柔来形容。他笑得眼睛都眯起来，微微含着腰说："让您两位就等了。两位请坐，请坐下说。"

郭唯说："麻烦柴律师和蔺律师了。我们一切都听律师的。我爸爸和我弟弟都委托两位律师了。"

柴进微笑说："律师不得接受同一案件两名以上犯罪嫌疑人的委托。我和蔺律师分别代理米英捷和米芄。潘律师也同时担任米芄的代理律师。"

蔺瀚文取出文书来。柴进接着说："根据你上次提供的资料，我再跟你确认一下，米英捷还是在双规阶段吗？"

米夫人看了看儿媳妇，郭唯说："他们说是的，在什么宾馆里。"

柴进说："那么今天只能先签米芃的委托书。"

米夫人大惊："为什么？柴律师为什么不签？您担心什么吗？"她求助地看着潘越："潘律师……"

柴进说："法律规定律师只能在侦查机关第一次讯问后，或者采取强制措施之日起才能接受委托。米英捷还没有进入这个阶段，律师还不能介入。"

米夫人听进去了"副会长"三个字，心想无论如何不能放走这个律师："那请柴律师也做米芃的律师吧！"

柴进耐心地说："一个犯罪嫌疑人可以请两名律师，我如果现在做了米芃的代理律师，米英捷进入侦查阶段后就要另外再找律师了。而且潘律师要调查米芃和米普的那些公司的情况，如果不涉及案件，也许还需要帮你们进行善后处理。"

婆媳两个互相低声商量了一会儿，郭唯有些不好意思地问："蔺律师是律师吗？"

三个律师都笑了。柴进笑说："的确有人会认为他是我的保镖。实际上蔺律师在进入我们律所之前是云南大学的老师。他以前是教哲学的，不过对于刑法学有非常深入的研究，他的几篇关于刑法方面的文章都很有深度。"

郭唯惊讶地看了看蔺瀚文，超短寸头，黑黑的面孔，粗眉毛，细长的小眼睛，尽管他在笑着，总觉得眼睛深处有一道寒光。

蔺瀚文拿出律师证，微笑说："从律师资格上说两位是可以放心的。不过委托律师需要特别慎重，没关系，你们慢慢想。"

郭唯还回他的律师证说："蔺律师别介意。我们以前不知道上海的律师是分专业的。我问过好多律师，都是什么都能做。离婚也能做，公司上市也能做，交通肇事也能做，刑事辩护也能做。现在我们才知道有专门的刑事辩护律师，也才知道，原来刑事辩护律师都是一看都让人害怕的。"

蔺瀚文微微一笑："我之所以不当老师也有这个原因，我们校长说本来哲学系就招不到人，好容易有人要来试听一节课吧，又看到我这么个劳改释放犯，都被吓跑了。"

郭唯解释说："我们相信你们。就按照你们的意见来吧。"

柴进和蔺瀚文又详细地了解了一下案情，忙过了午饭时间才结束。米夫人走到门口，发现手包忘在椅子上，一回身，柴进正微笑着双手递给她。这么一个粗枝大叶的外表，做出这样绅士有礼的举动，让潘越对上海的海派文化又有了更深层次的了解。

送走了当事人，潘越看到办公室里大家热切的目光，笑说："好吧，大家都认识一下大律师柴进吧。"

所有人哗啦全围了上来，汪昭他们争先恐后地说起听过柴进的讲座。面对着这些年轻人，柴进温和而谦逊，一点也没有初见潘越时的咄咄逼人。

蔺瀚文退到了圈外。不闻柴进大名的姜半夏也在圈外，两个人正好并肩而立。姜半夏的心又怦怦地跳起来。

蔺瀚文客气地对她点点头："姜律师。"

"他居然记住了我的名字！"高傲如姜半夏，口齿伶俐如姜半夏，居然此时此刻不知道该怎么接这句话，就让他这句话飘在半空了。

蔺瀚文看着女孩站着就像一支荷花临风，神色傲然、气质出众、不染纤尘，心里也暗暗赞叹了一声。

等柴进他们拒绝了午餐离开后，姜半夏才想起来一万种和他聊天的语言，不禁为自己一句话都说不出无比懊恼。

送走了他俩，潘越这才有空欢迎姜半夏。姜半夏像被解除了暂停键，恢复了老样子："老潘，你怎么接上刑事案件了？你这搭档这么凶，你摆得平吗？"

"我连你都不怕我还怕谁？"

潘越说这话是有出处的。姜半夏出身外交世家，个性清高孤傲，英语比中文好，德语比英语好。虽然如此，她还是个可怕的摩羯女，做事比所有人都严谨细致，凡夫俗子都进不到她的眼里。相应地，她说话从来不考虑别人的感受，不管对谁都是只求结果不留余地，所以大家都有些怕她。

潘越说："龚骏还是真偏心我，居然把你派过来了！见过你的两个兵了吗？罗骁、李洛薇。"

姜半夏淡淡扫了一眼她俩，好像没看到她俩的笑容，对潘越说："都说上海人洋气，这不其实挺土的嘛！呃，任意键也在。"

去年秦大江在北京均昊所问潘越"任意键是哪个键"，这个笑话她居然还记得。秦大江经过一年历练，已非吴下阿蒙。但是看到姜半夏还是怵，他说："姜律师还是那么漂亮唉！"

"就像你拿了均昊所那么多钱还是那么土一样，是自然现象。"

秦大江败下阵来，尴尬地笑说："对对，是自然现象。"和姜半夏面对，他自我感觉总是蹲着，想站直腿都不给力。

潘越招呼大家说："走，请咱们北京丫头吃顿正宗的上海菜肉大馄饨去！"一面安排了下午的工作，"下午汪昭和蔺律师联系，尽快约个时间去会见当事人。姜专家来了，你的两个人我就不管了。大江和我抽个时间看一下他们写的会见记录，我已经邮件转给你了。"

但下午潘越并没有时间看邮件，因为镜湖市委副书记刘秉璋到上海来了。

在酒店咖啡吧，潘越看到刘副书记和镜湖越剧团的梅秀冬副团长并肩而坐，一点儿也没有感到意外。梅团长自小学戏，眉梢眼角都是风情。因为潘越上次对于麻烦的处理不动声色，她看到潘越倒是很热情地起身相迎。

潘越发现没有侯秘书，敏感地意识到刘书记完全把他当成自己人了。看着意气风发的刘秉璋，潘越禁不住把他和米英捷对比。去年刘秉璋和米英捷这两个人物地位、能力都差不多，相互暗自较劲，米英捷还都略胜一筹。刘秉璋当时的心愿还是"横着在老米面前走一走"。转眼之间，两人竟然冰火两重天，刘市长升任市委副书记，米市长却身陷囹圄。

"潘律师，这次咱们电子厂改制在省里挂上号了。"

潘越心里一惊，但是看着刘秉璋踌躇满志的样子又放下了心。

"延河市的老国企改制不知道哪里出了问题，上万个职工上街大游行，导致省里叫停了全省的国有企业改制，唯有对咱们的电子厂网开一面。这是因为咱们完全是在法律的框架下开展的改制工作。我请北京的大律师的时候，市委市政府还有些同志想不开，觉得我拿着国家的钱填了窟窿。现在都服了！"

这一番话是对潘越工作很高的评价了，潘越很高兴："花钱请北京律师来总揽国有企业改制的全盘计划，一开始就下定决心不做翻牌子式的改制，刘书记的胆识和眼光确实不同寻常！"

刘秉璋意味深长地说："秀才能敌百万兵啊！"又叹息了一声，"步子迈得最大的米市长就是以为自己什么都懂，不尊重专业。现在树倒猢狲散，家破人亡，兔死狐悲，不胜唏嘘啊。"

潘越也叹了口气："世事难料。"

刘秉璋挥挥手，哈哈一笑："不谈他了！这次来上海，是梅团长有事要请你帮忙。"

潘越笑："不敢当。只怕我做不到，能做到的一定尽力。"

刘秉璋看了一眼梅秀冬："梅副团长要求进步，觉得镜湖容不下她啦。"

梅秀冬嗔怒地推了他一下，笑着对潘越说："潘律师可能不太了解剧团的情况。现在电视机家家户户都买得起，电视节目又多得不得了，老百姓都看电视，没人看戏了。剧团现在已经吃了上顿没下顿了。"

潘越听她说话判断出她大概自小学戏，文化水平不是太高。他说："我父母亲可都是特别喜欢咱们剧团的戏，有戏必看。"

梅秀冬笑说："现在也就是这些老人家看戏了。所以，剧团里年轻人有点门路的都跑掉了。我在里面挂着个副团长的名，还要为整个剧团的吃喝拉撒操心，其实就是个老妈子。想想要一辈子在这里面当老妈子，真是没意思。"

潘越等着她说出想法。

她顿了顿，说："潘律师看看上海有什么剧团需要人吗？我别的不行，打杂腿脚还是勤快的。"

潘越吓了一跳！上海戏剧界从来都是龙蛇混杂、深不可测的地方。不要说他还不了解，就是了解，也绝对不敢贸然把她放进去！她坐在那里看似是个风致嫣然的柔弱女子，实则她背后可是力敌万军的人物。

潘越慢慢地喝了口茶，一边思索着这个事情怎么办。首先做得到做不到都肯定是不能做的，一旦做了就引事上身，有数不清的麻烦等着。但是如果不做，不做的理由是什么？有没有比它更好的方案？

潘越思索了一阵，心里有了底。他说："上海的戏剧界人头确实不熟。"

梅秀冬的眼底闪过失望。

"不过一定要进一个地方还是能做到的。"

她的眼里立刻放出光来。

"但是贸然进一个半生不熟的地方，不一定是最好的选择。"

她疑惑地看着他，搞不清他到底是什么意思。

"梅团长不是初出茅庐的学生，怎能从跑龙套干起？以梅团长现在的表演经验和资历，从头开始去和十八九岁的年轻人竞争，那就太吃亏了！"

刘秉璋饶有兴味地看着他，脸上写着"我就知道你有办法"。

梅秀冬说："那潘律师有什么好办法？"

"梅团长不想去学习深造吗？"

梅秀冬苦笑说："去哪里学习？学什么？谁会要我？"

"上海戏剧学院怎么样？和中央戏剧学院齐名，出过很多……"

"潘大律师不要开玩笑了！人家怎么会要我？我什么文凭都没有。"

"如果梅团长想去，我可以花点功夫找人安排你进去。它开了成人进修班，毕业以后发大专文凭。从那里毕业，梅团长就算是科班出身了。"

梅秀冬还没开口，刘秉璋就笑说："我觉得这个主意好，两全其美！"

梅秀冬笑靥如花："那我也是大学生啦！"

刘秉璋笑说："省里要求我们立足长三角，镜湖打算在上海投资设立招商引资总部，潘大律师要有力出力，为家乡做贡献噢！"

潘越很快安排好了梅秀冬上学的事情，正好赶上开学季。

米家的案子一直毫无进展。米英捷仍在双规阶段，这个阶段没有所谓的时效限制，律师毫无办法。米芃的案子虽然表面上允许律师介入了，但由于各种原因一直迟迟无法会见当事人，潘越和蔺瀚文各自不断进行各种努力，都还没有取得突破性进展。

取得了突破性进展的倒是钱婷婷，她一鸣惊人，在11月中旬律师资格考试发榜后，以高出三分的成绩，一举通过！

更让人想不到的是，众人觉得通过考试如探囊取物的秦大江，居然落榜了。

潘越惊喜交加，但没忘记在电话里嘱咐钱婷婷："大江马失前蹄，你不要在所里耀武扬威！"

钱婷婷打鼻子眼儿里"切"了一声："老潘，你太看扁我了！对了，庆功宴就免了啊，我这种走了狗屎运连滚带爬考过的人，有几斤几两我自己清楚。秦硕士虽然有的地方耐欺负，可是自尊心超强，咱不打击他了哈。"

话虽如此，她一个自考本科生能够一次性通过律师资格考试，怎能不手舞足蹈、欣喜若狂！只能关起门来抱着同住的姜半夏又叫又喊又蹦又跳。

姜半夏和钱婷婷都是北京人。和龚骏喜欢住酒店诸事方便不同，姜半夏特别嫌弃住酒店，总觉得一个房间被千万个人住过特别恶心。她出差都是自带所有床上用品，洗漱用品。这回在上海出长差但是不知道到底住多久，一时半会还真不好找房子。她和前台抱怨了一下，钱婷婷就主动邀请她来和自己同住。

姜半夏去看了一下，虽然是钱婷婷和秦大江的合租房，但秦大江一年300天都在出差，多半是钱婷婷一个人住。而且朝南的主卧有独卫，钱婷婷又是个地道的北京女孩，生活比较合拍。她也就同意了。钱婷婷就和秦大江换了房间，让他住较小的北卧，她和半夏住带卫生间的南卧，姜半夏自己买了张沙发床，就在钱婷婷这里安顿下来了。

年轻的女孩子在一起住得久了，不免互相说说各自的知心小秘密，姜半夏曲高和寡，钱婷婷心直口快，两人逐渐成了无话不谈的闺蜜。姜半夏莫名其妙对蔺瀚文害上相思病，只能对钱婷婷说说。

钱婷婷拍着胸脯跟她保证："姐儿们，现在我是助理律师了，下次那个傻瓜蔺瀚文再来，我就可以光明正大地跟着做记录了，你放心，我一定帮你搞定他！"

今年整个均昊所共有7个人参加考试，上海分所通过1个人，海口分所通过1个人，深圳分所通过1个人，总所通过1个人。总所通过的这个人还是个实习生，就是潘越顺路捎过的章云苏。

年初，潘越腾出了北京的办公室，章云苏负责收拾他北京办公室里的文件。章云苏把所有的文件全部整理成电子文档，分期分批发了过来，又委托每个出差到上海的律师分批把纸质的文件带回上海。她做事不紧不慢、条理清晰，让潘越很放心。她通过了考试，潘越想应该祝贺一下，就主动给她打了个电话。

听到她接起电话，潘越说："我是潘越。"

"您好……啊，潘……潘律师？我是章云苏。"潘越对这个美丽的名字印象深刻，眼前立刻浮现出她整个人陷在黑色的羽绒服里，只露出双黑眼睛的样子。

他说："小章，恭喜你通过律师资格考试，不容易！"

他能感觉到章云苏在电话里的微笑："谢谢潘律师。"

聊了两句潘越准备挂电话，章云苏突然说："潘律师，我要在元旦假期去上海亲戚家里。你在北京这里还有一些资料，我顺便带给你吧。"

"这些资料，让龚律师他们带过来好了。"

潘越很敏感地感觉到她踌躇了一下。虽然不知道为什么，但是立刻改口说："你带过来也行。元旦我不离开上海。"

元旦大家都放假了，他请章云苏在她亲戚家附近的饭店吃饭。章云苏和在办公室的时候不太一样，穿着条浅色的长裙，长发飘飘，怀里抱着一摞整齐的资料，安安静静地走进来，身上满满都是清雅的书卷味道。

潘越开玩笑说："怎么不到一年感觉长大了好多？"

章云苏羞涩一笑递上资料，说："其实主要是想和潘律师聊聊天。我虽然通过了律师资格考试，但是你是知道的，我并不想做律师，对以后很迷茫。"

潘越静静地看着她，以他的阅历，章云苏那点小心思在他看来几乎是透明的。他只是微微有些吃惊。记忆中掠过在均昊所的走廊里第一次见到她的样子，双手捧着一只杯子，两只大眼睛生涩地闪过他。

突然，他意识到，她是一个未曾经历世事的简单孩子，还保留着自然的天真和温和。记得她的父母都是教授，书香门第的女孩子，那她一定读了很多书吧？一个饱读诗书的女孩，至少让灵魂远离了空虚。

潘越微笑说："你不想做律师，就不要做了。"章云苏睁大了眼睛看着他。

他说："上帝之所以创造了男人和女人这两个完全不同的生物，难道不就是要各有所长、各有所专吗？女孩是要聪明，但不是要张牙舞爪、铜皮铁骨。"

章云苏笑了："其中分寸，如何拿捏？"

"不用拿捏，随心所欲、顺其自然就好了。不要什么事都跟男人一决高下，女人累，男人也累。"

章云苏正欲开口，一个年轻的男孩走了过来，很惊讶地说："章云苏？这么巧？"

章云苏更吃惊："许志翔？怎么是你？"

许志翔自然地在她身边坐下："我们居然在这里都能遇到，真是太有缘分了，果然相逢的人会再相逢。"

章云苏睁着惊奇的大眼睛对潘越说："好神奇啊！许志翔是我北京的同学，居然能在上海遇到。世界太小啦！"

潘越微笑地看着这个小伙儿认真的表演，心里很感慨："新一代真是了不起，追女孩都追得这么有创意、有诗意。自己真是老了。"

这时他的大哥大响了，他接起来，电话里传来严肃的声音："你是潘越吗？你认识秦大江吗？嗯，我这里是茅台路派出所，你来一趟吧！"

"秦大江怎么了？"

"怎么了？你来了就知道了！"啪！电话被挂断了。

潘越说："律所有点急事，我要先走。你们再要点东西，我来买单。"

章云苏欲言又止、表情复杂："不用了。潘律师你赶紧去忙吧。"

许志翔笑嘻嘻地说："那我多叫一份干炒牛河吧，正好没吃饭。"

潘越叫来服务员加了菜买了单，又多看了一眼许志翔。许志翔心照不宣、斗志昂扬地回了他一眼！他这么认真地把他当成敌人，倒让潘越不得不认真地想一想章云苏了。

茅台路派出所里，秦大江和钱婷婷两人面对面无聊地坐着，看到潘越进来都站了起来。

潘越看了看他俩：秦大江脸上、胳膊上好几道血痕，钱婷婷头发胡乱绑着，手背上也好几道抓痕。

潘越说："罚款交完了，走吧！"

秦大江和钱婷婷一声也没敢多说，跟着潘越出了派出所。到了马路上走了一会儿，潘越说："怎么两个人都不说话了？打架打傻了？从派出所往外领人，你们还真是丰富了我的人生经历。"

钱婷婷拉着脸："大不了罚款从我工资里扣呗！"

"从你工资里扣？"潘越终于绷不住，笑了，"我告诉你们，我个人给你俩每个人奖励 100 块钱！以后碰上那样蛮不讲理的，继续狠狠地揍！你们别忘了，你们背后是中国最好的律师事务所。"

钱婷婷狂喜地搂住潘越的肩膀："我就说嘛，老潘三观绝对正的！我告诉你老潘，秦瘸子蔫儿不拉几的，其实还真下得去手啊！"

潘越这才知道了这俩人打架被送到派出所的全过程。

秦大江在律考①后一直半死不活。钱婷婷看在眼里，心里挺抱歉的。考前他照常出差、照常工作，回来还要被她拉着恶补基础知识，根本没整块的时间看律考

①现为"法考"，指国家统一法律职业资格考试。

资料。现在钱婷婷知恩图报，想尽各种办法拉他散心。

元旦大家放假，姜半夏回了北京。钱婷婷看秦大江没离开上海，就也没走。秦大江蒙头大睡了两天，钱婷婷想尽办法得到个信息，说上海贸易学院有个经济法讲座，就千方百计鼓动秦大江一起去听，这才把秦大江拖出了大门。两人好不容易挤上了公交车，没多久一个上海女人就尖叫起来，指着秦大江的鼻子斥责他："小赤佬，踩到宁不晓得啊！"秦大江赶紧道歉。她一听秦大江外地口音，越骂越凶，什么外地人乡下佬，穷光蛋小瘪三……秦大江听不懂，也不理她。

钱婷婷愤怒地挤过去刚要跟她对骂，被秦大江死死拉住。正巧秦大江的BP机响了，他看了看，就拿出大哥大来回电话。一个BP机上千块，一个大哥大上万块，土了吧唧的秦大江居然有这样的装备，那女人恼羞成怒，骂得更加口不择言。周围的上海本地人看不下去了，大家用上海话纷纷责问她："你骂人家外地人是乡巴佬、穷光蛋，人家又有BP机，又有大哥大，哪点不比你好？你也不能嘎欺负老实人！"

钱婷婷早就气得脑门冒起了三丈高的青烟！隔着秦大江发挥了北京人最擅长的不带脏字的骂人，上海话的优势被北京话的顺溜和大嗓门压制得张不开嘴。钱婷婷正说得过瘾，不提防身边那女人旁边的男人挤过来，用力狠狠推了她一把，一边口里破口大骂！

钱婷婷冷不防男人会动手，被推得连连后退了几步，好在人多才没摔倒。她狼狈地站稳脚跟后，火冒三丈，刚要冲过去拼命。没想到一直木呆呆的秦大江看见男人动了手，迅速把手机和BP机塞进包里，一手把包塞在钱婷婷怀里，一拳砸在那男人的下巴上！

秦大江被那女人骂得狗血淋头，依然默不作声，连一句辩驳都没有，那男的认定了秦大江是个窝囊废，这才敢对钱婷婷动手。没想到秦大江打起架来很有经验，那男人在人群里被打得毫无还手之力。车上本来就挤得一塌糊涂，他没处躲只能嗷嗷直叫"报警啊！报警啊！打死人啦！"上海女人扑上来在秦大江脸上抓了一把。秦大江只是用胳膊挡着，对女人并不还手，一门心思狠揍那男人。那女人立刻就感觉到了这点，拼命对他拳打脚踢。钱婷婷不会打架，但她看出来秦大江对女人不还手，赶紧挡在两人中间，硬抗了几下。一边躲着女人的狠手，一边拿着手里的矿泉水瓶子兜头去砸她。这东西砸人不疼，却把瓶子盖砸丢了，泼了那女人满头满脸的水……

公交车直接把他们四个拉到了最近的派出所，民警让他们下车的时候，一群热心的上海市民还扒着车窗户给秦大江和钱婷婷作证："警官同志我同侬刚，格是年龄大的先动手的，阿拉都看到咯！"

钱婷婷眉飞色舞地讲完了，问到秦大江："秦瘸子，那女人都把你家祖宗八代骂得要从坟墓里跳出来了，你怎么那么淡定？那男的又没推你，你怎么敢打他？哪根弦搭错了？"

秦大江自从律考失手后一直郁郁寡欢，钱婷婷也消停了好一段时间没给他起过外号。今天打架打得兴奋起来，又顺口叫了个新的。

秦大江打完架后浑身通透多了，一扫这段时间的衰败之气。操着"川普"说："我惹不起女人，还惹不起男人嗫？我在学校里打架嘿厉害，男同学都不敢惹我！他们学习学不过我，打架打不过我，就鼓动女同学欺负我嗓。"

"老北京好多这样的男的，在外面点头哈腰见谁都当孙子，一回家就打老婆装大爷。"

秦大江无比惊讶地反问："啊？你说北京人打架，是男的打女的？"

钱婷婷更吃惊地看着他："难道你们重庆人打架，是女的打男的？"

"男的怎么可能打女的？男的怎么能打女的？男的怎么敢打女的？"秦大江不可思议地问了一串。

连潘越都笑了："看来四川男人怕老婆真不是传说。"到了路口，潘越说："行了，你俩去找个医院把伤口处理一下。"又说，"怎么每次我有好事的时候都要被你们这哼哈二将搅和一下？"

钱婷婷追问："什么好事？"

"你们的师傅我三十有五了，灵魂还在孤独漂泊呢！什么好事？你说什么好事？"

"老潘，我手上有一批美女，肤白貌美气质佳，我安排你相亲？"

"滚！我要是到了靠相亲讨老婆的地步，江湖上还怎么混！"

和老潘分开，他俩相互看了看伤口，都觉得没什么，倒是突然感觉饿了，就一起决定先去找地儿填肚子。两人一边找饭店，钱婷婷一边没正形地追问："秦瘸子，你父母打架，是不是也是你妈把你爸揍得不敢出门？"

秦大江很认真地回答说："不是不敢出门，是不敢进门，又不敢走远，只能在院子门口蹲起，假装抽烟噻。"

钱婷婷哈哈大笑，"为什么要假装抽烟？"

"给村里人看出来也没面子噻。"停了一歇又问，"你为什么叫我癞子？我一点也不癞。"

钱婷婷乐不可支地说："就是因为你不癞才叫你癞子，你没觉得叫秦癞子很浑然天成吗？"

秦大江平平静静地说："你这样叫我被我妈听见了肯定要伤心噻，她的宝贝儿子怎么成了癞子。"他一边说，一边牵住了钱婷婷的手。

钱婷婷的心跳加速了两拍，她像被烫着一样甩开他的手："你神经病啊！"

秦大江紧张的手心全是汗，偷偷在裤子上抹了抹，再一次用力抓住了她的手："为什么是神经病？"

钱婷婷涨红了脸，低着头用力往外挣脱："你这是打击报复！"

秦大江想说"那你也报复我吧"，结果一紧张说成了"那你也抱抱我吧！"

钱婷婷扑哧笑了："你想得美！"

站在上海的街头，落叶缤纷，初冬的秋风吹乱了他们的头发和心绪，整个上海在这两个年轻人的脚下轻轻地飘浮起来，轻盈、透亮、让人销魂。

第十一章
解决当事人的问题，哪怕不是法律问题

为什么作为一个为生活拼尽全力的男人，
有时候要找到最简单的快乐都这么难！

均昊律师事务所上海分所在年底开了自己的首次年会，迎来了 1995 年。

年会是件大事，是对自己的过去的总结和对未来的计划，尤其对刚刚迈开腿走路的均昊上海分所来说，走的每一步都太不容易了！潘越凭借从总所借调的一个合伙人，加上一个半生不熟的没有执照的法学研究生，和硬从北京挖来的一个小财务，就用他们四个人组成的草台班底，武装成了一柄大刀，用了大半年的时间终于在荆棘丛生的上海滩法律服务业中劈开了一条路，经过四面突围，均昊所总算是勉强在上海站住了脚跟。均昊上海分所在上海逐渐进入正常经营状态对于整个上海律师界的意义重大。年会上，上海市司法局、徐汇区司法局、上海律协、合作律所的人都来了，气氛非常热烈。

钱婷婷一眼看见蔺瀚文，上蹿下跳务必让姜半夏和他挨着坐。姜半夏躲在洗手间，懊恼自己头发太乱，衣服和鞋子颜色不搭，包包形状奇怪，抵死不肯过去。钱婷婷大为惊叹：原来把全世界都不放在眼里的女人，有了爱情也不过是个小女人。

终于把她在蔺瀚文身边按下去。蔺瀚文有着一个高素养律师的基本能力：对一面之交的人过目不忘，更何况像她这种气质清冷的美女律师。当然他的反应和大多数男人一样，心态是敬而远之。他礼貌地微笑："姜律师，又见面了。"

姜半夏越是故作镇静，越是手忙脚乱，还没开口，一抬手先打翻了餐碟。别人都不在意，她自己倒是满脸通红了。蔺瀚文帮她捡起来交给了服务员换了新的，看了一眼她，突然觉得这个看起来冷傲的女孩脸红的样子蛮有意思的。

姜半夏还是没有办法回答蔺瀚文的问候，总觉得无论怎样开口都显得很傻。但他这么普通的一句话，在姜半夏耳边一直温柔地回荡着，被她反复品出了万千含义。从她有记忆开始，家里的所有人都是在全世界出差。她从精神到经济都非常独立，对人生无欲无求。没想到在上海的第一天清晨，她看见像个劳改释放犯一样的蔺瀚文从对面走过来，整个人就沦陷了……现在看见他居然有了葛朗台看到金子的心情，恨不得把他吞到肚子里去！

蔺瀚文看她还是没有理自己，心里微微一笑：北京的美女律师这么冷傲！

她在想小心思，特邀的司法局的朱副局长带来了重大利好消息：司法局将放开律师流动管制。这就意味着以前所谓的北京的律所只能从北京带律师过来，上海的律师不能转所进北京的律所这样的规定终将消灭！

潘越打心里乐开了花。从小处说，这就意味着邓辉终于可以名正言顺地转入均昊所上海分所，同时为刘查理转所铺平了第一步，也意味着北京均昊所上海分所的本地化完全没有了障碍。从大处说：中国律师业必将迎来全面发展的新篇章。

柴进说："一石激起千层浪，老潘就是这块不知天高地厚的大石头。他一步迈进上海滩，改变了整个中国律师的大格局。我今天在这里预言，很快上海律师界乃至全国律师界就会全面开花，各大名所必将蜂拥而至将分所开在上海。同样的，上海的大所也会逐渐克服自己闭关锁国的状态，将分所开出去。从这一点上来看，老潘算是第一个喝牛奶的人。"接着他又一本正经地反问，"第一个喝牛奶的人到底怎么喝到的牛奶？他为什么要喝牛奶？"

他这么严肃的人，一本正经地开了个这么不正经的玩笑，让大家瞬间欢乐起来，潘越自己也忍不住笑起来。

潘越说："虽然现在从管理到业务，大家的步子都迈得很大，但是法律专业人才的培养确实严重滞后。在国外，法学院是非基础学科。只有学完了基础学科之后才能报考法学院，比如说本科学医学，那么报考法学院之后可以专攻医疗类法律；本科学建筑，就可以专攻建筑类法律。"

石会长接过话头："这确实是最大的问题！高中是全面的基础教育，从本科开始学习法律，到了研究生还是法律。法学院毕业之后，既没有社会经验，也没有专业经验，就充实到了各个法律专业的第一线，不管是法官、检察官还是律师，其实都要有足够的专业知识和一定的社会经验。我们现在确实是在拔苗助长。就是因为没有专业，现在法学院毕业的学生做了律师，都得从万金油律师开始做起。"

潘越说："我有个想法，既然我们现在的教育体系并不能完全满足律师业的发展，我们自己为什么不做一个教育机构呢？现在咱们律协有民事委员会、刑事委员会这样的专门委员会，我想还可以设立一个教育委员会，专门推动律师教育的发展。"

众人哈哈一笑，石会长说："在律协成立教育委员会，想法确实很好。可是这件事情要从司法部和全国律协开始推动，牵涉到方方面面的问题，不是一朝一夕可以做到，慢慢来吧。"

柴进得意地说："选人的确非常困难。我选人才有自己的方法，蔺律师就是我盲选的。"

"盲选？"

柴进说："我在法学杂志上看到一篇论刑事辩护的文章，逻辑清晰、文笔犀利，观点又和我一致，于是我马上打给编辑部要作者的联系方式。拿到联系方式我就打给他，只问了一句话：你有没有通过律师资格考试？他说：有。我说有就好，那么我给你年薪十万，你来上海做我的授薪律师吧。有什么克服不了的困难归纳一下告诉我。你想好了再回复我。我是柴进，你可以通过各个途径了解上海滩的柴进。过了一个星期，他给我回电话，他辞职了。他就是蔺律师。"

几个年轻人一阵惊呼！同时转头去看蔺瀚文。

钱婷婷追问："柴律师也没有问问蔺律师是干什么的？多大了？那个学校毕业的？开出高薪也没有面试一下？"

"不需要面试。基本条件很容易筛选：我只要男的，一听声音他是男的；他考过律考，没有本科文凭不能考律考。他的文章足以说明他的水平了，只要他有这个水平，过了律考这个最基本的门槛，其他的他是什么职业、多大年纪这些我都不在乎。后来才知道他是云南大学哲学系的老师，这当然是意外之喜了。"

这又引起了一阵哄笑。

钱婷婷又追问蔺瀚文："蔺律师都没见过柴律师，一个电话就把大学老师的工作辞了？万一被骗了呢？"

蔺瀚文说："就像柴律师说的，一听声音说话感觉到的气势，就知道是不是骗子。柴律师的文章我也看过，对于刑事辩护的研究观点和我很一致，我本来就很欣赏。现在他找上门来我自然不会拒绝。"蔺瀚文稍微停顿了一下，微笑说："我上班的第一天就到你们均昊所会见当事人，就是遇到姜律师那天。"

钱婷婷惊喜地朝着姜半夏使了个眼色。姜半夏面无表情，内心却在瞬间如被春风拂过，万千花朵次第开放，一片鸟语花香。

"柴律师为什么只要男的？"钱婷婷追着问。

柴进狡黠地一笑："这不是歧视女性，恰恰是重视女性。做刑事案件女性又累又危险，男人们累点苦点是应该的，女人们应该做更适合她们特点的事情。"

潘越端起酒杯笑说："这个观点真是和我不谋而合！来来来，咱们为柴律师这句'男人们苦点累点是应该的'干一杯！"

喝完酒，潘越接着说："柴律师选人的方法不拘一格。这当然一是因为他运气好，盲选也能诓来一个大学讲师；二是因为他眼睛小，小眼睛聚光，所以看人稳准狠。"他说一句，大家笑一句。

"那像我们这种大眼睛、运气不好的人，要选人才怎么办呢？"潘越推了推眼镜说："均昊所今年推出了'均昊所人才奖学金'制度，主要针对大学里那些优秀的法律本科生，如果他们足够优秀，又喜欢律师这个职业，那么我们负责出钱培养。本科毕业后，如果取得了我们认可的几所大学的留学资格，我们还可以继续负担他们留学的费用，而且我们在纽约有分所，我们可以安排他们在我们的纽约分所实习。经过几年的培养，再回馈到所里来为所里服务。"

朱局长笑说："均昊所的这一套系统的人才培养方式恐怕是全国第一家吧？咱们上海的律所还没有一家能有这样宏观长远的视野来做这样的事情。很可怕啊！"

石建山说："北京律所在人才这方面确实比我们看得远，佩服！我们现在虽然在某个层面上的法律业务可以说是没有竞争，可是又不敢放开手培养自己的人，总是担心教会徒弟饿死师傅，这就是格局问题了。"

潘越笑说："石律师，就是当时在报纸上看了你的访谈，才更坚定了我要来上海创业的决心。"

石建山说："上海的外商投资业务虽然风生水起，可是中国马上要从复关谈判更改为申请加入 WTO 的谈判。一旦完成，国际反倾销、反补贴类案件会从无到有、从少到多，这一块业务却是北京律所具有的天然的优势。所以，上海的律所也要向你们学习，应该大胆地走出去！"

朱局长举杯说："那石律师的今天所就带个头吧，走出去，像均昊所代表北京的律所一样，今天所代表上海的律所，遍地开花去！"

大家喝了酒，柴进抓住机会说："人才的培养和教育固然重要，律师的社会责任感更需要加强。就比如说米英捷这个案件，社会影响极大。米普到底有没有罪？有什么罪？罪恶到什么程度？大家都不知道，他自己也不知道，莫名其妙就先把命丢了。这实在是法律的缺失，也是法律的悲哀。刑事案件最能反映社会法律状态，米英捷不能会见我们就不说了，米芏还是这么盖着就有点过了。这件事情，律师的娘家律协应该帮把力了。"

石建山会长看了看朱局长说："我觉得可以发挥一下律协的作用，在现有的框架内尽量推动。这个案件影响巨大，老百姓都在看着，我们无所作为也会让他们对于法律的严肃性和权威性产生怀疑。"

这些"60 后"的法律人，他们大都经历过混乱的年代和苦难的生活，披荆斩棘地一路走来，身上都带着一种全力推动社会法制化进程使命感、正义感和社会责任感。以后的"80 后"对他们的评价是：他们才是一群真正的理想主义者！

宴会结束大家在酒店门口各自道别，有车的和没车的相互搭车顺路。蔺瀚文拒绝了邀请说："空气这么好，我想走走。"

众人散去，一直默默站在不远处的姜半夏走过来也深吸了一口寒凉的空气说："正好我也想走走，蔺律师，我和你一起。"

蔺瀚文吃惊地看了看她，毕竟前两次都是他主动说话，她连理都不理的。他看了看她的高跟鞋说："我要走过去乘一号线，姜律师行吗？"

姜半夏撩了撩被夜风吹乱的长发，说："行的，我也要乘一号线的。"其实她根本不知道一号线是指什么。

"那咱们应该往这个方向走。"蔺瀚文对着夜空吹出一口白雾来，"曲终人散，在没有人的街上走一走感觉特别好。"

姜半夏跟上他的脚步："要是走得甜滋滋的就更好了。"

蔺瀚文不理解地看看她，她变魔术似的从口袋里掏出两颗大白兔奶糖来，说："你不爱吃甜的吧？"

这一直冷若冰霜的女孩子，突然做出这么孩子气的举动，让蔺瀚文意外又好笑。他从她手心里拿过一颗来说："为什么不吃？"

"我小时候就盼着父母到上海出差，每次出差都能给我带大白兔。"

"那你很幸福啊。我小时候哪里知道大白兔，能拿个火柴盒，去小铺里买一分钱的白砂糖，就是天大的幸福了。"

"火柴盒买白糖？"

"你没听说过吧？一火柴盒白砂糖可舍不得一次吃完，用舌头舔着，能舔一两天呢。"

"舔白糖，有助于思考人从哪里来，到哪里去的哲学问题吗？"

"呵呵……你还挺逗的啊！我考哲学系是因为报考的人少、录取分数又不高嘛，就是个概率问题。"

"有人说科学的终极归途是哲学，哲学的终极归途是宗教，你这位哲学教授怎么看？"

"想不到姜律师这样的美女还有这样的思考，不过我是个书呆子，我的回答可能要让你打呵欠了……"

到了地铁站，姜半夏拒绝了蔺瀚文送她到家，看着他的地铁呼啸离开。重新回到街上把刚才他们两个走过的路又走了一遍，一个人边走边傻笑，只觉得整个上海寒夜里的星星都陪着她，无比无比的快乐！

朱局长刚说完律师流动解禁的事情，潘越立刻就把这个消息告诉了邓辉，并且借着到总所开年会的机会，把邓辉带到了均昊所总所。

主要负责律所管理的邢然、吴大维和潘越一起与邓辉见面。邓辉毕业于人大，和北大的邢然、吴大维聊起读书时两个学校互不服气的佚事来津津有味。言归正传，邢然说："律师事务所的合伙人是律所发展的基本核心。合伙人最最重要的就是人和，即所谓的'志同道合'。俗话说'道不同不相为谋'，只有同道中人才会相互理解、相互信任、相互支持，才会为着共同的目标一起努力。"

吴大维说："均昊所认可的合伙人的几个基本素质包含了，一是规则意识，也暗含着要有诚信的品质；二是专业能力；三是决策能力和管理能力；四是懂得成本控制和团队合作，认可律师公司化管理的理念。大家互相之间都是无限责任，共担风险、共享收益。这些素质是大家合作的基础。"

邓辉说："龚律师上次在上海和我见面，这些有共识。这次到北京老巢感受了一下，是我要的感觉：有朝气、有劲头，我喜欢。"

邢然笑说："那么邓律师的意思是？"

邓辉笑说："就是吴律师刚才那句话'共担风险、共享收益'。合伙人协议我签字画押呗。"

四个人欣喜地起身相互握手相庆，潘越开心地说："为了你这句话，我整整等了半年多。"

邓辉说："得了吧。第一次见我时，你这个分所主任在沙发上愉快地打着小呼噜。当时老龚正跟我吹牛，均昊所怎么怎么重视人才。我心想，这什么意思？是吹牛没打草稿？还是我不算人才？"

新加入的合伙人要经过全体合伙人表决。正好，趁着开年会，均昊所的各方诸侯又汇聚到了一起。均昊所北京总所的白色小会议室被 11 位合伙人坐得满满当当。大家各自挑个顺心的位置随便一坐，只有王先生总是坐在最中间的那个位置，威而不露、风度翩翩。

这一年，均昊所的发展是非常迅速的：接受了四位新的合伙人；纽约分所进入了世贸大厦；上海分所成立，成为全国第一家在上海滩开立分所的律师事务所；在几所著名高校设立了"均昊所律师人才奖学金"；还入选了美国世界著名律师事务所大全……

全球合伙人难得欢聚一堂，各自相见都分外亲热。讨论完了正事，各人开起了小会。龚骏跟潘越说："老潘，今年我在上海待不住了，北京这一摊事得抓紧时间。这样两边跑，两边都顾不起来。"

潘越没说话。龚骏已经给了他非常大的帮助，他不能再要求什么。潘越想了想，问吴大维："邓辉总算是解决了。你上次说的那个 16 岁上北大的天才呢？什么时候回来？"

吴大维头发光滑得苍蝇上去也得打滑："这真是不怕贼偷就怕贼惦记！我劝你甭惦记了。上个月我刚在美国见过他，他还是强调一点，回来均昊所可以是首选，但必须是北京，别的地方他不去。"

"我不管，我就要他！要是不给我，你就得从这一屋子人里给我一个！"

吴大维扬起眉毛："呦呵，你还赖上我了！你今年不是有邓辉了吗？"

"邓辉也好、梁燕妮也好、刘查理也好，这都算旧人，是已经记在账上的。我要新人。"

一屋子人听着他俩的对话，都忍不住笑起来。蒋力宇说："知道的，说你们在招人。不知道的，这是在跟皇阿玛要女人！"

潘越毫无退缩："反正这个人我要定了。"

年会结束后，潘越和邓辉一起乘飞机回上海。刚刚各自找到座位，潘越闻到一阵香风飘来，还没抬头已经听到邓辉惊讶的声音："Sala？真巧啊！"

一个娇滴滴的声音："邓总？哪能嘎巧？"

潘越先看到两条穿着丝袜的美腿停在他身边，往上看，是桃红色的包身裙，再往上看，是一张精心描画的面孔，和一头亚麻金色的头发。他的瞳孔突然放大起来！

那美女显然也认出了他，微微一个让他闭嘴的眼神。隔着他向邓辉伸出手去："邓总，上次的事情多亏你帮忙，让外国人刮目相看。"

"小事情。"邓辉起身和她轻轻一握，问，"怎么你也到北京来了？"

"我们今年的年会放在了北京。You too？"

"Yeah, so are we. Ok，介绍一下，这是均昊所的潘越律师，这是美国保尔集团中国区首代萨拉女士。"

外国公司的中区首席代表，是九十年代中国精英们最值得炫耀的身份。流利的英语、时髦的服装、四季空调的办公环境、可以乘飞机出差的高级待遇……这是多少年轻人奋斗的目标和理想。首代的社会地位是远远超过律师的。

莎拉带着初次相逢的矜持和他微微一握手："潘律师，幸会。潘律师好瘦啊！"

潘越根本受不了她这种不动声色的挑逗。

三人的座位居然是挨着的。潘越在中间，邓辉笑说："萨拉本科在复旦大学，研究生留学康奈尔大学商学院，是美女中的精英。"

萨拉扭着身子在座椅边摸安全扣，潘越帮她拉出来。她涂着艳红指甲油的手指在他手背上一划，一边笑说："在侬两位面前哪里敢称精英，不过是给外国人打工罢了。"

邓辉奇怪地看了看潘越。按照通常套路，潘越对于和美女聊天有着连绵不断的本事。今天他一直没说什么，很异常。

嗯，潘越的手背上被她划过的地方这会儿正爬了一群小虫子，痒痒得不行，根本听不到他们在说什么。萨拉原来是这么厉害的女人，潘越想，也只有她，可以经常若无其事地穿着这样艳丽的颜色，居然还穿得很好看。

飞机起飞后大家各自闭目养神。潘越闭上眼睛就是她雪白的脖子和丝绸衣服淋了雨贴在身上，曲线毕露的样子。潘越一面自我警示不能英雄难过美人关，一面又制订了多个下了飞机和她一起走的计划。

飞机落地，大家纷纷起身。邓辉问潘越："你怎么走？"

潘越说："那个……我先去办点事。"

邓辉又问："萨拉有人接吗？我打车可以正好送你。"

萨拉笑说："有人接，也许倒是可以顺便稍一程邓总。"

"那就算了，我住浦西你住浦东，怎么都不顺。"

在出口送别了邓辉。潘越正想怎么开口。

萨拉对他说："你别跟我说你是已婚。"

"傻瓜才会这时候承认是已婚。更何况我还真不是已婚，女朋友都没有。"

萨拉把手里的米色长呢大衣递给他："我最讨厌和女人抢男人的事情。你小心点，不要把我牵涉到你感情的破事里去。"

饶是潘越见多识广，她这样自信干脆的女人也是第一次遇到。他一面伺候萨拉穿好大衣，一面说："那会不会有男人跟我抢女人？我会不会遇到破事？"

萨拉挽起他边走边说："你真是浑身上下都写着律师二字。"

上了出租车，两人仿佛如久别重逢的情侣，又好像是一见钟情的爱人，迫不及待地拥吻在一起。出租车司机问了两遍"去哪里？"潘越大脑一片空白地说出了自己的住址。

进了屋都没有开灯，狂乱地扯下了彼此的衣服。寒冷的空气让他们的皮肤瞬间起了一层细密的鸡皮疙瘩。她说："要感冒了，快，快点出汗！"

两人在黑暗里感受到了对方的坏笑……他们的爱是酣畅淋漓的，是珠联璧合的，甚至是棋逢对手的。当他们终于共同爆发出来的时候，潘越突然感觉到了男人与女人那种赤裸裸的快乐，剥开一切附属、牵绊，甚至抛开爱，单单是欲望带来的、作为纯粹的人的终极的幸福！潘越突然有些自怨自艾起来：作为一个为生活拼尽全力的男人，要找这么简单的快乐都这么难！

两个人同时说的第一句话都是："你真厉害！"然后一起笑了。潘越从床头摸到空调遥控器，打开空调让屋里渐渐暖和起来。她从床上顺手拉了一件衣服去洗澡。

潘越走到窗边将窗户开了条缝，然后点了支烟。浴室里的水声停了，浴室的门打开，借着浴室的灯光，她光溜溜地套着他的毛衣走过来。毛衣穿在她身上又大又肥，却别有韵味。毛衣的下摆刚刚过了大腿就没了，两条白皙的长腿让人浮想联翩。

她走过来一边用浴巾搓着湿漉漉的头发，一边说："侬哪能咯惨？连个女人都没有？"

"你怎么知道？"

"你的洗手间里一样女人用的东西都没有。"

"你是第一个来我住处的女人。"

"噢？我先入为主，好像有了一些些 Hostess 的感觉。"

潘越没有说话。

"侬还要害怕？侬想得美！我是不要结婚的！"

她讲话喜欢一句话里，上海话、普通话混着用，时不时还要混点英语。

潘越笑了："为什么？"

她用纯正的普通话说："我厌倦了贞洁又郁闷的日子。"

"什么什么？"

"难道你竟然不知道西蒙·波伏娃？这是她的名言，也是我的座右铭。男权社会只会苛刻地要求女人的童贞和贞洁。你们一方面向女人宣传严格的终身一夫一妻制，一面又肆无忌惮地寻花问柳。男人们在一起可以随意谈论性，却认为女人研究性是下流猥琐的。而事实上，性行为是个人私事，只要双方自愿就可以。性交自由是人人都应有的与生俱来的自由权利，男女平等，性的快乐和自由也应该是平等的。"

"……"

潘越为了显出自己也是见多识广的人，表面上硬装出不动声色的样子。其实已经不知道该怎么形容当时的心情了。石破天惊、惊世骇俗、瞠目结舌，都不足以形容他的震惊，只能在心里连说数个"卧槽"！他想，难道这种西方性解放理论在留过洋的精英人群里真的成了主流？不能啊！周围那些有留学背景的人：忧国忧民的王先生、口无遮拦的龚骏、胸怀壮志的吴大维、兼容并包的邢然、眼高于顶的周笑麟，大都亲自考察过传说中的红灯区，这些人没有一个人像她这样彻底的、坚定地接受了西方的性解放理论。

潘越作为自小接受中国传统教育，耳濡目染皆以含蓄内敛为美的"60后"男人，第一次感觉到了和"70后"的代沟。几年后另一个叫木子美的女人因为坚持"男女平等，性的快乐和自由也应该是平等的"这种理论，在全中国掀起了轩然大波，甚至展开了全国大讨论。而潘越已经能够风轻云淡、高屋建瓴地进行评判了。这些，都拜萨拉启蒙所赐。

"吓着你了吧？"萨拉看他表情呆滞，笑起来。

"嗯。"潘越老老实实地说，"这方面你是我师傅。"

"呵呵。外国人最喜欢讲'去问问你的律师'。还有律师不懂的？"

她仰头拢了拢头发。回身一边捡着屋里地上丢的衣服，一边说："阿拉正好有个问题要问问侬。"

潘越歪着头看她弯腰的风情，口里漫不经心地应着："好啊。"

"中国去年颁布了《公司法》，这对我们这些外国公司驻中国区的代表处会有哪些影响？我们该有什么改变以便能够更适应中国的法制环境吗？"

这个问题让潘越刮目相看！这果然是国际职业化的首代的眼界和水平。潘越扔掉烟，关上窗户，略一思索，回答说："你这个问题过于大而化之，相当于是政策解读。《公司法》是1994年7月1日开始实施，它出台的背景是国家刚刚起步建立市场经济体系，国有制经济仍然占有主导地位，但是民营企业、外商投资企业的发展势头特别迅猛。在这种情况下参照国际惯例，尤其是美国、日本的有关法律制定了《公司法》，目的就是要从法律上规范公司行为、保护公司的权利，更好地促进市场经济的发展。"潘越停下来看看她，发现她并没有被这些枯燥的语言厌烦，相反听得很认真，就继续说，"所以我个人认为它反映出的信息是，民营企业、外商投资企业发展的机会要来了。目前中国的土地廉价、劳动力廉价，政府为了招商引资还制定了税收优惠政策。如果外国公司是属于生产密集型企业，可以好好考虑调整发展战略了。"

　　萨拉一边思考，一边随手拿起潘越的烟盒无意识地在手里转动着。潘越把火机伸过来："来一支？"

　　萨拉把烟盒扔给他："我绝对不碰香烟。"

　　"为什么？"

　　"在国外读书的时候，外国人喜欢在香烟里加大麻，有的还会在里面裹上更厉害的东西。阿拉是为了人生能够自由而读书的，最恨被控制。所以我对香烟类的东西很警惕，绝对不碰。"

　　"你这么年轻的女孩子，对自己的人生有这么清醒的规划，还有这么厉害的自我控制力，你是怎么做到的？"

　　萨拉眼神略微黯淡了一下，随即说："没什么，想做人人都做得到。格么侬哪天到阿拉公司来，我们来正经谈谈请你做法律顾问的事情。"

　　潘越搂着她一起摔倒在床上笑说："这件事情我不能做，你要先问问邓辉。他马上要加盟我们律所做合伙人，我不能挖自己人的墙脚。"

第十二章
她的第一次会见

这就是我选择的事业，

是我的生活，我的人生！

上海律协的工作效率体现了上海人重承诺、有执行力的特色。过完年不久，米芃可以会见的通知下来了。

潘越在律所将这个消息第一时间打电话告诉了郭唯。郭唯第二天一大早就冒着大雨乘公交车来到所里。米夫人和郭唯现在成了所里的常客，经常一大早乘车从临洲市出发，在律所上班前就赶到。天气不好的时候，就郭唯一个人来。

"还没有去会见，其实你今天不用来。"潘越递给她一杯热茶。

"这对我们来说是重大进展，一定要来看到律师亲自说出来才安心。"郭唯微笑说，"妈妈还有句话一定要请潘律师带给米芃：不管他做了什么事情，妈妈都不会怪他。妈妈不能没有他，要他一定好好的！"说出这句话又触动了她的伤心处，不禁红了眼眶。

潘越把纸巾盒递给她："一切都会好起来的。"

郭唯不好意思地笑着擦着眼泪："你说米普怎么那么傻？我们在一起七八年，最后一个电话都没有打给我。那天我在婆婆家陪婆婆，就他一个人在家。如果打给我，我一定……"她说不下去了，眼泪滚滚落下。

潘越赶紧转移话题："你们认识那么久，是大学同学吗？"

"是大学同学。他不爱读书，我的目标是去美国读常春藤。所以他追我的时候，我是不喜欢的。但是他一点也没有高官二代的傲慢，相反，对我特别耐心、特别细心。每天陪我上自习，帮我买各种书，给我送早点。后来在一起了他也一直对我很好。毕业后，我做外贸工作经常加班，他就在办公室等着我接我下班，有时候等到凌晨两三点，从来没有抱怨过。他其实是特别温和、特别简单的人。"

"一个高富帅学渣和白富美学霸的故事。"潘越说，"你不容易。"

郭唯擦去眼泪淡然一笑，"是的，不容易。讲得过分一点，米家现在好像会传染的瘟疫。现在米普不在了……"她哽住了，便没有说下去。

"你依然会坚持下去？"

"会。要不然我婆婆怎么办？米芃怎么办？我怎么面对米普的灵魂？"

如果说潘越对米夫人的态度有同情的话，对于郭唯有发自内心的尊敬。他已经知道郭唯的娘家非常富有，是低调的温州富豪，大学读书时就有自己的宝马跑车。难得的是，她还长得漂亮、品学兼优，从不张扬。她的身份，从市长儿媳，迅速跌落至犯罪嫌疑人家属；从出门宝马车代步，到现在每天赶公交车；从几乎不在国内购买衣物，到穿梭在小菜场。她依旧安之若素，这不是每个人都能做到的，更何况她随时可以回到过去的生活。潘越不由得对她的父母都生出敬重来：能够养出这样既能安享富贵，又能从容面对败落的女儿来，不简单！

去看守所会见这样的事情，对于律师来说稀松平常。但对于实习律师来说，尤其是第一次去看守所，是非常激动的事情。看守所会见原则上需要有至少两名取得律师执业证的律师。但是由于很多外地律师异地会见不容易，只要律所的介绍信以及其他资料手续完备，对于已经取得资格证、还没有拿到执业证的律师助理偶尔也会高抬贵手，允许跟着会见做记录。本来这次机会是这个案件的助理汪昭的。但钱婷婷既想抓住时机帮姜半夏搞定蔺瀚文，又急不可待想知道会见当事人到底是怎么回事，于是千方百计说服了汪昭把这个机会让给她。

她紧张得一晚上没睡着觉，脑子里回想各种看过的电影、电视里威风凛凛的女律师的样子，一大早就摊了一床衣服，寻找执业律师的感觉。结果用力过猛，潘越早上看到她时，吓了一跳：她把头发在后面盘了起来，穿着深蓝色西服套装，手里拎着方正的手提公文包。

"怎么了？被我的职业美貌惊呆了？"钱婷婷瞪了一眼潘越。

直男潘越只能打着哈哈："很职业很职业。"

让潘越心里感慨的是：看来女人真的不能做律师。有趣如钱婷婷，一进律师大门也是个中年妇女形象。可惜！可惜！

他们从律所出门时，前台嘱咐他们："晚上律所安排了给龚骏律师送行的饭局，尽量早点赶回来。"上海到浙江省看守所差不多四个小时车程。三人一大早开车出发，中午才到。看守所都在四不靠的地方，他们先在镇子上每人吃了一碗兰州拉面填饱肚子，才到看守所门口等着。

看守所在一条偏僻的小路上，隔着一片小树林和荒地，不远处正在修路。挖掘机、压路机响声震天、尘土飞扬。看守所高墙森严，拉着电网，黑色的大铁门上蒙着一层尘土。左右一望，两边的拐角处各有一个岗楼。三人将车停在道边下了车。钱婷婷一抬头，正看见两边高处的岗楼上，胸前挎枪的武警冷冷地居高临下地看着他们。还没到下午的上班时间，潘越和蔺瀚文走到传达室窗口，敲开窗子一来二去和保安聊了起来，钱婷婷在旁边把三个人的信息登记了。时间一到，门卫叼着潘越的烟走出来开了小门，放他们进去。又朝里面一指说："右边那个灰色的大楼，快去吧！"

钱婷婷抱着文件夹跟着他俩快步进铁门。门"哐啷"关上了！耳朵边倏然静了下来，压路机、挖掘机的噪声像是被吸走了。院子不大，几丈高的围墙陡然让人感到无比压抑。三个人都没说话，找到了灰色大楼的入口鱼贯而入。

灰色大楼的门很窄，也是两道，一道铁门，一道木门。进去后是一个像是公安局户籍所的地方，柜台里坐着几个警察。警察的表情并不像钱婷婷想象的那样严肃凶恶，气氛也很像普通派出所的户籍警，随和得很。蔺瀚文熟门熟路地把所有的会见资料递给一个胖胖的警察，一边迅速做了登记。警察果然发现了钱婷婷只有资格证和实习证，还没有执业证。他们相互讨论了一下，又拿着一套手续进了里面去请示。出来后严肃批评他们，最后说了句："看你们是上海那么远来的，下不为例！"这才给他们各发了一张通行证。

他们拿着通行证跟着等在旁边的保安穿过大厅走到灰楼走廊尽头，在另一扇挂着大锁的铁门前停下来。警察先用对讲机通知里面接人，等到对讲机里有人回复，这才掏出钥匙抽开沉重的大铁锁，打开门让他们通过。等他们都出了灰色大楼，就听到"哗啦"一声巨响，身后的铁门已经锁死！

现在他们背后是刚出来的那幢灰色大楼，面前是一条两车并行那么宽的过道，再过去是又一重高墙大院，又一座黑色的大铁门矗立在那里，大铁门边上的高墙下有个小小的岗亭，岗亭门口笔直地站着一个荷枪实弹的武警，岗亭里面还坐着一个。因为距离太近，那种高压的威严尤其强烈。

"深牢大狱！"钱婷婷脑海里浮现出这个词。

站着的武警非常严肃，毫无表情地再次检查了他们的通行证并收走，带他们走向高墙下面的一排平房。这些平房有着可容两人并行的走廊，一排过去，同样的铁窗铁门。他们随着武警沿着走廊一路走过，从开着的门里可以看到里面，有两三个房间有律师在会见。钱婷婷想：这就是会见区了。

武警在遇到的第一个空房间停下来，严肃地说："在这里等着。犯人要一个一个提。你们前面还有一个。"

没人在乎武警恶劣的态度，他们都说："好的好的，没关系。"

武警离开后。钱婷婷观察着这间会见室。屋子大概十一二平方米，倒是蛮简单：一层木门和一层栅栏铁门，靠着走廊的大窗也是结实的铁栅栏。正对门的位置放一张半旧的木桌和两把木椅。对着木桌靠墙的地方，是一把黑铁椅子，四个椅子脚焊在地上，长长的铁链，一端焊在椅脚上，一端锁在铁扶手上。铁扶手的一边有条向外伸出的横木，看起来是可以横过来锁死在另一边的扶手上。屋角上伸着摄像头正大光明地看着屋内的一切。

钱婷婷好容易忍住了，没坐上铁椅子试一试感觉。蔺瀚文把公文包放在桌上说："我去隔壁再搬一把椅子过来。"

钱婷婷紧张地说："可以吗？这里可以随便走来走去吗？"

蔺瀚文笑说："没有那么夸张，又不是我们在坐牢。"

钱婷婷立刻跳起来："我去搬我去搬！"

隔壁的情况也差不多，只是那个铁椅子扶手之间的横木更宽一些，上面有两根弯起来的钢筋用来正好套住手，起到固定手的作用。她好奇地四处打量了个够，才磨磨蹭蹭地把椅子搬过来。三个人又无聊地大概等了有20分钟，才听到外面有人走过来的声音。

米芁出现的样子，实在是太出乎所有人的意外了！

如果他们见到的米芁是暴瘦暴肥的，是面容憔悴的，或是冷漠敌对的，都在意料之中。而恰恰不同的是，米芃太没有什么变化了，是的，一点变化也没有！依然是白净而略胖，神色平静甚至带着点隐隐的兴奋。和去年在律所看到过的他相比，今天的他像是昨天刚刚进来，最多有点昨晚没写完作业被老师批评的沮丧。

钱婷婷看了看蔺瀚文，连他也有些微微的吃惊。

米芃扫了一眼他们三个人，眼睛就停留在钱婷婷脸上久久没有移开目光。钱婷婷赶紧低下头装作写字的样子。

警察让米芃坐在铁椅子里，把戴着手铐的手举着，利索地拉过横木挡在他的胸前用锁锁上。又把铁链和他的手铐锁在一起。做完了这些，就在门边站定了。

蔺瀚文笑说："我这个犯罪嫌疑人涉嫌的不是暴力犯罪，也不是政治犯，其实不用监视的。"

警察虎着脸瞪了他一眼，说："这里有监控，你们都是上海来的律师，规矩都懂，我也不多说了！"说完了这句话，居然真的转身离开了。

米芃笑说："其实他们也不想一直站在这里。有监控，又不能给他红包。"

钱婷婷抓狂地想，"一定有哪里不对！一定是我打开的方式不对！看守所里的犯罪嫌疑人不应该是这样的！"

米芃进来之前，他哥哥米普跳楼自杀，父亲政策性失联生死未卜，已经算是家破人亡，所有人都担心他顶不住压力。为了帮助米芃，为了得到批准允许律师尽早介入，上海司法局、上海律协、柴进、潘越一大批律师争论探讨、口诛笔伐，搞得焦头烂额才换来了今天的会见。但是！但是！但是！米芃的第一句话居然是开了个玩笑！

钱婷婷脑海里浮现出他母亲和寡嫂相互依扶着，每周一次乘长途公交车从临洲到上海，小心翼翼地和每个人打交道；再看他这副轻松好色的样子，神色上就带出来了对他的轻视。

虽然潘越算是律师中的前辈，但他做刑事案件是生手。很自然地，蔺瀚文主导了开始部分的询问。"米芃，我是达致律师事务所的蔺瀚文律师，这位是均昊律师事务所的潘越律师，我们受你母亲的委托，为你在犯罪侦查阶段提供法律服务，你是否同意聘请我们担任你的代理人？"

米芃笑嘻嘻地说："我见过潘律师。上次潘律师不肯接受我妈的委托。"

潘越说："现在我同意了。蔺律师在刑事辩护方面更专业一些，我主要负责你和你哥哥名下那些公司的法律关系的清理。现在请你明确,是否同意聘请我们。"

"同意。"

潘越示意钱婷婷把委托书拿给他签字。他直盯着钱婷婷走来,感觉口水都要掉下来。签完字钱婷婷毫不客气地白了他一眼。

他说:"你们包涵我一下,我好久没有看到过雌性生物了。"

蔺瀚文继续说:"我们现在核对一下你个人的基本信息,请你配合。你叫什么名字?曾用名是什么?出生年月日?籍贯?民族?文化程度?党派?婚姻家庭?以前是否受过刑事处分?知道自己涉嫌的罪名吗?"蔺瀚文的声音利索、冷峻,显得很职业。

蔺瀚文问一句,米芃答一句。钱婷婷下笔如飞地记录着,一边记一边想:如果蔺瀚文和米芃现在互相调个位置,米芃坐在身边发问,蔺瀚文坐在铁椅子上戴着手铐,前者心宽体胖,后者面相凶恶,这一切才算比较正常吧。

"他们说我涉嫌挪用资金罪。我哪有挪用过?公司都是我哥哥在管,跟我有什么关系?"

"米芃,你现在已经在这里了,所以你要如实陈述。隐匿罪证要承担相应的法律责任,你知道吗?"

"……我没什么好隐匿的。"

蔺瀚文稍稍停顿了一下,用手搓了搓短粗的头发,问:"今天时间比较充裕,慢慢来。米芃,你抽烟吗?我不抽烟,潘律师带烟了吗?"

米芃嬉皮笑脸地说:"你的样子吓死我了!你以前是检察官吧?"

潘越问:"这里可以给他烟吗?"

蔺瀚文说:"一般问题不大,点好再给他。"又说,"我是刑事辩护专业律师,只做刑事案件。"

潘越点好一支烟递给他,笑说:"米芃,你状态不错。"

米芃深深地吸了一口,又眯着眼睛长长地吐了一大口,冷冷地说:"蔺律师只做刑事辩护?你这个眼神、这个样子、这个身板,一定是检察院出来的吧?潘律师特别找到你的吧。"

蔺瀚文说:"那你想多了。我没有做过检察官,你的案件也不会因为律师做没做过检察官而有任何改变。"

米芫不屑地笑说："哦。如果不是因为潘律师，我不会请你。不过既然签字了，那就你吧。"

"你现在反悔还来得及。"

米芫眯着眼睛专注地抽烟，没有说话。他的眼睛也小，但是和蔺瀚文不同的小。蔺瀚文的眼睛细细长长，他的眼睛是鼓鼓的大眼泡重压下的小眼睛。借着香烟的烟雾，几乎看不出他到底睁着眼睛还是眯着眼睛。

潘越刚要缓和气氛，米芫突然笑了："我认你！"

"这说明你的运气不错。那么，你知道你签委托书的意义吗？"

他贪婪地把烟抽到最后，扔了烟头说："委托书的意义我当然知道，以后你就代表我了嘛。"

"对，所以你要完全地信任我，相信我就是另外一个你。所有你想说不能说的，说了不知道该不该说的，全部都要说给我听，我们是你必须信任的人！"

"好，你问吧，我全说。"

他们一问一答气氛逐渐缓和下来。潘越松了口气。突然口袋里的 BP 机震动了起来，他拿出来扫了一眼留言："宝宝，我'五一'结婚。"

他感觉天旋地转，这几个字就像是刚才大马路上的压路机一样，咣当！咣当！咣当！一下一下狠狠地敲着他的脑仁……他不敢再看第二遍，机械地收起传呼机，目光呆滞地看着米芫。突然蔺瀚文和米芫之间的对话一时变得好遥远，每一句都带着回音，他根本听不清他们在说什么。

钱婷婷在记录的百忙之中，感觉他安静得不正常，一眼扫到他脸色苍白，拿着笔的手指微微地颤抖。她来不及说什么，就用手肘撞了他一下算是提醒，潘越回过神来，使劲甩了甩头定下神来。

蔺瀚文问："富来拍卖行的注册资金是怎么来的？"

蔺瀚文声音不高，语气也没有加重，但是却好像一下子卡住了米芫的七寸！

米芫盯着蔺瀚文迟疑了一会儿，说："借的。"

蔺瀚文示意了一下钱婷婷重点记录，一边问："详细说说怎么借的吧。"

"我哥哥的好朋友马祥辉说开拍卖行挺赚钱的，想开一家。他又说没有启动资金。我哥哥和鸿鱼担保公司的法人代表刘方彪是好朋友，知道他有钱，就跟他说了。刘方彪就说，那一起开吧，我投资启动资金，可是我跟马祥辉不熟，我只认你，你得在拍卖行任职。我哥哥觉得是帮朋友的忙，就同意了。马祥辉先是借了 500 万元作为拍卖行的注册资金，又借了一些钱做前期的启动费用。"

"一共借了多少？"

"前后差不多 1000 万吧。"

"钱是打给谁的？是打给了你哥哥，还是打给了马祥辉？

"可能是打给我哥哥的吧，因为他和马祥辉不熟。"

"是一次性打了 1000 万，还是分批打的？"

"……我不知道。"

"是从公司账户打的吗？"

"不知道。"

"有借条吗？"

"听说有的。后来拍卖行的经营还不错，我哥哥他们就把钱还了，借条就撕了。"

"你哥哥和刘方彪涉及具体的管理吗？"

"都不涉及。"

"都不涉及？就是说公司其实是马祥辉在经营了？"

"是的。"

潘越问："你一开始说刘方彪是投资，后来又说是借，到底是投资还是借？"

"那个……这两者有什么区别？"

潘越心想，连这都分不清居然还把拍卖行运行了一两年！拍卖行是什么性质的公司？这么胡搞不出事才怪！一边言简意赅地解释说："当然有区别！简单说吧，借款是保本的，不管公司有没有赚到钱，公司都要向刘方彪偿还本金和支付利息。投资就是有风险的，公司盈利他可以分红，公司亏损他就得承担亏损。投资是不能约定利息的。如果签了一个投资协议，但是又签了一个担保协议保证还本付息，那就是名为投资实为借贷，法律还是按照借款来处理。"

"这个……那个……好像是借的吧，后来本息都还掉了。"

潘越进一步启发他："不管是投资还是借款，你都要说清楚，是刘方彪个人行为，还是鸿鱼担保公司的公司行为。个人行为的话，他要说清楚钱的来源；公司行为的话，不管是投资还是借款，都要履行必要的程序。"

156

"我知道刘方彪也被抓了。"

蔺瀚文无奈地摸了摸自己鬃刷一样的头发："刘方彪是刘方彪，你只要说清楚你自己的事情嘛。"

"哦，个人的！借的是刘方彪个人的钱。我哥哥他们就知道他很有钱，不知道他的钱是哪里来的。"

潘越摇摇手说："这个后面都会调查。富来拍卖行成立以后谁是法定代表人？"

"张露。"

"张露是谁？"

"是我当时的女朋友。她一直在天津读研，我借了她的身份。她什么都不管，也不参与实际经营。现在已经跟我分手了。"

"你、你哥哥和你嫂子在里面有职务吗？"

"就算有吧。其实都是马翔辉在管，我们就是挂职。"

"就说说都是什么职务？"

"我哥哥是总经理，我嫂子郭唯好像是监事，我是财务总监。"

"财务总监，所有的财务账目不都是要经过你签字同意吗？"

"我完全不懂财务，反正他们给我签什么我就签什么。我不管具体内容的。"

蔺瀚文敏捷地抓住："他们是谁？"

米芃语塞："……马祥辉呗。"

蔺瀚文失去了耐心："米芃，马祥辉作为体校的乒乓球教练，他前两年的出勤率几乎达到了百分之百，还经常带着学生出国比赛！你没把我们当你的律师！"

"这你都查过了？"

蔺瀚文哭笑不得。

潘越对米芃说："没关系，你今天想到哪里就说到哪里。但是你所说的一切都要有相应的证据证明。你要有一个概念：你签完委托书，我们两个就是这个世界上有能力并且愿意毫无保留帮你的人。"

米芃瞪着他们，毫无表情。过了一会儿，他突然呜呜地哭了起来！

钱婷婷蒙了，正不知应不应该掏出纸巾来递给他的时候，米芃掩着脸说："让她出去一下。"

钱婷婷立刻明白了"她"是指自己，看了看潘越。潘越微微点点头。钱婷婷就放下笔走了出去，习惯性地还想带上门，蔺瀚文急忙说："不能关门！"

钱婷婷一走出屋门，就被米芃突然放声大哭的声音吓了一跳！米芃的哭声带着不顾一切地发泄，既惊恐万分，又胆怯无助。号啕的哭声在走廊的两端回荡着。

隔壁几个会见室里的人都离开了。空空的走廊和一排空空的会见室，会见室只有铁栅栏没有窗玻璃的样子，像是没有嘴唇只有牙齿的怪物。钱婷婷沿着走廊慢慢走过去，会见室里标志性的铁椅子上的横木胡乱拉开着，椅子里曾经坐过的那些戴着手铐的人的影子一重一重叠着，隔着铁窗栅栏看过去，有说不出的冷酷。在这些寂静、沉重的影子里，米芃的哭声一声和一声之间的声音拖得那么长，总好像是要断气了，才会换气继续号哭。男人哭成这样，听久了让人头皮发麻，凄惨无比。钱婷婷实在不能想象，它是第一眼看到的那个面露喜色的白面团发出的声音，更不能把他和市长公子的形象结合起来。

日影斜斜地照在走廊外的空地上。钱婷婷随意走进一个会见室站了一小会儿，会见室里阴冷阴冷的——这里的房子没有一个朝南的。一进这些没有人气的屋子，胳膊上立刻起了一层鸡皮疙瘩。她赶紧走出去到空地上，在温热的阳光下取取暖。

米芃的哭声变得尖细起来，像是刀尖在玻璃上划过，又像是抱有幻想的孩子的哭闹，总觉得再坚持一下会有好的结果，或者是面临深渊的绝望发泄，已经不知道该怎么收尾。在这哭声里，钱婷婷觉得自己被斜阳拉得长长的影子瑟瑟发抖。她抬起头来想看看太阳到了哪里，正看见不远处岗亭里的武警伸着头在看她，和她眼神相对的瞬间立刻转回头去。

钱婷婷想：我是不是被监视了？以为我是分工望风的？

她环视了一下周围：笔直的哨兵面对她站得雕塑一样；高墙两边的塔楼上来回走动的哨兵站在长长的电网的尽头俯视她。在这种四面八方立体监视的高压下，她觉得自己是透明的，莫名其妙地心生怯意。但她宁肯在这里被人盯着，也不愿意回到阴冷的会见室去。

岗亭里的电话响了，在这寂静的空间里显得突兀刺耳。武警接起电话，连续有节奏地说了几个：是的，是的，是的。在他挂掉电话的同时，岗亭的大门咣唧一响，两个警察匆匆地走过来。两个人路过钱婷婷的时候都看了她一眼，直奔米芃的会见室。

钱婷婷想了想，没有跟过去，只听到警察说："好了，今天就到这里吧。你们有什么要问的下次再来问。"

蔺瀚文交涉了几句，但是考虑到还要多次在这里会见，僵持没有意义，也就配合说："他家里这一段时间出的事情比较多，让他发泄一下其实有好处。"

警察面无表情地说："早知今日何必当初？下次会见尽量早上来。"

米芄被两个警察一左一右夹着慢慢走到走廊上，突然停下来回头对潘越笑说："潘律师，你告诉我妈，我一口牢饭也没吃。"

一个警察说："行了行了，这算英雄好汉吗？也没见你瘦！"

等他们离开，钱婷婷回来和他俩一起默默地收拾了东西。刚出会见室，岗亭里的武警说："你们就在那等着。送完人回来带你们出去。不要到处走。"

潘越问："大概要多久？"

武警瞥了他一眼说："让你等着就等着！"

三人只得又回来，大眼瞪小眼地坐着。潘越坐不住，走到走廊里站着发呆。

钱婷婷问蔺瀚文："什么是牢饭？"

"就是这里的伙食。"

"不吃饭，他不是要饿死了？"

"可以吃菜，也有馒头。"

"电视里演的，不是说监狱里一人一个馒头，小虾米都吃不到，留着贡献给大霸王吗？"

"电视里是电视里。这里饭菜都管饱，好像伙食还不错。每个月交伙食费，好像还可以去小卖部，想买什么可以自己去买。"

"开玩笑吧？这么社会主义？"

蔺瀚文没说话。钱婷婷眼珠一转，问："蔺律师还习惯上海的生活吗？"

蔺瀚文简单地回答："男人，无所谓习惯不习惯。我对生活要求不高。"

"蔺律师身上大男子主义烙印这么明显，一定喜欢小鸟依人型的上海女孩。"

蔺瀚文没有表情地说："顾不上了。我现在主要是想女儿。"

钱婷婷的笑容僵在脸上，大吃一惊："你都有女儿啦！"

"八个月了。"他脸上浮起少见的温柔，"特别乖。"

钱婷婷突然生气起来，带着讥讽说："哼，那你为什么不戴结婚戒指？"

蔺瀚文没有表情地说："我连手表都不戴，我不喜欢身上有东西。我从来都是什么都不戴。"

回程一路上三个人都很安静，各怀心事。进了上海蔺瀚文就先下车了，潘越和钱婷婷直接到了饭店，欢送龚骏回北京的聚餐一直等着他们。潘越看着这一圈人：龚骏、龚骏的助理姜半夏、邓辉、邓辉带来的助理赵展，还有秦大江、钱婷婷、李洛薇、罗骁、汪昭、于倩……这是他的事业，这是他的生活，这是他的人生！他收拾了心情，让自己兴奋起来，一挥着手臂："我们的队伍向太阳……前进前进前进！"

钱婷婷跟姜半夏说："你有没有觉得老潘不对劲儿？表现得太兴奋了一点儿！"

姜半夏看看蔺瀚文并没有跟他们一起回来，就对任何事情都没心情了。

钱婷婷掐了她一把："你不觉得赵展很帅吗？比蔺瀚文帅多了！"

姜半夏白了她一眼："秦瘸子帅吗？"

一句话噎得钱婷婷梗在那里。偏偏秦大江凑趣说："今天是钱律师看守所处女秀，找到当律师的感觉了吗？"

钱婷婷恨他不争气没有努力长得帅点，没好气地说："把你关进去我去看才有感觉！"

秦大江拍马屁拍到马腿上，摸不着头脑。好在他被钱婷婷打击惯了，只是嘿嘿一笑。

龚骏说："上海前途不可限量，要不是王先生他们催，我真不想回去。以后我虽然人回北京了，但是项目还在上海继续，琳达带着瑞秋、劳拉还会继续跟我保持联系。说实话，虽然我们还是一家人，但是还是有些去国怀乡的惆怅啊。"

潘越笑说："什么是国际接轨？这就是国际接轨！这才几个月时间，罗骁、李洛薇就变成了瑞秋和劳拉。老龚，我代表上海分所敬你一杯酒。刚进上海时，上海司法局不让本地律师流动，要不是你来帮我拉扯，就我带着小钱、大江这俩哼哈二将，实在是一个'惨'字了得！"

龚骏笑说："行了吧！其实我懂得，你答应我只是因为夏利车打着表，多说废话贵啊！"

大家哈哈大笑。邓辉说："你知足吧，有那么贵的夏利车等着。想想老潘去挖我的时候，居然坐在沙发上睡着了，他是有多嫌弃我！"

大家一阵接一阵的哄笑，一阵接一阵的敬酒、喝酒。潘越来者不拒，任谁来敬酒无不杯底朝天。秦大江突然想起一个事情，说："师傅，我一直有一个故事想问问。"

"问！"

"那一年你在镜湖说什么棺材板仓库，到底是什么意思啊？"

潘越端起一杯酒一饮而尽，笑说："这个典故你居然还记得。那我就给大家说说。去年，不对是前年了，我们在镜湖请物资局的老领导高局长吃饭，高局长说了一句'当年我在棺材板仓库里见到他的时候……'，所以大江才对棺材板仓库这个典故产生了好奇，想知道什么是棺材板仓库。"

邓辉说："就是存放棺材的仓库吧？难道你们那里有棺材工厂？"

潘越摇摇手："你别胡扯！哪个地方会批量生产棺材？我那个时候刚进物资局参加工作，没有什么特别硬的后台。所以就把我分去看仓库。开始我觉得看仓库是个好活，那些大姐大妈们应该最喜欢的，怎么会轮到我去呢？后来我才知道为什么那些人打死都不去！过去物资局有一个职能，就是存储炸药等一些危险品，这些危险品放在专门的危险品仓库。"

"那东西会爆炸，所以那些大姐大妈们才不去的吧。"李洛薇追问。

潘越神秘一笑："这不是主要原因。危险品仓库建在哪里呢？肯定不能建在热闹的吧？肯定要建在万一有点什么事，不会造成更多损失的地方吧。还真有一个地方特别适合做危险品仓库。我们镜湖那里河汊子特别多，就建在两个河汊子交接的地方，算是一个小岛吧。那地方不仅仅是前不着村后不着店，是四面环水，连路都没有，没有船哪里都去不了。仓库是什么盖的呢？因为运输不方便，也是就地取材，反正那里到处都是坟头，就把坟头平了，把人家的棺材挖出来，把死人堆在一起烧了。剩下那些棺材板都是挺厚的板材，就拼在一起，盖了两间房子。里间做仓库，存储那些炸药。外间就是仓库管理员宿舍，给我睡觉。"

所有人都吸了一口冷气……睡在死人棺材板盖的屋子里！

第十三章
从棺材板仓库出发

在棺材板仓库里，

我整天一个人长天大日头的一住就是好几年。

由于过于震惊，屋里你看我，我看你，一片寂静。

潘越环视大家："怎么了？"

"坟的主人呢？你不害怕吗？没有鬼吗？聂小倩、狐狸精啥的？"

"哈哈哈……鬼？有鬼倒好了！聂小倩、狐狸精也好，白骨精、吸血鬼也好，母夜叉、阎王爷也好，不管是什么，来一个就行。问题就是什么都没有！只有无边无际、无休无止、没完没了，一天一天全是空白。你们可能永远也体会不到那种孤独，一个人，一个荒岛，就我一个活物。坟的主人？那个时候的中国，经过各种政治运动，不要说那些坟都差不多无主了，就是有主也没有办法。危险品仓库所在地，一般人都不敢擅自上岛。"

"养只狗嘛！"汪昭说。

"养狗？那个时候，人没东西吃，老鼠都没有，鸟都飞不远，我用什么养狗？"

姜半夏举了举起杯子说："潘大律师，了不起！"

潘越和她遥遥举杯，一起一饮而尽。接着说："那个时候高局长还是高科长。那年快过年的时候，突然想起来在那穷山恶水的地方还有一个孤独的兵，就带了个人来慰问我。他们两个人要乘送货的船来上岛，一天时间不够一个来回，只能陪着我在棺材板仓库住了一个晚上。三个人长夜无聊，只能喝酒聊天。我好不容易逮住了人类，滔滔不绝地说了一晚上，没想到把高局长给镇住了。睡觉的时候又发现床上放着两本武汉大学的法学教材，里面夹着各种颜色的纸条，写得密密麻麻的。一看，全是我的笔记。当时他就说，你放在这里看仓库可惜了，一定要调出去。"

秦大江说："难怪他说你绝非池中之物。说你神龙什么什么，摇头摆尾再不回。"

大家笑起来。潘越说："高局长虽然说要把我调出去，可是真正离开那个地方，差不多又过了一年。后来我才知道是有人捣乱。当时咱们喝酒的时候有个叫周小勇的你还记得吗？"

秦大江说："记得，就是一直拿着你的大哥大使劲打电话的那个嘛。"

"对。你看他的格局，还是十几块钱的电话费的便宜都要占。当年和高局长一起到棺材板仓库来看我的人就是他。他那时是重点培养对象，有中专文凭，又善于领会领导的意图，所以高局长出门才会带着他。当时他知道高局长想把我调到采购科，气坏了！"

"为什么？"钱婷婷奇怪地说，"他已经是红人了，气什么？"

龚骏说："世界上就是一种人，什么都不为，就是见不得你好！"

"差不多吧。周小勇看着我在棺材板仓库凄凄惨惨的挺好，知道我要去采购科千方百计地捣乱。当年采购科是物资局最牛的部门。现在大家买东西都当自己是甲方，以前是配给制，物资紧缺，很多东西不能随便买卖，只有物资局可以统一买卖调配，卖东西的才是甲方，是绝对的垄断企业。周小勇一直在办公室，想进采购科进不去，我一个小小看仓库的说去就要去，那怎么可以！"

"后来呢？"

"后来他先进了采购科。这之后就是命运的安排了。本来采购科不可能一年进两个人，但那一年还真就进了两个，一个是他，一个就是我。"

秦大江晃着腿说："他现在还在采购科嘛。"

潘越笑说："命运安排我们前后脚进了采购科，但是他愿意沿着命运安排好的轨迹走，我却总是不安分，一山望着一山高。"

"对，这里我当时也没听懂。高局长说你是书记钦点的人才是什么意思？"

这边潘越借着酒劲说得热闹。姜半夏看钱婷婷始终不提她最关心的人，终于忍不住了，碰了碰钱婷婷说："怎么样啊，今天？"

钱婷婷千方百计不想提这个，装糊涂说，"什么怎么样？不怎么样。"

姜半夏使劲掐了一下她的大腿，疼得钱婷婷倒吸一口冷气，"真狠，疯女人！"

"快点，随便说点什么。他说什么了吗？"

钱婷婷想了想，觉得姜半夏这么清高的女孩对待感情还是应该早死早超生，一咬牙，说："丫头，我劝你断了那个念头吧！"

"怎么了？"姜半夏瞪着她。

"除非你想当第三者，"钱婷婷狠了狠心接着说，"他女儿都好几个月了。"她故意说得平淡，心里知道姜半夏那股疯劲儿，说完并不敢看她。

姜半夏只觉得耳边响了一个炸雷，一下子被震蒙了，瞬间整个人像是漂浮在了空中，但她不肯让钱婷婷看出自己的失态，平静地说："哦。"

"我在县物资局两年时间就成了全国物资系统最年轻的采购科长，进入了培养梯队，可是我的理想绝不仅仅局限于在退休之前成为一个县级市物资局的局长。你们看我现在英语一塌糊涂，姜半夏、李洛薇、罗骁、汪昭都成了什么琳达、瑞秋、劳拉、盖文，老潘还是老潘。当年我可是高考考上浙江大学外语系的人。"

"真的假的？"钱婷婷笑说，"吹牛吧你就！当年考上大学就好比现在考上哈佛吧！你不是初中毕业就不能读书了吗？"

"吹什么牛？我老爸在国民党部队当过兵，这导致我考上我们绍兴最好的高中，政审没过不让我读。后来考上大学，又是因为这个政审没过。"

"初中毕业考上浙江大学外语系？那时候出的考题是不是特别简单？"秦大江坏笑说。

龚骏摇摇头："你去网上找找当年的考题就知道了，那个时候的教授一个比一个有真材实料，简单？比现在有深度多了。"

潘越也不知道向谁举了举杯子，自顾自一饮而尽："我在棺材板仓库里整天一个人长天大日头，为什么没有疯？因为我在学习。那时也不想未来，也不知道明天，就一个信念：我不相信自己会在这荒岛的棺材板仓库里一辈子！后来调到了采购科后，国家允许高考了。但那时工作特别忙，已经没有时间学习了。而且那个时候非常敏感，一是刚到新部门不好请假，二是一请假人家就会知道你要干吗，觉得你心思没在这个单位，万一考不上也丢人，所以我为了请假绞尽脑汁想了个办法。"

"装病！"罗骁抿着嘴笑着接口。

"怎么能装病呢？必须真的病！还必须当着很多人的面生病！为这个我想了好久，终于想到一个办法，趁着刚刚上班各个办公室人都在的时候，我打了满满一瓶开水，故意把瓶塞拧松，回办公室时在走廊上故意把一瓶开水全部倒在自己大腿上……"

"啊！"罗骁惊叫了一声，"真的是开水吗？"

"当然是真的开水，必须得是开水！否则我不能受伤就请不了假。然后当时就被送医院了，借此机会请了一个月假。那个时候天又热，腿上烫伤的地方得不到很好的治疗都溃烂了，我根本顾不上疼，全力复习。所以我能考不上吗？"

汪昭崇拜地说："潘律师，你的传奇实在太多了！"

潘越指指左右的龚骏和邓辉说："我们这些从全民愚昧里杀出重围的人，谁没有传奇？这么艰难地考上了浙大外语系，却因为政审不过关，简直快把我逼疯了，一度非常消沉。后来偶然听说中国社科院面对全国招一个实验班，因为是实验班，所以免于政审，就停薪留职去读书。当时我是物资局重点培养对象，每个月工资、奖金都让大部分人羡慕，停薪留职就相当于放弃前程。高局长后来还是放我走了，他说，这小子心大，留不住。我在社科院读完了书，正好赶上海南大开发，就奔赴海南寻找更广阔的天空。结果在海南遇到了正在海南考察的镜湖老书记马良才，马书记和我一番长谈之后开玩笑说'我们镜湖这么优秀的人才，怎么能便宜海南呢！'就把我又从海南带回了镜湖。"

秦大江说："哦，后来就是高局长说的'镜湖政府1988年发一号文，成立镜湖海南办事处；二号文在海口成立镜海工贸公司；三号文任命潘越担任海南办事处副主任兼镜海工贸公司经理。'吧？师傅，你太拉风了！"

"1988年政府的一、二、三号文确实让我成为当年的风云人物，我也曾在自己的小城里独领风骚三五年啊！"

龚骏笑说："今天老潘是不是受了什么刺激？带着咱们追忆年华。来来来，为拽得二五八万的老潘干一杯！"

钱婷婷偷偷看了看姜半夏，发现姜半夏的神色没有什么变化，正对故事听得入迷，就碰了碰她："枝上柳绵吹又少，天涯何处无芳草。这篇就算翻过去了哈。"

姜半夏没有接她的话茬，而是随着大家的起哄也干了杯中酒。钱婷婷也就放了心加入了起哄的行列了。

聚会散场，大家各自散去。已经很晚了，街上人影稀少，春天的月亮显得特别冰冷晶莹。姜半夏想一个人静静地待着，又没地方可去，沿着街慢慢走着，不知不觉居然走到了律所附近，突然"咦"了一声：在雪亮的月光下，潘越一个人坐在马路牙子上，一只手夹着烟，一只手里拎着一罐啤酒，身边还放着几罐啤酒。

潘越看到她也有些惊讶："你怎么到这里来了？"

姜半夏理了理昂贵笔挺的套裙，脱下高跟鞋一蹲身坐在了老潘身边："我就觉得你今晚话特别多，不对劲儿。"

潘越说："你也不对劲儿。"

姜半夏拿起一罐啤酒打开仰头喝了一大口："我是因为月亮好，不能辜负了这月色。"

潘越和她碰了一下："好借口！"

姜半夏呆呆地看着空荡荡的大街，说："潘律，像你这样的花花公子，到底有没有真正爱过一个人？"

"嗤……"潘越苦笑，"为了你这句话，我也不能辜负了这个荣誉。我爱我爱过的和爱过我的每一个女人。"

"切！"姜半夏嘲讽地说，"那就不是爱。爱，应该是唯一、是全部、是绝不将就！"

"你说的那些当然是爱。不过到了我这个年龄，你也许会体会到，爱也是成全、是放手、是只要你好。"

"老潘，你有那样水深火热的人生经历，所以对爱如饥似渴、穷凶极恶，这我能理解。可是成全、放手……这不是你。我可不相信。"

潘越没说话，只是将手上的烟头弹了出去。烟头带着暗光在空中划了一条弧线落在马路中间。这让他突然想起在镜湖的那一晚，他和林洋在老乡的小船上，他将手上的烟头弹了出去，落在月亮晶莹的河里。往事如烟。他喝了一大口啤酒。说："就像我不相信你大半夜的会坐在马路牙子上一样。你是为什么？"

"懂了。"姜半夏说，"我嘛……我爱上了一个人。"

潘越无声地笑了："那他该去买彩票，能让你这么清高孤傲的人爱上。是赵

166

展吗？"

"切！是蔺瀚文。"姜半夏说得坦坦荡荡、大大方方。

这个名字让潘越很惊讶，他转头看着她："他？原来你喜欢那种类型的？"

"他不属于任何类型。天地之间只有一个他。我来上海的第一天第一眼看见他，就爱上他了。他逆着光走过来，整个人闪闪发光。"

"那就爱呗！你这种年纪，正是任性的时候！想爱就爱，想怎么爱就怎么爱！"

"真那样那就好了。我来晚了。他有家了。"

潘越怔了一下："是吗？"又叹了口气，"所以这是个一见杨过误终身的故事？"

姜半夏没有再说话，两个人长久地沉默着，各自默默地喝着啤酒。

潘越安慰她："爱情就跟天花一样，爱过一次就有免疫力了，更何况你本来就有毒。留点力气去爱下一个。"

"你的爱是天花，我的爱是龙舌兰花。我要么不爱，要么用尽全力爱。"

好久以后，潘越才知道"用尽全力爱"是指的什么。

由于米英捷案件终于从双规程序中转入批准逮捕，继而不出意外地开始了深不可测的各种期间延长。受此影响，米芷案件刚刚启动的律师介入程序也被暂停。但米家婆媳由于律师终于见过一次米芷，心态已经没有那么焦虑了。

与此同时，镜湖终于传来好消息：潘越前后花费将近三年心血的镜湖电子厂改造项目，经过重重困难终于全部结束。电子厂冷清了好多年的大门口，在上下班时间又开始响起了热闹的自行车铃声，电子厂大门前的马路又开始拥堵了！市委副书记刘秉璋特意让人拍了张电子厂上班高峰期的照片，放大了挂在办公室里。还嘱咐让新任蒋秘书冲洗了好多张，已经升任工业局的侯局长和潘律师都收到了。

另一个意外的事情是：高学峰局长被逮捕了！

潘越第一个电话打给柴进："我私人有案件需要你帮忙，费用照付。"

柴进一句话也没多问："除了周三我要开庭，其他时间都可以，咱们见一面。"

第二天下午潘越就带着柴进走进了镜湖看守所。

高学峰突然成了一个十足的老人。头发全白了，腰背佝偻着，由于暴瘦，脸上的肉皮松松垂着，脸上布满了老年斑，很难相信他才不过五十上下。他一见到潘越，就拉着他的手，嘴唇哆嗦着半天发不出声音。潘越心酸不已。

"都怪我……都怪我！"高学峰像祥林嫂一样机械地重复着这句话，"都怪我！我一直觉得自己挺聪明，什么都懂……都怪我！"

柴进耐心地等他平静下来，先按照基本程序问完了之后，说："你知道自己涉嫌的罪名吗？"

"知道，非法集资。我认罪！我错了！我辜负了党对我这么多年的培养！"高学峰情绪激动地转过头去，用手背蹭掉了眼泪。

柴进严肃地说："在未经法院审判之前任何人都是无罪的。"

"我认罪！我这段时间翻来覆去地思考，我知道我错在哪里了，我请求政府再给我一次机会，我一定可以将功补过，我愿意以身家性命担保！"

柴进和潘越互相交换了一下眼神，两人在心里都深深地叹了口气！这就是我们的政府官员，对于法律的认知简直浅薄到了匪夷所思的地步！

柴进说："这样吧，我们先来区分非法集资罪与非罪的界限。非法集资罪是指使用诈骗方法非法集资，数额较大的行为。这里有三个基本点：第一，使用了诈骗的方法，就是你确实是通过欺骗的手段；第二，非法集资，就是没有经过合法的批准程序把钱聚集在一起；第三，数额较大，要有一定大额的钱。只有一个人的行为同时符合了全部三条内容才叫触犯了刑法中的非法集资罪。你理解我的意思吗？"

潘越恨不得替他回答："我不符合。"

"我理解！我知道！我有罪！都怪我……都怪我……我觉得国有企业改制上市不就是那点东西嘛，又觉得律师费太贵了，我想既不花国家的钱，也不用国家操心，自己把一亩三分地的企业改制，以后万一上市了显示我的聪明……我辜负了党的信任和培养……都怪我！"高学峰以一个老共产党员的固执说，"我请求党再给我一次机会。"

从看守所出来，潘越眉头紧锁。柴进说："这是他们这样一代政府官员的特点，简单固执，聪明盲目。"

"高学峰是吃了自作聪明的亏，但老共产党员的人品还是可以保证的。你要怎么搜集证据？"

"搜集什么证据？我从来不搜集任何证据！"

潘越惊诧地说："那怎么办？从现在的材料上看，他还真算不上非法集资罪。就算是，那也是单位行为，他顶多是个领导责任。你可不能因为他固执就放弃了。"

柴进又变成了潘越第一次见到他那时候的样子，小眼睛向上翻着傲然说："你不相信我随时可以请别人。今天的费用也可以不收。我从来不主动搜集证据！"

潘越没有再次被他的气势唬住："得了得了，你就别老虎屁股摸不得了！你告诉我，你办刑事案件不搜集证据怎么办？经济案件你不主动搜集，杀人案件呢？你也不去调查？走私、贩毒、强奸、抢劫这些案件，你没有证据玩什么？"

两人走到车边，柴进拉开破桑塔纳的车门，一边把自己庞大的身躯塞进车里，一边说："首都来的律师，一点政治敏锐性都没有，难怪一辆破普桑还挂着外地牌照。"

他一边说，潘越一边拧着钥匙打火，偏这破普桑不争气，哼哼唧唧了半天就是打不着。潘越恨声说："上海人嫌弃我，你也嫌弃！"

柴进哼着鼻子说："嫌弃你怎么了？我还就嫌弃你了！有多少刑事律师因为主动收集证据把自己搜集进去了？你是觉得咱们两个一起来看别人不过瘾，想哪一天别人来看我俩吧！"

"哼，有那么严重吗？那怎么办？"

柴进说："什么怎么办？刑法的基本原则是无罪推定。检察官不能用自己的证据来证明当事人有罪，当事人就是无罪的！我只要否定检察官的证据就行了，不需要找证据证明我的当事人无罪！"

"啊！"潘越一拍方向盘，只觉得心头一亮！哼哼了半天不动窝的车子突然蹿了出去，两人同时惊呼！潘越几乎是条件反射地死死踩住了刹车。好在看守所都是在荒村野路上，路边既没有行人，也没有房屋，车头轰隆一声直撞在了路边的树上，只有一树的鸟被惊得扑棱棱飞起了一片。

两个人狠狠地前仰后合了一下，柴进的大脑袋"咣当"极响地撞在操作台上，就听他"哎呀"一声。

潘越想，完了，这家伙就靠这大脑袋吃饭，这下要被骂死了："抱歉抱歉，我被醍醐灌了顶，太激动了。"

"我看你是脑子进了水！下去，我来开！"

两人下车换座位时检查了一下车头。破普桑质量是真过硬啊！那棵树被撞脱了一层皮，车子的保险杠上只有一道灰迹，潘越用手一抹居然看不出来了。

潘越上了车还在感慨："柴律师，大律师也！"

柴进傲然说："在香港只有刑事辩护律师可以叫大律师，你们这样的民商事律师，做一辈子也成不了大律师。"

"行了行了。我服！"

柴进的刑事辩护理念让潘越非常震动，它完全打破了他的认知中"检察官搜集有罪证据，辩护律师搜集无罪证据"刑辩律师的基本工作原则。潘越对于刑事辩护不熟悉，但知道有很多刑辩律师由于搜集证据的程序和内容很难衡量和把握界限与尺度，造成了自己身陷囹圄。而柴进从根本上解决了这个问题——这就是法学理论功底和法律实践无缝对接的体现了。所谓举重若轻，莫过于此吧。

姜半夏带着李洛薇、罗骁不眠不休地连续加班了大半个月，终于把龚骏派在上海的活赶出了个眉目。做外商投资法律服务，最大的问题是时差：美国上班时间她们要工作，中国上班时间她们也要工作。

李洛薇和罗骁是同班级、同寝室，相互之间无形中有了较量。经常谁也不肯先下班，谁也不肯先吃饭。好处就是，两人的工作能力都在迅速提高。和美国客户打国际长途，两个人都压力非常大。一方面是话费贵，一方面是怕说错话。但因为有了比较、竞争，两人的英语口语都很快从开始的羞涩紧张、结结巴巴过度到了泼辣流利，甚至争论辩解。这让汪昭很羡慕。其实钱婷婷更羡慕，只是她从来不表现出来。

总所已经催了姜半夏好几次赶紧回北京，北京一群翻译群龙无首，翻译水平和效率都严重下降。以前她借着项目的名义拖着不愿意离开上海，现在也正好借着项目结束再无牵挂地定了周六下午回北京的机票。

钱婷婷周五晚上才知道她第二天要走，只得说："我安排车下午送你去机场，中午咱们在家吃，我给你做几个拿手菜。"

"我上午去办点事，有可能不回来吃午饭，也有可能不回北京。"姜半夏平平淡淡地说。

周六清晨，阳光很好。几乎一夜未睡的姜半夏起床后打电话给蔺瀚文："蔺律师，你有空吗？我想请你喝杯咖啡，就南京西路的凯司令吧。"

春天的太阳暖洋洋地照着，柳絮满街，到处都是。姜半夏难得换了平底鞋一路沿着上海的街道轻盈地走着，散开的头发随着步履和微风轻飘。她看着上海的市井行人，心里突然体会到斯嘉丽那天早上去见艾希礼的心情：如果艾希礼答应了，后面的一切都不一样了。一切都不一样了，真好！

姜半夏提前到了，站在咖啡馆前等着蔺瀚文。蔺瀚文快走到咖啡馆时，远远看见她就站在门口的微风里，及肩的黑发闪着光，戴着白色的头箍，白衬衫和烟灰色的长裙，她身边来来往往的行人就如背景，让她在中间闪着光。

蔺瀚文想：原来，她是这么年轻、这么美丽、这么清雅的女孩子。他不知道这个不苟言笑的冷美人为什么会突然请他喝咖啡，但她在电话里的口气是不容拒绝的。

他走到她面前笑着招招手，一边看了看表说："不好意思，我迟到了。"

她微笑说："没有，你没有迟到。我故意早到的。"

"哦？为什么？"蔺瀚文一点也不了解她。这个能用英语辩论、冷傲从来不笑、喜欢让人尴尬的女孩，也会摊开手掌给他一颗大白兔奶糖、会突然讲一个笑话、会突然脸红。她究竟是个怎样的女孩？

"我就想再看着你从阳光里走来的样子。"

她的直白让他有点窘迫。他对哲学问题满腹才华，对于女孩子火辣辣的目光却束手无策。两个人叫了两杯咖啡，相对坐着，蔺瀚文不知道怎么开口，气氛有些尴尬："那个，你为什么叫半夏？你父母是老中医吗？"他一副凶神恶煞的长相，却流露出不知所措的神情。

"一般人都和你一样，认为我父母很有学问，用一味中药做名字。其实不过因为我是 7 月出生，夏天过了一半，所以就叫半夏。他们起名字的时候都忘了半夏这种药是有毒的，我讲话又很毒舌，律所里的人根据'有独三无独三'的说法叫我'有毒姜'。"她轻言细语，配合着春天的杨柳细风，简直哪里都是好的。

蔺瀚文笑说："咦？你没带大白兔嘛。"

姜半夏抿着嘴微微一笑，把拳头伸在他面前，摊开手，手指白皙修长，两颗大白兔躺在手心。

饶是蔺瀚文，也不能不怦然心动。

"你想听一个一见杨过误终身的故事吗？"

蔺瀚文几乎是下意识地脱口而出："不要！"

两个人互相看着。是的，他们都从对方的眼睛里看到了，他们是那么久别重逢，是那么势均力敌，是那么心有灵犀。

姜半夏含泪笑说："你知道了。我知道你知道了，这就够了。"

蔺瀚文拼命忍着，不去握住放在桌上的那只手。那手白皙修长，掌心的纹路交错纵横，两颗大白兔乖乖趴在那里。各种复杂的情感在脑海中激烈地战斗，胃绞在一起的那种疼让他皱起眉头，但又担心她误会，他看着她："我只能说……谢谢！"

姜半夏垂下眼帘。原来她的眼睫毛是这样的长而密，掩住了目光里的清冷孤傲和咄咄逼人，她不过是个少女。她说："我不太喜欢倾诉。我从小受到的教育说，倾诉就是示弱，示弱就是失败，而失败是可耻的。"

蔺瀚文听着。

"我爷爷是外交家。我奶奶陪着我爷爷一生都在环球旅行。我父母都是外交官，他们两个迄今为止的大半生也都在分别环球旅行。我还有个哥哥，也算是外交官吧，刚刚从非洲小国开始驻外。我家里所有的人都像是刷了金漆的人种，优秀、独立、强悍。"她自我解嘲地一笑，"不怕你说我矫情，我特别羡慕你用火柴盒装白糖舔着吃。它完全超出了我的想象空间。你说的那个晚上，我回去专门找了个火柴盒装白糖，想像你一样舔着吃。可是我不会，真的。我沾了一脸糖，还把白糖撒的到处都是，可是特别开心。我的学前教育，是跟着各种名人学琴棋书画，跟着父母四海为家。上小学一年级开始住校，一个学期一个学期的住校，没有一个周末或者节假日会有人来接我回家。寒暑假期间跟着他们当外交摆设，在聚会上供他们像道具一样拿出来弹个琴、画个画。只要我能让别人羡慕他们，他们就会搂着我奖励给我一大包大白兔。我拼命地学，除了大白兔，主要是想让他们多搂我几次。除此之外，真的很冷淡。有一次我感冒咳嗽喘不过气来，我妈不是带我去医院，而是责备我：你不知道病毒是通过唾液传染的吗？咳嗽还不去自己的房间里，这是很自私的行为。那时候，我9岁。"姜半夏轻轻叹了口气，"算了，不说了。所以你看，我没有被爱过，所以我不会爱人。"

"难怪你总是看起来冷冷的，不好接近。"

"那是因为，我不知道会遇到你。"姜半夏说，"我不知道该怎么去爱，也不知道该从哪里学习爱。如果我知道这一生总是会遇到你的，我一定努力让自己一开始就看起来很好很好。至少，我可以从爱中学习爱。"

"你现在就看起来很好很好。"

她抬起眼看着他："可是我来晚了。"

蔺瀚文看着她，说："我不能不心动，因为我是个男人，而你正好是我最喜欢的那种女孩。我没想到，这一生真的会遇到你这样的女孩。"他顿一下，继续说，"正因如此，我也不能跟你说'还君明珠'的话。因为这样对你和别人都不负责任。我只能说，谢谢你。我现在觉得我的人生足够了，我想匍匐在命运的脚下去感激它，让我认识你。"

万物凋零，世界一片萧索寂寥。姜半夏垂着头，久久地停在那里。过了好久才抬起头看着他，眼神让人万箭穿心。她说："那我再请你吃一颗大白兔吧。"她把一颗糖轻轻放在桌上，站了起来。"就这样吧。"她笑说，"就此别过吧。"

她起身离开。

蔺瀚文看着她挺直的背影优雅地走进熙来攘往的人群里，长发如同蝴蝶的翅膀随着她的脚步轻轻扇着，从容不迫。她是如此出众，以至于从她身边走过的人都会回头看她一眼。她一次也没有回头，背影慢慢被人流淹没了。

他不知道，姜半夏昂着头僵硬地走着，任眼泪从脸上串串滑落，从她面前走过的人无不诧异地看她一眼。

她一直走到蔺瀚文看不到的地方才擦去眼泪。回到住处已经过了中午，她一进门，秦大江就开了一瓶啤酒："回来啦！不管你吃过没吃过，咱们都再吃一顿。来，开吃！"

小客厅里的破桌子铺上了床单，钱婷婷用几样自己做的小菜，和几个买来的成品凉菜摆了一桌。

姜半夏心绪寥落但反应并没有迟钝，她瞥了一眼小餐桌："钱婷婷怎么了？她从来不吃外卖的凉菜。"

秦大江抢着说："她今天身体不舒服嘛。她说回北京好好请你。"

钱婷婷拉她坐下笑说："这次仓促一些，你就忍忍吧。"

秦大江倒了两杯啤酒放好。姜半夏说："钱婷婷是个酒鬼，为什么不给她？"

秦大江讪笑："她身体不好，我替她多喝一杯。"

"你算老几？"

钱婷婷说："今天的酒我必须喝，快点给我倒上。"

秦大江急了："你不能喝！"

姜半夏奇怪地看看他俩："你俩这表演什么呢？怎么了？"

钱婷婷表情僵硬地、直直看着她："反正对你也没什么好瞒着的。我上午去做了流产手术。"

姜半夏愣了几秒钟才反应过来，毕竟还是个女孩，顿时脸涨得通红。但北京女孩的直性子根本不经大脑就爆发出来，她拿起桌上的酒杯照着秦大江的脸兜头泼了一脸！秦大江猝不及防，被泼了个正着，整个人淋淋漓漓全是啤酒泡沫，狼狈不堪！没等他擦脸，姜半夏把手里的玻璃杯照他脸就砸了过去。秦大江侧身躲过，玻璃杯在他身后的墙上撞得粉碎。姜半夏起身隔着桌子给了秦大江一巴掌，饶是秦大江躲得快，头上还是挨了一下。他连滚带爬赶紧站了起来往后撤，钱婷婷已经死死拉住姜半夏："不关他的事，是我自己不要的！"

姜半夏流着眼泪怒叱她："还不去床上躺着！你还做菜？逞什么强！"又骂，"秦大江你这个王八蛋！你瞧你平时那个德行！装得老实巴交的，你干的这人渣都干不出来的事情！拿你当人的时候，你尽量走人道好吗！你是不是个男人？这点责任都担不起，还有脸在这里装什么大尾巴狼？"

秦大江满头满身啤酒沫，一点也不敢动，一声也不敢吭。

钱婷婷哭着说："他也不想让我去。可是我的执业证还没拿到，他的律师资格证都还没考出来。所里规定不能内部谈恋爱，我们俩在上海没房没户口，再把工作丢了，自己都养不活自己，其他的哪还顾得上？呜呜……你以为我舍得吗？这是长在我身上的肉……我只能怪自己，什么都不能给宝宝……呜呜……"

好多在外打拼的年轻人都是从这里过来的吧，在最需要帮助的时候什么也没有，没有经验，没有指导，没有依靠，只能懵懵懂懂地用最简单粗暴的方法去解决问题。那时候，他们觉得工作和前途是最大的问题，小生命是代价最小的牺牲，只有这样才能最快最便捷地绕过人生的死路。直到多年以后才会回味起当年的痛，隐隐约约，却永远无法消除了。

姜半夏在上海最后的记忆就定格在这一刻。钱婷婷的抽泣声，破木桌上冒着热气的红烧大虾，粗糙大花地砖上的玻璃碴，大白天也得开着电灯的老式公房墙上的挂钟"滴答滴答"的声音……

黄昏时分，虹桥机场候机大厅的窗前只有姜半夏独自一人站着，看着外面大雨倾盆。广播里，播音员机械地播报着，一个又一个航班被延误。

难以相信，今天上午居然有那么好的阳光。

上海这座城市有那么那么多人来了又去了，什么也没留下，什么也没带走。

唯有她，把灵魂留在了这里。

第十四章
律师谈判的心理战

敢于尝试敢于挑战，

迎难而上才有峰回路转。

姜半夏调回北京总所没两天，潘越也带着秦大江一起到总所出差，因为周笑麟去年放出的大鱼饵，16 岁读北大、在读美国杜克大学法学博士的大牛回国了，他来抢人。在北京均昊律师事务所总所的走廊里，他俩迎面遇上姜半夏。潘越很有故人相逢的喜悦："小姜，你回来那天那么大的暴雨，飞机晚点了几个小时？"

姜半夏淡淡地说："没几个小时。"说完就路过了他们。对于潘越身后跟着的秦大江，连正眼都没有看。

邢然一看到潘越倒有些小吃惊："怎么就进来了？没听到大呼小叫的'想死你了'嘛！"

潘越没理他："新换的这个写字楼真不错，有没有预留楼层？明年我也打算搬地方，现在的办公场地马上就要坐不下了。"又拿起他桌上的新手机，"这就是传说中的手机？"

邢然得意地说："摩托罗拉，比你的大砖头轻巧多了。你用用。"

小手机只有半个手掌大，打开翻盖可以按键，"啪"的一声合上翻盖就算挂了电话，天线也短多了。潘越爱不释手，又故意讽刺他："摩托罗拉就像你的情人，磨磨蹭蹭，拖拖拉拉，腻腻歪歪。"

"我哥们儿有内部货，下午带你去拿一个。"

"这还差不多。"

两人正说着，隔壁的吴大维走进来："老潘状态不对，没听到大呼小叫的'想死你了'嘛！"三个人都笑了。吴大维说："周董从美国带回来的纯正咖啡豆，刚做好的现磨咖啡，走，喝咖啡去。"

三人一起出门，邢然顺手端起来自己的大茶杯说："我喝茶。我喝咖啡晚上睡不着。"

潘越在走廊里左右扫了一眼，说："王先生不在办公室？"

"王先生夫妻俩环游中国去了，说看见我们就烦，眼不见心静。"邢然笑说。

"那现在行政谁管？"

"王怡。就是在你们上海分所成立的时候立了大功的。"

进了吴大维办公室，周笑麟正在专心致志地做咖啡。潘越说："咦？我喜欢的人呢？"

周笑麟问："我这个大活人你看不见吗？"

潘越说："我喜欢你有用吗？我的人呢？"

周笑麟笑说："唉！你这诚心，可惜了！"

"什么可惜了？"

"我那个时候就说了，他家是东北的，他要考虑离家近一些，所以回来只选择北京。"

"那不可能，必须上海！"潘越发狠说，"我先说好，你们谁也不许留。谁留，年底合伙人会议我就否决谁的议案！"

吴大维说："你光对我们发狠有什么用？你得去说服本人。"

"我肯定能说服他，但是前提是你们不能给他留退路。"

正说着，虚掩着的门被推开，进来一个人，特别高，居然比一米八几的邢然还要高出一些来。瘦，是那种干脆利索的瘦。穿一套笔挺的藏蓝西装，打着配色悦目的领带，皮鞋一尘不染，头发一丝不乱，五官井井有条，甚至连表情也是按照某种比例尺严谨掌控的，只有一双眼睛特别沉静、精明。整个人的形象是挺拔、严谨、干净。

周笑麟看到他便直起身，用少见的正式语气对他说："别的人你都见过，这位是高级合伙人潘越，目前执掌上海大局。我们都叫他老潘。"接着他意味深长地说，"上海分所目前求贤若渴啊！"又对潘越说："这位就是我说的 16 岁上北大的大牛，马鸿钧，我们叫他 Tony。"

两人各道"幸会"，握了握手。

大家寒暄了几句，邢然说："这次 Tony 回国加入均昊所是我们的一大喜事。均昊所虽然归国人才众多，但在纽约大所真正执业过的律师还是凤毛麟角。我们去年在美国 Martindale Hubbell 中排名令人欣喜，以后保持这个排名就要靠 Tony 这样的人才不断加入我们来坚守住了。"

马鸿钧面无表情地说："过奖。其实不瞒各位，回来之前精牍所、众论所也都和我有接触。不过律师主要还是人和，认可了人也就无所谓其他条件了。"

潘越说："这个理念和我特别一致！"

大家哈哈大笑起来。

潘越笑说："我必须开诚布公，上海分所需要你！"

马鸿钧说："承蒙厚爱，可是我父母年事已高，实在不宜远行。抱歉抱歉！"

潘越说："你老家在哈尔滨，从哈尔滨到北京你也不是走走就走到了，也得乘飞机，那和从哈尔滨飞到上海没有本质上的区别。"

马鸿钧打个哈哈："谢谢，可是我回来之前基本就算谈好了，我肯定是非北京不可的。"

没想到潘越一点儿也没有退缩："对呀，基本谈好嘛。今天我们就详细谈一谈。"

他俩说着的时候，其他三个人各自端着咖啡和茶就陆续走出去了。马鸿钧反应过来的时候，屋里就剩了他俩。

马鸿钧说："我已经决定了，不用谈了。"说完端起咖啡也想走。

潘越说："老马，这样，我先给你说说上海分所的情况。反正你总归是要留在均昊所，即便是留在总所，也得知道上海分所的情况不是。"

马鸿钧一想：这没毛病，也就放下了咖啡。

潘越就原原本本地把上海分所的情况讲了一遍，从临危受命到龚骏支援，从哼哈二将到三顾茅庐请邓辉、刘查理，从业务困顿到目前站住脚跟。再把上海经济发展的情况和律师行业状况讲了一遍。由于上海的目标是成为东方纽约，所以马鸿钧很感兴趣地提出了一些问题，两个人不知不觉聊了两个多小时。

马鸿钧聊得很开心，但是末了还是说："老潘，我去不了上海。父母年纪大了，就盼着我回北京离他们近点。"

潘越说："这么说吧，你回来进均昊所，一般合伙人你不会做的，肯定是要做高级合伙人的。可是我不同意你就做不了高伙。"

马鸿钧瞪着他："Are you sure？"

潘越一扬眉毛："我有一票否决权。我不同意，你就成不了高伙。"

"凭什么？"

"凭我已经放出话去了，这件事情上大家都要帮我。"

"你就这么肯定我只有均昊所一个选择？"

"正如你一开始所说，律师还是讲人和。其他所的情况肯定没有我们目前这么小清新。不过当然，你走肯定是我们的损失。"

两人四目相对，空气凝固在那里。

潘越心里清楚，此时哪怕是眼神中有一丝一毫的退让，马鸿钧都马上会感觉到，而且会毫不犹豫釜底抽薪。

大概有几十秒，也许有一分钟那么久。马鸿钧的手指在茶几上无意识地敲了两下："我要有一间面朝大海、春暖花开的办公室。"

潘越的心仿佛初阳跃出水面，嘴角忍不住向上翘起："你要在海上盖个暖房做办公室都行，反正你是老板。"又敛色道，"律师最讲诚信，今天的事情定下来就不能反悔了！"

"你叮嘱我就是怀疑我，怀疑我就是我有问题。我什么地方带给你我没有诚信的感觉吗？"

潘越笑说："你是有问题，你不能让我在你身上盖章确认。"

"昨天他们给我看了张什么报纸，上面有一篇报道，说是浙江省某个县级市的大型国有企业在北京律师的指导下成功改制，上半年就实现了扭亏为盈……又说那个就是你的项目。我本来对此是一笑而过，认为不过就是帮你吹嘘而已。今天初步领教了你的谈判能力。在美国律师行业，谈判是一项重要的能力，学费非常昂贵，你算给我上了一课。"

潘越笑说："以后我们要搭伙计干活，你一定会发现我还有其他能力让你不后悔今天的选择。"

马鸿钧毫不掩饰自己眼中的嫌弃上下打量了他一眼：戴着一副细边眼镜，随随便便地穿着不成套的西装，没打领带地散着领口……他整理了一下自己的袖扣，说："不瞒你说，你这样的律师在纽约连工作都不可能会找到，除非在好莱坞。"

"好莱坞？"

"好莱坞电影里，演一个反面典型。"

王怡敲门进来："邢律说今天人齐全，所里的人小聚一下。两位大律师，咱们吃饭去。"

两人这才都觉得饿了。这一下午的斗智斗勇，太消耗能量。潘越和马鸿钧一出门，就看见吴大维、邢然几个人就站在走廊尽头的窗边聊天，看到他俩就都停下了谈话。

潘越笑说："今天我个人请全所人吃饭，举所欢庆！"

吴大维拊掌大笑："哈哈哈，我赢了！赶紧的每人给我 200 块钱！"

邢然、周笑麟和其他几个人掏钱包的掏钱包，摸裤袋的摸裤袋，各自砸巴着嘴说："老潘，服了服了！"

一群人走路到附近的饭店里去。王怡走到潘越旁边说："潘律，好几次我都忘了，我这里还有一些东西，章云苏说让我交给你。"

潘越四下张望了一眼："她人呢？她不是考过律师资格了吗？"

"她实习结束了就不来了，说是不想做律师。邢律师和龚律师都找她谈过，周律师还愿意提供资助让她去美国读书，毕业后到咱们的纽约分所实习，她都不肯。"

"噢。"潘越想起那个寒夜她搭车时在车上说过自己的选择。

王怡的话提醒了潘越，他特别在北京多逗留了一两天，想办法约到了章云苏，请她吃晚饭。晚饭中，章云苏问他："潘律师喜欢油画吗？明天和我们一起去看画展吧。"

潘越这辈子从来没有正眼看过一幅油画，当时立刻回答："当然喜欢，明天正好有时间。"他绞尽脑汁搜寻和油画有关的记忆，"我以前代理过一个著名油画家的遗产争议案件。"心里却恨恨地回响着那个"们"字，辗转反侧地猜了一晚上那个"们"到底是谁。

第二天他在展览馆门口，看到是章云苏一个人，心里一阵欣喜。

章云苏刚洗了头，用丝带扎着头发，散发着好闻的洗发水的味道。她含笑打了招呼，说："咱们再等一会儿吧，许志翔说他已经下地铁了。"

潘越痛心疾首地想：原来这女孩子完全没有想象的那么聪明嘛！那个傻不拉几、一碗干炒牛河的便宜都要占的傻小子，懂什么油画啊！

他强忍酸意问："你挺喜欢他的吧？"

章云苏眼睛看着别处说："我觉得他挺喜欢我的。"停了一下，又小声说，"再说也没有别的人喜欢我。"她的脸红了。

"你这么优秀，其实也没有必要这么早谈恋爱。有好多优秀的男孩呢！"

章云苏生硬地说："他们优秀，跟我有什么关系？"

气氛有些尴尬。潘越站了一会儿，说："算了，你们看吧，我不看了，我回上海了。"说完回头就走。

章云苏在后面赌气说："不看就不看！"

然而仅仅隔了一天，潘越就又回北京了。章云苏在学校门口看到他吃了一惊。潘越盯着她说："我专门从上海飞过来请你吃饭。"又马上补了一句，"只请你一个人。"

章云苏低下头一笑。

潘越订在北京的一家日本料理店里，小小的一个日式格栅房间，雅致的纸门将他们和其他人隔开了，屋内花道雅致，一柱檀香袅袅，他和章云苏隔着一张小小的方桌跪坐在铺着草席的垫子上。小方桌上摆了一桌精致的日料小碟，和一壶日本清酒。

潘越微笑地看着潘越说："今天咱们都喝一点清酒，要不然我开不了口。"

章云苏只是低着头微笑。

"你怎么把头发剪了？前天还是长发。"

章云苏的脸红了，说："一生气就剪了。"

"为什么生气？"

章云苏没说话，脸更红了，低着头用吸管使劲搅着饮料。

"这样还能把头发盘起来吗？"

"为什么要盘起来？"

"我听说女孩子当新娘的时候，都要把头发盘起来。"

章云苏刚喝了口饮料，听到这句话吃了一惊，呛在喉咙狼狈地咳了好一会儿。潘越把纸巾递给她，微笑地看她慢慢止住咳嗽，然后从口袋里拿出一个小小的首饰盒来，说："我也是第一次做这样的事情，我看电视上求婚都是这样的。"他打开盒盖，伸到她面前说，"都说这个时候必须要有戒指。不知道是不是你喜欢的款式。不过和店里讲好了，可以随时拿去换。"

　　章云苏乌黑的眼睛惊讶地看看那枚衬在深蓝色金丝绒上的钻戒，看看他，一脸的不可思议。

　　潘越起身走到她身边坐下，慢慢将头伏在她的腿上，说："我们结婚吧。以后咱们都别闹了。人生多么累啊，咱们就好好的，好好地过平常日子吧。"

　　章云苏简直不敢相信这一切。这个伏在她腿上的、看起来疲惫而温柔的男人，就是那个自信果断、高高在上的律所高级合伙人潘越。被自己崇拜的男人求婚，还有比这更幸福的事情吗？

　　潘越看好了位置还不错的二手房，准备重新装修一下开始新生活。章云苏毕业之后既没有在北京做老师也没有做律师，而是收拾了简单的行李，直飞上海。对于她来说，上海有潘越就是有了一切。

　　可是计划没有变化快，潘越刚刚和章云苏过了没几天梦想中的二人世界，突然被天上掉下来的一个大馅饼砸中了，忙得连自己的购房合同都没时间看，而章云苏懵懵懂懂地从一个大学刚毕业的女生迅速成长为购房、装修、买家具一条龙专家。

　　这个大馅饼是参与政府招标项目，而潘越能被大馅饼砸中，真是说来话长的故事。

　　律所进入发展阶段后，他感到了前所未有的压力：邓辉只带了一个名叫赵展的助理正式加入，但随着一批大合同源源不断涌入，行政部开始了紧锣密鼓的补充招聘，助理、翻译、实习生、见习生几乎每隔几天就有新面孔出现；马鸿钧入驻上海办公室的派头就更大了，第一件事就是购入了一辆黑色大奔，然后，私人司机到位！这司机招聘程序比律师还严格，入职后每年夏秋有两套制服，上车必须戴白手套，黑皮鞋必须配黑袜子——这一副纽约大律师的派头是无声的示威。上海人都是见过世面的，但律师有私人司机他还是头一份！这些高伙声势都搞得这么大，对潘越的压力是显而易见的，控制力说到底还是实力，不管是邓辉还马鸿钧，大家都有一种"是骡子是马拉出来遛遛"的心态。

潘越保留着认真读报的习惯，报纸上一公布上海市人民政府"对本年度政府决策咨询研究发展专项课题进行公开招标的通知"潘越就注意到了。潘越非常敏感，用了好几天详详细细地把二十几个招标课题目录从头到尾研究了一遍，又认认真真研究了招标范围是"大专院校、科研院所、企业、行业协会、国际组织，以及其他经审核符合条件的机构、组织或者个人。"琢磨来琢磨去，突然心头一亮：我为什么不接标呢？

潘越猛然意识到，这是一次法律服务业务突破性发展的重大契机：通过政府平台、依托政府项目、利用政府资源打出知名度，哪里还有比这更好的机遇？

要揽瓷器活，得有金刚钻，有没有金刚钻，又需要一个瓷器活证明。潘越陷在这个两难里很久了，一直找不到好的突破契机。而政府这次招标无疑是最好的机会。但这也是个双刃剑，这个活干得漂亮，大家见识了他的金刚钻，他潘越律师的大名就可以在上海滩一炮打响，会有源源不断的业务找上门来；但要是做不好，他的烂手艺也就相当于在上海市政府挂了号，以后再怎么做也都只能是个二流货色了。

潘越对自己很有信心，他决定全力以赴来做这件事情。经过几天反复复核对、字斟句酌的研究几十个招标课题，他筛除掉那些过于形而上的课题——它们对于律师来说不具有经济价值；筛除那些特别专业化的课题——隔行如隔山；剩下了几个他觉得有可能的。他把这几个课题抄下来，反复权衡、斟酌，最终确定第九项"上海市房地产实证研究"是各方面最适合的话题，就它了！

潘越对于向政府研究项目投标这件事情，采取了私下偷做的方式，万一没有中标这点面子还是要的。保密，就意味着不能大张旗鼓在律所进行，意味着所有的一切都靠自己。标书要求A4纸打印，可是他电脑打字水平只会"一指禅"，一边看稿子，一边满键盘找字母，一边用一根手指捣出来，再看一眼屏幕，这样搞个三下五下才能拼出一个字来，比手写慢多了。潘越一向认为实质大于形式，为了加快进度，他索性放弃了打了快一半的内容，手写了全套标书。亏得他的字还算不错，经过几个周末在办公室没日没夜的加班，终于在截标日前将标书送进了上海市人民政府。

标书送进去之后，他开始还天天盼着政府公布结果，但就如石沉大海，潘越觉得大上海人才济济，也许中标早已内定，也许他的标书早就被扔进垃圾桶了，后来索性不再想它了。

好巧不巧，他在投资中国法律专项论坛上发言结束，走下主席台，走廊上一个美女正看着他笑。萨拉身材微丰，穿着斜肩的洋装，露出的半只香肩雪白细腻，她步态婀娜地走过来，一头金色的小卷发格外醒目。两人久别重逢，不过说了两句正经话。潘越看看左右没人注意他们，表情严肃地在她耳边说："一看见你我就特别庆幸我带身份证了。"

"侬刚刚在台上，面孔嘎正经，老 gentlemam，哪能这么饥渴！"

"'食色，性也'。我饿了。如饥似渴。"

两人一本正经地在人群川流不息的酒店走廊里调情，都觉得火热起来。不出20 分钟已经迫不及待地倒在了房间的大床上。

激情过后，潘越由衷地说："有你真好！"

萨拉以手支着头看着他："我要走了。"

"去哪？"

"Go back America。不回来了。"

潘越说："为什么？你父母怎么办？美国有什么好的？"

萨拉苦笑说："也亏阿拉还是有父母的，就是因为他们！阿拉妈妈看邻居小姑娘嫁了个日本人。给她家里买了很多东西，电视机、电冰箱、微波炉样样都有。阿拉妈妈眼里像滴出血来。格么天天乌拉乌拉要我务必要比小姑娘嫁得好！伊拉嫁个东洋鬼子，我必定要嫁个西洋鬼子才能煞得住伊拉威风！"

她缓了口气说："我不要嫁人。再说嫁人也不是这个嫁法。侬刚，她的嫁人法是不是长期卖淫？"

潘越听得刺耳，避重就轻："你为什么就是不肯结婚？"

萨拉摇头："结婚有哪能意思？阿拉妈妈和阿拉爸爸结婚一辈子，各人用自家钞票，买盐买醋都算的滴滴清爽。以前每到我要交学费，伊拉两个人总归是要干一架。真搞不清楚伊拉两个人怎么搞出我来的。伊拉要我结婚我才不 care！再说了，年轻的帅哥那么多，绑在一个人身上有什么意思？"

潘越习惯了她一句话里随时在上海话、普通话和英语之间来回切换。

潘越说："不能为了一棵树放弃整个森林，你这应该是男人的想法。"

萨拉笑说："男人的想法？你不是男人？你不是要结婚了？"

潘越笑说："想法不等于做法。我遇到了各方面都对的人，自然要结婚了。"

萨拉笑说："阿拉正想对侬刚一句：你如果碰到的女孩子不是像我这样的，是个正正经经要过日子的，是你自己喜欢的，抓到就不要放手，结婚就把皮夹子给人家。千万不要像阿拉爸爸，一辈子抠唆着自己的那点钱，一个铜钿也舍不得给老婆孩子。"

"我把银行卡给她好多次，她记不住密码，嫌太麻烦，不肯要。"

"这说明伊从小命好，不晓得银钱交关重要；又说明你命好，不爱钱的小姑娘都能被你抓到！阿拉晓得侬，伊是个风流鬼，不要骗人家！"

潘越笑："你是要我守身如玉吗？"

萨拉起身穿衣服："你是真的守身如玉也好，假的守身如玉也好，总归不能让人家知道你是假的。女孩子有时候要对生活有点梦想的。"

"我的后半辈子就交给她了。以后不是我对她好不好，而是她对我好不好的问题了。"

萨拉笑说："你这个态度我给 90 分。"

潘越说："你去了美国，不回来了？"

她潇洒地一耸肩膀："Who knows？"这时她的电话响了，她看了看来电显示抱怨说："你上次说新公司法颁布后政府会加大对外商投资的开放程度，我贸然去问了一下。这下可好，电话都打爆了。一天十几个各级政府招商办的电话，伊拉招商任务层层加码，现在都加到我这里啦！"

一面说一面按了接听键。她打着电话，潘越就起身收拾自己，收拾好了正要先走，忽听她说："我上次跟张主任说过了，请他约陈教授一起碰碰头，只有把专利权的问题解决掉，才好解决落户的事情。张主任说陈教授在搞一个政府研究项目招标投标的事情，格么大家只能停下来等等他。"

潘越放慢了脚步。听她继续说："那个样子就太好了，格么下个礼拜等陈教授做好了再说。"

她挂了电话，询问地看着潘越。潘越笑说："没什么。还是那句话——有你真好！"

潘越没想到政府研究招标项目进展的信息，会在无意中从萨拉那里得到。他理解为，陈教授是这个招标项目的专家组成员，因为现在在忙这个事情，所以顾不上其他项目。现在说下个礼拜可以结束，那么政府再用两三周的时间收尾总结，应该就可以公布结果了。潘越的心里重新燃起了希望。

果然两周之后的周一，潘越接到了市政府的电话。电话里通知倒是言简意赅："下周一到市政府研究办公室开会，恭喜潘律师，你中标了。"

潘越放下电话，欣喜若狂地拍案而起！他一连在办公室里走了数个来回平息内心的狂喜。他自己也想不通，一个从北京到上海的外地律师，根据报纸招标广告投标，一个关系没有通，一个电话没有打，一个熟人没有拜托，怎么就能在市政府招标项目中一举中标，这简直不可思议！

其实潘越不知道的是，上海市政府的这项招标事务持续了好几年，一直处于吃力不讨好的状态。政府的本意是通过将重大研究课题公开招标的形式，广纳各行各业有识之士为政府所用。但谁也不相信这种政府招标工作后面没有黑幕。既然不可能有公平竞争，也就没有人为了陪标而花心思去研究，投标的单位就寥寥无几。因为投标的人翻来覆去就那几个，研究结论也了无新意。政府觉得放个空标太难看，又要强制压到各个大学或者主管局委，每年由他们来凑数交个差。凑数就是凑数，哪里有什么质量可言。

今年，突然有一家北京的律师事务所上海分所接标，让组织单位大出意外。专家小组对标书进行了认真审核，发现上百页的标书居然是手写的，可见态度之郑重，再深入研究发现标书的质量也很高，专家小组如获至宝，直接上报给了主管副市长，副市长亲自指示：政策研究就是要让法律先行，让律师参与！

他的标书在市政府一石激起千层浪，这些幕后故事潘越后来才知道了。他直到参加完市政府的首次会议肯定了这个事情千真万确后，才兴冲冲回到律所宣布了这个消息。

这消息在所里引爆了一个炸弹，一向心直口快的老潘居然偷偷摸摸干这等大事，太牛了！要知道拿下市政府的招标项目，这不仅仅是他个人有能力的问题，而是把整个律所的地位抬上了一个新台阶，一直自诩深谙政府运行之妙的邓辉连连说：服了！服了！服了！

潘越大手一挥："正式组建项目组！"

潘越说得大气磅礴，但实际上并没有什么人可以选择。秦大江已经忙得全国出差，律所座位难得坐一下的地步了。他面试的三个见习生中，罗骁毕业后没有选择留在均昊所，而是考了公务员进入了中级人民法院工作；李洛薇在龚骏的项目中接手了罗骁和姜半夏的工作，工作量已经全满；其他人都可着头做帽子，多一个也找不出来，好在行政部已经在准备毕业季抢人了，只需再几个星期新人就能到位。可怜潘越振臂一呼，暂时能选的也只有实力最弱的钱婷婷，汪昭还要负责米英捷案件，算半个人。

项目组召开第一次会议。钱婷婷的法律底子虽然很差，但是她很善于思考。她提出了一个要害问题："政府决策咨询发展专项课题研究，和我们的律师业务到底有什么关系？"

汪昭说："可以帮我们打响品牌！大家都知道我们律所是帮政府决策做过转型研究的，可以提高知名度和影响力。"

"那我们还得打广告？"钱婷婷瞟了一眼汪昭，学着小广告的口气说，"退休老中医，包治百病。"

"至少我们在律师圈出名了，毕竟这是上海历史上第一次律师中标！"

"可是律师们都是我们的竞争对手。在竞争对手中出名了，除了让他们提高警惕、联手防御外，还能有什么好处？上海律师圈本来就排外。"

他俩还想继续辩论，潘越挥挥手说："你俩都没说到点子上，看来离成为大律师的路还很遥远。这就当作一个作业，你俩回去分别琢磨琢磨，到底它和律师业务的关联点在哪里？你们需要记住的是，第一，这次我们来做房地产实务的反证研究，代表的是整个律师行业来做，不能掉链子；第二，我们的研究要体现我们的专业性，什么是我们的专业？怎么体现专业？我们的专业对于政府决策有什么实质性的帮助和引导？你们去从这些角度出发拟一个研究提纲出来；第三，你们要知道我们的这次研究是有红头文件的，是有经费支持的，是有调研自由的，好好想一想怎么利用好这些资源？怎么开展？把这些和一开始我布置的作业结合起来琢磨，看看你们的悟性如何。"

两个人奋笔疾书记下来。

潘越一拍桌子说："咱们研究小组成立了，我担任组长，汪昭担任副组长，钱婷婷是组员。从今天正式开始工作！"

潘越说得玄之又玄，其实他自己也无时无刻不在思索着：拿了一手不错的牌，怎样把手里的牌打到极致？

均昊所上海分所拿到了政府决策咨询研究招标项目，在上海律师圈引发了七级地震。上海律协的石建山会长和潘越私交不错，但想到上海市政府的研究项目居然被北京律师事务所抢走了，就感到痛心疾首。他在律协座谈会上手指把桌面敲得梆梆响："阿拉上海嘎多律师，哪能让北京律师给抢了风头！"

潘越自然知道在自己上海律师界如今已成众矢之的。可是他就是喜欢这种逼上绝路，再绝处逢生的感觉，不服来战！

很快大学的毕业季结束，均昊所第二批新人已经正式报到。今年果然引进来一个宝贝：本年度全国大学生辩论赛最佳辩手获得者，复旦大学法学院硕士研究生宋健。潘越在看电视直播的时候就看好了他，并马上打电话给汪昭：务必给我查清楚这个学生的基本情况。然后他和汪昭配合，汪昭去做宋健的引导工作，潘越去复旦大学拜访了他的导师和学生会。这样，在其他律所还没有回过神来的时候，潘越已经一锤定音，签下了宋健。潘越的这一行为开启了上海滩各大律所从校园开始抢人的人才大战。从那时起，各大律所的名律们为了抢人招数层出不穷。有的开始兼职客座教授，一边上课一边瞄人；有的再忙也要去大学开专题讲座，一个讲座下来能发一百多张名片；有的和大学搞联合课题专项研究，发现苗子就绝不手软！

另一位实习生是外经大学周涵铭大学者的学生邓九阳。他比其他人大几岁，因为是有了几年工作经验以后才考研的。他长得不像学法律的，因为有一个巨大的脑袋和总是胡子拉碴的脸，很有几分艺术家气质。但是惟楚有才，他是个绝对的才子。

唯一的女生闫妍是上海本地女孩，本科来自同济大学工民建专业本科，读同济大学的工民建专业本科，差不多相当于读了青华的机电专业本科，都是牛娃才能考进的专业。但她在研究生转考了复旦大学法学院，是唯一跨了两个专业的人。闫妍长得浓眉大眼，性格也大大咧咧。她报到的时候穿着工科生喜欢的格子衬衫，态度落落大方，和李洛薇他们报到时小心翼翼的样子完全不一样。

与此同时，均昊所上海分所要搬迁了！仅仅开业不到两年的时间，由于人员扩充和业务扩展，有着老派贵族气质的太原别墅已经容不下它了。上海的发展日新月异，可以选择的五星级写字楼也如雨后春笋。为了找新办公室，钱婷婷忙得人仰马翻。正在这这时候，前台于倩又来提辞职，辞职的理由居然是怀孕了。

钱婷婷崩溃地说："你不是还没结婚吗？上个月不是还说去相亲吗？"

于倩笑嘻嘻地说："我男朋友厉害吧。"

饶是钱婷婷也张口结舌，突然感到自己老了。更年轻的年轻人才不在乎这些事情呢。她只能自己一边干前台，一边干财务，一边干行政，一边干律师助理，一边学习，忙得像个陀螺。

经过考察和比较，均昊所上海分所的新址选在了市中心静安区的嘉里中心。三个月后，新办公室也装修完毕，新前台周文静到位，大家在老办公室合影留念后，举家搬迁。上海分所能有这种发展速度，让均昊所总所的大咖们对潘越的能力又有了新的认知。

这个时候，秦大江提出辞职了。

均昊所人才济济，竞争压力不言而喻，虽然没有任何合伙人提出过加班要求，但不知不觉中每个人都成了加班狂人。其中马鸿钧就是个加班大魔头。他每周工作时间超过 100 个小时，简直是个机器人。

这里头只有两个人最潇洒。一个从来不加班，一个几乎不加班。从来不加班的是潘越，他一向以能够搞定甲方著名。任何工作、任何案件到了他手里，他总能把时间和余地预留得足足的。总而言之，他的时间表就是甲方的时间表，所以他本人从来不加班。几乎不加班的就是潘越的克星钱婷婷。钱婷婷从一出道就跟随潘越，一向老潘老潘地没大没小，潘越从来不加班，她就几乎不加班。但她要考复旦大学的法律在职研究生，下了班再去上各种补习班，也不轻松。

马鸿钧不但加班变态，还是个变态的处女座。他整个人无时无刻不井然有序，他的办公室、他的电脑桌面、他的公文包全都像是每天复印下来的。恐怖的是，他对别人也是这个要求，李洛薇曾经因为十几页的文本里有几处标点符号半角和全角通用了，被他生生骂哭了。整个均昊所都知道给马鸿钧干活就是受虐。

秦大江因为在办公室时间少，还没有被马鸿钧虐过。可是常在河边走，早晚要湿鞋，他终于在某天的一大早在前台打卡时，和从洗手间回来的马鸿钧迎面相遇。秦大江说："马律师，早。"

马鸿钧上下扫了他一眼。秦大江今非昔比，很庆幸自己今天穿了全套的律所定制西装，黑皮鞋配上了黑袜子。马鸿钧一言不发从西装口袋掏出钱包，拿出200块人民币拍在前台上："马上去买条领带。看你衬衣敞着领子露出一截棉毛衫，像个什么样子！"

新来的小前台周文静大气也不敢出。等马鸿钧离开了才笑说："秦律师，你发财了，中午请客啊！"

秦大江却虎着脸看也不看那钱就走了。

小前台知道太多这样的事了。马鸿钧给过李洛薇钱，让她去买一打丝袜；给过汪昭钱让他去找个人把皮鞋擦干净，人家也不过红红脸就过去了。但秦大江是一个自尊心极，又强特别敏感的人。马鸿钧当着小前台的面扔给他钱，他觉得这种羞辱是可忍孰不可忍，他本来就蠢蠢欲动想自己拉一支队伍，这件事成了催化剂。

过了两天，潘越的桌子上放了一份秦大江的辞职报告。潘越其实早就知道秦大江这样的人才，早晚是要自己拉山头的，但没有想到他连三年都还没干到。潘越关上门对秦大江说："辞职是不是因为你和小钱的事情？就当我不知道不就完了吗？"

秦大江说："不是因为这个。"

"小钱知道吗？"

"她不同意。"

潘越打电话让钱婷婷进来。看看他俩说："怎么回事？"

钱婷婷噘着嘴不说话。

这两个人都为潘越开创均昊所上海分所立下了汗马功劳。潘越想了想说："我认识小钱的时候，她还是社科院一个研究所里专管各种零碎报销的小会计。那时候我的执业证挂在法研所直属的律所里，发票报销都要通过小钱。你别看小钱伶牙俐齿，嘴上不饶人，可是活干得真利索。一把发票扔给她，让我签字的时候，发票总是贴得像公交车售票员的票夹子。我喜欢会干活的人，再说财务并没有义务帮我贴发票。我觉得老是麻烦人家不好意思，就总带点冰激凌、驴打滚去贿赂她。我俩就这么熟悉起来的。"

钱婷婷扑哧笑了："说到这个事情，唉！看着你老潘挺精明，谁知道实际上心眼也挺实在。我说让你买喜帖橙，你真的去买个西铁城啊！"

秦大江说："什么意思？"

潘越笑说："我每次给她带点小东西，她都说，我要西铁城，我要西铁城。

你太抠门了，连个西铁城都舍不得。"

秦大江吃惊地看着钱婷婷："你为什么要人家那么贵重的东西？"

潘越指指秦大江："你看他也说西铁城是贵重的东西吧？我心里也嘀咕：这女孩怎么狮子大开口，上来就要日本表？普通人一个月工资二十几块，戴块国产的上海牌手表算是很有面子了。西铁城手表，那是日本进口货，200多块钱还要找门路才买得到。后来想想，也许这小丫头不知天高地厚，不知道那表值钱吧。但是人家小姑娘开口了，总不好意思去解释，又不好意思拒绝。既然都要了那么多次，不就200多块钱嘛，买了！"

钱婷婷说："对，你老潘当时就是这种大气把我镇住的。我周围的男人，恨不得一毛钱掰成八瓣儿花。只有你老潘，就因为不好意思拒绝人家，居然真的去买了块几百块的日本表当人情送给贴发票的人。当时我就想，遇到这种男人还不嫁，我瞎啊！"

秦大江皱起眉头，盯着问："你为什么要人家那么贵的东西？"

"我呸！你个二货！我说的是'喜帖橙'，不是'西铁城'。那时候全北京城就两种冰激凌最贵，一个是'天安门'，一个是'喜帖橙'。'喜帖橙'带点儿橙子味，记得一小盒要两块钱吧，特别贵！我是想敲诈他一下，因为我吃不起两块钱的冰激凌。"

秦大江这才恍然大悟。潘越一扬眉毛，说："我就是那个人家要冰激凌，结果我买了块日本表的傻瓜。整个法学研究所现在还有我的传说。"

钱婷婷瞪了秦大江一眼，说，"还好我没要那表，否则白姓钱了。"

秦大江嘴硬："我赚的钱也是给你随便花的噻，是你不要。"

"得了吧，就你那点钱，都不知道什么时候把买房的首付攒出来呢！这还得祈祷着老潘别把咱俩扫地出门。"

"所以我要辞职。"秦大江斩钉截铁地说。

"辞呗！辞了就分手！"钱婷婷也斩钉截铁。

潘越冲着钱婷婷摇摇手，问秦大江："你想辞职干吗？你当年不是大费周章托了三四个人一定要进司法部律师服务中心实习吗？我知道你毕业的时候检察院、法院都抢着要你，你都拒绝了，那么死心眼就要做律师，怎么现在变了？"

"没变，我就是要做律师！我从读书一直跟着舅舅舅妈。舅舅在县城做老师，每个月连80块工资都拿不到，舅妈每天早上在街上摆摊卖早点，每月能有200块。好不容易攒了点钱要给我堂哥跑跑门路买个工作，结果人家收了钱不办事，后来却把我舅舅搞了个行贿罪判了三年。那时候我就想我一定要做律师，我要伸张正义。现在我当然没有那么天真了，我舅舅也早就出来了。可是我越来越喜欢做律师的感觉了，我一定要做律师！"

潘越点着他说："你执业证都没考出来呢，出去怎么做律师？"

秦大江说："师傅，你不是也干过没有牌照就开始做业务的事情吗？"

潘越忍不住笑了："亲徒弟！"

钱婷婷气说："你在均昊所也没有不让你做业务，是金子在哪里都能发光。"

秦大江赔笑说："我在均昊所拿工资，什么时候才能付得起上海房子的首付咧。我已经快29了，再不拼一把就来不及了噻！"

他看着潘越，又说："师父不喜欢按牌理出牌，我跟着你也觉得过瘾咧。刚毕业的时候，我的同学们还都在参加各种面试找工作，我已经在面试别人给别人工作了。现在我的那些同学们都开始起步，我就不能故步自封。你老人家说的，'唯有开疆拓土，方显英雄本色'！你老人家喜欢在别人的地盘上插上自己的旗帜，我也喜欢这种感觉嗦！等我有了自己旗帜，看谁还敢动不动扔给我200块钱！"

"我看你是对马律师有了心理阴影，你怕他！"

"你等着看吧，我买的第一辆车一定是大奔！我这辈子不考驾照，我一定让司机开车！"

潘越哈哈大笑指着他对钱婷婷说："潜龙在渊！小钱，我帮不了你，我决定要放龙归海！"

钱婷婷急说："老潘，你放了他，我怎么办？"

"你可以选择嘛。暂时两地分居，或者比翼双飞。均昊所的事业固然重要，你们的幸福当然比律所重要。更何况现在邓九阳他们可以顶上来了。"

"我不去！"

秦大江真挚地说："阿婷，你等我两年，我一定要风风光光地娶你！"

钱婷婷噙着眼泪转头看着窗外不说话。

潘越心里替他着急："傻小子！娶就赶紧娶，真想嫁给你的女孩子，不会在乎风光不风光！"

第十五章
律师业务的突破点

当年她那样意气风发，
会因为喜欢一个男人而用尽积蓄千里迢迢去主动追求；
今天她已经筋疲力尽，
在这样凄风冷雨的夜里对生活甘拜下风。

秦大江辞职，离开上海回老家重庆创业，在均昊所引起了不小的震动。论学历，他不过是个法学院的普通研究生，连留学经历都没有；论背景，他出身重庆农村，家里文化水平最高的是做小学语文老师的舅舅；论能力，他连说普通话都带着重庆味儿，英语口音更是惨不忍睹……按照常规想法，他这样的人能进均昊所，已经是奇迹了，居然还要辞职！但均昊所的几个高级合伙人却暗地里竖起了大拇指，纷纷羡慕潘越有眼光，老江湖们都心知肚明：这样有野心、有行动的徒弟，可遇不可求！

秦大江离职创业对钱婷婷产生了巨大的影响，为了向秦大江证明留在均昊所做授薪律师，不会比创业做自己的律师事务所差，她坚决辞掉了行政职位。这是一个非常艰难的决定，因为从目前情况来看，她作为行政经理在所里的影响力远远高于实习律师，收入更是高了十倍都不止。

潘越暗暗对这丫头这种目光长远的做法竖起了大拇指。

律师的实力归根结底是业务能力，潘越看完项目小组第一次提交的"关于政府决策咨询发展专项课题研究和律师业务的关系"的作业，开始有些焦虑了，草台班子就是草台班子，真得一笔一画地教啊！好在一批新人报到了，潘越毫不犹豫地把有工作经验的邓九阳招入麾下，并马上组织小组开会。

汪昭作为名校高才生，写了一份将近十页的报告；钱婷婷因为太弱，所以她的报告简直拼尽全力，一眼就能看得出她一定是把上海图书馆翻了个底朝天，报告居然一口气写了四十多页。

潘越看着这厚厚的一摞废纸，突然有点心疼打印机墨盒……看着两个人炯炯的目光，又不忍打击得太厉害："都写得不错，格式标准，资料翔实，尤其是小钱，看得出使劲了。"

两个人都松了口气。

潘越接着说："可是，咱们的题目是什么？是研究课题和我们律师业务之间的关系。重点是什么？是研究课题吗？是律师行业发展动向吗？都不是，是我们的律师业务！"

汪昭和钱婷婷两个人相互看了一眼，都沮丧地耷拉着嘴角。

"我上次提醒你们：有红头文件、有经费支持、有调研自由，怎么利用这些资源？怎么开展？怎么变现？你们都碰到一些边际，但是都没有论证到核心啊。"

邓九阳举了举手。潘越指了指他："你说。"

"我天资愚钝，能不能申请学习一下两位的资料？"

邓九阳的年龄比秦大江还大两岁，考上研究生之前在乡镇司法所工作过，在基层机关里养成了谨言慎行的习惯。

潘越说："可以，等一下你就把这两份资料复印一下，你们三个互相学习。"

邓九阳推了推厚底眼镜说："另外，两位珠玉在前，我可不可以简单说一点我受到的启发？当然我……"

潘越打断他："律师事务所不是政府机关，以后把你这种铺垫的习惯改掉。说。"

邓九阳环视了一下，发现钱婷婷和汪昭都带着"你快说啊"的表情，这才接着说："那我就抛砖引玉了，我个人觉得这里面存在着一个因果关系。"

潘越不动声色："继续，谁是因？谁是果？"

邓九阳用右手的食指顶着眼镜鼻夹的地方，盯着自己的笔，慢慢地说："果，肯定是最终能够扩大律师业务的范围、数量和质量。"

潘越一敲桌子："停一下。"又看了看汪昭和钱婷婷，"这就是有工作经验和没有工作经验的区别：是不是能够透过现象看本质！本质是什么？本质就是这句话！我们投标做研究的终极目的是什么？是拿个优秀研究奖吗？是让行业佩服吗？是成为政府的幕僚吗？同志们，这些都不是'果'，这些都是'灭滑而还'，是顺道的事。终极目的就是刚才邓九阳所说的'扩大律师业务的范围、数量和质量'。也就是说所有的一切行为都应当是围绕着这个目标开展的！你继续。"

邓九阳被表扬得有些不好意思了，手指捏着眼睛架反复调整："谢谢谢谢。那个……这个……其实我也是受到了两位的启发，其实那个……"

钱婷婷急了："哎呀你快说呀！你放心吧，没有人嫉妒你。就是嫉妒你也不能把你怎么样。"

钱婷婷的心直口快让其他人都笑了。邓九阳这才顶着眼镜的鼻夹说："'因'是什么，其实我也没太想好。咱们法律上的因果关系，简而言之是指前一行为是后一结果的直接原因，从这个角度来说，我们可以造个句子：因为均昊律师事务所做了什么事情，所以某某公司和我们签署了长期法律服务合同。或者，因为均昊律师事务所怎样了，所以某某机构决定聘请他们。"

潘越说："很接近了。你们继续思考。我再提醒一点：所有的'因'和'果'都是基于'人'产生的，律所只是一个平台！"

三个人都紧皱眉头，若有所思地看着他。

"都看着我干吗？我脸上又没有写字。赶紧干活去！我说的这些东西，你们这趟活干下来就什么都知道了。你们三个先按照我的这个表格统计人数，只要这些单位的一把手。小钱负责和市政府对接，在我们需要的时候保证市政府是配合我们的。汪昭草拟会议通知。邓九阳协助、指导他两个。"

三个人凑在一起看那张表格，上面写着：

1.统计上海市目前存续的房地产开发公司的名称、数量、一把手姓名和联系方式；

2.统计上海市目前存续的建筑类公司的名称、数量、一把手姓名和联系方式；

3.统计上海市各家金融机构的名称、数量、一把手姓名和联系方式；

4.统计上海市目前存续的各房地产中介公司的名称、数量、一把手姓名和联系方式；

......

邓九阳一拍大腿，叹道："聪明！"汪昭和钱婷婷抢过纸仔仔细细地看，始终看不出来聪明在哪里。

潘越知道他看懂了，笑说："到底是有工作经验。行了，我也不多说了，你们现在不懂，在做的过程中也会慢慢懂的。现在分头去干吧。"

邓九阳说："真没有想到，在均昊所这样的地方，居然还有高级合伙人能手把手地传道、授业、解惑。"

"现在人少，我们每个合伙人还都能一个一个拉扯着你们。等以后律所人多起来，肯定是不可能了。"

邓九阳说："然也。我在众论所实习过，高伙下面是二级合伙人，二级合伙人下面是资深律师，资深律师下面是普通律师，普通律师下面是律师助理，律师助理下面是实习生，实习生下面是见习生，级别分明。我这样的实习生一个月能和高伙打个照面就不错了，更别提还想听他们讲点东西。"

"他们也不一定是不愿意讲，主要还是顾不过来。"

"然也然也。所以我觉得咱们律师协会是不是应该有这方面的考虑，能让青年律师普遍性地接受到比较优质的培训和指导。现在行业内竞争形式很怪异：高端业务竞争小，但是总抱怨招不到好用的熟手；而很多蛮优秀的青年律师却要在婆婆妈妈、损害赔偿这样的初级业务中做几年万金油律师，经过惨烈的厮杀才能找到适合发展的真正大门。"

钱婷婷快人快语："咦？在去年年会上，老潘也说过这个事嘛。他说青年律师要有诊所式培训模式。我感觉石会长的反应是：老潘又在异想天开。"

潘越挥手让钱婷婷和汪昭各自去干活，留下了邓九阳："你这个想法还真是和我契合了。小钱说得没错，我给上海律协的石会长提过，但上海律协觉得这事儿干不成，或者太麻烦。我很清楚，这样的事情要有司法部或者是全国律协牵头。我也一直没有放弃，上个月到北京，我还去拜访了一下司法部的老部长崔部长，他认为这是件对青年律师有益处的事情，非常支持，并且一直在帮我推动。"

邓九阳惊讶地说："潘律师，你还真是敢想敢干啊！真的找到了司法部？"

"对啊！有想法就必须要有做法，要不那不就是空想了吗？崔部长和我有一些缘分。以前我是司法部下属律所的律师，本来就熟悉。后来我离婚酒宴和他的寿宴不约而同在一个饭店举行，感情得到了升华。"

邓九阳的眼镜掉下来架在鼻子尖上，一双因为长期戴眼镜而变得深邃的眼睛直盯着潘越："你……你办的什么酒宴？"

潘越哈哈一笑："那个不说了。总之，这件事情因为你和我观念一致，我就交给你去跟踪落实了。我跟你交个底：在全国律协成立教育委员会、由教育委员会牵头定期做青年律师培训，这件事情我是一定要做成！"

两人正说着，会议室的门被"嘭！"地推开来，闫妍抱着一大摞文件哭着走进来，一看会议室有人转身哭着走了。邓九阳惊奇地说："还有这个节目？"

"这是被马鸿钧骂的。"

没过一会儿，外面传来李洛薇的声音："晚上六点，大家在小会议室学习律师助理工作基础知识。要求今年的实习生和见习生必须参加，其他人欢迎参加。学习通知已经发到各位的邮箱里了。请收到邮件的人每人准备三个问题。"

六点半，潘越转到小会议室外面看了看，里面坐了十几个人。李洛薇正举着一本案卷在讲解："各位刚才都看过这本案卷了，是不是都觉得特别好？半寸厚的纸张整齐的像是切纸机切下来的，装订线严格遵守标准。案卷封面、目录、页码全部条理清晰。大家可能会以为这是以前的实习生做的，事实上，它是以前总所派来的翻译姜半夏整理的。她非常忙碌，晚上跟美国律师沟通，白天跟中国客户交流。即便是这样，她也从来没有允许过任何一件经过她手的事情，是不完美的。"

李洛薇停了一下，继续说："今天有位同事被马律师骂哭了，可能会觉得心里委屈。因为她几乎不眠不休地做了一个星期才把一个文本做出来，而马律师只看了一眼就把文件扔了。她觉得这是对自己工作的不尊重，更是对人格的不尊重。可是，我想说，如果我是马律师我也不会看第二眼。因为她在文件的首部，就把客户的名称拼写错了！错误就是错误，它不在于是错了一个字母，还是错了一句话。是，也许客户自己也不一定会注意到这样的错误。可是，我们是律师啊，我们的职业特点就是精确，我们的工作要求就是要比客户更严谨！"

小会议里鸦雀无声。

潘越慢慢踱着步离开了小会议室，将李洛薇的声音"律师职业化……"留在身后。均昊所制定了定期和不定期的培训制度，每个人自选主题、自制资料针对助理以下人员进行培训。培训主题从刚开始的"备忘录格式与要点""Excel 表格技巧大全""PPT 的制作"到"收购公司尽职调查报告的撰写""财务报表分析"。这种培训让青年律师的电脑工具的使用能力、专业能力、表达能力、控场能力等综合能力迅速提高。李洛薇就是个代表，从一站在众人面前就面红耳赤，到这样侃侃而谈，只不过用了几个月。培训给年轻律师带来的不仅仅是知识上的更新迭代，更是各方面综合能力的培养。教育委员会这件事情，决不能半途而废！

　　潘越终于抽出了结婚时间。

　　他这一年来手上镜湖的项目、重庆的项目、市政府招标项目、高学峰案件、大大小小的讲课和主题发言已经让他恨不得浑身生出三头六臂来。结婚这件事全部是章云苏一手操办，他只需要出席就行了。但，这无论如何是他人生的大事，当然要轰轰烈烈、热热闹闹啊！

　　均昊律师事务所分布在世界各地的大拿们总算是找到了最好的聚会借口，打飞的从各处汇聚上海。有的提前一天就到了，没到的人心急火燎地往上海赶，好像上海有多么大的事情等着他们去处理。其实一进房间第一件事就是大喝一声："急死我了！来来来，让我来两盘！"往往围观的人一阵推搡："排队排队排队，没看这里排着呢！"

　　贵都大酒店豪华套间里，外屋的桌子全部推在角落里，中间放着两张麻将桌，八人鏖战，另有围观人员若干。龚骏手上不停地哗啦哗啦搓着麻将，一边叹息说："上次打得这么爽，还是在北京老吴家里。那时候他老婆在美国没回来，我们经常在他家一打就是一宿。要不是打麻将，我还真觉得老潘是个大方人！"

　　周笑麟利索地码着牌："你这话说得，好像老潘是杨白劳，为了躲债到上海的。"

　　"嚯嚯，说起老潘刚到上海那会儿，要案源没案源，要资源没资源，别说资源了，连资格都没有！打着干成全地球最好的律师事务所的旗号，实际上就他一个人有一张律师执业证。真是钢丝绳上跳舞。"

　　众人皆笑。龚骏接着说："那时我伸出了神圣的援助之手，谁知道当我含情脉脉地伸出手的时候，老潘居然认真地跟我说'快点！夏利打着表呢'。"众人哄堂大笑，屋里火热得在 12 月底的日子里还开着窗缝。

里屋床上被子摊开着，六个人围城一圈盘腿坐在被子上；地毯上还有四个人一圈，屁股底下塞着浴巾裹着的枕头，各人手里一把牌，贴得满脸卫生纸条，真是一景！邢然、吴大维、周笑麟、蒋力宇、龚骏、罗明亮、刘查理还有后来加入的几个高级合伙人一众人等，终于又过了一把牌瘾。

潘越既没有参加牌局，也没有高谈阔论，只是各处围观看着他们傻乐。过了一会儿，他悄悄地起身拿着外套走了出去。沿着长长的走廊漫无目的地走着，出了宾馆。天已经黑了，大街上一片萧索，干脆的落叶随着他的步子在脚下咔嚓咔嚓地响着，像是上一个季节的回音，又像是下一个季节的开场钟声。今年又要结束了。潘越点了一支烟，沿着华山路一直走下去。风吹着浓密的法国梧桐树叶片片随风飘落，吹得他的大衣随风上下飞舞，他觉得有点冷，又觉得这点冷刚刚好。

他从大衣口袋里掏出一个黑色 BP 机。BP 机早已经退出通信舞台了。手机越来越轻巧，但他一直没有丢掉这个沉重的老式机器，一直给它定期换电池。

他熟练地按开屏幕。屏幕亮了，窄窄的屏幕上，是一行字："宝宝，我五一结婚"。

他还记得那一天的样子。他在看守所阴冷的会见室里，窗门朝北，午后的太阳光懒洋洋地从窗口斜射在外面的地上。米芷坐在对面的铁椅子上，长长的暗色的影子，从椅子脚出发，泼倒在水泥地上，斜斜的、长长的、冷冷的。他坐在那里，耳边是蔺瀚文和米芷在说话，但听不清他们在说什么，只觉得一阵寒意从心口处往外丝丝渗透，直冷得他双手发抖。

他从来没有向任何人描述过那一天。

那一天，他口若悬河滔滔不绝。

那一天，他拼命想把自己喝醉。

那一天，他半夜坐在马路牙子上，把上海的马路想象成了镜湖的小河，只是再也没有人会在小船上听阿娇的故事。

潘越一扬手，手里的黑色 BP 机划了个弧线飞了出去，在马路中间摔了个粉碎，一辆车从它上面碾过，碎片四散开去。

潘越头也不回地走了。

没办法，往事背负太多就难走远路。

第二天，潘越的婚礼变成了京沪律师大联欢。上海律协与北京律协的两位副会长坐在一起，石建山笑说："今天看去，京沪两地的地域差异真是淋漓尽致。"

岳德和是北京律协副会长，一口地道的京腔："是不是有点儿：北京出名所，上海出名律的感觉？"

旁边有人醍醐灌顶般："哎！还真是！在北京，普通人一口气能说出三五个顶级律所的名字，但未必知道一两个律师的名字；在上海，普通人能脱口而出三五个名律师的名字，但具体在哪个所好像未必清楚……"

秦大江提前两三天就到了，作为主要劳动力被后勤总指挥钱婷婷指挥得团团转，想和钱婷婷腻歪两句私房话的时间都没有，今天两个人更是比新郎新娘忙多了。大佬们围攻潘越的时候，秦大江作为第一梯队挡酒人第一批被按住灌晕。众人扶着他往休息室送时，他拉着钱婷婷意气风发地说："阿婷，你等我两年，就两年！你看吧，我一定要让你和今天的师娘一样，风光出嫁！"

"别做梦了！再等两年姐姐我都 25 了。万一到时候你不要我了，我妈不是砸手里了吗？"

秦大江一挥手说："等我今年拿到律师证，先去你家提亲嗦！"

"提亲得有彩礼，彩礼钱你准备好了吗！"

"哈儿！我都是你的，我这一辈子就是给你打工嗦！"

"我呸！"钱婷婷笑得很幸福。

潘越时刻牵着章云苏的手，笃笃定定的。既然做出了选择，那就是最好的选择，他别无所求，亦别无所念。

按照古人的说法，大丈夫最好都能把"修身齐家治国平天下"打个通关。潘越的想法是，最后一关那是不用想了，天命不在。前三关通不了全关，通个两关半肯定是可以的。虽然现在是理工科们的天下，但是按照社会发展的一般规律：国家治理的初始阶段是理工科出身的政治家，但进入了良性发展后必然会进入由法学、政治学出身的政治家治理。潘越信心十足地认为，若干年后，他潘越未必不能像英美法系国家的大律师一样参与政治体制的管理。

日历又换了一本。

元旦刚过，上海市政府小会议室里，潘越坐在会议桌的首座，左手边是市政府派来的秘书张彦，右手边是汪昭。他俩一边一个在教别人填表格，钱婷婷穿着套裙，站在会议室门口发资料。一位胖子匆匆走过来，问："金融机构研讨会是这里吗？"

钱婷婷含笑说："是这里。您的邀请函请出示一下。"

对方看了看她，笑说："你是金融办新来的大学生吗？"一面从手上的黑皮包里掏出两张纸来递给她。

钱婷婷笑而不答，展开看了看，确实是市政府要求全市金融机构配合调研的红头文件，和一份邀请函。就将两页纸还给他："您进去以后有人会给您会议资料，这边请进。"

胖子并不着急，问："今天的会议主要内容是什么？还一定要一把手参加？"

钱婷婷看了他一眼，口里含糊地说："您的邀请函上都有，等一会儿副秘书长还过来呢。"

胖子看了一眼会议室里："这次多少人开会？"

"十个人左右吧。没有邀请太多人，是为了方便大家交流。"又说，"您进去先登记一下，回头还有资料寄给您。"

胖子站在她旁边，看她继续给陆续来的人发资料，又问："马处今天来吗？"

钱婷婷估摸着他应该常来市政府，跟这里的人都很熟，不敢贸然回答，就笑说："您来了，这就很好了嘛。"

胖子笑了："你这小姑娘。你知道我是谁吗？就说我来就很好了？"

钱婷婷嫌他话多，又嫌他在旁边碍事，一边发资料一边不冷不热地说："今天来的都是贵宾。"

有人走过来，远远看到胖子就热情地打招呼："蒋行长，侬好侬好。"两人热情地握着手进屋了。

会议开始，果然有市政府副秘书长出席。这属于规格很高的会议了。由于他的出席，政府金融办的主任、副主任、政研室主任等悉数出席。不过十来个人的小型研讨会，能有这样的规格，倒是把参会的人给镇住了，都不敢轻视这个会议的议题。

各级领导讲话都围绕着三个内容：一、市政府对于这次招标调研工作非常重视；二、大家要全力配合潘律师做好建筑房地产的反向研究；三、研究的结果很有可能影响到市委市政府的房地产政策，各位不能掉以轻心！

研讨会来了8位银行行长，全是分行级别的一把手或者二把手。这些人一般层次的会议是不会出席的，更何况工作内容是配合一个小小的律师进行调研？8个人用了18个脑袋来分析：这律师是什么来头？居然能让市政府副秘书长来助阵会议？上海滩的名律们呢？石建山呢？李国际呢？雷殼呢？

大领导们都很忙，讲完了话就陆续离场。按照常规情况，大领导离场后行长们也会陆续离场，毕竟一把手们都很忙，留下带来的助理给后面潘越的讲话做个会议记录就很好了。但潘越一开口就镇住了他们，因为潘越非常内行地从金融机构与房地产企业贷款中的合规风险出发，引出由于合规风险引发的法律风险，以及管理人员如何规避法律风险的话题。从热点入手，讲得非常切合实际。以至于行长们不但没有人离场，反而开始了空前激烈的讨论。会议比预想的还要成功，结束后还有人留下来单独就具体问题来咨询潘越。

胖子行长是国有大行上海分行的一把手蒋浩，他一只小胖手扣着胖肚皮上的皮带扣，一只小胖手握着潘越的手："请潘律师务必到我们银行做一次培训指导，我们太需要你这样的律师专家了！"

潘越立即叫来了钱婷婷："这是我的助理小钱，小钱你安排一下时间，我不管你把哪个会议推掉，这个月我必须去蒋行长那里一次！"

蒋浩拿出手机，"那我留个美女律师的电话吧，好联系。"

这样形式的研讨会，潘越分批地连续不断搞了半年多，将所有与房地产有关的机构和企业全部梳理了一遍。这样梳理的结果是，除了将上海市房地产企业的情况摸了个清清楚楚之外，这一年还没过半，潘越就签下了一批金融机构、房地产企业这样的大客户的常年法律顾问合同，并预定了大企业来年的企业巡回培训课程。潘越就从这个别人看来毫无意义的政府招标项目中，拧开了案源的水龙头，一劳永逸地解决了案源的困扰！

潘越终于把1994年从总所开来的破普桑换掉了，一部神气的最新款皇冠汽车成为均昊所上海分所的代步工具。潘越对于皇冠是有情结的，他一直记得第一次见到28岁的刘查理时，他意气风发地开着一辆气派的皇冠，真是好马配好鞍！

同时他还给章云苏送了件礼物：一部白色奥迪汽车。他不管章云苏即将做妈妈了，也不管章云苏还没有驾照。反正，这是他送给老婆的礼物，这就够了。

潘越不知道的是，胖行长蒋浩开始追求钱婷婷。别看蒋浩是个胖子，却是上海金融圈有名的钻石王老五。在和前妻离婚后，给他介绍女朋友的太多太多了，从小明星到主持人，从海归高管到政府官员，但他都不为所动，坚持独身。自从那天见了钱婷婷以后，他从每天有事没事打电话请教法律问题，到有事没事到嘉里中心附近办事，顺便请她帮个小忙，然后吃个饭感谢一下。

钱婷婷以前没有深入接触过真正的上海本地人。她发现蒋浩虽然胖，但很有绅士风度。他的年纪和潘越差不多大，却是和潘越完全不同的两种人。他会邀请钱婷婷去听一场维也纳交响乐团的音乐会，会请她去顶级蓝调餐厅品尝米其林大餐，会请她去欣赏上海戏剧学院的小剧场话剧……这些是潘越不感兴趣的，更是重庆农民秦大江想都想不到的。钱婷婷前几次没好意思拒绝，到了后来倒是喜欢上了这些。

秦大江进入了同学介绍的重庆文华律师事务所，也很快通过了律师资格考试。他的对标律师是马鸿钧，憋着一股劲要向他看齐。他的想法是：你不是一周工作100个小时吗？我怎么着也比你年轻，一周工作105个小时总做得到吧！这种拼命的玩法，早把对钱婷婷拿到证书去提亲的承诺忘到了九霄云外。现在别说顾不上谈情说爱，就是饿晕了都想不起吃饭。

钱婷婷深知自己在律所的起点比别人都低，为了不被淘汰，也是拼了命努力。一边在复旦读法律在职研究生，一边从零开始学英语，还要忙于客户和工作，用疲于奔命形容她每天的生活一点不过分。每当她筋疲力尽回到出租房时，想起他们曾经一起租住，再看着眼前寂静无人，心里都充满孤独。开始她还会打电话给秦大江，但秦大江不是在忙，就是在陪客户。后来她为了避免这种孤独，在办公室待的时间越来越晚。

这天已经快晚上12点了，总是最后离开办公室的工作狂马鸿钧，在办公室一路走一路关灯，发现嘴巴不饶人的钱婷婷居然还没走，很是诧异："难怪老潘死不加班，原来有你这么个能干的人。"

钱婷婷笑说："我干的事跟老潘没关系。我再看 Linda 以前写的笔记。"

马鸿钧停住了脚步。他是个非常自负的人，以他16岁上北大的智商，每天办公室里扫一眼，各人大概在做什么事情，能判断个八九不离十。秦大江，包括邓九阳都进入不了他老人家的法眼，原因就是这些人的本科都不是一流大学。钱婷婷更是属于一个好用的行政，律师助理都算不上。她居然在看姜半夏的文件？姜半夏出身外交官世家，是绝对英语思维的人。钱婷婷看姜半夏的文件，在马鸿钧看来就好比是扫地阿姨看案卷，跨度实在太大。

马鸿钧走到钱婷婷的座位旁看了一眼，表面不动声色，心里却也不能不赞叹这女孩子的用心：她把一页文件复印成了两页，这样每页纸的下半部分都是空白。在行距的空白间和纸的空白处密密麻麻地记满了笔记。

钱婷婷心虚地讪笑："底子太差，让马律师笑话了。"

马鸿钧将纸放回桌子上，在密密麻麻的笔记中指着一点说："这是一种非常讲究的说法，不是错了。一般说来，我们的记录针对美国客户和针对英国客户是有所区别的。这种说法只针对英国客户。好了好了，走吧，下雨了。"

两人在空荡荡的写字楼里一起走着，马鸿钧不是一个喜欢说话的人。钱婷婷没话找话说："马律师没有把家搬到上海来吗？"

"两个小孩在美国读书，他们的妈妈在那里陪着。"

"那挺辛苦的。"

"既然投胎做人，就只有辛苦点。做一回人，什么也没有给这个世界留下，多无趣。"

电梯到了一楼，马鸿钧说："我去地下车库。再见。"

哪怕从同一个角度出发，人和人对同一件事情的看法也会有天差地别。如果同样面对半夜和女孩一起下班的情况，老潘首先会想到无论如何要顺车送回家；马鸿钧会想到不要让女孩的名声有不好的影响，所以他绝不会主动邀请一个单身小姑娘上车。

钱婷婷的高跟鞋声音在嘉里中心空荡荡的大堂清晰地回荡着。太晚了，平日里富丽堂皇的大堂关了大灯，只留着几盏角灯，像是一个浓妆艳抹的女人卸了妆，显得素面朝天。几个保安裹着大衣懒洋洋地看了她一眼，心里估计也是觉得这女孩蛮可怜吧。

钱婷婷发现原来外面正在暴雨如注，哗啦啦的声音在大堂里轰响。旋转门处吹进来的冷风让只穿着套裙丝袜的她打了个冷战。此时街上一辆车也没有，更不要说出租车了。这雨不知道什么时候才会停，她又冷又饿又绝望，下意识地给秦大江打电话。响了很久很久，秦大江终于接了，在电话那边飞快地说："阿婷，这么晚打电话，有事吗？"

钱婷婷说："下大雨了，我在所里回不去了。"

秦大江松了口气："你让保安帮你叫一个出租车噻，保安本来就有义务帮忙叫车。"

"是倾盆大雨……我只穿了一件……"

"哈哈，还有我的阿婷搞不定的事情？开玩笑！好喽，我们还在开会，明天要代表企业去跟对方谈判，先不跟你说了噻。你到家跟我说一……"

钱婷婷啪地挂掉电话，眼泪不争气地流了下来。她很久没有哭过了，这时候无限委屈堆积在心里，怎么也忍不住眼泪。

电话随即响了起来，她一阵欣喜：傻二哈还是听出来她生气了，知道打回来哄哄她。但手机手机屏幕上闪烁的，却是马鸿钧的名字，她接通了电话，马鸿钧说："钱婷婷，你打到车了吗？要不要我在路上帮你叫一辆？"

钱婷婷强忍着眼泪，用正常的声音说："谢谢您马律师，不用了。"

挂了电话，她等的那个回电始终没有打回来。如果连冷面冷心的马鸿钧都会打来电话关心她，秦大江依然毫无感觉就太过分了！钱婷婷越想越伤心，越想越悲愤。她一个人站在空荡荡的大堂角落看着雨幕外的世界，觉得无比孤独。"我就这么差劲？我就这么不值得男人珍惜？我就这么没人爱？"她透过泪眼找到了蒋浩的电话，打了过去。电话响了两声就通了，蒋浩睡得模糊的声音紧张地传过来："婷婷，怎么了？"

"……没什么。"钱婷婷带着浓重的鼻音说，"不好意思，我打错了，我本来是叫出租车的。"

"出租车……你在哪里？"

"我还在律所。"

"这么晚还在单位？好像在下大雨，你等我，我开车来接你。"

"别别，雨应该马上就停了，我打车走就好了。"

"估计外面很冷，你先不要出办公室。我给你带件衣服，到了打你电话你再下来。"

钱婷婷挂了电话，对着大落地玻璃窗外无边无际的大雨无声地哭得一塌糊涂。她想秦大江永永远远也不会知道她在今夜有多么绝望，永永远远也不能体会她在这样的雨夜里多么需要一个实在的肩膀。没完没了地付出、没完没了地奔跑、没完没了地要强……她也只是个普通的女孩。当年她曾经那样意气风发，会因为喜欢一个男人而用尽积蓄千里迢迢去主动追求；今天她已经筋疲力尽，在这样凄风冷雨的夜里对生活甘拜下风。

她知道，她和秦大江的缘分，尽了。

第十六章
坚持梦想不是靠说的

高级合伙人就相当于是把公司的股东和管理者合二为一，

既需要管理律师事务所，

又需要创造利润，

是律所生存的命脉所在。

律所高级合伙人对青年律师培养的最好、最有效的方式，当然是让他们直接与客户沟通，取得第一手的信息，全流程参与方案设计。但这也是律所高级合伙人最不愿意采取的方式，因为这样很容易让青年律师接触客户，迅速成长继而独立，甚至抢走案源。

但潘越从来不遮遮掩掩。政府项目调研，他让汪昭和钱婷婷各自联系客户、做会议记录、整理分析数据、撰写部分调查报告，他们汇总到邓九阳那里，由邓九阳修改完善后，才交给潘越。这样潘跃有了更多的时间去做更重要的事情，每个人也都得到了充分的锻炼，把团队合作功效发挥到了最大。

梁燕妮千呼万唤始出来，用了两年时间拿到中国律师执业证书，顺便还考出了CPA。从世界排名前十的大公司法务总监辞职，加盟均昊所上海分所，成为高级合伙人，她也是迄今为止均昊所唯一一位女性合伙人。

长期在日本大企业担任高管的梁燕妮，给人的第一印象很像她的名字，温柔婉约。她说不上漂亮，但身材保持得非常好，喜欢少女风的浅粉、淡蓝，妆容精致，声音甜美，脸上永远带着微笑，不看面容只听电话，你会认为她只有18岁。

不过稍一接触，大家就发现她温柔的笑容背后，性格非常坚韧和强势。以前有人说她像夹竹桃花，任何土壤随便有点阳光就能开得特别灿烂，还自带毒性，谁也别想欺负她。

她加盟的同时带进来两个日本企业并购的大项目。项目需要人，她自己带来一个助理顾东昇。顾东昇是个东北人，身高超过一米九，在均昊所里鹤立鸡群，但一个人显然不够，需要从律所挑选两名助理加入。才华出众的宋健第一个被选上，另一个人选竞争激烈，谁也没想到最积极竞争的人会是闫妍。

闫妍还在马鸿钧的项目中。为了能够上梁燕妮的项目，闫妍用了全英文面谈，她逻辑清晰、表达准确，综合能力让梁燕妮很心动。但梁燕妮很遗憾地对她说："你不能身兼两个项目。所以，你只能先去把目前的解决掉才能和我谈。"

中途退出一个项目，是助理很忌讳的行为，会影响律所合伙人对她的综合评价，对加薪、晋升律师都会有影响。闫妍想把这个影响降到最低，思来想去，很聪明地想到了潘越。

潘越说："你离开马律师的项目，固然有损失，但这些损失是可以估量的，也是可以尽量降低的，马律师这个人对事不对人，除了受到制度约束，他个人对你以后加薪、晋升不会苛责。可是我很为你遗憾：马律师是所里唯一在纽约大所执业过的律师，他手上是有真本事的。你跟着他一两个项目下来，就好比在国际大所里有了工作经验，这是很难得的机会。我提醒你，在你的职业生涯中这个损失是不可估量的。"

闫妍委屈地掉了眼泪："潘律师，我压力实在太大了。这两个月我大把大把地掉头发，瘦了快十斤，晚上做噩梦全是马律师。潘律师，我绝对不是不能做事的人，你就给我一次机会吧。"

"晚上做噩梦全是马律师这句话"差点把潘越逗乐，他说："律师助理在项目中换律师的事情还没有发生过，需要再讨论。"其实已经算是答应帮助闫妍了。

闫妍出去没多久，钱婷婷就来找潘越说："老潘，我申请调到马律师项目去。"

潘越诧异地抬头看着她："马鸿钧？你确定？你确定？马鸿钧？"

"我确定。我很清楚我的先天不足，这注定了我不可能有外国律所执业的机会。既然这样，我为什么不把握跟马律师学习的机会呢？"

"你照镜子了吗？"

钱婷婷对着潘越后面的玻璃左右照了照："这不亭亭玉立、玉树临风嘛！"

"你真是身在福中不知福！全律所只有你敢叫你的老板老潘，你居然还要炒了你的老板！"

"就是因为你对我没要求，我才觉得我没出息。我总不能指望你老潘一辈子罩着我。"

潘越饶有兴味地看了她一会儿，说："有骨气。像我老人家的弟子！好，你去吧。不过我可告诉你，闫妍想离开马鸿钧，我能去做做工作；你要跟着马鸿钧干，可得你自己去说服他。马鸿钧要你，随你所愿，马鸿钧不要你，我这里你继续干！"

钱婷婷笑了："老潘，你这人儿还真是挺好的。"

潘越左看右看："小钱，我觉得你哪里有点不对劲。"

钱婷婷勉强一笑："老了呗。"

"气我是吧。你这假笑真的有点假！"

"老潘，我真觉得自己老了。心老了。"

潘越想起在镜湖看到她时，穿着一身粉红色的运动衣，扎着马尾辫，素面朝天、满脸嚣张。现在的她确实更漂亮了：做着漂亮的发型，化着恰到好处的淡妆，穿着修身合体的套装。可是怎么看都是一个律师。不过几年而已，她身上的那股子水灵劲儿，那股子招摇劲儿，像是阳光下的水分一样，在逐渐干涸。想到这里，潘越觉得有点心疼。他关心地问："是不是和大江闹别扭了？"

钱婷婷倏地红了眼。沉默了一会儿说："我俩分手了。"

潘越一拍桌子："这个秦大江！我打给他！"说完就拎起了电话。

"不要！"钱婷婷说，"我有新的男朋友了。"

潘越放下电话，看着她。钱婷婷看着窗外，躲闪着潘越的目光。

高学峰案子的开庭通知书到了，下周开庭。潘越指定法律功底最好的邓九阳做这个案件的助理准备资料。下班后，邓九阳把准备好的资料拿来和潘越讨论。结束之后说："有空吗？我请你喝顿酒。"

"有事吗？"

"没事，就是想跟师傅喝顿酒。"

那就是一定有事了。

两个人在街边随意进了一家窗明几净的特色鸡粥小店里，对着几碟小菜酒过三巡，潘越等着邓九阳开口。邓九阳用手指顶着眼镜架，说："师傅，我压力特别大！"

潘越说："你哪里来的压力？法律功底不用说了，最大的优势是你有工作经验。工作经验就是社会经验，律师是一个需要社会经验的职业。只有经历过社会的历练，书本上的知识才会转化为生产力，才能取得经济效益。"

"就是因为经济效益我才焦虑。每天晚上都睡不好。"邓九阳的眼睛透过厚厚的眼镜片看着潘越，"按照咱们律师行业的一般发展规律，我现在是助理律师，没有意外的话满一年转为执业律师，过个两三年转为资深律师，再过一段时间转为二级合伙人，但最终还是要成为高级合伙人的，对吗？"

"对。"

"我可不可以一直做二级合伙人，不转为高级合伙人？"

"不行。"潘越盯着他，"你就这么不自信？"

律师事务所的二级合伙人和高级合伙人之间，有着天差地别的区别。高级合伙人，是律师事务所的管理者。尤其是创始高级合伙人，是律师事务所的缔造者。而二级合伙人是后加入律所的律师，有的是律所自己培养的年轻律师逐步晋升而来的，有的是高级合伙人从外部律所直接引进的。高级合伙人就相当于公司的股东和管理者合二为一，既需要管理律师事务所，又需要创造利润，是律所生存的命脉所在。二级合伙人相当于高级合伙人的预备军。有的律师事务所，要求二级合伙人也要给律师事务所创造一定的业绩才可以。而均昊所由于实行公司制管理，二级合伙人也是授薪制，这样他们也就没有业绩压力了。

邓九阳低着头，说："师傅，我不瞒你说，我血淋淋地剖析过自己。我现在把自己在你面前摊开来，你也帮我看看。"他用筷子在桌子上划着说，"我的优势有：我已经出版过两三本专著，理论功底强，也说明能坐得住；有工作经验，看问题比较全面。脸皮再厚一些说，算是能耐得住寂寞吃苦耐劳型的。"

潘越点头认可。

"我的缺点是：我这个人木讷、不善言辞、不愿意交际，跟陌生人没话。"

潘越听懂了，他安慰邓九阳说，"你身上的缺点可能会对你作为律师有点影响，但不会造成主要影响。你看马鸿钧，平时闲人不理半个，但是因为他足够专业，真能够解决别人解决不了的问题，所以他照样忙不过来。"

"马律师是对人生有要求的人。他对自己人生的要求跟他对自己工作的要求一样，务必精益求精。"

"你不希望过得更好吗？谁不希望过得更好呢？"

"我觉得大家对于'更好'这个概念有不同的看法。对于我来讲，觉得'舒服'的状态才是'更好'的状态。"

"这是个大问题。对生活的质量没有强烈的欲望，很多事情都没有动力。"

"是，这是我致命的弱点。"他有些不好意思地看了一眼潘越，顶着眼镜慢慢地说，"我还有一个弱点，我这个人性格懦弱，不喜欢争强好胜。"

潘越用手指轻轻敲着桌子说："那你……"

邓九阳说："我想回学校做老师。"

"你现在离开均昊所，再想回来可难了。"

"知道。"

"而且做老师的社会地位可能没有想象中那么好，收入也许就是撑不着、饿不死。"

"我有准备。"

潘越想了想，说："我能理解你。九阳，做自己喜欢的、自己适合的事情去吧。"

凌晨，钱婷婷租住的小屋门外，秦大江肩上挂着一个巨大的、沉甸甸的黑色公文包，一手打着电话，一手焦急地敲着门。口里说："阿婷，我错了。我接到老潘的电话一分钟都没有耽误，从谈判桌上直接坐火车过来的。阿婷，你开开门嗦。"

电话里钱婷婷冷冷地说："秦大江，我男朋友在这里。不方便。你请回吧。"

秦大江眼泪流下来，大声地说："你放屁！我告诉你，我秦大江就是死也要死在你旁边。我什么都不在乎！"

钱婷婷把电话挂了。秦大江再打，电话已经关机。

他开始绝望地砰砰砰地砸门。

隔壁隔着门吼起来："你们神经病啊！再吵我打110了！"

他垂着头，抵在门上，哭着说："阿婷，阿婷，你不要离开我。阿婷，我错了。你不要不理我。阿婷，我不能没有你。我这么努力都是为了你，你不要我了，我还能干什么，我活着都没有意义了！阿婷，我错了，你再给我一次机会吧。我求求你……"

隔着门，钱婷婷哭得一塌糊涂。想到自尊心特别强烈的秦大江能够说出"求求你"这样的话，她万箭穿心，差点打开门。但一想到那些孤独的夜晚，她狠下心光着脚进了卧室，关上了房门。

第二天一大早，钱婷婷拉开门上班，正看见秦大江坐在门口的楼梯台阶上，脑袋斜靠在楼梯扶手，呆呆看着她的屋门。一看见她，眼睛一亮，立刻站了起来，小心翼翼地叫了一声："阿婷……"

他一头乱发、双眼充血、面容憔悴、神情无助，旁边的公文包鼓鼓囊囊开着口，露出里面厚厚的几叠文件。钱婷婷一看到他这个样子，眼泪立刻就流了出来："你在这里坐了一夜？"

他红着眼睛，一字一句地说："阿婷，我不能没有你。求求你，不要离开我。"

钱婷婷哭着骂道："你这个二百五，你不会去找个地方住一晚吗？"

秦大江冲过来一把紧紧地搂住她："阿婷，你吓死我了！我害怕我再也见不到你了！"

高学峰案件正在开庭。控辩双方围绕着"非法吸收公众存款罪是否成立"展开辩论。为了避免群体性事件，这次开庭并没有高调宣传。旁听席上只坐着高学峰的两三个家属，另外十几个人看不出来历，看穿衣打扮，像是坐办公室的。

高学峰穿着橙色马夹，背对着旁听席站着，神情沮丧恐惧，双腿一直在颤抖。

左边三名公诉人正在滔滔不绝地发表意见，右边三名律师，柴进坐在中间，神情严肃地听着；潘越若有所思，汪昭奋笔狂记。

公诉人的声音回荡在法庭里："被告高学峰在将镜湖市物资局下属的农机配件厂改制成为有限责任公司的过程中，以需要资金，又因该企业濒临破产无法取得银行贷款为由，非法向镜湖市物资局及农机配件厂部分员工吸收存款金额达到30.17万元。被告利用'农机配件厂'改制需要资金的合法形式，向不特定公众借入资金，数额巨大，并公开许诺以后农机配件厂改制成功后可以上市，上市后能够向不特定公众返还高额回报。利用民众法律意识淡薄、希望暴富的投机心理引诱公众受骗上当。后该款项被大肆挪用购买股票，造成未归还损失达到18.03万元。被告的行为已经严重扰乱了社会经济秩序，符合非法吸收公众存款罪的犯罪构成要件……"

潘越紧张地看着高学峰，真担心他突然大喊一声"我有罪！"

终于等到柴进发言了。柴进不慌不忙地说："根据刑法第一百七十六条的规定，非法吸收公众存款罪是指公司、企业、个人或其他组织未经合法批准程序，使用诈骗方法，向社会公众或者集体募集资金的行为。也就是说它是存在单位犯罪的。在本案中，高学峰作为农机配件厂的兼任厂长，在向镜湖市物资局和农机配件厂工人发出的公告上，均盖有农机配件厂的公章。同时，该厂对于集资行为还有相应的党委会会议纪要，和班子表决一致同意通过的，以集资方式改变工厂现状的红头文件。这些都说明，做出这个决定的并非高学峰个人，而是单位行为。而同样根据该条法律，单位涉嫌非法吸收公众存款金额需达到100万元以上。"

柴进说到这里就停止了，并没有继续穷追猛打下去。他扫了一眼全场，接着说："在非法吸收公众存款的犯罪过程中，必须是使用了诈骗的方法。而在高学峰向工厂工人也好、县物资局职工也好，募集资金的时候，都明确说明是用来进行工厂改制的。而事实上。高学峰也确实将这部分钱用在了购买新的机器设备、聘请专业人才等方面。当然他在做这些事情的时候被别人骗了那是另外一码事。"

"我们都知道所谓诈骗，是以非法占有为目的，用虚构事实或者隐瞒真相的方法来骗取数额较大的财务的行为。在本案中，高学峰对于集资款项既没有入过自己的个人账户，也从来没有实际控制过集资账户，如果有的话也不会有后面该钱款被财务人员把钱挪用炒股这样的事情发生了。仅仅从这一点上来说，他主观上就没有诈骗的故意。"

此时公诉人企图打断他说话，他举了举手向法官示意说："不好意思。公诉人说话的时候我并没有打断，所以我希望我能够把话说完再请公诉人发言。"

法官说："允许律师继续发言。"

"我归纳一下我刚才说的要点：农机配件厂的集资行为是单位行为，且数额并未达到法定标准。高学峰本人主观上没有诈骗的故意，客观上也没有实施任何非法占有的行为。因此，我认为他的行为有可能违反了某些规定，但肯定没有触犯刑事法律。我为他做无罪辩护！"

柴进的声音并没有铿锵有力，也没有特别强调，却仿佛在审判庭里发出了回响。旁听席上的人纷纷交头接耳低声议论起来。

潘越又惊又喜，忍不住看了一眼高学峰。高学峰的嘴唇颤抖着，两道浊泪掉下来，赶紧用袖子擦去了。

接下来的庭审中，双方就"集资行为是个人还是单位，集资款项被财务人员挪走使用到底是不是高学峰授意"两个焦点展开辩论。

柴进面前连一支笔、一页纸都没放。他双手交叉放在桌上，公诉人每次提出的一大串问题从他的耳朵进去，从大脑袋里一过，就好像是被编码机梳理过一样，再从他的口中说出来，就是条理清晰、论证明确了。他没有提供任何证据，只是对公诉人的举证一一驳斥。而他给人的感觉是毫不拖泥带水，又绝不咄咄逼人。

经过几轮针锋相对的辩论，合议庭经过短暂讨论，主审法官宣布今日庭审到此结束，下次开庭时间另行通知，一敲法槌结束了今天的庭审。

高学峰的老父亲、妻子和女儿一起拥到了栅栏处，抓紧时间和高学峰说两句话……法警很快把他带走了，家人涕泪交流生离之悲惨让人不忍卒睹。

柴进在庭审结束后离开座位，先是走到法官席前与三位法官逐一握手感谢，又主动走到对面的公诉人席位和三位公诉人逐一握手。他生着一张杀气腾腾的脸，握手的时候却显得真诚谦逊。等他回到律师席，记录了十几页笔记的汪昭一边整理东西一边问潘越："潘律师，今天怎么这么多人旁听？"

潘越看了看旁听席上正在纷纷起身离座的人们，他们正三三两两讨论着什么。他摇摇头，没说话。柴进扫了一眼说："一些是法官，还有一些应该是刚好在这个法院开庭的律师。"

汪昭惊讶道："这个非法集资案影响这么大！"

柴进没有说话。

后来汪昭才知道，在上海法律圈里，旁听柴进开庭几乎是法律人的必修课。不但律师会来旁听，法官、检察官抓住机会也都不会放过。十年以后，汪昭也成了均昊所的高级合伙人，有一次和几个朋友吃饭，席间有个律师眉宇间非常自负。朋友介绍说："俞律师以前是区检察院的公诉人，业务专业能力很强，和柴进打过对手！"

汪昭感慨无比，这就好比武侠小说中的反衬写法："此人武功十分高强，曾经和令狐冲交过手！"迄今为止，还没有第二个律师能有这样的口碑，至少上海滩没有！

潘越是在收到高学峰案件的判决书之前，先收到了钱婷婷的辞职报告。这次，是她和秦大江手拉手一起来的。钱婷婷说："山不过来我过去。我去重庆应该也不会饿死。律师干不了，实在不行我还有会计证，找个小公司继续干会计应该没问题。"

潘越看看钱婷婷，又看看秦大江，知道无法阻拦了，笑说："这是好事嘛，你俩干吗那么严肃？中午我先给你俩庆贺一下。小钱嘛，在所里也不要说辞职结婚这样的事情。你就先休假，等你们在重庆买好房子、找好工作再来辞职。至于休什么假我就不管了。"

钱婷婷露出笑容："老潘你又利用职权徇私枉法，可是我用不着这个后路了。嫁鸡随鸡嫁狗随狗，嫁个傻瓜扛着走，就这样了。"

潘越看了看秦大江。秦大江说："要不先听师傅的嗦，这样你的社保也不会断，以后买房子好贷款喽。"

钱婷婷开出了三个月病假单，休假去了。

潘越一连失去了秦大江、钱婷婷、邓九阳三个人才，心里空落落的。他打电话跟龚骏诉苦。龚骏幸灾乐祸："这就是说，你带到上海的哼哈二将，合二为一把你甩了？"

"还有一个周老先生的弟子，也是甚得我意，流年不利啊！"

龚骏说："玩笑归玩笑，老潘，大浪淘沙，留下来的才是最适合的。咱们均昊所人才流失算少的。你以为咱们今年作为全国律师事务所中唯一的'先进集体'是浪得虚名？不过律师行业从去年开始，律师事务所终于不再像国企了，开始有流动了：精楔所今年走了一个高伙；还有你们上海滩的柴进，听说纵盛所的田维常盯上他了，邀请他加盟并创办纵盛所上海分所，做刑事辩护专业化律所。"

"盯上没用。你看我盯刘查理盯了几年了？郎情妾意一直很好，可是都不肯嫁，都想把对方娶进门，谈不拢。"

"你说京沪律师有没有可能融合一下，都放下地域观念？"

"这五年内肯定是不可能。"潘越说，"上海律师的特点是严谨守规矩；北京律师的特点是粗放讲关系。上海律师的想法是：我把法律的边际用足；北京律师的想法是：我突破多少是被容忍的。两边互相不服气。所以就算现在气味相投，短期内也不可能融合。"

"说实话，我也不喜欢上海律师——太较真！但是这种流动的趋势是好的。行业也像水，死水一潭就会发臭，流动起来才会建立科学的生态环境，才会生机勃勃。说到这里我觉得你在这里面起了大作用。要不是你这个北京律师跑去搅动了上海滩，可能现在司法部还抱着律师只能在一个地方执业的观念呢！所以我经常和邢然、大维他们说，你到上海开分所的那一年，就是律师行业进入市场化竞争元年。"

"现在还看不出来效果，十年以后再看吧。"潘越说，"说到这个，今年到底怎么办？是吴大维接着管？还是按计划轮到邢然？"

龚骏无声地笑了："邢然被评上了全国首届十佳律师。同志，全中国选出来十个人，他是十分之一啊！"

潘越听懂了："行啊。大维自由散漫一些，邢然民主集中一些，各有特色。我反正都举双手赞成。"

"对了，你不是天天闹着要在全国律协成立教育委员会吗？这倒是个好时机，大维被选为北京律协会长，几乎天天往全国律协跑，我劝你别放过他！"

"噢？"潘越喜笑颜开，"那我不会放过他的！"

潘越说干就干，马不停蹄连续跑了几次北京，把自己的宏伟规划不厌其烦地跟吴大维讲了一遍又一遍。吴大维没有潘越这么理想主义，但他对各种机构的工作原理了如指掌。他琢磨了半天，给潘越出主意说："这事情我也觉得好，但要办好口说无凭，你写个东西来。建议书也好，倡议书、计划书也好，先写给我。不过事情不能急，更不能强求，要等待水到渠成。"

潘越立即抓到了这件事情的核心："计划书"，这份文件有可能对中国律师行业产生深远的影响，它实在太重要了！潘越心里迅速把几个文笔好的人搜索了一遍，法学才子邓九阳第一个跳出来。邓九阳已经回到大学成了教书匠，可是对于在全国律协推动成立教育委员会这件事情，一直是主要成员。

事情定下来，潘越立刻就要返回上海。吴大维留他晚上一起吃饭，明天再走，他喜形于色地说："今年我都没时间跟你吃饭了！"

"你要当总理啊！"

"比那个还重要，我要当爹了！"

吴大维也喜笑颜开："恭喜恭喜，这是大喜事，什么时间？"

"预产期就在这两天，我得赶紧回去陪老婆。"

"赶紧回去赶紧回去！"

潘越还在机场就接到了帮忙在上海照顾章云苏的表姐的电话："给你报喜，儿子，六斤三两，母子平安！你在哪里啊？"

潘越电话差点脱手："生了？不是还有四天才到预产期吗？昨天晚上打电话不是还在家里都好好的吗？"

电话里传来一阵噪音，里面夹杂着好多人的声音，表姐草草说："不和你说了，我要去登记。现在她不能接电话，晚点你再打给她。"

潘越赶紧说："跟她说一下我已经在北京机场了，晚上到家直接去医院。对了，是红房子吗？"

"红房子。"对方已经把电话挂了。

潘越欣喜若狂地在机场对着夕阳傻笑了好一会儿：我有儿子喽！

在医院陪床时，他接到了律所行政的电话，小姑娘的声音在电话里激动万分："主任，刚刚市政府金融办打来电话，咱们所提交的《房地产发展反证研究报告》在今年的全市优秀论文评选中拿奖了！"

潘越又惊又喜："你确定时金融办的电话？有没有书面文件？"

"肯定没错。他们说要您去领获奖证书，嘻嘻，主任，我让他们把复印件先传真过来了，我们都看到了。老大，给你跪了哈！"

潘越故作镇静问："几等奖？"

"你猜？"

潘越想，一等奖不可能，毕竟大上海藏龙卧虎，各种关系也错综复杂，但是也花了那么那么多心血："二等奖吧。"

"老大，如果不是二等奖呢？"

"三等奖？那也无所谓，只要获奖了，就算把律所的名气打出去了。"

行政再也忍不住了，叫起来："是一等奖！老大，你出名了！"

"真的假的？"潘越镇静也装不下去了，"快！把复印件先拍张照片发给我！"

挂了电话，潘越一把将章云苏和襁褓中的儿子搂在怀里："你真厉害，儿子一来就给我带来超级幸运！"

这项评奖应该是本年度上海市政府颁发的层级最高、最具有含金量的奖项之一，而且确确实实、毫无水分地，只有唯一的一个一等奖！参与竞争的人中，有著名学者、有资深教授、有博士出身的大律师、有功底深厚的行业专家……而潘越，只是初到上海的外地律师，就凭着深入、细致、严谨、脚踏实地的研究，平地起高楼，一鸣惊人！这种痛快和骄傲，正是潘越最享受的那种喜悦。

很久以后，这届获奖人员中两个二等奖之一的赵明，成了中华人民共和国最高人民检察院的领导者之一，可见这届论文的质量之高。

这个好消息简直让整个均昊所爆棚！从总所到各个分所，各个大佬纷纷打来贺电恭喜潘越，这份佩服确实发自内心。

上海分所在潘越忙完了儿子的事情后，大摆庆功宴举所共贺！当然，秦大江、邓九阳、钱婷婷也都必须到场！

庆功宴热闹非凡，秦大江因为开庭没有赶上，钱婷婷在潘越忙碌的间隙把他拉到一边，快速地说："老潘，我就说两句话。第一句，我明天回律所上班。"

"没问题。一切照旧。"潘越什么也没问，非常干脆。

"第二句，我还是想进马律师的项目。"

潘越看了一眼钱婷婷，她的眼睛闪过哀求和坚定。如果秦大江和钱婷婷他只能选择帮一个人的话，他肯定是帮钱婷婷的。

正在这时，马鸿钧走过来给他敬酒，潘越抓住时机和他推心置腹："老马，我今天真的特别高兴！"

"非常值得高兴！"

"古人说，当一个人逢到大喜事的时候，这个人向别人提出请求，别人都不能拒绝。今天我跟你提个请求，你也不能拒绝。"

马鸿钧心悦诚服地拍着他的肩膀说："老潘，大律师也！不拒绝，你说！"

"闫妍不是从你的项目里出来了吗？我推荐钱婷婷顶上。就这事儿。"

马鸿钧点着头说："好！"

潘越转身就走。马鸿钧一把拉住他："等等，你说的是哪个钱婷婷？前台钱婷婷？行政钱婷婷？还是律师助理钱婷婷？"

"均昊所就一个钱婷婷，你已经答应了，我对你这个人的信用有底，其他的事情我就不管了。不管哪个钱婷婷，教不出来只能说明你不行。"

"等等等等，有点乱……你刚才说什么来着？哪个古人把话说得那么啰唆？"

潘越大笑而去。但是，马鸿钧可是连秦大江、闫妍这样名校硕士都看不上的人，能痛快地接受从零开始学英语的钱婷婷，从这一点上，他心里又对钱婷婷竖了一次大拇指。

这次获奖，潘越不但让心高气傲的马鸿钧心甘情愿地说出"大律师也"，也让自己成了上海滩律师圈里的传奇，更让均昊所上海分所在上海律师界成为毋庸置疑的一流律所。

高光总会过去，精彩都是瞬间，无论是工作还是生活，没有比脚踏实地更让人有安全感。不管是不是大律师、名律师，认认真真做自己的案子，才是本职工作。

柴进通知他：米英捷正式被检察机关批准逮捕了。对于米英捷来说，只要有消息就是好消息，至少律师可以正式介入了。

"米芃呢？"潘越问。

"米芃案会自然而然解决的，如果米英捷案解决了的话。"

柴进刻不容缓地递交了申请会见的资料。会见申请没有太多阻碍，很快就批准了。由于潘越和蔺瀚文共同做了米芃的代理人，柴进就安排另一个所里的律师进行第一次会见。

米家婆媳听说可以会见，提前一天赶到柴进的办公室，恋恋不舍地说了半天，好像她们多说一会儿，眼睛就能长在柴进身上，带着一起去多看米英捷一会儿似的。柴进对女人更心软，但天生一副凶相，此时不知道该怎样表现才是恰当的，只能反复说："你们明天千万不要来。从你们家里赶到上海，如果要在我出发前赶到，差不多要凌晨四点出门，实在没有必要。我可以告诉你们，第一次会见时间不会长的，尽量先把重要的事情办了。我后天还要去外地开庭，等回来以后会联系你们的。"

他好不容易客客气气地送走了米家婆媳，心里莫名其妙对米英捷一肚子气，走到蔺瀚文办公室说："一个男人如果让家里的女人都这样担惊受怕，我看有多大的成就也没意思！"

蔺瀚文从两摞高过头的案卷中抬起头来，活动了活动脖子说："我听说米夫人是他的乡下结发妻子，连字都不认识。到他这个职位还不换老妻，从这一点上说我觉得他挺男人的。他的儿媳妇郭唯正当好年华，又是名校毕业。上次跟她聊天，她说当时考雅思的成绩是 7.5 分，这是相当高的分数了。这么一个优秀的女孩子在米家落难时对婆婆不离不弃，我对她非常尊重。米普还在，她都没有这样的义务，更何况米普已经不在了。这也说明米英捷作为一家之主，他的家庭氛围是非常和谐的。越是有能力的人，对权力的渴望越大，这是人之常情。唉！"

柴进对家长里短没有兴趣："道理是没错，可是从结果论，没有给家庭带来安全幸福的，都是失败的男人。"

蔺瀚文笑了："全上海又有多少人知道，每每让公诉人绝不敢掉以轻心的柴大律师，其实在家里排名第三呢！"

柴进严肃地说："哼！我在家里排名第几，要看我女儿养多少条鱼。她要是把鱼缸养满了，我就进不了前一百名；要是鱼都死光了，我就能挤进前三！"

蔺瀚文忍不住哈哈大笑起来。

柴进和潘越都忙得要命，终于在两件事情的中间找到了时间见面，但时间有限，地点就选了一个中间位置的茶舍。

柴进开门见山："米英捷瘦得非常厉害，和以前电视上看到的判若两人。"边说边端起茶来喝了一口，"这茶不错。"

柴进不抽烟，喜欢喝点好茶、喝点好酒。但是因为有糖尿病，喝酒受到严格限制，喝茶就格外讲究一些。

潘越推了推眼镜："跟米家的人说的时候，还是稍微委婉一些。"

"唉！"

"注册资金的事情没有机会问吧？"

"没时间。就给了 30 分钟。"

"富来拍卖行的注册资金来源一目了然。从鸿鱼担保公司的账户直接打到了张露的个人账户。富来拍卖行注册好了以后，又从张露的个人账户直接进了注册资本。"

"张露？"

"米芃本科时候的女友。后来她一直在天津读研，没有参与过富来拍卖行的事情。据她说她有两个身份证，其中一个一直在米芃手里。后来发现也确实如此。"

"马祥辉呢？"

"是米英捷老家的一个远房亲戚，在临洲市体校当乒乓球教练，应该还是个有点名气的教练，经常带队出国比赛。后来米英捷发迹后，他和米家走得很近。但无非就是借点米英捷的大名，在体校里比较重用，没查到有什么金钱往来。他担着富来拍卖行的法定代表人，是个空名头，在这个案子里是莫名其妙被牵扯进来的。"

"鸿鱼担保公司是国有性质的？"

"是的，是米英捷分管这一块的下属公司。刘方彪是米普的同学。据说是走了米普的关系才当上鸿鱼担保公司的总经理。一千万的注册资金也算是投桃报李吧。"

"1000 万全部是通过张露账户进入富来拍卖行的？"

"分了三次，全部进入了富来拍卖行。"

"鸿鱼担保公司没有任何手续？"

"没有。股东会决议、董事会决议、管理层会议纪要、审批文件……一个也没有。"

"年轻人，无知者无畏啊！"

"无知、无畏！"

"哼哼，1000 万！"柴进将残茶泼了重新倒了一杯，说，"想杀的话，够了。"

"这话现在千万不能跟米家的人说。"

柴进瞪了他一眼，又问："找到米英捷签字的东西了吗？"

"档案全部看完了，在富来拍卖行的事情上没有米英捷签字的任何东西。"

"米英捷脑子那么清楚，怎么儿子们都做事那么简单粗暴呢。"

"其实作为官二代，这俩还想着做点事情，算是有想法的了。这也说明整个社会的法律意识淡薄得多么可怕。堂堂一市之长居然不认识一个律师，周围幕僚门客如云，没有一个学法律的，难以想象啊！"

"你不是天天四处游说要在律协搞教育委员会吗？先想想怎么把法律教育从律师向普罗大众普及吧，比如在电视上搞案例说法之类的，游手好闲的大爷大妈肯定爱看。他们对于事情的传播速度远远超过你的想象。"

潘越眼睛一亮："好啊！你这么说，等我律师做腻了我就去做传媒，把案例说法和名家名律结合起来。"

柴进摇摇头叹息："老潘，你想法太多了！"

潘越和柴进分别，又去了客户那里开会，直到晚上十点钟才结束，他开车回家路过律所，看到依旧有灯亮着，就顺便上楼把文件放进办公室。这样他明天可以直接去另一个客户那里，助理可以在律所开始干这个活。

所里仍然灯火通明，一派繁忙的景象。梁燕妮团队正在小会议室开会，娇小的闫妍和巨人顾东升站在一起，真是最萌身高差。帅气的宋健坐在梁燕妮的侧面正在阐述自己的观点。他因为能力特别出众，已经取代了梁燕妮带来的顾东升，成了项目负责人。

潘越在办公室里转了一圈离开，各人纷纷和他打招呼，赵展端着杯子刚接了水回来，正好和要出门的潘越走个对面。潘越叫住他："赵展，你还要多久？"

"主任。我今天手上的事情差不多了，有事尽管吩咐。"

"我没事，我刚才忘了说了，你代我跟李洛薇说一声，让她明天早上把今天跟她说的那个文件给刘冰，她要赶活儿。"

"没问题主任，让李洛薇明天一大早把您今天跟她要的文件给刘冰，刘冰要赶活儿，对吧。李洛薇知道具体指哪个文件吧？"

"知道。"潘越边走边想，这小伙还真不是徒有其表，细微之处可见孺子可教。

赵展是均昊所的颜值担当，他到均昊所报到的那天，不但引起全所轰动，连其他楼层、其他公司的女孩们都找各种借口来围观。他也是前无古人后无来者的、由女朋友陪着来报到的人。他是地道的上海小生，皮肤白净、五官标致，而且非常重视形象，永远都是发型整齐、西装革履、皮鞋锃亮的年轻绅士模样，甚至从来没有穿过短袖衬衫。更难得的是，他这样玉树临风的英俊小生，还有一个温和谦让的性格，行政部的小姑娘们说他"公子如玉"，倒也贴切。所以当年姜半夏害相思病，潘越第一个就想到，会不会是赵展。

赵展端着水走到李洛薇的隔间前，客气地打了个招呼："Ivy，还在忙啊。"

李洛薇埋身在自己的隔间里，双手飞快地在键盘上敲打着，淡淡"嗯"了一声。

赵展感觉她的冷漠有点异样，就多看了一眼。这一看可不得了，李洛薇脸上的眼泪正大串大串地滚滚落下。她怕引起别人的注意，任由眼泪掉到键盘上，才装作打喷嚏抽了张纸巾擦了擦鼻子。

赵展四周张望了一下，赶紧三步两步把手里的杯子放回座位，顺手拿起一个巨大的文件夹走到李洛薇旁边："Ivy，这个方案拖了好几天了，要不我们找个会议室商量一下？"

李洛薇用纸巾挡着大半张脸说不出话来，尽量平静地点点头，伸手接过他的大文件夹遮住脸，起身跟着他离开大办公室。

两人进了会议室，赵展关上门，安慰她说："别难过了。马律师就是这个脾气，以前闫妍不是天天被他骂哭？我们都知道，因为他特别看重你，所以对你要求才格外苛刻。"

李洛薇用背对着他用捂着嘴，抽噎得说不出话来。

赵展心里略感意外，没想到她会哭得这么伤心。他从会议桌上拿了瓶水拧开放在她旁边："发泄一下也好。"

他心里一直挺佩服李洛薇的，这女孩黑黑瘦瘦，特别能干。尤其是，大家都知道每个人都有家，只有她没有。她父母早亡，跟着叔叔婶婶长大，从小尝尽人情冷暖。绍兴安昌那个地方会读书的人多，书读得好了还好，书读得不好自己都抬不起头。她为了读书吃了很多苦，对自己特别狠。

李洛薇哭了好一阵子，终于放松下来，轻声说："不好意思。"

"哪有，女孩子哭哭鼻子很正常。我经常看到闫妍哭，倒是第一次看到你哭。"他开了个玩笑，"看来马律师今天尺度没掌握好，虐得过分了。"

李洛薇摇摇头："不是因为马律师。"

那就是私事了，赵展不好再追问："不管什么事情，想开一点吧。"

"你见过罗骁吗？"

"罗骁？好像见过一两次。我进所里她已经离开了。听说考上了公务员去中院做法官了。对了，她不是你同班同学吗？"

"你有没有觉得她很好看？"

赵展为难了："忘记她长什么样子了，应该还蛮好的。"

"我也觉得蛮好的……"李洛薇断断续续地哭着说，"一直都蛮好的。我们同班、同寝室，毕业合租了一套房子。然后……"她的眼泪滚滚落下，嘶哑着说："她和我男朋友昨天晚上被我撞到了……"

"什么？"赵展一下子没听懂。

"我天天加班，昨天不舒服就提早回去了……我不是故意的……"她再也忍不住了，拼命压着声音，嘤嘤地哭了出来。

这个时候，李洛薇居然说出"我不是故意的"这样的话，简直让赵展觉得匪夷所思。赵展将纸巾递给她，不知该说些什么。

李洛薇再次平静了心情，扬了扬头说："不好意思。"

赵展心中五味杂陈：那是昨天晚上发生的事情。可是今天看着她跟着马律师开了一天各种会议：项目预审会，接待新西兰的客户，招标文件澄清……她忙进忙出，有条不紊，笑语盈盈。没有任何人看出来她的心里压着这么大的事情。

赵展突然想起来："难怪你早上带着那么大的行李箱来上班，我还想，这是要去哪里出长差，需要这么大的的行李箱。你在搬家？"

李洛薇点点头，又摇摇头："我不是搬家，只是把行李从住的地方搬走了。我没有家。"一边说一边眼泪又滚滚落下。

这话让赵展一阵心酸。

李洛薇说："真不好意思，我没事了。你去忙吧，我过一会儿就好了。"

赵展没有走，叹了口气："唉！"又说，"不过，我又觉得你这事情未必是坏事。他这种人，早认清比晚认清好。及时止损，从头再来。今天已经差到底，明天就该触底反弹了。"

"他其实对我很好，从来没有花过我的钱。"

赵展笑了："Ivy，你是个女孩，怎么会认为男孩子不花你的钱就是好？在上海，把男孩子的人和钱都管得滴水不漏，是做女孩子的基本功。"

"一个人有一个命，我天生不是那样的命。以前都是人家给我花钱，现在是我报恩的时候，只要对我好的人，我心甘情愿为他花钱。如果能用钱换来爱，多么幸运！

赵展觉得有很多道理可以讲，但是又不知从何讲起。他想了想说："大部分男人都不像你的前男友。"

李洛薇的眼泪又掉下来，欲言又止，只是摇了摇头。

"你把行李搬出来了，已经找好住的地方了？"

"还没有，今天一直没时间找中介。今晚先找个小宾馆住一下吧，明天我找中介租房子。"

赵展想了想："所里有个人自己租的两间房，房子是现成的，马上就能住，又不用出中介费，我看你可以想想要不要和她合租。"

"谁？"

"钱婷婷。"

第十七章
青年律师的打怪晋级

我心甘情愿接受人生的不平等，
但我决不会放弃努力。

"美女，本宫看你印堂发亮，近日仿佛有喜噢！"钱婷婷对新室友调侃。

"贵宫，我一不是圣母玛利亚，二忙得连借种的时间都没有，请教喜从何来？"

李洛薇的"贵宫"引起两个没正形的女孩唧唧呱呱笑个不停，钱婷婷喘着气说："死鬼，今年晋升中级律师只有两个人在高伙会议上通过了综合评议和投票表决，一个是你，一个是汪昭。"

年轻律师们都将每年的晋升考核视为职业生涯的头等大事。律师事务所里等级分明：见习、实习、助理、初级律师、中级律师、资深律师、一级合伙人、二级合伙人、高级合伙人……从见习律师到初级律师，一般是一两年晋升一次；从初级律师晋升到资深律师，每一级都需要至少满三年才有机会。但也有晋升迅速的奇才，比如宋健。他的卓越表现使得从初级律师晋升到中级律师只用了两年时间，后来居上。

晋升为中级律师，意味着他们可以在项目小组中成为理所当然的组织者，可以独立办理大部分案件，可以指导初级以下的律师，可以成为律所讲师，等等。

行政办公室很快安排他俩搬到了视野更好、办公空间更宽敞的座位。座位，是律师在事务所地位的直观表现。

高级合伙人拥有自己的独立办公室，可以在自己的办公室中接待客户。高级合伙人中，按照为律所创收的高低，独立办公室也有区别，位置、景观最好的办公室往往是留给最能干的高级合伙人。高级律师的座位比中级律师还要宽敞一些，隔离挡板也更高，办公桌前可以放两把椅子，方便团队人员开小会，算是小小的独立空间。

潘越一向把从初级律师晋升为中级律师的事情，当成一件均昊所的大事来做，要求全体人员参加，要有程序、有形式、有内容，用现在年轻人的话来讲"要有仪式感"。在律所初步发展阶段，仪式感能够增强全律所人员的荣誉感、自豪感，能够提升士气、增强律所凝聚力。

名单正式公布后，钱婷婷很开心地问行政办："饭店定哪里了？都有谁发言？有没有抽奖？"

行政办临时负责人周文静不在，刚来的小综合眼神闪烁地说："啊……行政办公室要凑大部分人在家的时间，凑来凑去，好像也要两个星期以后的周末才能凑个七七八八，大家都这么忙，就不搞特别仪式了，两个高伙讲话，大家吃个饭、聚个餐呗。"

钱婷婷立刻感觉到气氛不对。律师晋升对于律所和律师来说是众所周知的大事，行政办这么冷淡是为什么呢？因为汪昭？那是不可能的！汪昭买个包子都能和老板打得火热，更别说跟行政办的美女们了。那就是因为李洛薇？李洛薇情商非常高，怎么会引起行政办的众怒呢？

钱婷婷带着疑惑稍微一留心，就发现了缘故：李洛薇和赵展的关系太好了。

赵展是均昊所不骑白马的白马王子。赵展惊艳众人的故事很多，比如他是唯一一个入职时带着女朋友报到的人。他女朋友精心装扮，身姿袅袅，走日韩甜美路线，踩着白色高筒鹿皮小皮靴，非常时尚。行政部美女眼睛一瞄就知道这是宣告主权来的，心里不约而同地不屑地"哼"了一声。哼也没用！赵展的女朋友虽然貌不惊人，但人家是温州人，是开着玛莎拉蒂做 SPA 的土豪二代。在大学里为了追求赵展，可是调换专业和他调到一个班级，终于把赵展追到手。她警钟长鸣，专心致志将各种威胁她正牌女友地位的可能性扼杀。

但行政部里的女孩子，她们的核心竞争力就是明眸皓齿、伶牙俐齿。赵展这种明明可以靠颜吃饭，偏偏才气十足；明明可以蛮横冷傲，偏偏谦和有礼；明明应该早生贵子，偏偏还是单身未婚的男人，就在触手可及的地方，简直让她们痴狂了好吗！所以，赵展是均昊所众多美女你抢我夺的一块肥肉。

赵展的彬彬有礼之下，是不露声色的距离感。他和美女们之间，划着非常明确的楚河汉界。美女们为了他的一个问候、一个笑话、一杯咖啡暗自相互之间有着激烈较量。就在她们各施绝技却久攻不下的时候，突然发现：加班时间里，赵展经常主动站在黑瘦的李洛薇桌边和她说笑。这简直让她们炸了！

有人的地方就有江湖，李洛薇成了均昊所行政办众矢之的！她的电话经常故障，她的报销发票总是被反复退件，她的电脑经常死机……总之，行政部美女们一副咬牙切齿地"抢我们上海男孩子，给你点厉害尝尝"的模样。

她们不知道的是，李洛薇根本不想浪费时间在这样的事情上。电话坏了她就经常借别人的电话用，借来借去以前相互不熟悉的律师都成了好朋友；发票退件太多，她干脆开始自学财务知识，在和行政财务沟通中有理有据；电脑坏了干脆就手写，她的书法算不上好，但写得足够认真。可是李洛薇的手写文件很快引起了大魔王马鸿钧的注意，马鸿钧的撕文件和咆哮声让行政部小姑娘突然惊醒：她们没有得到李洛薇被骂的快感，反而吓得大气都不敢喘。李洛薇捡起一地碎纸，说，我加班重新做一遍，保证今天完成。

她是用钱婷婷的电脑做的。钱婷婷边看文件边等着她一起回家。

钱婷婷一直租着的那个老式公房见证了她人生的各个关键点。开始是为了考律考逼着秦大江合租的。一南一北两个房间，先是钱婷婷主动住着朝北的小房间，朝南的大房间让给秦大江住，两人平摊房租。后来姜半夏从北京来，北屋放不下两张床，俩人又强迫秦大江去住北屋，两人换到了南房间；再后来姜半夏走了，她和秦大江住在了一起，北屋空着。秦大江走了之后，钱婷婷一个人住，北房间一直空着。李洛薇为了尊严搬出和男朋友同住的房子无处可去来找她，她义气之下是想让李洛薇过渡一下，毕竟一个人住习惯了。但住了几天两个人相处得很好，就长期合租起来。李洛薇看她学英语这么积极，就建议两个人见面只用英语交流，谁说一句中文谁叫外卖。就是因为和李洛薇合租，钱婷婷的英语突飞猛进，有了质的飞跃。

好多年以后钱婷婷回忆往事，总是忍不住感慨：当一个人拼命努力的时候，命运是会出手相助的！她自己的人生有三次飞跃：第一次是因为倒追潘越鬼使神差进了律所，她的生命轨迹发改变，这是最重要的一次改变；第二次是硬粘着秦大江合租，没有秦大江的引导她不可能一次性通过律师资格考试；第三次就是和李洛薇合租，目前整个上海分所英文唯一被马鸿钧认可的，暂时只有李洛薇。

钱婷婷和李洛薇两个人现在的位置很奇妙。李洛薇是均昊所上海分所招的第一批应届生，是被钱婷婷招进来，钱婷婷是她的绝对前辈；但钱婷婷目前地位是初级律师，在马鸿钧项目里做着最基础的工作，整天被马鸿钧骂得狗血淋头，是挨骂最多的人；而马鸿钧项目的负责人是李洛薇，也就是说钱婷婷是归李洛薇管。

钱婷婷在均昊所里的地位很奇妙。怎么说呢？除了高级合伙人之外，人人都尊称潘越"主任"，只有钱婷婷喊"老潘"。潘越是律所主任，但更多的时候，大家犯了什么错误宁肯让潘越知道，也要千方百计瞒着钱婷婷。在律所管理中，潘越确定的事情，钱婷婷能改；钱婷婷确定的事情，潘越不能改。当然随着邓辉、马鸿钧、梁燕妮这些大腕加盟，钱婷婷已经有所收敛，但大家宁可认为那是因为钱婷婷转为专职律师不再担任行政经理，所以没那么多事情要她决定了。还有一些可意会不可言传的是：钱婷婷是行政部的缔造者、创始人、开山鼻祖，钱婷婷不在行政部，行政部依然有着她的传说。

李洛薇不说为什么自己的电脑不能用，钱婷婷也不问。但是很快行政部把李洛薇的破电脑主动报废了，并为她单独采购了一台屏幕最大、配置最先进的电脑；她的电话修好了，发票报销也快了，甚至连晋升仪式上的发言时间都帮她安排好了。

这次中级律师晋升酒会搞得格外隆重，在五星级宾馆的32楼包下一个小厅。均昊所上海分所的全体人员，加上特别邀请的司法局的人员、上海律协的人员、其他分所在上海的律师等，来了将近50个人。

潘越远远地看着汪昭和李洛薇，他们是均昊所上海分所第一批招进来的应届生，是均昊所最困窘的阶段加入的，是均昊上海分所自己培养的第一批人才。他记得他招了三个人，但最看好的罗骁毕业后选择做法官。留下的两个人，汪昭选择了潘越做导师，专业方向是国内大型公司的法律服务，尤其是公司治理结构和国有企业改制、并购、重组、上市；李洛薇选择了马鸿钧作为导师，专业方向是国际贸易和跨国法律服务，尤其是交易结构的设计和法律文本的安排。他眼看着这两个孩子，想起第一次见到他们时土气十足、虚张声势地装成熟，到今天成熟稳重、落落大方，不输给任何影视剧中的律师形象，心里满满都是成就感。

主持人微笑地邀请李洛薇发表感言，所有的目光一起聚焦在她身上。李洛薇优雅地一手拿着话筒，一手端着半杯红酒。她保持着微笑，却忍不住红了眼圈。

在她看来，这一切恍如梦中。窗外城市的夜色灯火灿烂，房间里水晶吊灯把一切照得金碧辉煌，华丽的房间、雪白的桌布、雕花的木椅、闪亮的餐具、精美的菜肴、成排的水晶高脚杯、西装革履的帅哥、掎裳联袂的美女……这些仿佛影视剧里才有的画面，她居然置身其中。不，这是她做梦都不敢梦到的！她从对面镜面的柱子里看到了自己：垂顺的短发、海蓝色西装套裙，她没想到自己会这么好看，她的脚透过尖细的舒适的高跟鞋感受着踩在纯羊毛地毯上的温暖，突然想起小时候赤脚踩在泥地里。人生多么奇妙啊！

从赤着脚在泥地里走路开始，她一直不停地走啊、走啊、走啊……她不敢疲惫，更不敢停下来，无数次在跌得鼻青脸肿时、在双脚被扎得鲜血淋淋时、在绝望看不到路的劲头时，她都在心里告诉自己：总有一天我会摆脱附骨之疽般的贫穷、摆脱根植于内心的恐惧、摆脱如影相随的自卑。那个时候，我一定痛痛快快地大哭一场，痛痛快快地倾诉一次。然而今天，看着眼前的这一切，她却发现千言万语竟无法开口……

大家微笑着静静地看着她，等着她。她几度欲开口说话，都为了忍住汹涌的眼泪欲言又止，她尴尬地微笑着，有些不好意思，大家不约而同为她鼓掌加油。潘越笑说："总有一天，我们都会感谢今天拼命努力的自己。"

李洛薇平复了一下心情，说："谢谢潘律师，谢谢马律师，谢谢各位伙伴们，同时，是的，我也要谢谢拼命努力的自己。投胎是个技术活，曾经我无数次地抱怨没掌握好那门技术，但今天的我豁然开朗。从今天开始，我心甘情愿接受人生的不平等，但我决不会放弃努力！我相信，用汗水和泪水浇灌的花开得更美丽更长久，我要坚持无论经历过什么，都要朝着美好前进！再次感谢潘律师给了我改变命运的机会，希望我能够一直和伙伴们一起努力，让均昊所上海分所越来越好！"

李洛薇说完举起了酒杯："希望我们的明天更美好！"

大家相互碰杯，一饮而尽。潘越敲了敲酒杯，等大家安静下来说："记得咱们上海分所第一次开全体会议，一共四个人，龚骏龚律师只能在北京执业，秦大江和小钱还没考证，只有我一个人在上海有执业证。那时龚骏说，只要我们齐心协力，就一定能把上海分所这只船划到成功的彼岸。从开船出发到今年，算是第五年了，咱们从一两百多平方米的太原别墅，搬到现在一千多平方米的五星级写字楼，这是船大了；人数从三四个增加到了快一百个，这是划船的人多了；去年年底还拿下了上海律所人均创利最多大奖，这是齐心协议划船的速度快了。总而言之，现在上海滩律师业的竞争情况就是黄浦江上千帆竞发，我们均昊所一路领先！今天汪昭、李洛薇凭借自己的努力和汗水赢得荣光的日子，我们为他俩喝彩，同时我也借李洛薇刚才的那句话，希望我们的明天，更加美好！"

觥筹交错、欢声笑语此起彼伏，这就是影视剧中律师的生活。在这种生活之下，是钱婷婷加班到半夜，凌晨回家时因为大雨打不到车而崩溃的痛哭；是李洛薇无数无数个趴在办公室睡到天亮的孤独；是汪昭拉着行李箱在偏远小镇调查资料的辛苦；是合伙人绞尽脑汁找不到最佳解决方案的绝望；是开庭前突然想到一个漏洞的惊慌；是当事人无端指责的郁闷……

荣光总是一闪而过，时时刻刻都是平凡。各人还得紧盯着自己手上的事情。米芃的案子也有了进展，蔺瀚文需要再次去看守所，本着最有利于案件的原则，这个案件钱婷婷还是要跟到底。米芃案件的两个律师在同一个城市、从事同一个行业，居然快两年没有见过面。钱婷婷已经从事事好奇的实习律师变成从容镇定的执业律师。

钱婷婷再看蔺瀚文，又有了不同心情。他是自己最好的闺蜜的心上人，为了他，心高气傲的姜半夏失魂落魄地重回北京。除了全身上下写满了生人勿近之外，他到底有什么特别之处？看长相，真称不上帅。不戴墨镜，像喜怒不形于色的老刑警；开车戴上墨镜，俨然心狠手辣的黑社会老大。

钱婷婷问："你和太太还是两地分居呢？"

"总分开不是个办法，去年来上海了。"

"唉，真好。真羡慕你说接来就接来了。"

"钱律师也有这个苦恼？"

"我男朋友不肯来。"

"山不过来你过去嘛。"

"我过去了一段时间，完全没有办法适应。整天看不到他的人，又吃不惯那里的东西，生活节奏也完全适应不了，慢得简直是浪费生命。"

"是成都吗？"

钱婷婷学着重庆口音说："重庆嗉，差地不多嘛！"

蔺瀚文并没有笑："人生自有定论。你们都不肯示弱，那就不要强求，顺其自然吧。"他这话说得太透了，钱婷婷没话说了。

两人一路无话。到了看守所，这次会见米芃顺利多了。米芃还是那样，白胖喜庆，初看到钱婷婷死盯着看了十几分钟。钱婷婷已经理解了他的心态，泰然自若地让他饱看了一会儿。

蔺瀚文点了一支烟给他："时间真快。"

"大律师，这合法吗？"米芃抽着烟，笑嘻嘻地问。

蔺瀚文本人并不抽烟，他毫不回避米芃的眼神："目前国情就是这样。"

"你是律师，你说这样的话？"米芃笑着，但是眼神犀利。

"常家敏案你听说过吧？原某市委副职常家敏贪污受贿案件早在六年前就判了。他被判了 20 年，同案的郭磊被判了 11 年。常家敏迄今为止一次减刑也没有被批准，而郭磊经过两次减刑明年已经可以刑满释放了。"

米芃说："常家敏还在四处写信喊冤？"蔺瀚文没说话。米芃专心致志地将烟抽完，恋恋不舍地扔掉烟屁股，说，"我妈好吗？"

"你妈和你嫂子都挺好的。她们的想法你应该都知道，希望你早点回家。"

"我爸的事情怎么样了？"

"首先我不知道。其次我知道也不能告诉你，否则就是串供。"

"我见过他。"米芃抬眼看了一眼蔺瀚文说，"我知道他也在这里。有一次我们在三楼楼顶干活，我看见他在隔壁院子里打太极拳。"

"为了他，为了你自己，你说说注册资金的事情是怎么回事吧。"

"我都说了，我爸爸就没事了吗？"

"你是你，你父亲是你父亲。"

米芃突然一笑，说："我们这里有法律专家、财务专家、经济学家……实力不够的到不了我们这里。实话告诉你，如果我现在出去，不出一年我就能东山再起。什么借钱投资、什么借身份证注册，这种小儿科的事情我再也不会做了。我现在什么都学会了。我看看他们的事情，再看看我的事情，我心里清楚得很。就是想借我来搞我爸爸，是哪些人我都知道。"

蔺瀚文严厉地说："荒唐！米芃，毫不夸张地告诉你，你这样的想法会要了你的命！"

这次会见还是没有什么实质性进展。出来以后，蔺瀚文安慰钱婷婷说："没有进展也是进展。前面已经把程序用尽了，后面的进度应该是快多了。"

"米芃说的是真的吗？"

蔺瀚文手指在方向盘上轻轻敲了敲，说："我只能说，作为律师不应该去想这个问题。"

钱婷婷还没说话，手机响了起来，接通后传来秦大江地道的重庆普通话："幺妹儿，我和老潘等你吃饭嗦！"

蔺瀚文没有表情地地加快了速度，说："这不是山过来了。"

她在写字楼下了车，一路小跑地往办公室赶。一进潘越的办公室，正看见秦大江和潘越面对面坐着抽烟。秦大江傻笑着盯着她，满眼都是爱意。钱婷婷看他穿着名牌西装、皮鞋，俨然一个某宝真人秀，但气色确实和以前不一样，自信从他身上的每个毛孔里朝外发着光。

钱婷婷不由自主地笑着，回头对着行政部喊："周文静，老潘带着人在办公室抽烟，罚200块钱。"

周文静遥遥地笑着"好"了一声。

"我们可是有监督权，年底算账对不上，你自己可得垫上。"

周文静的声音认真起来："潘律师，那我直接从你的费用里扣了，到时候你补签个字就行。"

潘越压灭了烟，埋怨秦大江："都是你勾引我，200块钱没了吧。你给我垫上！"

秦大江看着钱婷婷笑说："看你，傻了吧？我的钱不就是你的钱？扣的钱交给了律所，还不是流回到老潘的口袋里？哈儿！"

潘越笑说："自己做了律所主任，思考问题的角度都不一样了。"

钱婷婷"哼"了一声："他？屁主任！连租办公室都是跟我借的钱。"又对秦大江说："什么时候还我钱？我现在可是你最大的债权人。"秦大江和钱婷婷分分合合，几年下来已经有了老夫老妻的感觉了。

潘越说："怎么？到了借钱付租金的地步了？"

秦大江敛起笑容："师傅，别人面前我都装一装，毕竟是大上海回去的律师，还是均昊所出来的，必须是成功律师的派头。在师傅你面前我就实话实说，开门难做哩！"

"难做？你倒说说看，难做到哪了？"

"第一个找高级合伙人就难。开始我找了两个合伙人，在我们当地都算是有名气的噻。结果他们一个是做婚姻家庭的，每天办公室里不是哭就是闹，要么两家人到事务所里来讨论离不离婚，各自带着花生瓜子茶叶，让小妹添茶一天可以喝掉一桶水。还有一个什么案子都做，不知道怎么把哪个当事人的老婆搞到自己手里了，当事人天天带着一群棒棒儿堵在律所门口要人。因为棒棒儿打架，喝茶的每天来看热闹……"

他一边说，另外两个人一边大笑。正笑得开心，潘越的手机响起来。潘越一看是刘秉璋的电话，他接起来笑说："刘书记，你好啊！"

镜湖在上海设立了办事处和企业联合会，相关的法律事务都交在潘越手里处理。但潘越刻意地和已经成为镜湖一把手的刘秉璋保持着君子之交。律师要有独立的人格，这是潘越对自己的一个底线要求。

刘秉璋的电话里传来梅秀冬甜甜的声音："潘律，老刘到了上海，咱们晚上一起吃饭。"

潘越犹豫了一下，说："好啊。"

挂了电话，他叹了口气说："英雄难过美人关可以理解，可是作为从政的人，老在一个美人那里过关就有问题了。刘秉璋也太放任了一点！"又对秦大江说："你继续。"

秦大江苦恼地说："分摊房租的时候，一个合伙人死活不肯分摊，他说因为他没进过办公室。他不说是因为他拐了人家的老婆不敢进办公室。另一个说他不摊我也不摊。那个说你凭啥子不摊？你的客户在办公室里喝的茶水都成了成本。"

钱婷婷笑啐了他一口："你活该！"

潘越冲钱婷婷摇摇手："你这些麻烦也都在意料之中。二三线的城市经济没有那么发达，刚刚入门的律师接触的都是低端事务比较正常。合伙人这么乱，你怎么办的？"

"我只能退伙了。"秦大江说，"前期的投入什么都不要了，赶紧退伙了。我没有那么多时间耗费在那样的事情上嗉，我是要做事的。我跟着老潘做的案子，都是公司并购、改制、上市这样的非诉案子。在我们那里，这样的案子根本不会交给我这样籍籍无名的律师做，拿都拿不到。"

"你又组了个所？"

"独立开所这样的事情我是不敢了，看别人做知道难，自己做了才知道是非常不容易！我想来想去，加入一个大所做高级合伙人是最好的办法，最好这个大所没有公司类法律服务团队。在重庆名气响亮的全国性律所是达致所，我想进达致所重庆分所做高级合伙人。"

"达致所？它怎么会让你这样的无名小卒加入做高伙？"

"我当然知道这是异想天开，所以我听说师傅跟达致的高级合伙人关系好，就动了他的脑筋了嗉。"秦大江嘻嘻笑着说。

"柴进？"

秦大江狡黠地笑着："我实在是被逼上梁山了嗉，前面挣的钱全部赔进去了，阿婷的钱也赔进去了。等到好不容易有案子上门来，我连个律所的名字都报不出。那段时间急得长了一嘴疱，头发都白了！想来想去只能兵行险招，打着师傅的旗号给他打电话，想和他见面再说。"

他看潘越并没有责怪他的意思，这才继续往下说："他问我是谁。我就说我是均昊所潘越的大徒弟，有个法律问题想见面请教他。他毫不客气地说，有问题电话里面问吧，一样的。我没有办法只能实话实说：我现在遇到了发展瓶颈，需要借一块金字招牌开展业务。其实我没抱什么希望。柴进给人的感觉傲气十足，说话惜字如金，又是有名的精细谨慎，帮我又没什么好处？他拒绝是理所当然的。没想到，他听我说得那么直白，在电话里只问了我两个问题：你多大了？目前中国律师界你最欣赏的律师是谁？"

潘越笑："就提了这两个问题？"

"嗯。第一个我说30岁，第二个他还强调了一下，你也可以说我。我想了想，实话实说是马鸿钧。我一说完他就说，我正好在重庆，你过来我见见你。我过去跟他聊了两个小时。后来他做了我的推荐人。他这样级别的高级合伙人做推荐人，我的事情立刻峰回路转、豁然开朗，一下子全部都翻了过来。有了达致所合伙人这块金字招牌，我接案的质量立刻就不一样了。现在说我在重庆律师圈小有名气也不为过。"

潘越笑说："拉大旗作虎皮，出门不顺就报我的名字，看来在江湖上你师父我的名字还行嘛！"

秦大江马上送了一顶高帽："反正柴进说了，要不是老潘的徒弟，他没空见。"

"能让他见你，算是我的名字管点用。能让他跟你聊两个小时，说明你确实有两把刷子。他可是在刑辨律师里唯一按小时收费的。"

"那不能给师傅丢人嗦。"秦大江咧着嘴笑说，"他见面跟我说，问我的年纪，是看看我的经验到没到。问目标律师，是看我的风格是哪种。别的不用问，能开口要做高级合伙人的，学历、知识、能力都会有个自我估量。他太聪明了。不过他后一个问题的套路，我猜了个差不多。所以才说最欣赏的律师是马鸿钧，因为马律师谨慎勤奋，能给他留个好印象。其实我最欣赏的律师是师傅您嗦！"

潘越哈哈大笑，"你少来这套。你以为我会在乎你这点虚名吗？律师界有个说法：潘越是不可复制的！"

秦大江嘿嘿一笑："柴进喜欢喝茅台，我这次从茅台酒厂买了两箱绝对保真的，师傅你俩一人一箱。"

潘越笑说："柴进有糖尿病，医生禁止他喝酒。他太太严防死守，他可是有名的妻管严，你不要弄巧成拙。"

秦大江笑嘻嘻地说："那我把酒放他办公室里。不去他家里了。"

钱婷婷说："你别鬼，要小聪明只能过个门槛儿。长长远远的，没有创收还是要被淘汰。想想均昊所上海分所刚开张的时候，老潘为了案源的问题差点没疯了。你怎么办？"

秦大江看着潘越说："我想了很多办法，也抄袭了不少师傅的老办法，去论坛、去讲座、去跑会发名片……还有，我觉得师傅说的那个办法很新鲜：和电视台联系合作搞普法教育。这个我已经和电视台教育频道联系上了，打算在电视台开一个栏目，每周说法解析一个案例，这样来打开知名度。"

潘越非常高兴他能践行自己的想法。他分析说："打开知名度靠这个可以，可是这种途径进来的案件质量都不会太高，可能还是诉讼偏多。"

"是啰。这一点我也想到了，所以我想到了另外一个办法：邀请重庆市的大企业家做论坛。已经做了几期，可是在这样的论坛上企业家们往往谈了就走了。我根本没有机会和他们单独交流，很麻烦！我就是因为这个来向师傅请教的：怎么能留住企业家，让他们跟我能够从容地聊天？"

听了这个问题，潘越静静地思考了一会儿，说："这样，你以律所的名义在几所有名的大学里组织读书会，律所出点钱搞点活动。人员、场地大学都有，也许还都能免费，以你现在的财务状况，就是租场地这点钱应该花得起。读书会经常请一些有名的企业家来给大学生分享成功经验，传授人生哲理，你作为组织者进行上下联系。企业家们在律师面前感觉自己是老板，在大学生面前却往往很谦虚平和。你用这个身份去联络、去发挥，其他的空间你自己去想象。你要的无非就是让企业家坐下来听你讲话嘛！"

钱婷婷也忍不住赞叹道："老潘！你太绝了！"

秦大江一拍桌子："我为了找切入点苦思冥想了好几个月！服了！我服了！"

潘越一边站了起来："晚上就不给你俩当电灯泡了。我得去吃顿没办法推辞的饭。"

刘秉璋的派头更加矜持。梅秀冬从上海戏剧学院大专班毕业后眼界果然不一样，自己开了一家广告传媒公司做起了老板。但这次请潘越吃饭的含义，潘越从她绕来绕去的话语里听懂了：说服刘秉璋离婚。

潘越笑眯眯地看着对面优雅地吃着西餐的梅秀冬，感慨时间的奇妙。第一次见到梅秀冬是在镜湖温泉宾馆，他为了帮助刘秉璋撇清舆论，找了一群朋友和梅秀冬亲密合影。那时应该是她最好的年纪，水灵、娇媚、温柔婉转，但骨子里还透着县城小剧团演员的土气；她来上海读书镀金的时候，五官虽然耐看，但是衣着妆容带着城乡接合部的夸张；现在的梅秀冬，按说年纪逼近三十，一个女人最好的年华已经过去，但不管怎样看都是个十足地道的上海洋气美女。可是她眼睛里那种小女儿神态已经无存，更多的是攫取和世故。这样的美女在潘越眼里已经没有任何魅力可言。

刘秉璋在大是大非上运筹帷幄，对于女人的缜密心思却束手无策，只能继续奉行"拖"字诀："过完今年再说吧，马上年底了，事情千头万绪，也不在这一时。"

梅秀冬放下刀叉，低头不语。潘越还没反应过来，就看她眼泪吧嗒吧嗒大颗大颗地掉下来。

刘秉璋放下餐具，无奈地说："小梅！"

他好歹也是一方土地，又不能过分表现什么，只能皱着眉头叹气。

梅秀冬默默地掉了一会儿眼泪，这才拿起餐布拭去泪水，勉强笑说："潘律师，不好意思，我失态了……只是别人不知道，唯有你知道，这么多年了，我何曾要求过什么……"说完，又哽咽起来。

潘越把餐巾纸递给她，思忖着怎么开口。他永远也不会告诉刘秉璋，在国泰剧院门口亲眼看到过梅秀冬挽着另一个男人的胳膊亲昵地进了电影院。女人可怕起来真是太可怕，男人天真起来也是太天真。这样七窍玲珑的女人一个人在大上海花花世界，怎么可能无欲无求的只为爱情呢！

"梅总今年生意还可以吗？上次我介绍过去那个公司最后签了吗？"

"还是潘律师心里有我！"梅秀冬嗔怒着瞥了刘秉璋一眼，笑着对潘越说，"我还没谢你呢。那个公司跟我们签了一年，50%的首付已经到账了。"一面举起面前的红酒杯说："这杯酒我敬你。"

潘越端起酒杯碰了碰刘秉璋的酒杯说："咱们一起庆祝梅总生意兴隆。"

刘秉璋举杯："老潘，别不多言。"一面将红酒一饮而尽。

梅秀冬喝了酒说："潘律师，他周围围着的人虽多，但是我知道他心里最信任你。你说不行的事情，他怎么都不肯做。你说行的事情，他十有八九肯做的。"

对于梅秀冬的一再暗示，潘越只能装糊涂。梅秀冬不是适合做老婆的人，更不适合做官太太。按照潘越的想法，像刘秉璋这样每日如履薄冰的政府官员，和她这样的女人能离多远就要离多远。

米英捷的夫人是地道的农村女人，米英捷做了市长都没有离婚，何况刘秉璋的夫人？抛开刘夫人现在是教委副主任不说，她出身教师世家。祖父是民国时期的老教育家，父亲是镜湖最好的中学的校长，家族人员在各中学、大学做校长教授的总有十几二十个，说桃李满天下一点都不夸张。换句话说，他们的学生遍布整个浙江省乃至国家各部委。从政的人该知道这是什么样的资源？这样的资源是梅秀冬几颗美丽虚幻的眼泪能替代的吗？

让潘越无法开口的根本原因在于：他不知道刘秉璋自己心里是怎么想的，男人们过美人关的时候，难保糊涂油脂蒙了心。他只能呵呵一笑："你说这个我倒是想起来了，你这里的合同和其他法律风险我帮你找了个律师。女孩非常靠谱，回头我让她和你联系。"

梅秀冬开公司差点没把潘越的手机打爆，芝麻绿豆大的事情都要打电话来问。潘越跟她说深奥了吧，她听不懂。说浅了吧，她只听字面意思。然后不管三七二十一发了一堆合同来给他，让他"花几分钟顺便看看"。

潘越手里几百万的大项目还忙不过来，被她搞得没脾气。只得另外找了一家小律所的律师来帮她，并且跟那律师说清楚了：梅秀冬肯付钱更好，不肯付钱他就另外介绍一个公司的年度法律事务给律师，覆盖她的律师服务费。这也是没办法的办法。不知道为什么那么多人认为律师不如搬砖的，因为搬的砖看得见摸得着，按数量付钱理所应当；律师看合同不就花几分钟时间，至于收钱吗？

潘越几次三番避重就轻，梅秀冬不高兴了。她半撒娇半生气地说："潘律师，我不管，你要帮我！"

潘越看了看刘秉璋。刘秉璋正专心地切着牛排，好像眼前的事情与他无关。潘越感觉莫名其妙一脚踩进了破事里，心里有些恼火。他想，得给梅秀冬点警告，但又不能引起刘秉璋的注意，就叹了口气说："曾经沧海难为水，难就难在，一眼望不破沧海啊！"

梅秀冬没有听懂这句话，但她心里有鬼，赶紧试探地看了看潘越。潘越似笑非笑的表情仿佛什么都知道。她心下琢磨了片刻，主动打住了这个话。

晚上刘秉璋单独和潘越喝茶，倒是很直言不讳："老潘啊，你看怎么办？"

潘越想："老兄啊，我倒是想问你呢！"但话要出口改成了："这样下去不是办法。"

"那怎么办呢？"刘秉璋打着官腔摘下了眼镜，揉着鼻梁中间说。

潘越腹诽："怎么办怎么办，你裤腰带系紧点哪有这么多怎么办？把一个女孩子从二十出头拖到快三十岁，拖了人家这么多年，这事情做得就不男人，你还想要怎么办！"当然他没说出这句话，又不知道说什么，只能说："这样下去要出问题的。"

刘秉璋嗤之以鼻："出问题？出什么问题？孙悟空还能翻出五指山？"

这句话很有政客的冷酷了。

潘越默默地喝着茶。

"她的心情我能理解。可是我现在的情况还不能轻举妄动，我想再等一等。"

"再等一等你会下决心吗？"

刘秉璋不说话了，喝了口茶才说："我知道你觉得这样对小梅不公平。跟你不妨说，这些年补偿她的也够了。"

"当断不断，必受其乱啊。"

"是。"刘秉璋手指轻轻抚摸着茶盅的边缘，良久才说，"养个小狗小猫养了六七年都舍不得扔，何况是她呢！"

"去你大爷的！"潘越没忍住，在心里骂了一句粗话。

和刘秉璋分手前，潘越没忍住律师防控风险的职业病，还是嘱咐了一句："千万不要有孩子。"

第十八章
创始合伙人之间谈崩了

历史规律就是这样：

当生存都是问题的时候，生存就是主要矛盾。

一旦生存问题解决掉了，

上层建筑的问题就暴露出来了。

　　邢然要离开均昊所！

　　这是均昊所自建所以来的最大危机！邢然是均昊所的创始合伙人，是律所的顶梁柱之一，是带领均昊所成为全国排名前三的一流律所的大功臣。

　　均昊所开创了很多新中国律师事务所的先河：第一家在纽约开分所、第一家在异地开分所、第一家进入国际著名律所名单、第一家在大学法学院设立律所奖学金、第一家有高级合伙人参与国家法律制定……它是将被写入国家司法发展历史的律所！而此时，创始合伙人邢然却要离开，这不是让均昊所成了律师界的笑话嘛！

　　潘越被紧急叫到北京来处理这个棘手的问题。潘越和龚骏找了家茶馆对坐，潘越说："怎么就到了这个程度？"

　　龚骏摇摇头："历史规律就是这样：当生存都是问题的时候，生存就是主要矛盾，其他一切矛盾都被自然而然地掩盖住了。一旦生存问题解决掉了，经济基础打牢了，上层建筑的问题就暴露出来了。"

　　"大维在上次选举后不是已经不是管理合伙人了吗？我看他到了律协任职，

这就是妥协嘛！"

"上次是上次，这不是到了又一次了吗！"

"他俩是同班同学，是睡在上铺的兄弟，至于这么不可调和吗？"

龚骏嗤了他一句："你老潘也有天真的时候！两口子过日子还有过不下去的呢！"

"好吧。那分歧的焦点到底是什么？"

"你以为是在开庭，法官还会归纳争议的焦点？"

"你怎么像是吃了枪药，一句一句都打着火星！"

龚骏无精打采地说："所谓'感同身受'是根本不存在的！你们这些外放诸侯体会不到我们这几天的焦虑和难受。现在怎么办？Joy 留下退伙申请去英国潇洒去了，咱们呢？和稀泥？分裂割据？"

"分裂割据就分裂割据，都是人中龙凤，谁离开谁也都能再独树一帜！"

"老潘，这是你的真心话？"

"……"

两个人静默下来，一杯一杯喝着茶，都不再说话。潘越脑海中回想起刚刚创业时在一起的日子：他和邢然在海南喝酒唱歌无忧无虑地吹大牛；均昊所在北京成立后邢然一再邀请他加入；王先生、吴大维、蒋力宇几个人相互嘲笑；一群人开着'一起气死'去王先生家蹭饺子……他们在最好的年纪遇到了最珍贵的友谊，他们志同道合、意气风发、相互信赖、荣辱与共。

"不可能分裂割据！"潘越断然说。

"你能这样说我还算有点底了。"龚骏说，"我现在就怕站队。David 想延续松散形式的管理，还像创所之初那样尽量公平民主。这恰恰是 Joy 最头疼的，绝对的民主就意味着效率奇低！上次因为绝对的民主导致无法召开全球合伙人会议，所里的管理转型一直定不下来，我们的头号对手—招领先立刻在排名上超越了我们。"

潘越一针见血地指出："你前面的话和你的结论是矛盾的。"

龚骏还欲解释，潘越摇摇手说："你不用试探我，我的观点是明确的：我们合伙人之间能信任到相互承担无限连带责任，还有什么不能调和的？从我个人角度出发，我更支持大维的'无为而治'。如果连律师行业都不能体现民主自律，还能指望其他行业有什么突破吗？但前提是大家都接受。如果大家有不同的想法，我尊重大家的想法。不管怎么样我认为得劝邢然回来，不能让邢然这么任性下去。"

"怎么劝？现在谁也联系不上他。"

"王先生能劝。"

"王先生不劝。"

潘越沉吟了一会儿："我去找王先生。"

龚骏这才松了口气："我想来想去，也只有你去合适。"

"哦！你早就在这里等着我呢！"潘越口里抱怨着，心里苦苦思索着怎么解开这一团乱麻。

两人间的空气静悄悄的。忽然龚骏想起一件事来，说："你还记得 Linda 吗？"

"说人话！"潘越最讨厌人家时不时冒一句英语。

"姜半夏，在你们上海分所待过大半年。"

"傲气地跟丹顶鹤一样，'有毒姜'嘛，怎么不记得。"潘越淡淡地说。心里还奇怪，这个时候怎么还有心思去讨论她？

"她出家了。"

"出嫁了？"

"出家了。"

"出哪个家？"

龚骏拍了拍桌子："出家，出家，遁入空门！做尼姑去了！"

"噗！"潘越一口茶喷了出来。

龚骏崩溃地擦着自己面前的茶渍："什么情况啊你？"

"这怎么可能？我好像两三个月前还在所里见过她，倒是越来越不爱说话了。确定不是居士？"

"什么居士，就是告别庸俗、入山修行去了。我倒是觉得，这丫头一直自视甚高，终于高处不胜红尘，最后出离尘嚣远离世外，也不奇怪……你这是什么反应？"

潘越黯然神伤地摇摇头。他想起了那个月亮很好的晚上，半夜三更，他和姜半夏在上海华山路的马路牙子上，姜半夏将高跟鞋放在一边，穿着丝袜长长地伸着腿坐在他身边，一边喝着啤酒一边大大方方地说："我爱上了蔺瀚文。"

潘越问："这两年她有男朋友吗？"

"没听说。谁敢追她？难道你这个花花公子连她也拿下了？"龚骏诡异地一笑。

潘越一点也不觉得这个玩笑好笑："她是一只真正爱惜自己羽毛的仙鹤。龚骏，我们都年轻过，我们都爱过。说得酸一点，我们都不如她爱得简单纯粹、彻底决绝。换句话说，我们都是向生活妥协的人，她没有。她宁折不弯。"

龚骏收敛了笑容："她？为了男人？"

"她是为了爱情。我认为。"

龚骏沉默了一会儿，说："我嫉妒这个男人。我向姜半夏脱帽致敬。"

王先生家里，潘越吃完了一顿心满意足的饺子，和王先生在阳台上抽烟。潘越笑说："'均昊律师事务所'这个名字怎么样？"

王先生不动声色："很好啊。"

"我也觉得好。"潘越抽了口烟，"可是我找人算了一下，这个名字千好万好，就是五行缺然。"

王先生略一犹疑就琢磨过味儿来，不禁笑了，用夹着烟的手指点着他说："鬼头！鬼头！"

气氛立刻柔和起来。潘越笑说："老辈人都说缺什么补什么。您得帮着补补。"

"怎么补？张家小子说缺盐，李家丫头说缺甜——没法儿一起过！"

"依我说，能不能一起过主要是看能不能吃饱饭。"

"依你说？能吃饱就拉倒？"王先生看着远方。

"依我说，都能吃饱。补盐还是补甜不是吃饭的说了算，得是做饭的说了算。"

王先生反应敏捷："谁做饭？"

"您老啊！"

"你别给我戴高帽。穿着围裙可不代表我就是大厨，我就是个站台的。"

"戴高帽、穿围裙您就是大厨！您不当大厨谁还敢拎这个大勺？难道还真不过了？"

王先生转头似笑非笑地看着他："你觉得缺什么？你觉得应该补盐还是应该补甜？"

潘越毫不含糊地说："我觉得缺您要补的那一样。"

王先生目光如电："你确定？"

"确定！"

王先生的目光在他脸上停留了几秒，扔掉了烟头微微一笑说："小潘，你有小聪明，但在大是大非面前也是有智慧的。"

潘越并没有计较王先生这句倚老卖老的话，心里长长地松了一口气。

潘越和吴大维在全聚德吃烤鸭。他们三个人里面，邢然喜欢吃牛排，潘越喜欢吃羊肉，吴大维喜欢吃烤鸭。后来潘越戒了羊肉，邢然皮肤过敏大夫不让吃牛肉，三个人一起喝酒就总是以吃烤鸭为主。吴大维熟练地用两张面皮将大葱丝、萝卜丝、鸭肉、鸭皮一层层码好，抹上酱，利索地卷成一卷，津津有味地吃着；潘越的手艺相比就差远了，只能稀里糊涂左右一裹，沾了两手酱，他赶紧将裹好的一团一口塞进嘴里，一边擦着手。

吴大维边吃边嗤笑他："上海人，哼！"

"上海人怎么了？上海人吃生煎包就比北京人会吃。"

"上海人胆子小！"

"我不跟你扯。你说我软弱也好，绥靖也好，胆子小也好，我还是必须要说一句不可替代的废话：'大局为重'！"

吴大维不置可否，将一杯白酒一仰头干了，又卷了一个烤鸭。

潘越也喝干了，说："要么你到上海来。"

"不去！"吴大维嚼着鸭肉说，"上海的全聚德不地道。"

"你想怎么样？"

"谁让你问的？"

"我自己。"潘越想了想，又加了一句，"还有王先生。"

吴大维停顿了一下，自嘲地一笑："呵呵……连你也背后搞小动作，好！"

潘越不以为然地拿起酒瓶倒酒，正欲问'好'是什么意思。一抬头，只觉得一阵眩晕：不远处，林洋正施施然走过来。

吴大维背对着过道，潘越坐在他的对面，正看见林洋。她一边走着，一边轻声地讲着电话。她穿着浅灰色的羊绒裙，手臂上搭着大衣和手包，优雅从容，似在找人，眼睛微微含笑地掠过众人的头顶。她身上像是有个聚光灯，一下子就吸引了整个店里的目光。岁月没有带走她的美，反而给她增加了美的韵味。

片刻后，她的眼睛定在左侧后方，轻轻招了招手便走了过去。

吴大维看出了潘越的异样，顺着他的眼睛回头一看，情不自禁地"唔……"

"嘘！"潘越迅速制止了他，赶紧拉着他刻意低下头。

她没有看到他俩，从他们身边走了过去。

吴大维停止了夸张的咀嚼，放下手里的半个面饼卷，拿起餐布擦了擦手，说："老潘……老潘！原来，你没有放下。"

潘越举杯说："你不是想喝酒吗？来！"

两人碰杯后都一饮而尽。吴大维说："别笑了。你那笑比哭还难看。"

潘越没有说话。眼睛找着林洋的背影。她和一个身材挺拔高大的男人会合了，肩并肩离开了饭店。快到门口时那男人快走了半步拉开门让她先走。潘越心情复杂地想：还不错。

吴大维给两人倒上酒，说："没想到，没想到！"

潘越也不答言，端起酒杯一口喝干。

潘越再也没有心情说什么了。两人都心事重重，相对无言地吃菜喝酒。最后吴大维放下筷子，深深叹了口气，说："咱俩没劲，邢然不是从英国回来了吗？你打电话让他来喝酒！"

潘越惊异地看着他。

他一耸肩膀："连花花太岁老潘都能念出情深似海的经，可见人人有本难念的经，人人都得念本难念的经。难念怎么着？还真不念了？"

人人有本难念的经，家家有本难念的经。均昊所算是把这本难念的经给念下去了，管理合伙人轮换制度也就算是无声无息地废除了。后来王先生主动辞去了律所主任，邢然自然而然地当选为新的律所主任，逐渐主导了律所发展的大方向。很快均昊所大刀阔斧进行了改制，比如修改了高级合伙人的提名方式和通过方式，比如明确了律师晋级的条件和程序，比如改变了律师助理和秘书混用的现状；律师助理不再只对一个高级合伙人服务，而是面向所有的合伙人；每个合伙人都有了自己独立的秘书；等等。这些制度直到今天依然被均昊所沿用，逐渐形成了均昊所铁律。均昊所铁律在发展初期发挥了巨大的作用，但是随着全国律师业的蓬勃兴起，后面也产生了一些负面影响，这是后话了。

潘越和王先生在阳台进行关乎均昊律师事务所生死存亡的谈话时，汪昭在上海遭遇了人生第一次焦头烂额。正是因为这次焦头烂额，他临时被扶上了快马进入了律师职业发展的快车道。

潘越的大客户综野投资公司突然爆了一颗大雷！公司在建设银行的贷款即将到期，信贷经理向公司财务提示还有三天贷款到期，请准备资金还款。公司财务奇怪地说，我们账上有钱啊。信贷员说你们账上以前是有钱，现在没钱了，就剩了两位数。账户异动，我们正想问问是怎么回事呢。

公司财务汗毛都竖起来了：那可是300多万啊！上下一查很快就查明白了：财务总经理昨天转走了300多万。小财务接信贷经理电话的时候财务总经理还在办公室，这边电话还没挂他就出去了。都以为他只是上个洗手间，谁知左等右等不见他回来，等再打电话，已经关机了。

公司了炸锅，银行也炸锅了！马上到年底，这个时候爆出300万的逾期贷款，银行报表连回旋的余地都没有。不但信贷经理将被就地免职，分行主管业务的副行长、风险部总经理、贷后部总经理……一连串的人全部都要进行问责，并且影响年度考核和来年升迁。

综野公司董事长梁宏磊的手机差点被银行打爆，他自己也快疯了！这个时候他突然想起自己是有年度法律顾问的，赶紧打电话给潘越，请他务必立即过来协助处理问题。

潘越的大后方处在分崩离析的边缘，一身不能两用。他想委托其他有经验的合伙人去处理一下，但因为正式年底，大家都忙得团团转。梁宏磊在电话里就差没哭出来！年底公司的钱本来就是按照十个锅九个盖排好的用途，现在他就是变也变不出这些钱来。但是如果这件事情让他的银行信用出了问题，后面的连锁反应不仅仅是破产，也许马上就是从奔驰车换警车了！

"老潘！潘律师！我给你讲！现在我的办公室里一边坐着公安局领导，一边坐着银行信贷经理！所有人原地待命，潘律师，你现在不来就是要我的命！"

潘越知道情势危急，他立刻打电话给汪昭："马上去综野公司见梁总，协助梁总处理危机。"

"我？我……我还没一个人处理过这样的事……我不行……"

"不行就马上滚蛋！"

"我现在就去综野公司！"

汪昭平日里嬉皮笑脸，但此时内心惊惶万分。他扫了一眼办公室，只有刚刚入职的一年级律师周晴在赶文件。他知道周晴之所以还能留在办公室，就是因为她长得又瘦又小，还是个刚拿证的生手，没有团队收她。

他别无选择："周晴，马上跟我去客户单位！"

周晴应声而起，毫无废话地拎起包，装上笔记本就跟上了他。他在出租车上绷着脸，心里七上八下，出了一脑门虚汗。

汪昭一进到装修豪华的公司大门，立刻感受到了那种剑拔弩张和人心惶惶。几个高管模样的人在进进出出、遮遮掩掩地打电话。前台美女笑容僵硬得像是石膏像："您找哪位？"

"我是均昊律师事务所的汪律师，梁总在吗？"

美女立刻从座位上弹了起来："在在在。"她说，"梁总一直在等您，请跟我来。"

汪昭带着周晴目不斜视地从办公区域穿过，从各个角落里射过来的注目礼让他压力倍增。

美女敲开办公室的门，对着烟雾缭绕的办公室里的人说："梁总，律师来了。"

豪华办公台后面的人一面打电话，一面伸手做了一个请的姿势。他办公桌前面坐着的三个人转身上下打量着他们，坐着没动。

汪昭立刻体会到了他们的轻视。他认真地看了看这三个人，心里记住了他们的样子。这倒不是因为他心眼小，跟他们斤斤计较。而是他知道，此时此刻出现在这间办公室的人都不是闲人，他需要很快将这三个人的长相与身份对应起来。

梁宏磊哈哈大笑地在打电话："你放心，你的投资绝对没有问题。公司总资产八个亿还多，银行的这点钱能算什么事情？我们是现在有钱不敢还，要查清楚这个事情嘛。银行就是这样喜欢小题大做，你知道啦……哈哈哈哈……不会不会……哈哈……"他放下电话的一瞬间脸色就刷了一层墨，"通河公司要赎回投资……老子还不敢挂电话！刘景波我问候你八辈祖宗！"

梁宏磊是浙江人，戴一副金丝边眼镜，原本是一个保养得当、喜欢拿派的中年富贵人形象。现在头发凌乱、喉咙嘶哑、领带半扯着，面前的烟灰缸里满满地插了一层烟屁股。刘景波是财务总经理，也是他的同乡。

他一看到汪昭进门眼神就黯淡了，暗自骂了几遍潘越。心想，律师真够黑心的，每年从我这里拿律师费挺痛快，真正遇到难事的时候，就派这么两个嘴上没毛的人来糊弄我！所以他并没有让下属让座，而是从烟盒里抽出支烟来点上，皱着眉头问："老潘呢！吓死了？"

汪昭就在听到这句轻蔑的话时，那种心慌突然没有了，心真正沉静了下来。他盯着梁宏磊的眼睛，严肃地说："潘律三天前就去北京了。如果可能，会赶今晚的飞机回来。在他回来之前，我代替他处理相关的法律事务。"

旁边的人从鼻孔里轻轻"哼"了一声："现在刘景波跑了，他家属逼着我们要人，银行催着我们还钱，投资人也逼着我们还钱。你能处理？你说怎么办？"

汪昭看着梁宏磊说："事情重大紧急，我建议马上成立一个应急小组，梁总做组长，财务部、人力资源、办公室的负责人做组员，大家分一下工各负其责。"

梁宏磊愣了两秒，马上左右一指："许总负责办公室、卢总负责人事。对了，戴总是投资总监，组员加上他吧？"

征求意见就是尊重。汪昭说："那么戴总负责处理与银行以及与投资人有关的事务。"

椅子上坐着的许总立刻站了起来，"律师怎么称呼？坐下说坐下说。"

汪昭一一分发名片，没客气地坐下来说，"我们兵分四路。除了戴总外，许总负责处理和公安局以及其他声誉、信誉有关的事情；卢总负责处理和家属的事情，并且要安抚员工；财务部临时负责人立刻归集公司所有的资产，包括现金、应收账款和其他所有金额在 50 万以上的投资情况，列表报给梁总。"

大家都没动，看着梁宏磊。梁宏磊说："按照律师的分工各负其责，越快越好。但是一定要注意保密，不要引起恐慌。"又对汪昭说："公安局的人在小会议室，我怕许总搞不定，汪律师去协助一下吧。"

汪昭立刻站起身说："我们现在就去。卢总，周晴律师处理劳动关系和员工纠纷很有经验，她协助你吧。"

周晴答应了一声，跟着面无表情的卢总出去了。

汪昭在许总身后进了小会议室，心情顿时轻松很多：一男一女两个警官里，年轻的女警官居然是他的本科同学许佳妮。两人到底年轻，都没绷住，同时问："你怎么在这里？"

年纪大的男警官严肃地清了清嗓子。

汪昭说："这是我们律所的顾问单位。"

许佳妮绷起面孔指了指身边警官说："这是我们陈队。有人报警说这里有人失踪了，家属来打架。"

汪昭介绍说："这是公司的人事总监，许总。不好意思让陈队久等了。"

陈队说："到底是怎么回事？"

汪昭看了看许总。许总笑笑："汪律师你说吧。"

汪昭心里立刻知道：这许总太狡猾。汪昭从进门到现在总计还不超过20分钟，什么事情都还只是道听途说。这些许总是知道的。这会儿这个许总还推脱事情，不是个厚道人，要防着他！

汪昭想了几秒钟，决定不推脱，"行。不过我也刚过来，说得不准确的地方许总补充吧。"汪昭把自己了解的情况说了说。又问，"许总，是这样吗？"

许总笑说："差不多就是这样。"

陈队严肃地说："挪用资金是经侦的事情。那么失踪、打架是不存在喽？"

汪昭说："早上财务总监还在办公室上班，上午十点多，财务部的人电话还没有接完的时候他离开的，包都没拿，都以为他去洗手间了。他来上班有打卡记录。他们家属为什么那么快就来跟公司要人倒是不知道。应该不会打架吧，又没有什么正面冲突争执的矛盾。事情都还没查清楚呢。"

两个警官就站起来说："明天你们公司派个员工到派出所做个笔录。"

四个人就一起往外走。一行人路过财务室，财务室半开着的门里面有人在暴跳："阿拉儿子在上班辰光跑脱了，侬要刚刚清爽！"

许总紧走两步想关上门，汪昭想到周晴在里面，就抢先一步过去打开了门。正看见一个年纪七十上下的老头儿枯瘦的脸几乎怼在周晴的脸上，暴跳如雷地用上海话大叫："侬啥个意思？侬是刚阿拉儿子是贼啦？"另有一个胖胖的中年女人，气势汹汹地一副随时扑上去的样子。

周晴惊恐地向后躲着，一句话也不敢说。卢总站在人群最后面，一副束手无策的样子。一看到他们进来，卢总赶紧上前一步说："这是财务总监的老丈人和他老婆的姐姐。"

汪昭赶紧走进去："老人家不要激动，慢慢讲。"

周晴带着哭音小声说："我就问了他一句，知不知道他儿子是什么时间离开办公室的。"

老头儿一副我不怕死你敢拿我怎样的架势，一边嘴里不干不净地骂着："伊骂阿拉儿子是贼，伊不撒泡尿照照自己，伊算什么东西！"

这么明目张胆地欺负人，汪昭生气地说："那你也不能骂人啊！再说她也没说什么。"

老头儿一步跳在他面前，一根鹰爪手指一直戳到他的脸上："要侬来出头？侬算是什么东西？侬把阿拉儿子逼死了，阿拉要侬抵命！阿拉要死也要死在侬屋里厢，要侬一家不得好死！"

汪昭被气得全身发抖，可是又怕再说话这老头儿一头撞过来，他又不能还手。只能干生气，瞪着他一句话也说不出来！

陈队走进来，慢条斯理地说："勿要吵。"一边示意后面的人关上门，一边说："侬格儿子早上来上班，现在还勿到下班辰光，侬哪能晓得儿子不见了？"

那老头儿一愣，气焰顿时下去了一大半。本地人对于穿制服的天然有三分胆怯，胖女人在后面说："阿拉打伊电话，伊关机！"

"伊上班辰光莫名其妙电话关机，单位里厢也有急事找伊。电话关机啊都是人丢了？"陈队并没有加强语气，眼神却很凌厉。

趁着两个人住了口，他一副息事宁人的口气说："格账目事体不是还没查清爽吗？为啥道理不接电话？伊不跑也许倒是勿啥事体，一跑格么反倒说不清爽了，麻烦就大了。"

两个人看了看许总。许总说："看我干什么？我们都听陈警官的。"

陈队多老练，他凌厉地看了一眼许总。这才说："他们是公司员工的家属，你是公司负责安全保卫办公室的，他们应该听你的！至于为什么看着你，你和财务部总经理以前认识吧？那你和他们这些家人以前认不认识？你今天是不是代表公司负责处理这个事情？"

许总被他问得心里发虚，心想这个警官太厉害，他再问两句，还不一定问出什么来呢，赶紧让他们走吧。不敢再要小聪明，笑说："公司对这个事情很重视，现在还没有查清楚，两位在这里也起不了作用。要不还是先回去？有进展了公司跟你们联系。"

这两个本来很凶猛的人，倒是很听他的话。又说了几句狠话，也就半推半就回去了。

汪昭莫名其妙地被人指着鼻子骂的狼狈不堪，就好像被人在正心窝硬塞了一块大石头，差点没活活干气死！当着客户的面、当着低年级律师的面，也就算了，还当着女神的面！真是窝囊加愤恨，感觉丢人丢到了家。可是看看周晴眼里噙着眼泪，真怕她当场哭出来。律师被气哭了，那就更不可收拾了。他还得装出一副久经战场的样子，对周晴说："你先回所里吧，这里没事了。"

周晴硬生生把眼泪憋了回去，说："我没事，我就在这里，我能帮你跑跑腿。"

这就不能不让汪昭刮目相看了。

周晴能进均昊所上海分所，是出乎所有人的意料之外的。因为她的形象不符合潘越"俊男靓女"的标准。现在律师圈传说着均昊所招人比银行招人还挑剔，均昊所出来的律师，用刘姥姥的话说"都跟画上的人似的。"而周晴虽然本硕都是复旦大学法学院，但是长得又瘦又小，脚踩着三寸多高的高跟鞋也才刚过汪昭的肩膀，天然的气势不足。但是她愿望特别强烈、面试成绩特别突出，这才对她破格录取了。

她居然有这样的抗压能力，倒是把汪昭的劲儿鼓起来了。汪昭说："那么你去行政那里调阅刘景波今天的打卡记录。看一下有没有监控，有的话想办法马上封存。顺便去物业那里想办法把监控封存。公司的行政应该是归办公室管理……"汪昭私下张望着，想看看办公室的牌子在哪里。

周晴说："我知道了。我自己来想办法，我马上去做。"

汪昭咽下了后面的话。周晴踩着高跟鞋快步如飞地走开去。

此时，不但汪昭想不到，谁也不会想到，十几年之后，小个子的周晴成了均昊所上海分所的新一代律所主任。

汪昭回到梁宏磊的办公室。里面烟雾缭绕，把他熏得睁不开眼。梁总正皱着眉头不耐烦地敲着桌子。戴总歪着脖子夹着手机，两手在笔记本电脑上飞快地记录着："现金就这么多？其他呢？固定资产？还有……"

他看到汪昭进来，用眼神问他："还有？"

"应收账款。"

"应收账款！"

戴总放下电话，叹了口气说："应收账款有 700 万，存款和固定资产可以忽略不计，还有两辆奔驰车。"

汪昭盯着屏幕上的那些数字沉思了一会儿，说："银行贷款是多少？"

"300 万。但我们有交叉贷款，一旦违约爆出来，引起连锁反应，实际发生逾期的金额将远远不止这些。"

"银行的人呢？咱们还是去和他们当面谈谈。"

戴总看了看梁总说："我觉得还是不要见，要见也是我和你去见。梁总就不要去了，有个回旋的余地。"

汪昭果断地说："梁总必须去。这个时候梁总不出现什么都谈不了！"

梁总阴沉着脸说："谈肯定是会谈，银行贷款是容易拿到的？"

正说着，办公室门外传来一阵快速凌乱的脚步声，和着前台着急的声音："麻烦请等一下，梁总马上就来……"

办公室的门猛地被推开来，门口站着三个怒气冲冲的中年男人。他们清一色藏蓝色西服套装，白衬衫打领带："老梁，你太不仗义了，有必要躲躲藏藏的吗？"

"我……"梁宏磊发出痛苦的呻吟。

汪昭回头一看，差点给梁宏磊跪了：他一手捂着胸口，一手握着玻璃药瓶，表情痛苦而又坚强，勉强地微笑说："孙行……你这亲自过来……不……不好意思……我有点不舒服……"

进来的几个人也蒙了，脸上暴怒的表情尴尬地停留了几秒钟缓和下来："怎么了？要不要先去医院？我们开车来的。"

梁宏磊摆摆手，当着几个人的面吞下两粒药丸，用手撑着桌子勉强站起来表示欢迎。他声音虚弱地说："几位领导，我是怕给你们添麻烦，准备等药劲顶上来再见你们。"

银行的孙行长被烟呛得连连咳嗽，推开窗户，站在梁宏磊对面，用手指敲着桌子："老兄，年底的报表数据是被银监会严格监控的，你这是要把我往火坑里推啊！"

汪昭一边暗暗听着他俩谈话，一边在心里飞快地琢磨着：梁总和孙行长的关系不简单，而孙行长这句话说出了这件事情的核心所在：绝对不能在银行报表上出现贷款逾期记录！

"我把汽车先押给你。"梁总说，"两辆奔驰，我下班坐公交车回去。"

孙行长也不含糊，转头对旁边的两个人说："马上去看一下车。"又对梁总说："车钥匙？"

梁总掏出车钥匙扔在桌上对戴总说："在地下车库，你带着去吧。"

他们刚出去，孙行长紧走几步追到门外，跟自己的人低声嘱咐。

汪昭抓住这个机会对梁总悄声说："700万应收账款可以在银行做笔保理业务。公司愿意做吗？"

梁总还没有明白。汪昭言简意赅地说："银行可以做应收账款质押贷款。"

梁总两眼放光："让他们给我们放一笔贷款来还前面的贷款，可以吗？"

汪昭意味深长地看着他："原则上，不可以！"

正说着孙行长关上门走过来。汪昭看着戴总的电脑，对梁宏磊说："这么多应收账款？这些应收账款是真实的吗？有合同吗？有打款凭证吗？"

梁宏磊显示出生意人的精明，非常上路地接话："当然有。债务人全都是国企。六建、中电、中航都有。这个是按照项目进度固定回款的，投资回报稳稳的！"

孙行长在汪昭身后站住了，仔细看着表格："有700万？"

梁宏磊说："不止不止！这只是现在临时归集出来、确定百分之百回款的金额。"

汪昭等着鱼儿自己上钩。

结果梁宏磊自己没忍住，说："我把其中的300万质押给你，你做个应收账款贷款。"

孙行长立刻转身坐下："不可能！以贷还贷这是银监会严查的违规，你以为我们银行的稽核风控是吃素的吗？"

梁宏磊看了一眼汪昭。汪昭看着电脑说："保理业务属于低风险业务。这几笔业务的债务人资质这么好，其他银行应该欢迎，无非是时间上来不及。如果和其他银行协商一下资金进去后存一段时间，相当于给他们一大笔存款，不知道行不行。"汪昭知道，银行业对于存款的渴求是无止境的。

梁宏磊看汪昭唱了红脸，立刻唱起了白脸："我实话说，这笔贷款坏掉了，会有一连串的贷款坏掉，大家一起死吧。反正被银行逼死的人也不是我一个！银行就是这样，专门嫌贫爱富、落井下石。"

孙行长一拍桌子："梁宏磊，你这是威胁我！"

梁宏磊笑了，"孙行，你我是一损俱损、一荣俱荣、荣辱与共的关系，谁能威胁谁？"

孙行长瞪了他一会儿，叹了口气说："这位是谁？"

梁宏磊带着几分骄傲说："我的律师啊。"

孙行长摆了摆手："让律师出去，让戴总过来。"

汪昭松了口气，知道这事成了。他出了门，正看到周晴走进来，问她："怎样了？"

周晴微微一笑，扬了扬手里的一张黑色的软盘："物业的监控录像。我拷贝下来了。"

汪昭惊讶问："这东西能让你拷贝？你怎么做到的？"

周晴只是笑了笑，又敛容小声说："物业的监控我都能要来，可是这个公司内部的打卡记录和监控都不给我看。这不正常。"

汪昭早就觉得不正常了：刘景波的家属怎么知道得那么早？谁报的警？许总为什么对律师有这么明显的敌意？为什么闹腾得那么欢的家属只听他的话？

正在思索着，电话响了，潘越问："汪昭，我在机场了。但是航班延误，我的手机也快没电了。你那里有什么问题？"

汪昭简要讲述了事情和自己的处理方式，自然而然地把被人指着鼻子骂这一节忽略了。

潘越说："以贷还贷的方案是你提出来的吗？"

"我只是告诉他有一种贷款种类叫应收账款质押。"

"以贷还贷是违规的，监管机构严控此类贷款。这就意味着这个方案有可能会有后遗症，当然也有可能侥幸没有。但是作为执业律师你要把握尺度，不能有侥幸心理，违规违法的计划方案不能提出来。还有保理和应收账款质押之间还是有区别的，你这么混用太不专业了，马上去写篇这方面的文章出来！"

汪昭后背出了一层冷汗，知道自己在处理这个事情上心态还是操之过急了。他心虚地说："我知道了。"

梁宏磊是个心思缜密的企业家，在暂时化解贷款危机之后，迅速通过种种手段解决了刘景波挪走的窟窿，综野公司内部勾结和纷争也浮出水面，被他顺带解决掉。前款收回而应收账款质押贷款尚未到期，他用突然多出来的资金在一年之内转了几转，利润可观。

对这笔业务单独支付律师费时，他非常痛快，而且主动多支付一部分指明是给汪昭的。以后每次见到汪昭，他都会对第一次见他时的怠慢道歉："律师能顶千军万马"成了他的口头禅。之后综野公司业务发展，所有的公司治理和股权架构设计全部委托给了均昊所。

汪昭用扎扎实实的专业赢得了客户的尊重。律师除了常规的写合同、打官司业务之外，能够处理紧急事件、即时化解危机也是非常重要的能力。这需要迅速找到工作重点、厘清工作思路、梳理工作条理来控制事件的继续恶化，但这仍然是基本能力。真正让客户完全依赖、心服口服、发自内心敬佩尊重的律师，要能够帮助客户提供有效的危机解决方案。危机解决方案不但包括法律专业知识、基本的商业知识，还要包括财务知识、贸易知识、行业知识，甚至心理学知识等。所以，所有成功的大律师们一直强调的是：优秀的律师不仅仅体现在实际工作能力，更重要的是知识的学习能力。

通过这个事件，汪昭顶上了秦大江离开的空缺，逐渐开始独当一面，对于潘越来说倒是意外之喜。

均昊所上海分所迎来了七周年所庆，全体人马被拉到青岛最好的五星级酒店，吃喝玩乐放空三天。

潘越躺在酒店私人海滩边的阳伞底下，懒洋洋地一边喝着冰啤酒一边发呆，顺带等着刘查理。一想到刘查理主动追到青岛来找他，心里就忍不住哼起了小曲。不容易啊！

居家过日子有个七年之痒的说法，潘越对于律所的七年却有"终于突围了"的感觉。律所突围了，连心高气傲的刘查理也主动倒追了，多么愉快啊！

上海滩律师行业竞争激烈、变幻莫测。同理所创始合伙人内部斗争的事情从去年年底开始已经在上海律师圈里闹得沸沸扬扬。刘查理心气傲，绝无低头的可能性。那么最终只有一条路，那就是通往均昊上海分所的大路了。

不远处，所里的年轻男女们组织的沙滩排球正打得如火如荼，呼喊声、叫好声、加油声响成一片。大高个顾东昇带着一个人穿过人群朝这边走来，那个人正是刘查理。刘查理戴着太阳眼镜，穿着一身白色的休闲短衫短裤，依然潇洒帅气。

潘越躺着没动。这不是他潘越追着他的时候喽。

顾东昇一直走到潘越跟前才喊："潘律师，找你的。"

潘越坐起来，看着刘查理笑。刘查理的黑超遮脸，顺势在潘越旁边的躺椅上坐下来。

顾东昇转身刚走了两步，另一个助理张培强大踏步地走过来，左右两手扔着篮球说："老顾，打球去！"

顾东昇除了个子特别高，还是个有名的毒舌，三句之内必定死人。他边走边说："不去。"

"为啥啊？"

"不会。"

"白长这么高个儿，居然不会打篮球？"

"你这个山东人，会卖烧饼吗？"

潘越和刘查理都哈哈大笑起来。潘越笑说："咱的人，怎么样？"

这种一上来就压他一头的气势，让刘查理的心里稍微不舒服了一下。但是今非昔比，不能再一味逞强了。他也顺势说，"咱的人？这就是说，你七年前说过的话还有效？"

潘越笑说："查理啊查理！你想想，我暗恋你的时间，已经远远超过了暗恋任何一个美女。我终于等到你浪子回头，投怀送抱啦。"

"主任！其实众论所……"

潘越打断他："可以。"

刘查理断电了片刻。他要的可是全中国顶级的律师事务所上海分所主任的位置。而他要的人正是正在这个位置上的人。他本来准备了各种谈判条件，但潘越的反应让他出乎意外。他扬起眉毛，疑惑地看着潘越。

潘越说："你想做主任嘛，我让给你！我喜欢创业，并不喜欢守业。你要是认为我会舍不得，那你还需要时间了解我。但我话说在前面，我同意，并不代表就一定能做到。年底高伙会议上通过了才算数，这点我就不多解释了。"

"你的态度足够了。"刘查理笑笑，又皱着眉头叹气说，"老潘，我记得你说过，一个律所的五年才是合伙人们刚刚度过蜜月期进入磨合期。我们刚好五年，蜜月期刚满就拆伙。我觉得我是个 Loser。"

"胡扯。你 28 岁已经在上海滩律师界成名，从这点来说前无古人。谁的江山不是打出来的？创业就是这样，摸爬滚打一道程序都少不了，如果你连这点失败都受不了，我还真的对你的心性是不是适合带领一个顶级律所走下去有怀疑了。"

"确实，我顺风顺水惯了，需要被怀疑、被打击。"

潘越笑了："这不很清醒吗？你这点事情，在经营律师事务所的过程中是多正常的事情。每一个律所的创始合伙人都应该做好随时出局的准备，这无所谓谁对谁错。我也被罢免过，邢然也被集体开除过。"

刘查理心情复杂地说："我要重新编写我的那本《创始股东如何不被出局》了。"

潘越说："你是"70 后"，比我们"60 后"幸运多了。"60 后"的人生那才叫一个跌宕、一个起伏。你这点经历对我们来说，你看见没？"潘越抬头指了指天空。刘查理抬头看看，湛蓝湛蓝的天空，丝丝缕缕的白云浮着，挺好看，他问："看见什么？白云飘飘？"

潘越说："天空飘过五个字儿，'那都不是事儿'！"

"扯淡！"刘查理不禁笑出了声。

第十九章
在生与死面前，什么都是小事

当断不断，必受其乱。

不当断的断了，又是一辈子的心痛。

人生的抉择太难了。

　　所庆结束回到上海没多久，潘越就接到一个坏消息：镜湖的老书记马良才去世了！马书记刚刚 70 岁出头，身体一直很硬朗，两人每隔一段时间通个电话，老爷子声音爽朗，也从没听说有什么病，这个极其突然的消息让潘越悲痛不已，连夜赶回镜湖。

　　出殡的前一天夜里，儿孙们要守灵。守灵是个辛苦事，一夜不能合眼，还不时有各种仪式。潘越自然而然地坐下来陪同守灵。看着眼前白花花的一片，看着静静躺在那里的老书记，看着一支蜡烛忽闪忽闪的，往事一幕一幕都如电影一般从眼前掠过：在海口的小宾馆里偶遇马书记，他谈笑风生、大开大合的样子；在宾馆的小房间彻夜长谈，他被马书记大手一挥从海南带回到镜湖的情景；镜湖县一号文、镜湖县二号文、镜湖县三号文、镜海工贸公司……他是多么有气魄的一个人啊！

　　每个人的人生路上都有几个关键点，在潘越的人生道路上，高学峰是一个关键点，马良才是另一个关键点。没有马良才他就不会再回到海南，不回到海南就不会再遇到邢然，不遇到邢然就没有均昊所，没有均昊所就没有上海滩、没有后面的一切的一切……那他的人生就完全是两个样子了。

老书记对于潘越有着知遇之恩，潘越每次回镜湖，一定会去拜访他。但老爷子后来常住杭州女儿家帮忙带外孙子，他们见面就稀疏多了。那时候潘越总觉得以后有的是时间，有的是机会，想什么时候再彻夜长谈很容易就可以实现，蓦然回首，却发现再无可能，他们再也没有机会一起喝杯酒、抽根烟、大笑几声……往事一重重、一片片，压得潘越难过得久久抬不起头来。

潘越正在伤心，突然有一只手在他的肩上重重按了一下。他吸了吸鼻子，慢慢抬起头来，愣了一下：站在他面前的是头发花白的高学峰。

高学峰两眼通红，无声地在潘越身边坐下来。潘越清了清嗓子，说："结束了。"

高学峰叹了口气说："结束了。"一场变故将他的心气完全毁灭。

"既然是无罪，过去，就过去了。"

"无罪。有管理责任。组织正在处理。"

两人默然着，面前摆着暗红色的棺材。此情此景，教人无法不黯然。静坐良久。潘越说："高局，放宽心。"

"事已至此，还有什么不宽心的？"说着，高学峰老泪纵横。

屋里突然起了一阵小小的喧哗，他俩转头一看，市委书记刘秉璋来了。

马良才是老镜湖县的县委书记。当年在海南大开发的初期能一马当先去海南考察，显示出他过人的智慧和判断。他识人善用，从他手下走出来的人才不计其数，灵堂摆放的从省委到省府、从市委到市府送的花圈一溜儿摆到大院门外的街上，但市委书记能够亲自上门吊唁，还是让所有人都很意外。

刘秉璋按照风俗上香烧纸，安慰家属后，大家纷纷和刘秉璋握手。刘秉璋作为地方的父母官，非常有官派的与众人一一点头握手。潘越和高学峰都站了起来，但都没有挤上前去。潘越无所谓，高学峰没了心劲儿。

刘秉璋走到里面，看见潘越倒是很意外："怎么？你回来了？"

众人顿时对潘越另眼相看：市委书记主动打招呼，还用的是"你"。

潘越说："我肯定会来的。"

潘越和镜湖一号文、二号文、三号文的故事，一直是传奇，老镜湖公务员圈子里的人没有不知道。但那都是十几年前的事情了。现在潘越是大上海风生水起的大律师，马良才是乡下带孙子的退休老干部，潘越能来守灵让刘秉璋没想到。

他和高学峰不认识，也只是点了点头就出去了。没一会儿潘越接到刘秉璋的电话："你出来一下，我正好有事找你。"

高学峰看着潘越的背影感慨命运的神奇：想当年，潘越在荒渺无人的孤岛上的棺材板仓库里，被世界遗忘，他是扮演上帝的人，拯救他于水火之中。不过短短的十几年之后，世界颠倒过来：潘越成了扮演上帝的那个人，拯救他免陷牢狱之灾。今天自己地盘上的市委书记不认识自己，倒是和他相交匪浅，所谓三十年河东、三十年河西就是这个意思吧！

凌晨的小县寂静无声，偶尔有一两声狗叫显得静夜更加深远。初春的小雨斜斜密密，带着透骨的寒意。两人都掩紧了衣服，沿着院子外面的小巷子走着，说着电子厂上市、镜湖驻沪办、镜湖驻沪商会等事情。潘越陪着他闲扯，等着他自己说出主题。

"我可能要动一动。"

"到省里？"

"具体的事情还没有最后确定，方向大概就是那里。"这是标准的官腔。

"那就是喜事临门了。恭喜刘书记。"

"现在有点麻烦。"

潘越没说话，心里隐约知道是什么。

刘秉璋叹了口气："小梅发了疯了，说她怀孕了。"

潘越无语。

"这个节点，很麻烦啊！"

"……"

"我不怪她。这么多年，我也有对不起她的地方。"

"……"

"但我是不会依着她的。她以为能威胁得了我？哼！"

这……不过是一个小小的市委书记，两句话之间就能翻手为云，覆手为雨。潘越脑洞大开地想到"伴君如伴虎"这几个字。

"潘啊，不是我说你，你当初真不应该让她去那个什么戏剧学院读书。知识越多越反动嘛！"

潘越怒了。这句话背后的混蛋逻辑简直指鹿为马！要不是他带着梅秀冬一而再、再而三地到上海去逼他，谁来管他这破事！潘越站住了，看了看刘秉璋。

刘秉璋奇怪地看了他一眼，突然意识到潘越不是他的下属。就拍了拍潘越的胳膊说："嗯，我知道。现在怎么办？"口气中已经有隐隐的不高兴了。

潘越想：这是伤阴德的事，我怎么知道怎么办！口里说："事情出来了还是要面对它、解决它，不能老拖着。"

"你说得对。现在想想，上次你说过当断不断，必受其乱。说得对啊。我这人就是情感太软弱啊！"

什么叫当断不断必受其乱？你不乱谁能逼着你乱？潘越想，我再看不上梅秀冬的人品，现在对她也是同情的。你一个男人把女人从二十出头拖到了三十多岁，还在说什么情感软弱之类的话，简直就是狗屎！今天的心情之下，潘越再也不想掩饰对刘秉璋在这件事情上的失望和鄙视。他说："这事，解铃还须系铃人。"

刘秉璋的脸上立刻像刷了一层霜，隔着黑夜和细密的雨丝，潘越都能感觉到他立刻变得冷硬的身体。他没再说话，径直走到车边。他的司机赶紧下车给他拉开车门，他上了车。司机犹豫了一下，他微微扬了扬头，司机立刻关上了车门，回头冲潘越抱歉地笑了笑，一路小跑回到驾驶室。车很快开走了。

潘越在原地又站了一会儿，想："这是不是也就意味着他和刘秉璋的友谊结束了？"

重庆机场，潘越一出安检口就听秦大江的"川普"大喊："潘老师！"

秦大江快步走过来抢过潘越手上的行李箱，笑嘻嘻地说："师傅大驾光临，蓬荜生辉嗦！"一面将手上的行李箱递给旁边的小伙儿，严肃地说："这是我师傅，上海滩大律师潘老。这几天潘老在重庆，你要寸步不能离。"又跟潘越说："这是我的司机小马。"

潘越一听姓"马"就乐了，他摇摇手："不用。我去哪里喜欢打车，很方便。"

小马笑嘻嘻地拎着行李箱，跑到前面去带路找车。潘越笑说："你这个睚眦必报的小人，就这么不放过马鸿钧？给自己找个司机还必须得姓马？"

秦大江嘿嘿一笑，不承认也不否认。又笑说："潘老啊，我知道您对我有意见，可您老人家要不用我的司机，那就是对徒弟我意见大了嗦！"

"你给我收起来那一套。什么潘老潘老的，我不老都让你给叫老了。你看看你心怀鬼胎的样子？嘴里再甜也没有用，肯定是要臭骂一顿的！"

两人说着走到了车边。秦大江得意地说："师傅，没给你丢人吧，我的第一辆车就是奔驰。我是非奔驰不买的！"

潘越很给面子地认真看了看，虽然没有奔驰600那么豪华，但对创业两三年的律师来说，已经很有成就了。他心里当然高兴！这跟种树一样，从小树苗开始，浇水培土、捉虫打药、剪枝修叉、扶梯搭架，眼看着它长粗长壮，终于开枝散叶能招蜂引蝶了，咋能不高兴呢！

相比，邢然的大徒弟当了国家机关公务员、吴大维的大徒弟另起炉灶还没个样子、周笑麟的大徒弟现在还是大徒弟、龚骏的大徒弟出了国……自己的大徒弟从没拿到执业证就开始做业务，独自开疆拓土，才几年工夫就成了一方行业翘楚，这份打心眼儿里生出来的骄傲真叫人舒坦。

为了给师傅展示自己这几年的奋斗成果，秦大江也是蛮拼的：行是专职司机加奔驰车，住是最好的五星级酒店，菜必须有燕鲍翅，酒只喝茅台，接风团队里有各行各业带"长"的各色人等。重庆酒场的风俗和长三角截然不同：贵客没醉就是接待有罪，所以一群酒经沙场的人，团结一致在中午就把潘越灌倒了。等潘越再醒来已经是下午，他睁眼一看，是在酒店的房间里，晕晕乎乎拉开房门想看看周围的情况，被站在门口的小马吓了一跳。

小马笑说："潘老醒了？您想去哪哈儿？我这里熟地很！老板说，您醒了让我叫他一哈儿。"又是一个"川普"患者。

潘越想让他回去，又一想，这是徒弟的一番心意，也就没说话点点头，将门半开着回了屋。

一会儿工夫，服务员端了一托盘精致的茶具进来。潘越知道，没有特别交代，五星级也不会单独提供这样的服务。想到1993年在镜湖宾馆，秦大江裤腿的褶皱从膝盖一直到小腿肚，裤腰带上用皮套别着BP机，依旧神气十足。去工厂看项目还舍不得穿律所发的西装，黑皮鞋喜欢配着雪白的袜子，一副劳动市场包工头的气势。转眼之间，生活的品位已经提升到能够想着安排送一壶好茶到房间了。

正想着，就听到秦大江说话的声音由远及近。他应该是在打电话，中气很足地操着地道的重庆话一路嬉笑怒骂进来，看到潘越，说："不扯了，拜拜。"

潘越看到他头发油乎乎地贴着头皮，灰色的西装里面，蓝色花点的衬衫被凸出的肚皮绷得紧紧的，手腕上露出金壳手表，匪气加土气、土气加豪气，整个一个土豪金。又想到刚才还想他品味气质提升了不少，原来气质天成，怎么变也就是这副德行，不禁莞尔。

秦大江坐下来嬉皮笑脸地说："师傅，你这个笑太诡异了，我心里毛毛地。"

潘越收起笑脸清了清嗓子，喝了口茶，这才正色问他："不要觉得你好车好房就能盖住我的嘴。我就问你一句话：你明天做新郎，新娘为什么不是钱婷婷！"

笑容慢慢地从秦大江的脸上退去。他猛喝了几口茶，这才说："我把人家肚皮搞大了嗦！莫得法子喽！"

他说得这么直接，潘越一时不知该说什么好了。

秦大江看了看潘越："你说的噻，英雄难过美人关。我没得过去嗦！"

"滚！"潘越被气笑了。

秦大江说："你跟阿婷说了吗，你是来重庆的？"

"说了。"

秦大江急切地问："她什么反应？"

"很平静，笑眯眯地问我，是不是来重庆参加你的婚礼的。你怎么跟小钱说的？"

秦大江很失神地盯着地毯发了会儿呆，可怜巴巴地说："老潘，我不瞒你说，这个地球上我就怕两个人，一个是我妈，一个是阿婷。"他瞪圆了眼睛很认真地看着潘越说，"我怕我妈是因为我妈特别会骂人，她骂起我来三天三夜不重复，我怕死她嘞。阿婷从来不骂人，我给你讲，你别看她嘴巴厉害，但不骂人嗦。可我还是怕她，真的怕，她一生气我怕得睡不着觉！所以，我没得胆子打电话跟她说。我就发了条短信给她，我说我把别人肚皮搞大了，莫得办法。我叫她把我的名字写个白牌牌儿上去，每天吐口唾沫骂几句，解解恨。下辈子当牛做马，我再报答她咯。"

"都是屁话！"潘越愤恨地一巴掌拍在秦大江的头上，说，"大江，你这事做得不男人、不地道！比小钱后进所的汪昭结婚了，于倩结婚了，周文静结婚了，李燕、去年刚进来的顾东昇他们今年都要结婚。小钱认识你的时候21岁，你把人家拖到了28岁！现在你另外娶了年轻漂亮的，你想没想过，她怎么办？她能像你似的，说找个年轻的就找个年轻的吗？更不要说你受穷受苦那会儿，她陪着你硬撑，把从均昊所赚的辛苦钱都给你让你创业！现在你出入有豪车，动不动住五星级酒店，反倒把人家甩了。你算不算人？"

"我不是人，这个我知道嗦！"

潘越看着他："你无耻的这么直白，倒让我不知道从哪开始骂起了！"

"阿婷生活能力特别强，我不担心她离开我活不下去。小倩她特别柔弱，如果我不管她，她根本没得生活自理能力嗦。"

潘越被气得"这个……那个……"话到嘴边想到人家俩明天就是一家人了，就又咽了回去，缓了口气说："那个，她没有遇到你之前还能活二十多年，真不容易！"

秦大江没听出讽刺来，还实实在在自接话说，"嗯，阿婷教会了我做一个男人。所以，以后我绝不再辜负另一个女人了！"

"嗯你个头！猪脑子！你这是什么混蛋逻辑！"潘越气得猛地站了起来，在屋里转了几个圈，"你师傅我智商高，情商也高！你智商高，情商等于零！"

"我知道我知道……老潘，别看我明天要结婚了，我说句矫情的话，这辈子我只爱过阿婷一个女孩。"

爱，和爱过，差别就在这里了。

他们像两条线，从遥远的起点延伸，从在公交车上打架开始相交，然而最终还是交错而过，又延伸向了两个不同的未来……

均昊所上海办公室里，李洛薇坐在潘越对面。她刚要讲话，潘越桌上的电话响了。潘越懒洋洋地接起来："哪位？"

"老潘吗？我是赵淳。"

一听到这个名字，潘越的表情啪地亮了，声音笑得能拧出水来："你回来了？"

"我下周回国。到了上海去你那里看看，方便吗？"

"方便！太方便了！"

他放下电话，对李洛薇说，"听到没？又一个大牛要进来！人现在还在纽约，下周回国先到咱们律所来考察。小李，咱们所现在是发展的快车道，你们这些年轻人赶上好时候喽！"

李洛薇笑得有点尴尬："那简直太好了。"

"你怎么了？"

"我要辞职。"

主动从均昊所辞职的人，目前只有秦大江一个。潘越严肃地看着她："怎么了？出了什么事？"

李洛薇急忙解释说："没什么事，我要结婚了。"

"结婚就结婚，辞什么职？所里结婚的又不是一个两个，现在我每个月光份子钱就是一笔巨款。"

李洛薇咬着嘴唇，想着该怎么说。

潘越说："洛薇啊，你是安昌人，和我是最近的老乡。虽然我对所里的年轻人一视同仁，但如果你有什么事情，我还是能帮就帮。是不是赵展？你本事还挺大啊！不过你俩现在都到不了合伙人的份上，我可以民不告官不究。"

李洛薇连连摇手："潘律师，别乱讲。和赵展没关系。"

"呵呵，乱讲？你以为我坐在办公室里真的啥也不知道？"

超级帅哥赵展和李洛薇在会议室里肩并肩看夜景，脑袋挨着脑袋讲悄悄话，别人撞见也不是一次两次了。但大家问题起来，两人还都抵死不承认。

李洛薇红了脸，想了想，说："潘律觉得赵展是可以托付终身的人吗？"

潘越狡猾地说："他能不能托付终身我无法了解，但肯定可以让你嘚瑟终身。"

李洛薇笑了："潘律喜欢俊男靓女这是公开的秘密，所以您看赵展自然是怎么看怎么顺眼。那也就不瞒您了，我们算是有缘无分吧。我们之间有很多很多次机会可以把关系升华，也有很多次氛围、情调都刚刚好，可就是没能突破。他被女孩们宠得万事不上心，对现状不能更满意，而您作为老乡也知道咱们浙江人的心性，每天都当作逆水行舟，不进则退，这就是原则上的矛盾。而且我的情况您最了解，我肩膀上重担沉沉，再多一份实在是背不动了。我现在的男朋友比我大8岁，成熟稳重，聪明善良，还有我没有的豁达幽默，这是我想要的男人，所以，我没给自己太多的时间犹豫。"

潘越看着她，觉得女孩子真是神奇。记得她刚入职时又黑又瘦，戴着大黑框眼镜，剪着刘胡兰式的短发，嘴唇不自觉地会往外噘着，带着一股子狠劲。现在的她应该是戴着隐形眼镜，露出乌黑的大眼睛，整个五官立体精致，带着些少数民族的异域风情。中长发柔顺地吹落在肩头，质地很好的套裙衬得她不是干瘦，而是窈窕。他心里叹息着，女孩们都是魔术师，不知道怎么搞的，就能在不整容的情况下让自己跟变了个人似的。

"小李，你可以给自己写本书。"

"为什么？"

"书名就叫《我拒绝了赵展》。"

李洛薇扑哧一笑，"潘律师，以前总听婷婷说你喜欢开玩笑，原来你平时的一本正经真的都是装的。你是个八卦王！"

潘越笑："该装的时候必须装，不该装的时候再端着，人生就太无趣了。不过我也不是简单的说笑，我的意思是，你对待男女关系和婚姻大事有这么冷静思考，将来是个前途不可限量的女孩子。男朋友是哪里人？"

"是北京人。所以我辞职后要去北京，跟他汇合。"

"噢？可是你可以申请调到总所去，我可以跟邢然推荐你。为什么要辞职？"

"潘律师，我男朋友也是律师。我说了您别笑话我，我们想开一个自己的律师事务所。"

潘越眼睛一亮："自己开律所？"

李洛薇紧张地笑说："有这个想法，还不知道能不能做成。我想去北京找一家小规模的律所适应适应，还没找到呢。"

"好啊！我的徒弟里有个秦大江，现在已经在重庆扬名立万。现在又出来一个女徒弟要自立门户，好！我全力支持你！你不是要先在北京找个中小型的精品律所吗？我给你推荐一个。"

李洛薇又惊又喜："潘律师，您不生气？您不怕我挖您的墙脚？"

潘越大笑："挖我的墙脚？我的墙角你挖不走，你能挖走的墙角就不是我的墙脚。我经常告诉秦大江'唯有开疆拓土，方显英雄本色'，洛薇，你不枉担了巾帼的虚名啊！"

潘越和李洛薇这时候都没有料到，李洛薇创办的律师事务所，十几年之后，后来居上，在全国年度创收人均排名居然超过了大名鼎鼎的均昊所！

潘越在电梯口等着，赵淳一出电梯就看见了潘越热情伸出的双手："祖国人民欢迎你啊！"

赵淳三十出头，中等身高，身材保持得很好，全身上下充满着学成归国人才的气质。他赶紧连说几句"客气客气。"

潘越亲自带着他在均昊所上海分所的办公室里转了一圈。赵淳看得很用心，整个律所的装修走现代中式风格，色调以暖色为主，"均昊"两字的篆体雕嵌入各种玻璃屏风和装饰摆件，这些细节既表达了均昊所的文化内涵，也体现了经济实力。大开间办公场所，律师们忙乱而不凌乱，无论是着装还是礼节都显示出一流律所的气质。各位高级合伙人的办公室也足够气派，马鸿钧、梁燕妮、邓辉、刘查理这几个高伙都见着了，一看就是气味相投的人，他心里非常满意。

潘越要赶紧把事情定下来，他不露声色地说："明天咱们一起去北京总所看看，正好和总所的几个高伙见个面。"

隔天在北京，赵淳到了大厦楼下，发现潘越居然已经等在了大厦门口。潘越笑着对他说："这个大厦楼层比较乱，我怕你找不到。"

这个细节让赵淳非常感动。中国排名前三的律师事务所的高级合伙人，居然在大厦的门口等着他，这种诚意和态度让他印象深刻。他后来多次提及："老潘这个人，认真起来太可怕了。"

潘越的用心打动了赵淳，也直接促成赵淳下定决心，拒绝了其他一流大所的邀请，回国后直接进了均昊所上海分所。后来的赵淳也用实力证明了潘越的眼光毒辣：他从入所第二年起，业绩一直在总所排名前三，就像一块宝石正好被放在聚光灯下一样，大放异彩！

均昊所上海分所在这些大牛、大腕的带领下开足马力，乘风破浪、全力前进。潘越偶尔会回忆刚刚进入上海的时候，律所没有客户、没有业务、没有收入，他拿着报纸无所事事地在太原别墅楼下的秋千架上，一晃就是一下午。真不可思议，他居然有那么清闲的时候。那时的他一定想不到现在的他，忙得连每周回家吃一次晚饭都做不到。

这天中午，潘越突然接到邢然的电话，不容潘越张口，他的声音里带着少见的严肃："老潘，马上到北京来。"

潘越从来没有听过邢然这样不容置疑的口气："怎么了？"

邢然犹豫了一下："林洋病了。你赶紧来。"

"什么病？在哪个医院？什么科？"

"你来了就知道了。买好机票航班号发给我，我让司机去接你。越快越好！"

潘越举着手机，七月天气，只觉得一股凉气从脚底开始蔓延，到小腿、大腿、五脏六腑、直冲大脑……他脚步踉跄地立刻出了办公室，走到门口才想起钱包还在桌上，返回拿了钱包，又想起没拿车钥匙。他上下摸了摸，叫住正好从面前经过的闫妍说："你把我办公室里的包拿给我。赶快！"

闫妍从来没见过他这个样子，口里答应了一路小跑去他办公室拿包，碰到汪昭赶紧拉住他说："你跟我去看看潘律师，他的样子太吓人了。"

汪昭二话没说跟她一起回到电梯口，正好电梯到了。潘越接过包就进了电梯，闫妍和汪昭赶紧跟了进去。他俩从电梯的镜子里看到潘越面色苍白，神情惶然。闫妍问："潘律师，你去哪？你没事吧？"

潘越像根本没听到她说话，呆呆地站着，电梯门一开就匆忙往外走。闫妍一把拉住他："这是六楼——潘律师，您没事吧？您要去哪？"

"我去开车，去机场。"

闫妍还想说什么，汪昭拦住她，说："别问了，他这样子不能开车。我送他去机场。"

潘越走进首都医院的时候天已经黑了。他机械地跟着司机穿过医院大厅那些喧闹的、拥挤的人群里。他俩急匆匆地上楼、转弯、下楼、穿过一道又一道门，人越走越少，周围越来越安静。他们的脚步声在长长的、好像永远也走不到尽头的走廊里回荡着，潘越的心也越揪越紧。终于在走廊尽头的一扇玻璃门前停下来，玻璃上贴着八个触目惊心的红色大字"危重病房，闲人免进"。

他们一走到门前，门立即从里面打开。潘越走进去，一群人在里面静静地坐着，同时转向他，看着他，神色凄然。

潘越觉得喉咙被一只手紧紧地掐着，喘不上气来。人们的样子在他眼中恍惚一片，他什么也看不清楚。他惊恐地一把抓住站在门口的邢然："她怎么了？"

邢然顺势握住了他的手，试图让那只手停止颤抖，但他张了张口，却没有发出声音。

潘越从来没有这样恐惧过。他遇到过很多令人恐惧的情形：一个人在孤岛上待着、一个人住在棺材板做的房子里、一个人抱着案卷面对着拿刀的罪犯……他也害怕过，胆怯过，惊慌过，但从来没有这样恐惧过，他无助地，甚至乞求地看着邢然，邢然的样子让他心中的恐惧向四肢百骸蔓延开来，他双脚打着摆子，像是踩在虚空里。他不敢问下去。赶紧转向邢然旁边的人，也不管认识不认识，只是像抓救命稻草一样一把抓住了他："怎么回事？"

潘越敏感地感觉到空气倏地静下来，所有人都看着他俩。

那人用一根手指抹去眼镜下面的眼泪，躲闪过他的目光，带着浓重的鼻音说："医生还没有找到准确的病因，据说是急性免疫系统崩溃……已经下了病危通知了……你，进去看看她吧。"

一边说，一边转身推开了身后的门。潘越跟了进去，被病房里一片雪白刺得睁不开眼。里面的小护士抬起头来警告地小声说："出去！"

瘦高的男人说："一个外地的朋友乘飞机刚过来……就一小会儿……"

小护士看了看潘越，看了看他，说："五分钟！她很危险，需要安静。"

站在门边的邢然说："咱们都出来吧。"

潘越什么都看不见、什么都听不见、什么都感觉不到。自从看清了深陷在白色被单里的、鼻子上、手腕上、脚腕上都插着管子的那个人是林洋，他的眼泪就像是从脑袋里倒了出来。

他跪在她的床前以能够更仔细地看清她，泪落如雨。这是他最爱的女人。哪怕三年五年八年十年音讯断绝，她都在他心里最柔软、最温暖的那个地方无比珍爱地藏着。任何时候只要她要求，他愿意给予所有的一切。只要为了她，他愿意付出所有的一切，只要她能好好的，完完整整的，平平安安的。可是现在她什么都不要，他什么都做不了，只能眼睁睁看着冰冷的液体从四面八方进入她的身体，耳边都是让人捉摸不透的各种仪器发出的冷酷的"滴……滴……滴……"，好像是生命的倒计时——还有什么比这一切更让人痛入骨髓……

他觉得自己像个没出息的孩子，浑身颤抖着哭得一塌糊涂，拼命忍着不发出声音来。突然，他看见林洋慢慢地睁开眼睛，她静静地看了他一会儿，努力从嘴角露出一丝笑容来，毫无血色的嘴唇轻轻吐出两个字："宝贝……"

潘越五内俱崩，不能回答，失声痛哭。

她将另一只手从被单里伸出来，潘越赶紧握住了。那手干瘦无力，手腕上还挽着手串，那还是五年前在海南他亲手做出来的。

"我没事……困……"

潘越拼命点头，又拼命摇头："不能睡，你再坚持一小会儿……"

"好……真好……别哭……"

"你没事的……放心，我们都不会让你有事的。"

林洋没说话，微笑地看着他，渐渐地睡眼蒙胧起来。护士匆匆走进来："好了好了，快点出去吧！"

"她说她想睡觉，没事吧？"

护士看了看各种仪器："知道了，你们先出去，医生会来处理的。"

潘越出了病房，邢然递给他纸巾，轻声说："这里都是她的家人，我们外面去等。"

在病房区无人的墙壁拐角，潘越对着墙狠狠哭了一阵才能积蓄起面对现实的力量。两人在医院附近找了个饭店坐下来吃晚饭。潘越哪有胃口，在手机通讯录里上下翻找："我认识华山医院的医生，中山医院、瑞金医院我都认识，我们需要哪个科的医生？我包往返机票让医生过来。"

邢然叹了口气说："老潘，你糊涂了！林家什么样的医生都有。"

潘越颓然放下手机："那我能做点什么？她到底是哪里的问题？她需要移植什么器官吗？先看我的，先配我的型。"

"都还不知道是哪里的问题，先祈祷奇迹吧。"邢然说，"已经去请国宝级的老医生了，据说人家看一眼病人吐的痰就能把病看个八九不离十。"

邢然把林洋突然得病的情况跟他大概说了一下："这也就几天的工夫，开始说是吃不下饭，都没当回事。昨天起床的时候晕倒了，这才着了急。送过来的时候也没看出有要命的问题，就是凌晨开始突然急转直下……不瞒你说，中间心脏停搏两回了，都从鬼门关拉回来的。第一回醒来的时候，她自己说的，想见你。"

潘越摘了眼镜，双手搓着脸把眼泪擦去。心里悔恨着，上一次在全聚德，离她那么近，真该叫住她好好说说话。

"那个，带你进去看她的瘦高个儿，是她先生。"

潘越想想，应该是见过他两次了，可是对于长相完全没有印象："他知道我是谁吗？"

"知道。"邢然叹了口气，"在生与死面前，什么都是小事。"

当晚邢然陪着潘越在医院附近的宾馆住下，两人在一个房间里相对无言，整夜未眠。第二天凌晨从医院传来了好消息：病因找到了！两人欢欣鼓舞，顾不上吃早饭，一大早赶到医院守在病房门外，但很快被医生赶了出来：这么多人围在门口干吗？现在看不了。人基本上算脱离危险，回去等消息吧！两人焦急地在宾馆等到下午，邢然收到消息：已经可以进食流质了。

潘越这时才感觉自己的四肢百骸有了感觉，只觉得云开雾散、长出了一口气。他从酒店房间看下去，城市在炙热的阳光下像是快被晒化了，十条车道的大街上，汽车缓缓爬行着。人，多么渺小啊！生命多么脆弱啊！生活多么虚幻啊！这一个晚上，有人从鬼门关回来了，有人就永远地离开了。可是不管是离开还是留下，世界不动声色、冷酷无情，每个人还是得在自己的轨道上继续前行。

这件事情过去以后，潘越改变了永不联系的态度，保持着差不多半年和林洋通一次电话的频率。大悲大喜之后，两人感觉越来越像亲人了。

第二十章
最后一个军阀被打倒

只有军阀混战，

才有英雄辈出。

又到了年关，又是高级合伙人开会聚会的时间。今年的会议地点选在了深圳。高级合伙人会议是律师事务所最重要的会议，没有之一。所有高伙都非常重视，都早早排出时间来提前赶到会场。今年的高伙会议有几个重要的议题是和上海分所有关的：确定刘查理、赵淳、马远程、彭珍的高伙身份；讨论上海分所是否继续独立核算事宜。

一群大牛衣冠楚楚地齐聚会议地点等着开会。每年的高伙会议总会有人迟到，所以他们定了一条规矩：迟到一小时罚一万块钱。

以前最爱迟到的人是蒋力宇，谁也没想到今年等来等去，迟到的人居然会是对人生只使用精确输入法的马鸿钧！

等马鸿钧的工夫，邢然和吴大维单独跟潘越谈心。

吴大维说："老潘啊，上海分所的情况得变一变了。"

"上海分所的情况得变一变了"这个事情是老生常谈，是真正的说来话长。

在上海分所成立之前，均昊所已经确定了公司制的管理架构。公司制管理模式的核心是，分所财务由总所统一核算。为了上收管理权限，潘越还专门到三亚和当时三亚所的高伙罗明亮谈判。罗明亮是海南黑白通吃的地头蛇，潘越和他在办公室里刀光剑影、斗智斗勇了四五个小时才兵不血刃地说服他放弃了均昊所三亚分所，其中重要的一个理由就是：三亚分所的财务必须由总所统一核算。

但是潘越自己在上海开分所的时候，提出的第一个条件就是：财务单独核算！

这听起来有点匪夷所思。但当时均昊所要做全中国第一个敢在上海滩开分所的律所，几个高伙各有心思。有的不肯离开北京，有的不肯放弃已有资源，有的不敢承担失败的后果，只有他潘越心怀"唯有开疆拓土，方显英雄本色"的激情，半推半就接了这个浑身是刺的令状。那种情况下，对于上海分所财务单独核算的问题的考虑就只能是参考条款了。对此，各个合伙人也不是没有挣扎过的，但是实在是找不到更好的办法，最后也只能认了。

这就造成了七八年以来，上海分所是均昊律师事务所里唯一财务单独核算的分所，是总所管理的孤岛，是割据一方的诸侯国，潘越就成了实际上的诸侯和军阀。

所以每年的合伙人会议，各个高伙们都会就这个问题撕一下，每次潘越都巧妙地一语带过：这个问题不讨论！但是潘越的每次"不讨论"并不代表着他心里就"不考虑"。他很清楚财务统一核算一定是大势所趋，他能做的只是拖一年是一年。

今年，潘越已经想好了，所以对于吴大维的问题，潘越笑嘻嘻地："怎么变？"

吴大维和邢然对视了一眼，心里都暗自奇怪：原以为潘越还是打太极、搞推拿，他俩甚至都做好了进退分工，没想到今年潘越这么痛快，一时之间倒出乎意料了。

邢然笑说："你是不是已经想好了？说来听听。"

潘越笑说："我想好了，你们要变，我就离开。"

吴大维呸了一口："活着活着返老还童了？还开始闹人了？"

三个人都扑哧笑了。

潘越说："我还真不是闹人。我说真的。"

邢然一扬眉毛："怎么着？另有高就？还是自立门户？"

潘越说："我要离开，并没有说要离开均昊所，我只不过是离开上海分所嘛！"

邢然和吴大维相互看了一眼，又一起看着潘越："你葫芦里卖的什么药？赶紧的！"

潘越正色说："咱们均昊所有多久没开分所了？"

说到这个问题，吴大维又看着邢然。

邢然清了清嗓子："这两三年，咱们在一线城市的布局已经差不多了；咱们擅长的业务类型也都是比较高端的，在一线城市才有市场；而且律师这个行业高伙之间是无限连带责任，所以……"

"所以咱们现在发展是停滞的，众论所、锦都所甚至后来的大盛所无论是从规模，还是从创收上，如今都超过了咱们。"潘越说。

邢然瞪了他一眼："所以你想说什么？"

"所以我想说，我离开上海分所，再去创立一个新的分所。"

"去哪？"

"去哪都行，西安、成都，乌鲁木齐也行。"

吴大维眼睛一亮："西北？你敢？家里人呢？孩子呢？"

"唯有开疆拓土，方显英雄本色，有什么不敢的？家里人我带着呗，不见得大西北就过得不开心，大西北就没有考上大学的？没有人才？"

"然后呢？"

"当然还是按照现有的模式。"

"那不可能！"邢然干脆地说，"人不能两次跳进同一条河，我们也不能两次被你用一个理由忽悠。"

潘越无奈地叹了口气："你们不能光看见贼吃饭看不见贼挨打，光看到上海分所现在的情况，没有看到上海分所前三年是怎么苦熬过来的？扯着做全中国最好的律所的大旗，用着最不靠谱的草台班底：一个研究生当时还没毕业，一个大综合是个大专生，有个外援吧，拿的是高大上的美国执业证，干看着不能用。四个人只有我一个人有执业证。记得那时候前台租了个日本进口的传真机都要损我两句'机器好吧？有文件要复印吗？'我是从什么日子过来的？"

"老潘，你快成祥林嫂了！这点血泪史均昊人都能背下来了。"

"血泪血泪，有血有泪，都是我的血、我的泪啊！"潘越有点小激动，"现在是圈地多好的时候啊！国家大会小会鼓励律师行业发展，我早就预言过：统治阶级的意志的表现形式，一定是从初创时期的政治学科到工程学科，再到经济学科，最终必然是法律学科。你看现在西方发达的资本主义国家的发展轨迹，不就

275

是这样吗？再过若干年，必然是法律专家进入统治阶层。同志们，我们将大有可为啊！"

"拉倒吧！"邢然说，"我们都是从非常年代过来的人，我看大维你俩倒是一路人。大维喜欢搞个什么律协会长、委员会秘书长这一类的东西。我个人的建议是：做律师就做律师，少掺和没用的！"

吴大维接口道："这是什么话？你我都是亲身经历过法治国家好处的人，怎么能没有一点报效祖国的激情呢。我这次倒是支持老潘！"

"支持他什么？竞选总统？"

潘越看他俩又要干起来，笑说："竞选总统这种事情不是通过努力能决定的，那是投胎前就定好了的事情，我是不想了。我就想继续保留咱们刚开始创业时候的激情。咱们那时候有过一个口号，叫'把红旗插遍海南'！现在为什么不继续把红旗插遍全国呢？没有人去，我去呀！我自愿当旗手，我自愿做开路先锋！我协助创立过海口分所、单枪匹马创立过三亚分所和上海分所，我……"

"行了行了！"邢然不耐烦地打断他，"这个今年不讨论。既然你已经同意了上海分所的改变，那就不能再收回了。"

潘越和吴大维相互看了看。潘越默不作声地想了一会儿，说："记得在创立上海分所前的合伙人大会上，我曾经说过'要是有一天，均昊所的风气变成了稳定优先，保守发展，那就没意思了，我就不玩儿了。'"

房间里静静的，潘越自己都觉得自己的声音在这静寂里有些突兀："所以，我不玩了。"

邢然"呼"地站了起来："老潘，你这是逼宫吗？"

潘越看也不看他："你有你的决定，我有我的想法。律所本来就是人和，既然我们的理念已经不一致，强扭的瓜不甜。"

吴大维又惊又气："老潘，你这是演的哪一出戏？你不玩儿了？那你玩儿什么？"

潘越说："重华国际想让我去做他们的副总裁兼法务总监，副厅级干部啊。"

"你'啊'个屁！"邢然气急败坏地上前一脚踢在潘越的脚上，"把兄弟们扔下了自己去当国家干部？你想得美，不放！"又指着吴大维说："这次合伙人会议不许讨论这个议题！"又指着潘越说："我跟你说老潘，你要是硬走，就踩

276

着我过去吧！"

这句话把潘越逗乐了："你这么高，我怎么爬上去？"

"谁跟你嬉皮笑脸！你气死我了！'均昊'这块牌子刚刚像个国际大所的样子，刚刚进入我们梦想中的模式，大家正是团结一心做事业的时候，你就不能安分点？你就不能做个好榜样？'均昊所连上海分所的创始人都留不住'——这话传出去好听？你是精棣所派来的卧底吧！"

所有高伙都在会议室外的大厅里喝茶聊天，一面默默计算马鸿钧到底要出多少血。终于马鸿钧拉着行李箱风尘仆仆地走进来，所有的人都停下来看着他，特别想听听他是怎么解释这次迟到的。

马鸿钧环视了一圈："我这次绝对是因为不可抗力造成的。航空公司在我已经扫描了登机牌后，无故将我扔在廊桥上起飞，毫无人性化可言，我要起诉航空公司！"

众人都很诧异："哪个航空公司嚣张到了这个地步！这还了得？咱们必须组一个律师团打得他落花流水、永不再犯！"

潘越向众人摇摇手，笑着追问："航空公司虽然经常干蠢事，但是你说已经扫描了登机牌都没让你登机，这里面一定有故事。说说你的故事吧。"

马鸿钧气愤地说："我已经过了安检，已经扫描了登机牌，已经走上了廊桥，刚走到机舱门口，美国客户打电话来，是十分紧急的事情，我必须得马上处理掉。我就在机舱门口接了个电话。飞机就飞走了。"

"你在机舱门口接了多久的电话？"

"也就 27 分钟。"

"那么，那时候到起飞时间了吗？"

"起飞时间肯定是到了。不过空姐提醒我时，我已经反复跟她比画'5 分钟，我只需要 5 分钟'，可是他们毫无人性化，居然直接关掉舱门飞走了！"

"空姐就提醒了你一次吗？"

"应该不是一次。但是我的事情并没有因为她多叫了我几次就能加快解决。我每次只延长 5 分钟，而且他们明知我是头等舱客户，他们连这一点尊重都不给客户，难道这还是我的错？"

所有的合伙人，三十几根手指一起指向马鸿钧，同时说："是你的错！"

众人边笑边进了会议室。龚骏对潘越说："还是你了解他。"

潘越笑说："你们都看他能干、严谨、守时，却不知道他也固执、磨叨、自私。他为什么不挂电话？人家航空公司不知道，我能不知道吗？他的电话咨询是收费的，一小时好几百美金呢！"

马鸿钧面不改色地说："这不是钱的问题……"

众人轰然一笑——所有说不是钱的问题的事情，往往就是钱的问题！

均昊所今年的全体合伙人会议最大的亮点是：同意潘越辞去上海分所主任。

邢然的话音刚落，整个会议室里响起了热烈的掌声，众人看着潘越大笑说："好啊！好啊！均昊最后一个军阀终于被打倒了！"

潘越笑嘻嘻地看着这伙唯恐天下不乱的家伙们，说："只有军阀混战，才有英雄辈出！往远处看，春秋战国，诸侯林立，所以有了春秋五霸和战国七雄；往近处看，没有军阀割据，哪里能显示出孙中山、蒋介石、汪精卫，还有咱们毛主席的雄才大略？同志们啊，唯有开疆拓土，方显英雄本色！咱不能像个死守封地的老贵族啊！"

邢然打断他的话，笑说："老潘宝刀不老，一直想把咱们均昊所的红旗插遍全国，这是好事。不过万丈高楼平地起，咱要盖万丈高楼，就要把基础打得牢牢的，省得楼盖了一半塌了，那时候不要说高楼，连低楼也没有了，让人耻笑。再说，楼高就是好？木秀于林风必摧之啊！不管怎么说，老潘确实是咱们均昊所荷尔蒙最旺盛的一个，是条汉子！我提议，向潘越律师颁发一个特别贡献大奖！"

关于上海分所新主任选举，大家在马鸿钧和刘查理之间投票，马鸿钧以微弱票数胜出。马鸿钧是个事业狂人，觉得其他事情都会占用他的工作时间，一万个不愿意当这个主任。刘查理则很需要这个主任的位置来体现自己在上海律师圈的江湖地位没有受到影响。邢然一锤定音：既然是选举，就要尊重选举结果！最终，不想当主任的当了主任，想当主任的反倒只能做个副主任。

开完会说完了正事，晚上免不了一顿大酒。

30多个合伙人里，只有四个女性。走日韩少女风的梁燕妮就成了众人开玩笑的对象，人人都要跟她贫两句。梁燕妮对深圳分所的高伙张万全说："国务委员，你看他们都欺负我。在你的地盘上，你要为我做主！"张万全律师的绰号是"国务委员"。

张万全年纪已然五十上下，生的高大威猛，以前是东海舰队的副舰长，目前是均昊所海事海商专业绝对的专家。他一本正经地说："我都等你这个暗示等得急死了！你们也都听到了啊，我的地盘、我的人，懂了吗？"

　　龚骏笑说："这一听，你俩有故事啊！"

　　新晋升的"70后"合伙人秦朗笑说："老张都混到了这把年纪，没几个故事好意思吗？东海舰队一号猛男，白给吗？"

　　张万全说："你们还别损我，我虽然来得晚，也还真知道几个故事。潘越为什么不吃羊肉？吴大维为什么不看'北京人在纽约'？蒋力宇为什么不去武夷山？这里头都是故事。"

　　潘越笑说："这你都知道？难怪人家说人民军队不可战胜，果然无孔不入啊。"

　　张万全说："今天晚上喝完这顿酒，我带你们绕着深圳大梅沙走一圈。夜深人静、月明星稀、涛声阵阵、人影瞳瞳，那才是真正有故事的地方……"

　　梁燕妮笑说："等一等，请问你怎么知道大梅沙夜深人静时人影瞳瞳？"

　　张万全喝完了酒咂着嘴笑说："我去过。"

　　众人一拍桌子："我们单以为只有老潘这厮喜欢趁着月黑风高时劫个色，没想到你这一表人才的国务委员也会有趁火打劫的故事，这个故事今晚必须得说说！快！"

　　张万全酒喝得高兴了："记得那个晚上，我在大梅沙边上坐到半夜。那晚上月亮真好，海浪声哗啦哗啦……"

　　秦朗笑："海浪这段掐了，快进入正题。"

　　"我一个人坐着一根接一根地抽烟。我旁边不远处还坐着一个女孩。她不停地打电话、没人接，打电话、没人接。我俩都坐到了后半夜。后来她跟我借火我俩就聊起来了。她跟我说她的苦恼，我俩一边抽烟，我一边开导她。开导她的时候，我心里就像写法律文书一样，条理清楚得很。那时我想：'不知道我的人是不是像她一样半夜这样睡不着？有没有像我一样的人在开导她，给她支招？'"

　　秦朗接口说："切！你肯定在想'我的女人千万别遇到我这样的人给她支招，给她支招肯定是怎么弄死我！'"

　　众人哄然大笑。

潘越对邢然说："你看"70后"的思维和我们已经不一样了！当我们风花雪月酸得不行的时候，人家才不管三七二十一呢！"

张万全端起酒杯对潘越说："我年纪比你大，叫你老潘不合适。但我一定要单独敬你一杯！我特别喜欢你说的那句'唯有开疆拓土，方显英雄本色'！我是个军人，听了这句话就热血沸腾！但我是"50后"，开疆拓土多少有些心有余而力不足。我就借邢然律师的那句话，'敬你是条汉子'！"

邢然笑说："老张，我说老潘是条汉子可不仅仅是指那个，他的荷尔蒙更多地体现在数不清的故事上。"

张万全笑说："那我要和潘律喝个双杯！我只有一个故事，就已经觉得失魂落魄，行尸走肉，人生失去意义，甚至几次想放弃生命。潘律居然能有足够强大的内力，经历数不清的故事依然青春不改。来来来，再整一个！"

梁燕妮说："你的故事在大梅沙边上，老潘的故事在天涯海角、天南地北、天上人间，数不胜数。你知道为什么每年春天雨水这天要下雨吗？那不是雨，那是女人们为老潘准备的眼泪，又要开始一年新的春天的故事了。"

张万全哪能听不出梁燕妮的酸意，他哈哈一笑："长江后浪推前浪。你别看现在春雨都往潘越身上洒，不用两年，秦朗他们就要被雨浇头，我们以后只能看年轻人浪喽！"

潘越卸掉了律所主任的职务，只觉得一身轻松。那些根一直绷得像琴弦的脑神经，终于可以休息了。他过上了每天准点接送在上海大学教书的章云苏上下班，周末带着儿子去学跆拳道和游泳，假期一家人去泡温泉的日子。

邢然给潘越打电话问他卸任的状态怎么样？潘越拖着调子说："怎么样？就是一个老贵族该有的样子呗。"

他一边和邢然聊天，一边开始烧水，准备用心沏一杯今年的新茶，突然听见钱婷婷在前台严厉的声音："你怎么可以在前台吃东西？这像什么话？没有人告诉你上班时间不能吃零食吗？"

"我给潘律师吃，他也没说什么！"新来的前台宋茜如曾经做过平面模特，自诩为见过世面的美女。她看着面前这个拖着行李箱的女人，根本不买她的账。

"你实习期过了吗？"

"关你什么事？"

"关我什么事？我马上就让你知道关我什么事！"

钱婷婷高喊一声："周文静，把她的劳动合同、打卡记录给我拿过来！"

几分钟后，钱婷婷说："我通知你，从现在开始解除劳动合同，马上到办公室去结算。给你15分钟收拾东西！"

"你神经病啊！你凭什么跟我解除劳动合同？"

"你的打卡记录显示，你不止一次连续三天迟到或者早退，严重违反劳动纪律。在试用期内，用人单位可以随时通知对方解除劳动合同。你是给律师事务所做前台，基本常识都没有吗？"

"你！我去跟潘律师说！"

"你还有10分钟。"

宋茜如一顿脚，踩着高跟鞋快步朝着潘越的办公室走过来。刚转过屏风，就听到潘越办公室的门关上的声音，还加上了不寻常的"啪嗒"锁上的声音。她万万没有想到每天见到她笑眯眯的潘越会是这样，呆呆站在过道里，哭了起来。

钱婷婷说："周文静，给保安打电话，让他们过五分钟派个人来。"

周文静答应："哦。"一边开始拨号。

宋茜如又羞又气，折回身到前台一边噼里啪啦地摔摔打打地收拾东西，一边口里不干不净地骂着。

整个所里都静悄悄的。

钱婷婷把行李箱扔到自己办公室，蹬蹬蹬走到潘越办公室门口，门应声而开，好像潘越就等在门边一样。

钱婷婷进了屋，敞着门："我说老潘，你看看你！出差几天你把家里搞成什么样子了？"

"我真没吃她给我的东西。而且我提醒过她，不要在前台吃东西，所里有茶水间。"

"马律师不在家，你作为前主任就不能稍微关注一下律所管理吗？"

"我这段时间一直牙疼。"

"你觉得你是不是应该从这件事情上反省一下自己？年轻时候天天喊着开疆拓土、打打杀杀，一上了岁数就稀里糊涂、放任自流！"

"你会不会聊天？你才上了岁数！"接着潘越的声音变成哄孩子高兴的声音，"来来来，尝尝这个茶，刚泡的，正宗武夷山岩茶。正好你回来了，下周律协的年终酒会你一起参加，我正式通知你了啊！"

　　钱婷婷一战成名，并且流芳千古。她不管行政好多年，但她不在江湖，江湖一直留有她的传说。一直到现在，整个均昊所也没有人敢跟她叫板。

　　钱婷婷是均昊所上海分所绝对的元老。而且她凭借着自己百倍于常人的努力，一步一个脚印，从小小的前台，用了七年的时间成为均昊所独当一面的中级律师。还是在马鸿钧团队做最高端的外商投资、并购业务。她的能力和气场早已经今非昔比。

　　参加律协年终酒会的大多是各律所的高级合伙人和出类拔萃的律师，但律所规模大小不同，高级合伙人的综合素质差距也巨大。潘越带着钱婷婷一进门就特别叮嘱她："你少喝点。现在你已经在律师界小有名气，都说你是个女酒鬼！"钱婷婷不知什么时候迷上了喝酒，酒量日渐提高，一般的男人都喝不过她。

　　"切！"钱婷婷白了他一眼，"老潘，你别管我。你说我挣那么多钱有什么用？我赚了好多钱，可是我没空花钱。我一周上六天班，其中四天加班到凌晨两点，回家睡觉都来不及，经常在办公室楼上的酒店里开个房间睡觉，周日这天专门用来睡觉打扫卫生。现在没人帮我花钱了，我勉强混成了孤独的小富婆……"说到这里她赶紧一甩头："你再连个小酒都不让我喝，我活着有什么意思？"

　　潘越正欲答言，忽然听到脆生生的女孩笑说："蔺律师，你好啊！"

　　他和钱婷婷一起转头，看到蔺瀚文端着杯橙汁，他对面的两个美女律师笑吟吟地跟他打招呼。他浅到几乎看不出来的一笑，正要和她们擦身而过。

　　蔺瀚文剃着板寸，虽然穿着西装、打着领结，但是细长眼睛没有表情。短短三四年，他在上海滩刑事辩护圈声名鹊起，很受瞩目。

　　其中的一个美女笑说："咦？蔺律师这个手串是小叶紫檀吗？可以看看吗？"

　　潘越和钱婷婷这才看到，蔺瀚文端着杯子的左手腕上，戴着手串。蔺瀚文说"不能看。戴着它，是为了纪念一个朋友。"

　　女律师赶紧问："你那朋友怎么了？"另一个笑问："是女朋友吧？"

　　蔺瀚文说："这是私人的事情，咱们不讨论。不好意思，我去那边一下。"

　　看着蔺瀚文走进了人群深处，潘越说："原来他知道。"

钱婷婷眼前闪过他说"我不喜欢身上戴着东西，麻烦"。但是一想到姜半夏坐在蒲团上打坐的样子，又打鼻子眼儿里"哼"了一声，"知道又怎么样？不知道又怎么样？还不都是女孩被辜负！"

潘越说："谁没个故事呢？婷婷，你听我一句：过去的事情你就把它当成故事。还是得往前看。"

钱婷婷将手中的空酒杯放回去又换了一杯，喝了一口说："我亏大了。来来去去就一个故事，还弄得又臭又长，连围观群众都看腻了。"

"还记得我1993年在镜湖宾馆跟你说的话吗？青年才俊多得很，你肯定能遇到更适合你的。"

"哼！反正以后谁撞在我手里谁倒霉吧！"钱婷婷冷冷地说。

正说着，石建山拿起了话筒："我宣布两个消息，这两个消息将是下一年度上海律协最有意思的两件事。第一件事是上半年的事，全国律协将在3月份启动首届律师辩论赛！这次辩论赛是司法部、中华全国律协、中央电视台联合举办，是为展现中国律师精英们的辩论才华、专业、素质和精神风貌举办的一次针对中国青年律师的盛会。辩论赛从预选赛到决赛，将全程进行电视直播。这是全国首次举办这样的大赛，三十几个省、自治区、直辖市全部都要组织代表队参赛，咱们上海的律师们要严阵以待，千万不要第一轮预选赛就被淘汰了！"

有人问："每个代表队几个人？"

石建山说："我也不知道几个人，我也没参加过辩论赛。"

大家都笑起来。石建山接着说："按照通常规则，四个辩手上场，但是总要备一两个做替补吧。这个高武廷是专家。高武廷这里没有人不知道吧？慎答所的创始合伙人，国际大专辩论赛复旦大学辩论对总教头。复旦大学拿了国际大专辩论赛的冠军，高武廷功不可没，他在这方面是绝对的权威。高武廷，你来说说具体方案。"

高武廷从人群里走出来，笑着接过话筒。他个头不高、身材匀称，戴着金丝边眼镜，西装口袋还插着手帕，是地道的海派大律师的风范。他站定以后，面带微笑环视众人，略微停了几秒钟。大家议论的声音沉静下来后，他说："复旦大学代表队能够拿到国际大专辩论赛的冠军，非常不容易，这主要是复旦大学的学生本身素质就很高，当然我作为总教练也非常高兴。这次咱们全国律协组织的律师辩论赛，显然难度更高。因为要对现实发生的案件进行辩论。我作为一名执业律师，对这个很期待，我很想看看咱们律师队伍里，到底有多少思维敏捷、法律功底过硬、语言表达迅速的人才。刚才石会长把咱们上海代表队组队的任务交给了我，我压力很大。但是为了咱们上海律师、为了上海代表队、为了上海律协，我绝不推脱。我的想法是这样的：各个律所先推荐自认为优秀的年轻律师。不强求每个律所必须推荐一个，大家自愿报名。然后咱们上海律协组织一个小小的初审团队，进行预选，选出来的人再进行复选，最后定下来 8 ~ 10 个人进行集中培训。最终的选手要在集中培训后才能确定。大家看这个方案如何？”

高武廷风度翩翩、逻辑清晰，果然是做过辩论赛总教练的人。

有人说：“上海年轻律师有十几万还多了吧？全部筛一遍，这可是巨大的工作量。”

高武廷微笑说：“大浪淘沙才能淘出宝贝来。选人没有一定的基数还蛮困难的。工作量嘛就算为咱们上海律师做贡献了，可是上海律协怎么也应该把盒饭钱给我报销了。”

大家都笑了。各个规模比较大的律所主任们开始相互讨论选人的事情。毕竟，如果自己的律所能够有青年律师被选入辩论队，那是非常非常值得炫耀的事情。

石建山接过话筒：“还有第二件事，是下半年的事情。咱们上海律协与西藏律协结成了友好帮扶对子。我们打算捐助五辆越野车给西藏律协。律协委员们开了好几次会讨论怎么把这五辆车送过去。当然捐得起车就出得起运费，可是我们想了一个更好玩的办法：开过去！我们打算组织一个西藏探险小分队，每车不超过 4 个人，不少于 3 个人，8 月份从上海出发，走‘青藏线’进藏。到达拉萨后要和西藏律协开个研讨会，相互学习、相互借鉴。所以这次行程的时间、路线都需要专业的志愿者帮忙整理安排。更主要的是征集司机和乘客，条件是，一，必须是大所的高伙，执业 10 年以上吧，不要交流的时候被人家发现上海律师的水平不行。二，必须车技很好，驾龄 8 年以上吧。这主要考虑到安全问题。当然也不要求一辆车上 4 个人每个人都达到这个标准，只要有两个人到这个标准就可以。三，必须是身体健康。去之前律协会对人选的律师进行统一体检，不要拿生命开玩笑。四，必须是男士。为什么不选女士，不方便啊！一路上风餐露宿、风尘仆仆，卫生条件、住宿条件都要做最坏打算，舍不得让上海的女律师们去受苦。五，……

我还没想好，先说这四条吧。哈哈"

一石激起千层浪，大家又兴奋起来。去西藏、净化心灵，大概是每个人心里的梦想。每个人相互之间立刻就变成了："哈哈，我驾照刚好8年。"或者"三高不算不健康吧，执业10年还没有三高，那不正常。"

石建山走过来，潘越对他说："去西藏，我报名了。你说的几个条件简直就是为我量身定做的。"又拉着旁边的柴进说："还有他，我帮他一起报名。"

石建山笑说："老潘，你最合适。现在又有时间，又有能力，又能说会道。对了，你不做主任了，是不是有空把你说的那个律协成立教育委员会的方案搞一个？"

"方案是现成的，我已经递到全国律协去了。这不年底全国律协在讨论人大下发的一个法律议案，还没轮到这个事情。怎么着？你有什么想法？"

"你天天没完没了地说这个，我听来听去也听进耳朵里了一点。既然你已经递到了全国律协，那我就把这个章节省略。下一个章节就是，你看咱们上海先搞个试点怎么样？不一定要提教育委员会的事情，先把事情办起来。"

潘越惊喜："好啊，当然很好！"

"那这个事情交给你？"

"交给我！"潘越笑逐颜开。在律协里单独成立教育委员会，这个事情他已经用心用力地跟踪了六七年。今年这属于有了突破性的进展，太令人振奋了！

柴进说："老潘就是有这个本事。这事儿他要想干成，你今天说不行他明天说，明天说不行他后天说。说来说去，这事肯定会被他说成的。"

"你不赞成？"

"我双手赞成！"柴进夸张地举了举双手。柴进把潘越拉到旁边，说："又是一年。老潘，米英捷的案子过了年可能要有一个突破。两次退回补充侦查都用完了。"

"乐观吗？"

柴进表情变得非常严肃："能不能保住脑袋，全在他的舌头。"

潘越的心提了起来："怎么说？"

柴进的小眼睛闪过一道寒光："拔出萝卜带出泥。你该懂的。"

两个人都不说话，不约而同叹了口气。

旁边的律师说话的声音就听得特别清楚："我是华政的，老师同学在法院检察院的不要太多。上海滩没有我办不了的案子！什么专业化？难道人家把钱送上门，因为不是自己选择的专业还不收钱？脑子又没有被枪开过！我就是要做万金油律师，我觉得做得蛮好。"

那青年律师，嘴角泛着白沫，一副意满志得的样子。他俩相互对视了一眼，柴进说："一颗老鼠屎搅坏一锅汤。有的人对律师有偏见，认为做律师不需要什么专业能力，能搞定法官就行了，就是因为这种败类大有人在。"

"这符合'二八'定律。每个行业差不多都是这样：20%的人赚了这个行业80%的金钱，剩下80%的人去抢那剩下的20%的金钱。他们不想着磨炼自己，培养一技之长，只想着投机取巧。"

"这也是我为什么支持你搞教育委员会的原因。"柴进说，"教育是本源。"

这时，窗外想起来了烟火的声音，整个礼堂的人都涌向了窗口。美丽的烟火照亮了他俩的脸。

潘越感叹："千禧年过去了——新的世纪开始了！"

第二十一章
强者主动出击

经过实践表明：

硕士最适合干律师，

博士生在实务上过于较真，

而本科生的理论偏弱，做案件没有深度。

均昊所上海分所在上海滩律师界已经是一块金字招牌，盛名之下如果不能在全国律师电视辩论赛上海代表队里抢夺一席之地，那简直是羞辱。所以一开年，律所最重要的工作之一就是在所里大张旗鼓地组织辩手初选。

潘越先从上海戏剧学院播音主持专业请了一位教授，用一周时间针对所有青年律师进行全方位培训，从站立、行走、坐姿，到发音的方式、口型和面部表情，培训完考试刷掉一批人。剩下的人再从身高、体重、气质、长相、普通话这些方面淘汰；第三轮进行法律基础知识、反应能力和词汇量的考核。在选择培训名单时，潘越经过反复权衡估量，还是把钱婷婷找来了："你怎么没报名？"

"我为什么要报名？"

"我建议你报名。相信我，你行的！"

钱婷婷跳了起来："老潘，你不要害我。我连法学背景都不是正规的，你想让我去出丑啊？我不报！"

"辩论赛，法学知识只是一个出口。这种比赛最最核心的竞争，是看一个人在急速反应中的逻辑思辨能力。想想你平时气我的时候说的那些金句？你行的，你应该抓住这次机会。"

"老潘，你不要公报私仇。跟你说，我在人多的时候说话腿肚子转筋！不去不去！"

"你把气我的劲儿用一半在辩论赛上就够了。你虽然不像名校生那样读书破万卷，但是你有急智，这个能力是天赋，读多少书没有用，是天生的。而辩论最需要的就是急智。"

老潘看了看马鸿钧。马鸿钧才不像潘越那么婆婆妈妈，他直指要害："消极方面的条件，这次不报名，你就不要进入我这里的下个项目。积极方面的条件，只要你能够进入集训队，推荐送去纽约分所带薪进修6个月。"

去纽约分所带薪进修，这真是个实实在在的大糖饼啊！钱婷婷的软肋就是英语。还记得1994年，钱婷婷说了一句"嘿啊维阿"，被龚骏当着汪昭、李洛薇这些见习生的面嘲笑，让她巨没面子。为了争这口气，她放弃一切既得利益，从英语字母学起。她学英语的经历用扒皮抽筋、生不如死、死去活来这些词形容，一点不算夸张。后来加入变态的马鸿钧团队，经常被骂得狗血淋头、满地找牙。终于，她能够阅读英语原版书了，可以用流利地道的纽约口音和客户谈判了，可以洋洋洒洒一口气写出几万字的英文法律意见书了。可是，她还缺少一个权威的认证。而去纽约分所进修，无疑是最好的背书。

钱婷婷恨恨地看着他俩，咬着牙说："成交！"

通过三轮考核，均昊所派出了6个人参加上海律协组织的全市推荐人员多轮面试。这6个人里，包括了钱婷婷。

上海律协的辩手选拔竞争非常激烈。高武廷眼光毒辣、严苛挑剔，测试方式甚至包含了心理测试这样的内容。全上海能够杀入高武廷眼里的候选人已经从十几万缩减到了千把人，要从这千人中选出不到十个人来，对于双方都是一种挑战。

经过N轮考核面谈，能够进入集训营的名单还是确定了。让上海律师界羡慕嫉妒恨的是：均昊所上海分所居然石破天惊地有两个人入围！这俩人是：宋健和钱婷婷！

宋健入选其实并不是特别让人意外，事实上均昊所初选定下的方针，就是力保宋健。别忘了当初潘越为什么要让汪昭拼死把他抢到均昊所来——他可是在大学里就拿到全国大学生辩论赛最佳辩手。

而钱婷婷可就是实实在在的黑马了。谁也没想到，连她自己都没想到！

钱婷婷对宋健说："最好赶快淘汰我，我不想站在那么多人面前讲话，我不想上电视。我害怕。你不怕吗？"

宋健微微一笑："我喜欢万众瞩目的感觉。"

钱婷婷目瞪口呆地看着他，心想，这人心理不正常吧！

高武廷让入选的队员进修封闭集训。其实除了宋健这种大赛经验丰富、经常在电视台客串主持人的外，其他大多数人和钱婷婷一样，一上台面对观众都会双腿不自觉地发抖。高武廷的办法很简单：把集训中心当时能找到的所有人找来，围观！而台上的人必须在围观中随机说点什么！

有一次高武廷对好奇地站在旁边的大厨说："你出个话题。"

大厨在哄笑中扭怩了半天，操着河南话笑说："为啥大蒜这贵哩？法律管不管这？"

倒霉的钱婷婷只得在围观群众中就"大蒜价格与我国法制环境的建设"这个话题一本正经地按照"总分总、一二三"的套路说了40分钟。

说完以后，其他的人还得就她说的论点、论据进行评判，指出论证方式的不足，挑出用词的不当，甚至对她说话时的站姿、手势、眼神都要进行点评。

两三周后，他们感觉自己如果在革命时期，做个街头随机演讲的五四青年肯定没问题！

又经过三周的魔鬼训练后进修最终考核，选拔6个人正式成为上海代表队队员。这6个人中，4个人是正式队员，两个人为替补。考核结果出来，宋健不出意外地成为正式人选，而且还是最重要的四辩，负责总结陈词。钱婷婷被刷掉了。

宣布当时，钱婷婷和其他三个人都没忍住，大哭一场。钱婷婷有"终于解脱了"的心态。可是经过一个多月的魔鬼训练后，她的心态也发生了变化，不服输、不甘心和功亏一篑的感觉让她为自己临门一脚失败而遗憾。

回到均昊所，整个所里的人都在安慰她：能够在十几万名上海青年律师里进入集训队，已经非常让人佩服了。马鸿钧向她保证，推荐她去纽约所进修的承诺不变。潘越晚上特意请她吃饭来安慰她。两人吃到一半，钱婷婷的手机响了。她拿出来一看，愣了一下，对潘越说："是高律师，他找我什么事？"一面接起来电话。

电话里高武廷说："钱婷婷吗？现在通知你，你被选为这次全国律师电视辩论大赛上海律师代表队的正式队员，你做二辩。明天上午九点到上海律协集合，统一测量身高，定做服装。"

"啊？啊！那个……不是……可是……"

高武廷在电话里笑了："小钱，你将是唯一的女队员，加油啊！"

钱婷婷挂了电话，傻呆呆地瞪着潘越看着。潘越被她看得发毛，问她："怎么了？"

钱婷婷咧开嘴大笑，两行泪水流了出来。她兴奋地扬起手臂大喊一声："我被选中了！"

后来才知道，钱婷婷能够被选中最重要的原因，不是因为她的考核打错了分，也不是因为她有急智，竟然是因为她的身高。原来之前入选的四个人都是男孩。高武廷反复考虑后，还是决定加入一个女队员。而进入集训的两个女孩里，另一个女孩的身高有一米七四，穿上高跟鞋上看起来比其他三个男孩都高，缺乏视觉上的美感，不穿高跟鞋又显得不够挺拔。钱婷婷就因为这种莫名其妙的原因，成了在全国青年律师中青史留名的人物。

就在钱婷婷和宋健封闭集训时，均昊所也发生了一件让人大跌眼镜的事情：闫妍给大家发了结婚喜糖。当然这不是重点，重点是，她的结婚对象是称霸上海律师界颜值多年从无对手的超级颜霸赵展！

赵展，颜值堪比白净时期的香港明星古天乐，气质俨然民国时期贵公子。他名校毕业，能力出众，三观端正，品德纯良。前正牌女朋友是家有直升机的富二代，绯闻女友李洛薇是有名的铁血女战士，其他敢觊觎赵展身边位置的女孩，莫不自认为有着出众之处。但是，但是，但是，闫妍却正好是那个什么都没有的人。

闫妍大脸盘，浓眉大眼，从来不化妆。中等个子，也谈不上好身材。把闫妍放在普通的地方，从小学到大学一直学习前五名、复旦法学院毕业、英语专八的女孩一定算是出类拔萃的。可是均昊所上海分所里，哥伦比亚法学博士毕业的美女沉鱼落雁，给国家领导人充当法律英语专职翻译的美女闭月羞花。除了做律师的专业能力，能用乐器开演奏会、唱歌堪比专业选手、做过业务模特儿、开过画展、出版过书籍的美女比比皆是。美女成群结队，赵展却只有一个，而赵展是人见人爱的。

所以，闫妍和赵展结婚的事情，在均昊所上海分所是平地一声惊雷，震得美女们何止是心碎，简直世界观都碎成了渣渣。潘越饶有兴味地看着赵展和闫妍这俩人，心里知道，全所的女孩都该疯了，但是也未尝不对闫妍肃然起敬吧。

　　他笑问："你俩以后怎么打算的？"

　　闫妍一直笑着。这种发自内心的幸福让她看起来也是美丽的。她说："我们俩申请好了美国的'老流氓'，一起去读。"

　　"老流氓"的意思是 Master of Laws，简称"LLM"，就是法律硕士。在国外一般课程是一年左右，在均昊所各种金光闪闪的证书里算是层级比较低的。

　　"一起去？签证能过吗？"潘越笑说，"其实你们可以留下一个人。"

　　赵展说："一起出去是我的决定。既然选择了在一起，那就一起面对所有的事情。"

　　潘越看了看赵展，对这个创造了均昊所颜值纪录的帅小伙满心欣赏。他没再说什么，只是拍了拍赵展的肩膀。

　　均昊所上海分所的行政管理现在处于自由运行状态。因为马鸿钧虽然做了主任，但他心里一万个不想干这个差事。所以今年的大学生招聘工作，他推给了潘越。潘越当然不会再管。周文静在两个办公室穿梭了几趟谁也没有说服，只得拿出行政经理的架势说："马律师，这事按照职责是您处理。"

　　马鸿钧无奈说："我去找老潘！"

　　到了潘越办公室门口，看潘越满脸喜色，就斜靠在门框上，问："什么好事，美成这样？"

　　潘越扬了扬手里的儿童涂鸦画，说："我儿子画的画。这臭小子，有点天才！"

　　"嗯，比你强！要是你画的，一块钱我肯定不买。"

　　"出去出去。"

　　"你不能当甩手掌柜，咱俩得分分工。"

　　"谁跟你分工？别做梦！"

　　马鸿钧温和地说："这不是你的风格。你是均昊所上海分所的创始合伙人，你要对它的人才负责到底。"

"少来这套！你们不出去开荒，又不让我开荒。好，那我就啥也不干，我退休。"

"你……"

"律所管理的事情免开尊口。"

马鸿钧在门框上靠了一会儿，就走了。

过了一天，又来了。靠在门框上说，"老潘，咱俩得分分工。你至少让我这个主任显得有点权威。"

"没商量没商量。"潘越不耐烦地说，"我抽烟了啊。"

马鸿钧不抽烟，特别受不了烟味。潘越说抽烟那就是逐客令了。

过了两天，马鸿钧又来了。靠在门框上："老潘，我觉得你变了，你在我心中的形象倒塌了。"

"我怎么了？"

"你宁肯虚度光阴，也不愿意管律所人才招聘这样的大事……"

潘越崩溃了："别跟我提那事了啊，我跟你说提也没用。"

"你看，我是这么想的……"

"你怎么想的也没用！"潘越高喊，"周文静，明天把我的门框上全都钉上钉子！"

周文静在外面笑得花枝乱颤地答应着："好，好，好。"

过了两天，马鸿钧又来了。靠在门框上，看着潘越。潘越不等他说话，先说道："没用的，老马，你这次就是嫁给我也没用的。"

"你就不能像个爷们一样别闹了吗？"

潘越跳了起来："到底是谁在闹？你就不能像个爷们一样站直了说话吗？"

马鸿钧淡定地说："少安毋躁，少安毋躁。那你帮我个忙行吗？"

"不帮！"

过了两天，马鸿钧又来了。靠在门框上："老潘，你帮我个忙。"

潘越已经完全没了脾气："老马，你说说你，天才儿童、少年得意、留洋博士、国之栋梁，为什么不能一怒之下再也不求我了呢！"

"开玩笑。"马鸿钧嘴角一笑，"你把我的情商想的和你的智商一样了吧。虽然我自从和你为伍，智商一直停滞不前，但什么事该怎么做还是知道的。咱俩分分工吧。"

"你跟我说清楚，什么叫'自从和我为伍'？"

"我管业务，保证上海分所稳居全国排名前三。其他的什么财务、人事、行政这些实权部门都归你管。"

"拉倒吧！凭什么我要帮你干那么多活？你叫我师傅？"

马鸿钧突然站直了一个金猴独立的姿势，扬起一只手，做托着宝瓶的样子，眉毛一立，学者孙悟空的声调说："我叫你三声师傅，你敢答应吗？"

潘越没忍住，扑哧笑了，怒喝一声："滚！"

潘越的桌上摆着厚厚的一摞简历，潘越对着简历挑挑拣拣，想起均昊所上海分所第一年校园招聘，他带着秦大江、钱婷婷他俩，包里装着一个红条幅，走到哪个学校就要个会议室，拉个横条幅摆摊开练。看到优秀的学生那真是苦口婆心、喋喋不休地说服人家。当初为了把宋健要到均昊所来，废了多少苦心！现在均昊所稳居上海滩律师事务所的前三名，各种优秀硕士生、博士生的简历雪片般飞来，几乎是首轮随便挑，这种成就感很难用语言形容。

他手上拿着一份简历翻来覆去看了好多遍。这是一份很少见到的简历，它是用一手漂亮的钢笔字手写出来的。简历上的照片是一个清秀女孩冲着他微笑。这份简历所透露出来的信息太让潘越喜欢了，这是一个有心、努力、干净、上进的女孩。可是唯一不足的是，她是本科生，而均昊所几乎从来不招本科生。

他想了想，给简历上留的电话打了过去："周亦慧吗？我是均昊律师事务所上海分所的潘越。"

电话里传来惊喜的声音："潘律师！真的吗？哇，我太高兴了！"

听着这个年轻率直的声音，潘越不得不微笑："谢谢你能向均昊所投简历。不过可能你不知道的是，均昊所基本上只从硕士及以上学位里选人……"

女孩子急急地打断他说："潘律师，我知道的。可是你可以看看我啊，你可以试试我啊，你会觉得我的能力一定不会比硕士及以上学位的人差的。而且，我仔细地研究过您的文章、邢然律师的文章、吴大维律师的文章，你们都说过，对于律师来讲，最重要的能力是学习的能力。这个能力我有啊，我最大的特长就是持续不断地学习。"

"你很好，我注意到了。不过这是均昊所的铁律之一，我们一般招研究生以上的……"

"潘律师，要不这样，您稍微抽出一点时间来跟我面谈一下，行吗？这对您来说可能只是一件小事，对我来说却是一件大事呢。"

"为什么是大事？"

"一旦您给了我面谈的机会，如果您录用了我，那您就改变了我的命运，您是我一生的贵人；如果您不录用我，那我至少是本届本科生中唯一被均昊所高级合伙人面试过的人，一样可以让同学们羡慕一下嘛！"

潘越自诩自己是个很能够说服别人的人，这次被这个初出茅庐的小姑娘说得没话说了。沉吟了一会儿，说："那这样吧，我再跟其他合伙人商量一下。"

从钱婷婷以后，再也没有遇到过能让潘越觉得错过了真可惜的人了。潘越拿着周亦慧的简历给马鸿钧看了看，问他："这个本科生你要吗？"

马鸿钧说："我持保留意见，但我不要国内大学的博士生。"

邓辉指着照片说："这种女孩你居然还看学历，老潘啊老潘，你果然老了！"

梁燕妮说："这个简历一看就知道是个有心劲的孩子，照片漂亮、版面简洁、逻辑清楚，还突出了一手漂亮的书法，这种人岂可错过。"

刘查理说："就冲这么漂亮的字，我要了。"

赵淳说："帮我面一下英语，没问题的话我要。"

沈燕华："我要能扛案卷的男生。"

马远程说："这样，你们先面，如果这女孩实在不符合你们的要求，简历给我。"

……

潘越说，你们都没意见，我可是要突破铁律了，这批我就把本科生、硕士生、博士生各招几个，大家正好对比看看，到底哪种人才好用。

这一年，均昊所招收了 11 个见习生。包括 2 个博士、5 个硕士，托周亦慧的福，还进来 4 个学士。后来 5 个硕士生全部留下来，博士一个也没留，本科生中完全合格的只有周亦慧，杨青山沾了是个男生的光，勉强留下来了。但经过这一批人之后，均昊所的高级合伙人们算是通过实践检验证明，确实是硕士最适合在律师事务所从事律师职业。博士生在理论上过于较真，很难处理具体案件。而本科生的理论偏弱，做案件没有深度。

周亦慧进来没两天，马远程就不动声色地扔给她一个活："这里有个劳动争议，你提个方案，顺便把有可能涉及的所有法律检索一下。"他故意说得含糊一些，想看看这个拼命争取机会的人，是不是也会珍惜机会。

周亦慧说："好的。马律师，我有问题可以问谁？这个文件什么时候给您？"

这两个问题问到了工作执行的要点——汇报路径和完成时间，这是极少有人能注意到的：只有明确了这两个要点，才能保证准确、及时地完成交办的工作。

很多实习生、律师助理在接到律师下发的工作后，立即动手。但是对于工作的解读却不懂得澄清和确认，导致有时候工作完成得很快，但并非律师想要的那个结果，或者根本没有进度，因为不知道到底该怎么做。

有时候他们会抱怨说，工作没有及时得到处理的原因是律师派发工作的时候没有说清楚。他们都忘记了：一、工作派发之后就处于一个动态变化的过程，不可能一次说清楚；二、派发工作的人和接受工作的人对于同一问题存在分歧是必然的；三、谁是老板？听起来很容易理解是不是？但实际上只有1%的人能够真正理解。

所以，周亦慧一下就打动了马远程的心。他表面不动声色地说："问题可以问梁庆律师，最迟三天回复我。"

第二天下午，马远程在收到了一份电子版的法律方案和法律检索文件的同时，还在办公桌上看到了一份打印好的文本。尤其是法律检索文件，她把认为和此案有关的法条用红笔突出标了出来，还在空白处写上了能够说明哪一个问题的法律要点。这种细心、负责的工作方式，不仅仅是工作了几年的律师助理所没有的，连很多二年级的律师也没有这样用心做过。

马远程兴冲冲地拿着这摞文件给每个合伙人炫耀了一遍。他捂着半边脸，反复强调："这人我先要的，这人我先要的，都不能抢了啊！"捂着半边脸是因为他刚刚把门牙旁边的牙齿拔了，但总也没时间去补上。为了掩盖这个牙洞，养成了这么个风情万种的新习惯。

赵淳眼馋地说："你一个扛劳动法旗帜的，人家未必看得上！别忘了均昊所是双向选择。我可是做外商投资的，跟着你在田间地头和劳苦大众打交道好，还是跟着我在五星级宾馆、会议室讨论美元投资的感觉好，美女心里会有一杆秤的。"

马远程美不滋儿地带着胜利者的姿态走开了。走回去的第一件事就是找周亦慧谈话："你对于自己的专业方向有没有规划？"

"我在学校拿到了中级口译证书，还在考高级口译。我希望能往外商投资这个方向发展。"

马远程心中庆幸自己下手够快，口中却说："外商投资这块业务现在确实如火如荼，可是正因为如此，你要从这里突围恐怕很难。"

"噢……为什么？"

"咱们所做外商投资是全国第一流的。不说总所，就说咱们上海分所，马律师、赵律师、王律师、刘律师都已经在江湖上成名已久。他们有一个共同的特点，就是都有国外一流大学法学院的留学背景，还有国外律所的工作经验，这块是你欠缺的。"

"咱们均昊所不是有个奖学金制度吗？我打算争取一下。"周亦慧果然是有备而来。

马远程点了点头，说："很好，我非常支持你这个想法。可是我来和你一起分析分析外商投资为什么这么火：它的背景是我国加入世贸组织后，各种因素逐渐发酵，外商投资法律服务是这种发酵的第一步。就像是核爆炸，它是冲击波对外扩散的第一个层次。这个层次的外延最小、波长最短，换句话说，它的竞争激烈，但能够带来的经济学上的边际效却并没有那么多。"

周亦慧的大眼睛眨了眨，笑说："马律师说得有点玄，我回去慢慢琢磨琢磨。可是很多律师都是把外商投资法律服务作为敲门砖，只要和外资企业建立了法律服务关系，就能够逐渐参与到外资企业在中国所有的法律服务中去呀。"

马远程点点头："很好，说明你有过充分的思考。不过你说的现象正好验证了我一开始所说的'各位大佬圈地都已经完成了'，初入这个领域很难再打进去了。"

周亦慧微微皱起了眉头，不解地看着他。

马远程："你现在和全上海大部分律师一样，只是认为我是劳动法专家，专做劳动争议案件。按照赵律师的说法，我就是一个在田间地头为劳苦大众解决劳动问题的劳工代表。可事实上，劳动法是一个非常专业的法律分支，通过整个法律分支，你是可以很容易地将法律服务的触角深入到企业的方方面面的。"

周亦慧眼睛一亮。

"从单纯地解决企业个别员工的劳动争议入手，帮助企业建立全套行政、人事、财务管理制度，在帮助企业建立管理制度的同时与企业沟通，将企业用人与企业运营联系起来，帮助企业梳理法律风险、预防操作风险、培训合规意识……如果我们的法律服务已经触及企业的人力资源管理和股权结构优化，那就已经触及了企业的核心法律服务。归根到底，企业所有的管理、投资、争议这些风险都来自'人'的风险。我们如果从'人'出发，切入企业的管理中，不是一样可以将企业所有的法律服务全部完成吗？"

周亦慧若有所思。

"劳动法和其他法律的专业律师存在的最大的区别是：你是代表用人单位，还是代表劳动者？其他专业的律师可以在这个案件里做原告律师，也可以在其他案件里做被告律师，这没有问题。可是作为一个负责任的、高度专业化的劳动法律师，应当是在入行之前就考虑好这个问题。否则你在一个案件里这样解读劳动法，在另一个案件里又那样解读劳动法，这样以己之矛攻己之盾，永远无法成为让人信服的专家，能有什么权威性可言？"

"啊！还真是这样的！我怎么从来没有从这个角度来考虑过呢？那您是代表哪一方？"

"我是要从劳动法作为引子，最终深入到用人单位法律服务的方方面面的，所以……"

"您只代表用人单位！"

马远程微笑点头。

"那个……现代企业制度这些内容，不应该是公司法调整的吗？"

"这又涉及两个方面：第一、要知道在英美法系国家，企业家搞不定工会寸步难行，这意味着中国劳动法的作用也会越来越重要。第二、除了要成为劳动法专家，你还应当是一个从劳动法角度出发的公司类综合法律专家，这对律师的要求就很有难度了。我毫不谦虚地可以告诉你，就像上海刑事辩护律师第一人是柴进一样，上海劳动法第一人肯定是我。"

"马律师，我正要请教您。现在正沸沸扬扬地要修订劳动法，您可以大展身手啦。"

马远程收起笑容，鄙夷地说："胡搞！"

周亦慧疑惑地看着他："修改劳动法，更多地保护劳动者，这是好事啊。"

马远程瞥了她一眼："小周，要学会站在更高的角度思考问题。我问你：劳动法修订所谓的目的，一、提高劳动者工资报酬；二、确定劳动者工时、休假和加班情况；三、在劳动者辞职或被解雇时提供保护。"

"是呀，这都是对劳动者有利、对资本家有害的嘛！可是资本家无限度地剥削劳动者的剩余价值，拿出很少的一部分来补偿劳动者，这是应该的呀。"

马远程无奈地摇摇头："你被洗脑的太厉害了，这个现在不说了。就说你刚才说的，'对资本家有害，对劳动者有利'，我问你，对劳动者的利好在哪里？"

"劳动者的收入增加了嘛。"

"好的。也就是说，在基本经济环境不变的情况下，劳动者的收入增加，就意味着企业主的成本提高，企业主的利润下降。那么你知道为什么阿迪达斯、耐克这些工厂这些年全部把总部从马来西亚这些地方搬到了中国吗？就是因为我们有低廉的劳动力，而劳动力成本是企业发展中最大的成本。正因如此，在我国法制环境依然不乐观的情况下，企业家们为了利润在中国大陆大造工厂、广泛招工，这就是现在两广、江浙地区打工潮出现的真正原因。打工潮意味着农村的壮劳力有机会出卖劳动力挣更多的钱。"

周亦慧半懂不懂地听着。

马远程继续说："也就是说，低廉的劳动力是我们在国际生产企业中的核心竞争力。我们刚刚从这种核心竞争力中挣得一点点利润，就开始修订劳动法。它的后果只能是，劳动力成本增加，国际工厂无法维持、向专项成本更低的国家或者地区转移。"

周亦慧睁大了眼睛，她从来没有从这个角度想过问题！

马远程越说越激动："国际工厂走了，皮之不存毛将焉附？工厂的劳动者失业了，同时产业链上还会有一连串的劳动者失业，失业的劳动者又会衍生出无数社会问题。到那个时候……"马远程突然兴味索然，摇了摇手，"我们试错的成本太低了，所以没有人在乎。"

周亦慧没有听懂最后一句话，但听了前面的话心里焦急起来："马律师，您赶紧把您的意见向律协、向司法部、向劳动部反映啊，他们可能都还没有想到这一点呢！"

马远程被她的天真逗乐了，一笑没补的牙洞要露出来，他赶紧捂着脸说：“姑娘，我说的是法律，你说的是政治。政治是主体，法律是工具……唉，这个跟你说不清。”

“那个，很多美国总统都是法律专业出身啊！”

“你说的，就是老潘天天唠叨的什么统治阶级的进化诸如此类形而上学的东西了。老潘认为用不了多久我们的国家主席也会是从法学人才里产生，我觉得有可能，但是肯定没有那么乐观。十年二十年吧。”马远程又傲然一笑，“想给我这个上海滩劳动法第一人做弟子的人很多，但师徒之间还要讲究一个缘分。你好好想想愿不愿意跟我干劳动法。我可以给你两天时间思考，但是一旦决定可不能后悔了，均昊所的规矩你是懂得。”

“谢谢马律给我机会，我一定好好考虑！”

聪明的周亦慧找到潘越请教这个问题。

潘越面前放着当天的《新民晚报》，半个版面是一张全国律师辩护电视大赛上海代表队四个人欢呼的合影，他高兴地拍着周亦慧的肩说：“小钱他们进了决赛了！已经是全国三甲！我的弟子！怎么样！”

周亦慧趁机笑说：“我的天资比钱律师可能略差一二，但勤能补拙，潘律师也收下我吧？”

潘越笑说：“我正在反思自己是不是确实老了，这次怎么会手软，没半路上把你抢下来。”

周亦慧心里突突一跳，笑容就有些尴尬。

潘越看了她一眼，点着她说：“我是说你是个人才，你可别想歪了！”

周亦慧这才展颜一笑，不好意思地说：“潘律师，以前我还不相信律师行业有潜规则这一说。这次我同宿舍的同学真的遇到了。”

潘越的表情并不惊讶，只是“哦”了一声：“这样的事情跟律师这个行业没有关系，主要是跟人品有关系。律师界有这样的败类，法官就没有吗？检察官就没有吗？外资公司就没有吗？都有！这是人的品质问题，跟从事什么职业没有关系。”

周亦慧笑说：“我来之前人家还跟我开玩笑，说你就喜欢美女。”

潘越笑了：“对呀，我就喜欢美女！我不但喜欢美女，我还喜欢大美女，越漂亮越好！为什么不呢？我努力奋斗天天向上，难道是为了让眼前整天晃着卖菜大妈吗？"

周亦慧也笑了，"潘律师，我本来是冲着您来的。我和我的同学们在电视上、杂志上、论坛里都很关注您，您是我们心中的男神呢。"

"如果连'80后'都在关注我的言论，那我当然高兴。刚才你说跟着我做助理——全均昊所的人都知道，给我做助理最舒服。我的律师和律师助理从来不加班、从来不用受客户的气、从来不需要过生不如死的日子。"

"律师不加班，好像天方夜谭啊。为什么？"

潘越挥挥手："很简单，搞得定甲方啊。小到什么文件字号不一致啊、装订倒页啊、有个把错别字啊，这些都是浮云；大到项目方案确定不了啊、股东会决议通不过啊，都不在话下。我提出的方案从来不讨论。甲方同意就付费，不同意我还不接他们的事情了呢！小周，我的特点是解决问题，问题解决得漂亮干脆，这些细枝末节可以忽略不计。像那些海归们天天既要追求形式，又要确认内容，太累了。"

"那您收下我吧！"

"收下你？就是她——"潘越用手指敲敲报纸上钱婷婷的照片，"当初是我的首席助理律师，不但不受我管，还经常管着我。在日子过得那么舒服的情况下，主动离开选择去了马鸿钧团队。"

周亦慧岂能不闻马鸿钧律师虐人无情的大名："为什么啊？马律师好吓人啊，我现在还不敢跟他说话呢！"

"为什么？小周，难走的都是上坡路啊！马远程现在主动要你，还给你时间让你考虑，这是非常看重你了。你问问你前面来的那些年轻人，他们会告诉你，不要说让马律师收下做徒弟，就是能进他的项目组也是很让人羡慕的事情。"

潘越言归正传："老马打着劳动法第一人的大旗，实际上不声不响把客户单位的法律事务全部接管了，是个专业的聪明人、聪明的专业人。均昊所律师助理是混用制，并不是所有的合伙人都肯承认某个助理是徒弟的。你又有悟性、又肯吃苦，跟着这样的师傅肯定事半功倍。"

潘越帮助马远程收住了周亦慧的心，周亦慧也确实非常争气，事情做得又快又好。好几年期间，马远程带着周亦慧这个徒弟出去都很得意。三年下来，同一批进所的人里，她是最出挑的那个。后来她遇人不淑、婚姻不顺，为了逃离婚姻离开了均昊所、离开了上海，就是后话了。

这段时间整个上海律师圈，不，整个法律圈聚会，话题都离不开电视辩论赛。尤其是均昊所上海分所有两个人担任正式辩手，每一轮赛后办公室里一定是人声鼎沸先讨论一阵子。行政部每天中午把会议室的投影打开放电视回放，大家甚至宁肯叫外卖也要聚在一起看，边看边激烈地讨论。谁说错话，谁紧张，谁有小动作，大家比当事人还一清二楚。外出办事的人都急急忙忙要在中午前赶回所里，就是赶这个讨论的热闹。大家眼看着上海代表队一步步地进阶，从全国杀入十强，从十强杀入三甲，真是惊心动魄！

最终首都代表队和上海代表队进入冠亚军决赛。决赛那天是在上午，行政部提前从某个高伙家里借来了当时最大屏幕的电视机，调整好网络链接，把大会议室摆成了直播现场。全所人员不约而同把各自手上的活能推的全推，能延迟的延迟，聚集在小会议室里等待直播开始。潘越、邓辉、马鸿钧、刘查理……上海分所的小律师们还从来没有看到过所里这么多大佬同时出现。节目开始前大家还逗个贫嘴、说个笑话，电视画面一切换到直播现场，潘越说：嘘！大家立刻静止下来，小小的会议室里安静得能听到二十层楼下的汽车喇叭声。镜头慢慢扫过去，大家紧张地说："快看！宋健和钱婷婷，钱婷婷摸了两遍桌子上的文件，她是不是有点紧张？"

电视声音被调到了最大，主持人正在挨个介绍双方队员，会议室的门被一个突如其来的人猛地推开了，一个人喘着气跑进来。大家吃了一惊，回头一看，是汪昭手里抱着一大包纸尿裤。他关上门匆匆走进来不由分说往人群里挤，口中说，"我以为晚了，差点跑断气。还好，还好！"

没人有心情问他为什么抱着纸尿裤。周文静把自己的位置让给他，自己和别人拼了张椅子。

电视镜头切换成比赛全景，潘越拍拍汪昭的胳膊示意他闭嘴。

辩论赛开始了，辩论双方在你来我往中逐渐硝烟弥漫、火花四溅，所有人都大气不敢喘地盯着电视。马鸿钧着急地说："首都队那个女孩，反应快、专业精，每次都能打在三寸上，优势明显。就是风度差了点，太咄咄逼人了。"

潘越说："上海队观点新颖，其实也不差。"

几轮辩论结束，赵淳说："首都队有优势。"

潘越立刻说："显得穷凶极恶，这不是优势。"

轮到四辩做主题发言，这是最关键的环节。上海队的宋健大赛经验丰富，又做过业余主持人，临场优势发挥得淋漓尽致。他镇定从容、儒雅俊朗，不紧不慢地先肯定了对方的能力，才把己方观点归纳总结。论点清晰、论据充分，论证过程抽丝剥茧、层层递进，最后总结高屋建瓴、大海归源。他的发言结束，赢得了一阵热烈的掌声。在这样的情况下，对方四辩男生纵然也很不错，但是要超越宋健就很难了。对方四辩发言一结束，刘查理就惋惜地说："首都队失误了。如果是那个女孩做四辩，现在已经锁定胜局。"

邓辉说："这女孩我见过，是甲迅所的。北大本硕连读，确实非常优秀。一般人根本 Hold 不住。"

开始裁判员评审阶段，现场直播的画面切到了两方总教练的采访，海派律师和京派律师各自不同的气质对比鲜明。高武廷侃侃而谈的时候，大家开始打赌到底谁是冠军。潘越说："我只有一个选择，上海队！"

汪昭说："我跟，100块！"

赵淳说："凭实力，我觉得首都队更胜一筹。"

双方就到底京队和沪队到底谁更优秀越争论越激动，就听这时电视上出现了主持人的声音，她说："激动人心的时刻到了……"

会议室里重新恢复了安静，大家的心都怦怦直跳。汪昭的手机不合时宜地响起来，立刻引起一片呵斥：关掉关掉！汪昭直接把手机顺手按了关机。

"我宣布，本次全国青年律师辩论赛的冠军队是——上海代表队！"

整个会议室刹那之间沸腾了！大家一跃而起，高声欢呼，相互拥抱，真比自己拿了奖还兴奋激动。正在一片混乱之中，周文静挤过来把手机递给汪昭说："怎么找你的电话打到我这里了？"

汪昭接起电话："哪位……啊，老婆大人……生啦？男孩女孩？啊，太好了太好了，老婆大人你太伟大了……我的手机关机了……啊，我们看比赛，坏人们都嫌弃我手机太吵……哈哈，我马上过来马上过来……我们赢了！上海队赢了！咱女儿太棒了！一出生就给上海队带来了总冠军！名字就叫盈盈？太好了太好了，老婆大人我马上过来！"

汪昭挂了电话喜得挥舞着纸尿裤手舞足蹈："我家千金宝贝来啦！我有女儿拉！我老婆说名字就叫盈盈，欧耶！"

潘越大喜道："今天均昊所上海分所双喜临门！汪盈盈是咱们上海分所第一个二代宝宝，一来就带来了总冠军的消息，是个福宝宝。等英雄们胜利归来，咱们一起大庆！"

大家喜气洋洋地陆续从会议室里走出来，办公室里刚才掐掉的手机和电话铃声响成一片，潘越神清气爽地说："这才是生机勃勃的景象！"

汪昭拎着纸尿裤跟着他往外走，他一巴掌拍在汪昭头上："你小子也是个神人！你说你家里重男轻女，上面生了四五个姐姐，你从小在六七个女人手心里捧着长大，居然不是凤凰男！自己独立承办的第一个案件就碰上了大学时期的女神，案子解决了，女神也成了老婆，现在不声不响连孩子都有了！"

邓辉深沉地说，接口说："他不声不响也是没办法吧。"

大家一起看着他，好奇汪昭有什么难言之隐。

邓辉环视了一下，奇怪地说："看着我干吗？造孩子这个事情总归要不声不响。大张旗鼓怎么造？"

大家轰然一笑。

前台穿过人群走到潘越跟前说："潘律师，有位家属要见您，路易莎的爸爸。"

潘越心情正好，笑问："家属？什么情况？我们要接待员工家属？"实际上他对这个路易莎印象也很模糊。律所的人员已经超过百人，他很难关注到每一个具体的新人了。

第二十二章
愚蠢律师

我们的法律现状，

不是不按牌理出牌，

而是边打牌边搞规则。

潘越心情好，索性在自己的办公室里等着这个第一位找到律所管理层的家属。进来一位戴着眼镜的中年男人，他带着黑边方框眼镜，穿着灰色夹克，身上明显带着旧时代知识分子的气质。在均昊所这样处处显示着高端、庄重的贵族化的环境里，多少显得有些拘谨。

他很客气地自我介绍说："我是路易莎的父亲路思齐。"

这名字如此耳熟。潘越一边泡茶一边笑说："路先生的名字好像很耳熟。"

他微微一笑，声音特别浑厚："我以前在广播电台做播音员，'思齐热线'就是我主持的。"

潘越惊喜地说："思齐热线是我以前中午开车的时候必听的节目，好多人都喜欢听你的节目！没想到今天能见到真人。您好您好！"

两人重新热情地握了手，落座寒暄了一会儿。路思齐这才说道正题："看到莎莎在这里工作，我放心多了。我年轻的时候流行学俄语，还在俄国进修过。"

"难怪，小路的名字有点俄罗斯的味道。"

"唉！莎莎有了个男朋友……"路思齐欲言又止。

"好事啊。"

路思齐叹了口气："好什么。这男孩什么都没有，读书就读到高中毕业，没有工作，没有房子，没有户口。"

潘越说："这也没什么嘛，只要男孩子努力，这都不是问题。"

路思齐激动起来："他努力什么啊！他什么都不干，白天睡觉，晚上背着破吉他到酒吧唱歌！这这这……"

这倒是勾起了潘越的好奇心，他仔细想谁是路易莎。对了，是那个总是画着浓浓的眼线、超短黄发、时尚大胆，但是干活又快又好的女孩："我想起来了，小路不是从英国留学回来的吗？"

"是啊！英国名校的法律硕士！潘领导，不瞒你说，我就这一个宝贝女儿，从小就很优秀。都说穷养儿子富养女儿，我就是听这句话听坏了。我家条件还可以，这个女儿养得完全不食人间烟火。她从小十指不沾阳春水，每个星期带着去吃一次红房子西餐，在淮海路买衣服，钢琴跳舞样样都学。我女儿也争气，学习优秀，对我们两个老人也很尊重。"

路思齐一口气夸完了后，话锋一转："就是认识这个臭小子以后，完全变了个人！现在家也不回，电话也不接，一心就要嫁给那个王八蛋！我说他连工作都没有，她说他不屑与世俗为伍；我说他没有学历，最少有个一技之长吧，她说他才华横溢，会弹吉他会写诗——写的那是狗屁诗；我说他连自己都养不活，怎么养活你？她说'我不用他养活，我可以养活他。我自己是个俗人，就喜欢他清高不俗、曲高和寡的样子……'我快被她气死了！"

潘越没想到自己所里还有这么个惊世骇俗的女孩，心里倒对她有了三分尊敬，"这个……我能帮上什么忙吗？"

"你们单位的组织上要关心一下她，做做她的工作！"

潘越被"组织上"这个词搞得愣了一下，忍不住笑了。

路思齐严肃地说："笑什么？她在你们单位上班，你们单位就有义务关心她、帮助她、做她的思想工作！"

"哦……"潘越还真不知道该如何跟他解释现代公司和传统国企是有着天差地别的。他在物资局待过，知道他们这一代人，单位就好比是另一个妈，吃喝拉撒、婚丧嫁娶、两口子睡觉无所不管。"这个事情对于小路来说，属于个人隐私。"

路思齐皱着眉头说："怎么你们年轻人动不动就隐私？我们结婚、生孩子都是依靠组织安排的，对于组织有什么隐私？你不要因为莎莎不是党员就放弃她，我一定会积极督促她在今年入党。不向组织靠拢怎么能够进步呢！"

潘越不可思议地看着路思齐。他可是新闻媒体行业出身，理应是意识形态最与时俱进的那部分人，连他这个行业都还有人忠贞不渝地活在八十年代，其他行业这样的"古董先生"岂不是更多？太不可思议、太让人意外了！

路思齐自顾接着说："现在的年轻人我真是不能理解，什么都说是隐私！就像我们单位走后门进来的一个年轻人，工会关心她的家庭生活情况，她就说什么这是个人隐私，不需要。其实都说她是浙江一个什么省领导干部的第三者。以前女孩子要是被人家这样说，羞也羞死了！她自己完全不当一回事。她要是我的女儿，祖宗八代的脸都丢尽了，我要关上门打死她！现在我真是看不懂！这个社会是越来越让我看不懂！"

潘越心里一动："会有这样的事？这个女孩子叫什么？"

路思齐激动地说："我怎么记得住叫什么？我看也不要看这种人！叫梅什么秀？一听名字就知道家里没什么文化，这样的女儿也不打死。唉，社会堕落了！"

送走抱定有困难就应该找组织的旧时代知识分子路思齐，比英国留学美女律师爱上酒吧驻唱三流歌手更让潘越震惊的是：刘秉璋居然在梅秀冬这件事情上越陷越深了！

自从上次与刘秉璋在马良才书记的葬礼上见面，潘越一口拒绝了刘秉璋让他帮忙说服梅秀冬流产之后，他们两个人就逐渐疏远了。尤其是，镜湖驻沪商会的各企业与潘越之间签署的年度法律协议到期后，都心照不宣地没有提续签的事情。

潘越已经从电视上知道，刘秉璋调任省委副秘书长。虽然行政级别没有变化，而且可能原职务更有实权。但从前途的长远来看，自然是重大利好。

依照潘越的想法：刘秉璋年富力强，又有能力、有机会，前途一片光明，自然应当知道定时炸弹晚排除不如早排除。可是他在这件事情上优柔寡断，简直就是作死的节奏。

感慨完了刘秉璋的事情，已经过了下班时间。潘越索性就加了个长班，把事情集中处理一下。听得办公室外面走廊的人越来越少，难得大家今天都走得早。

忽然听到外面有呜呜咽咽的哭声。潘越侧耳细听，又好像没有。办公室静悄悄地，倒让他觉得怪异。就起身在走廊走了一圈，看看到底是哪里出了问题。走到梁燕妮办公室门口，听到里面传来抽泣的声音。

是梁燕妮在哭，潘越还是非常意外的。

他和梁燕妮结识于年轻时在海南创业的时代。那时他俩志同道合、惺惺相惜，度过了一段简单美好、拼搏奋斗的日子。如果不是她一意孤行要去日本，也许会有不一样的故事。上海分所初创，他缺人缺得心急火燎，一个电话打给她，她就从舒舒服服的世界 500 强的日企法务总监的职位离职，回到上海考律考拿执照和他一起创业！

他们美好过。基于这种美好产生的默契，使得他们在事业合作上比别人有更多的相互信任和理解。两个人都是高智商、高情商的人，把从前的美好延续得很好。潘越一直保持对她欣赏的原因还有，和大多数女律师不同的是，她深得日本女性柔美之三昧，在绝大多数女律师用深色套装把自己打扮得精明强干的时候，她总是梳温柔短卷发，穿粉红小套裙，说话声音嗲得像 18 岁的少女。很多人背后讥讽她是"志玲姐姐附体——装嫩"！但她在均昊所上海分所的业绩排名中从来没有掉出过前五名，去年还当选为区人大代表。事实胜于雄辩，业绩体现实力，她实际上是一个能力非常强悍的律师。

潘越犹豫了一下，弯腰从齐腰的磨砂玻璃下探头看了一眼：梁燕妮坐在桌前，面前摆着一盒纸巾，正捂着脸哭得伤心。确定没有其他人，潘越就敲了敲门，又从磨砂玻璃边上故意给她看到自己。

里面的抽泣声停了一歇，梁燕妮带着厚重的鼻音说："是你……请进来吧。"

潘越推开门，开着门，问："怎么了？"

梁燕妮示意他关门。潘越摆摆手："不用关，办公室没人了。"

梁燕妮低着头，默然不语。

潘越走过去："我有什么可以帮忙吗？"

梁燕妮说："可以借你的肩膀用一用吗？"不等潘越说话，梁燕妮起身来扑在他怀里，将头埋在他的肩上，放声大哭起来。哭得又委屈又伤心，足足哭了十几分钟。

潘越知道此时千言万语不如沉默不语，只能安慰地轻轻拍着她的背。

梁燕妮宣泄完了，不好意思地说："把你的西装弄坏了，真是抱歉。"

潘越问："别管它了。怎么样？你的问题解决了吗？我能帮上什么忙吗？"

梁燕妮慢慢地说："顾家镒，他……威胁我。"

顾家镒这个名字在上海是不用问的，甚至在全国也不用问。潘越惊讶地说："你可是全国知名律师！"

梁燕妮不说话，只是低着头，眼泪一颗颗落下来。她这个样子，真是我见犹怜。

沉默了一会儿，潘越说："舍得舍得，有舍才有得，有得就要有舍。实在不行就舍吧，大不了那个项目不做了。我这里还有几个项目，和你合作一下，不会让你完不成任务。"

梁燕妮拭去眼泪，轻声说："谢谢你。其实就算是舍了也还不至于。这样的事情，也不是第一次遇到。只是这次几件事情放在一起，被压得实在顶不住了。"

停了一歇，她接着说："我现在的男朋友，我们也好几年了，一直说自己没玩够，不肯结婚。昨天被我逼得没有办法了，跟我说'你都这个年纪了，我怎么知道你还能不能生小孩？你先给我生个小孩吧，等有了小孩再说结婚的事'！你是男人，你说他爱我吗？"

潘越愤怒地心说，这男人就差在额头上刻上"渣男"二字了吧！但还是硬生生地把嘴边的一句粗话咽了回去，改口说："男人分很多种，爱情也分很多种。他这一种，可能未必适合你。"

梁燕妮却好像并没有听到他说的话，自顾地说："其实我知道，到了我这个年纪还苛求爱情，是傻了点，我也不怪他。他不爱我，也许是因为他知道我也不爱他。可是又能怎么样呢？人的一生，爱和被爱，实在太难太难在一个时空遇到。有太多太多的牵挂，让人不能够去不顾一切地追求爱情。"

潘越一时无言以对。关于爱情，这好像是很久很久以前想过的事情了。

"潘，你是情圣。永远拿得起、放得下。你有没有至少有一次不顾一切去追寻过爱情？"

潘越的耳边突然响起"卡萨布兰卡"的音乐，不知怎么想到了那个冬天的黄昏，他和她开着破普桑从长安街路过，天安门笑着后退的样子。他想笑，却没笑出来："没有过。"又补充说，"我放弃了。"

"你后悔吗？"

"不后悔。现在挺好，把个人私欲的小爱转成对家庭责任的大爱，挺好。"

梁燕妮看着他，深深地叹了口气。

潘越回到家里，儿子已经睡了，章云苏靠着床头看书。潘越和衣躺在她身边，温柔地拥着她说："还看书呢？别太累了，女人不应该太累。大学老师也赚不到什么钱，干脆你辞职回家吧，我又不是养不起你。"

章云苏放下书含笑说："逢君此话，足矣！"

宋健和钱婷婷胜利归来，忙于参加各种庆典，差不多过了一个月才算消停下来，有了自己的时间。赵展、闫妍要去美国了，以前一起战斗的伙伴们自然要有一场认真的送行宴，潘越、钱婷婷、邓九阳，还有李洛薇专门从北京飞回来，汪昭从繁忙的带宝宝事务中请了假……热热闹闹的，有一大桌人。

潘越举着酒杯特别开心："今天这顿饭，第一庆祝赵展、闫妍新婚大喜，前程似锦；第二庆祝小钱和宋健旗开得胜，为咱争光；第三庆祝洛薇新所开张，前途光明；第四庆祝汪昭喜得千金，贵不可言；第五庆祝邓九阳荣升副教授，事业有成；第六庆祝我老潘，律协教育委员会的事情初露端倪，早日心想事成！"

叮叮当当的碰杯声，汪昭说："老钱，你这个大贵人，我们都特别佩服你，你先干了！"

钱婷婷兴奋地站起来，又站到了椅子上，居高临下地双手各端着满满一杯白酒说："看我的！"一扬脖子两杯一起喝干了，再把杯底亮给大家，一滴不剩。

大家被她激起了热情，都用杯子当当当敲着桌子，喊着"干了"！

潘越看在眼里、喜在心上。那几年律所里面人不多，实习生、助理都是合伙人亲自带着，格外容易培养出师徒情分来，也才会有这样的战友们般的情谊。

钱婷婷没有了被记者采访时的矜持，而是眉飞色舞、声情并茂地描述着自己在台上出糗的样子："……摄像机镜头一对准我，我的大脑一片空白。当时就一个想法，必须说话，不能停下来。其实完全不知道自己在说什么。宣布上海队是冠军的时候，我简直不敢相信！北京队那个女孩太厉害了，我们都很忌惮她。服了，对她真的服了！"

李洛薇说着自己在北京的创业："均昊所出来的人，不能菜啊！一咬牙租了个400平方米的办公室，装修务求不低于均昊所的标准。那钱花得不是流水一样，而是流血一样啊！只能从自己身上省，每天中午只舍得吃碗5块钱的拉面，加个蛋都要想想啊！"

邓九阳说着自己的论文："你在教授面前说穷，让教授情何以堪！我现在的月收入还没有均昊所丰收月份的一个零头多。天天为了写论文熬成了人肉干,喝口小酒都只敢喝二锅头。可是这种压力和做律师的压力是两样的,这种是睡不好觉的压力,当律师是睡不成觉的压力。我喜欢当教授,没钱也喜欢,没有好酒喝也喜欢。"

闫妍说着办理出国手续的事情:"赵展说……赵展说……后来签证官说……赵展就说……真的很不容易,我们两个同时签出去了。多亏了赵展。"

赵展含笑坐在那里,陌上相逢,公子如玉,他还增加了些成熟男人的味道,邻桌的女性们都频频回头。

潘越说着自己申请参加律协去西藏车队的事情:"过五关斩六将,争取这个机会可不容易了。我后来也使出了撒手锏——我有时间!只要在今年 8 ~ 10 月之间,任何时间我都可以保证随时出发!这帮律师们,谁也不敢像我这么保证。都是一个案子都舍不得放弃的,跟我有什么好争的。哈哈,妥妥的,下个月开车去西藏了!"

这引来大家一片羡慕。这里的人,没有一个人去过西藏呢。李洛薇说:"要不是这个律所,我干脆去西藏旅游结婚得了!现在我们就花五块钱领了个证,俩人去吃了顿大餐就算结婚了。素婚就素婚吧,舒服就好。"

闫妍睁大了眼睛,看着赵展笑说:"去西藏旅游结婚真的是个好主意啊,可惜咱们的机票也定好时间了,也来不及了。"

赵展含笑拍拍她的手:"算我欠你的。以后有机会咱们就去。"

李洛薇和赵展之间的绯闻在均昊所是无人不知、无人不晓的。貌不惊人的闫妍能够兵不血刃地攻城略地拿下赵展,果然不是偶然现象。潘越为闫妍的情商所折服。

钱婷婷说:"你们别在这里撒狗粮好不好?汪昭,你给我介绍的男朋友呢?"

汪昭笑嘻嘻地说:"你这不是成了全国名人了嘛,我的心也高了,觉得他配不上你,替你把他刷掉了!"

"凭什么呀?那是我未来的男朋友,凭什么你就做主给刷了?赶紧赔我一个、两个,不行,多多益善,我得自己挑挑。"

"这还不是小菜一碟?那你得先做我闺女的干妈。做了干妈,立马放下十个男朋友给你挑!"

"你这太不道德了!我对男人就这么饥渴吗?就是有这么饥渴,你也不用这么赤裸裸地谈条件吧！你说呢教授单身狗。"

邓九阳说："我愿意赤裸裸地承认我饥渴，可是有什么用呢？一个超龄穷老师，没房没车，谁能看上我？前段时间人家给介绍了个中院民庭的女法官，比我小七八岁，我感觉小得有点多，怕把人家害了。"

钱婷婷兴奋地说："哪个中院？一中院还是二中院？叫什么？说来听听，民庭的法官我都认识。"

"叫罗骁，是个男孩名字。你认识吗？人怎么样？"

赵展迅速和李洛薇交换了一下眼神，两人都没说话。李洛薇起身离开去洗手间。

潘越敏感地捕捉到了他俩的神情，咽下了口边的话。

钱婷婷欲言又止的样子让邓九阳更好奇了："什么情况？你到底认不认识。"

钱婷婷心直口快地说："怎么不认识？在咱们均昊所实习过的，好吧。今年刚提的助理审判员嘛。不过我听说，我也是听说的啊——她名声不好。先是和男同学同居，后来和同一个单位的有妇之夫搞在一起，被人家老婆闹到单位去过。"

汪昭俨然把钱婷婷当成了自家人，说她："傻大妞，你也太心直口快了吧。没有证据的事情，别以讹传讹。"

一直没说话的赵展慢慢地说："未必是以讹传讹。"

赵展虽然是人见人爱、花见花开、车见车爆胎、女鬼见了想投胎的翩翩公子模样，人品却是公认的非常好，从没见过他议论过谁。他这样说倒是让所有人都吃了一惊。

邓九阳自嘲说："我去！社会复杂，人心不古！这要是不知情一脚踏入了婚姻，头顶直接是一片草原啊。不过也怪，现在社会风气好像有这个趋势，女孩子越来越不把名声当回事。这是不是跟教育有关系？俗话说得好，女孩子要富养，富养的话，就不至于被那些功名利禄的东西诱惑。"

潘越笑说："说到小孩教育，现在汪昭也是有孩子的人了，咱们就来讨论讨论到底是穷养好，还是富养好？咱们所里就有一个从小被富养的女孩子，可是长大以后却完全走到了父母希望的另一个极端去了。到底好还是不好，你们也来评判一下。我就不说是谁了，单说这件事……"他绘声绘色地讲起了路易莎的故事。

赵展转身出来，在门口正遇到从外面进来的李洛薇。擦肩而过的时候，赵展说："你好吗？"

李洛薇停下来，微笑说："挺好的。"

他俩站在饭店门口，周围是川流不息的、进来出去的食客，餐厅里热闹的背景音乐的声音、嘈杂的服务员叫号的声音、宾客们相互招呼的声音交织在一起，密密麻麻地将他俩围在中间。

赵展说："这和我想的完全不一样。我本来想找一个很好的地方，和你很认真地告个别。"

"这才是生活原来的样子。很好的地方、认真的告别，都是画面。"

赵展侧身躲开身后进来的人群："我们都办好了，下个月走。"

"嗯，一路平安。以后就是两个人相依为命了，好好照顾她。"李洛薇回避着过路人的眼神。能被这样的男人盯着说话，路过的女人无不冷眼侧目看她几眼。

赵展说："好的。"又飞快地说，"有一句话，我知道不该说，也许不会再有机会说了……"

"不，不要说！"

他在嘈杂的声音里叹了口气："我知道，我走不进你的心里。"

李洛薇笑说："对啊。所以，咱们只是朋友嘛。"说完不等赵展再开口，转身就走了，一边走，一边把头仰得高高的，把眼泪咽了回去。

一个月后。

潘越和柴进的车行驶在青藏南线上。柴进开着车，潘越坐在副驾驶上，车外是雄壮苍凉的藏地风光。由于各种原因，一辆车三个人的条件没有被满足，他俩开着一辆车。

潘越说："马远程的车跟上来没有？"

柴进看了看倒后镜："没看到。马远程和石建山，两人拿了五个单反。他们的车能快了才是奇迹！我不等他们了。"

话音刚落，对讲机里传出石建山的声音："上海律协车队的队员请注意，现在开始点名，点到的应答。一号车柴进、潘越。"

他俩对着对讲机分别答了："到！"

"二号车……"

一直点名到五号车，各车都顺利应答。石建山说："前面还有600多公里就到'理塘'了。算是个高原小城，海拔有4000多米，号称'悬在高空的城市'。它以前是茶马古道互市重镇，附近的毛垭大草原是地道的藏区草原，景色壮美。不过因为时间关系这次就不去毛垭大草原了。咱们今晚在理塘修整一晚，明天继续出发。等会儿信号可能不好，这里绵延几十公里没有村镇人烟，所以为了保证安全，大家千万注意纪律：一、每辆车的对讲机一定要处于开机状态，至少保持一部手机一直有电；二、所有车辆在任何情况下禁止搭载路上行人；三、严禁在到达理塘之前擅自离开主路；四、车辆遇到问题就地等待，方便其他车辆发现后原路返回救济。各位能遵守否？"

对讲机里传出一阵乱七八糟的笑闹声："能遵守！"

石建山笑说："咱们出发之前可是有过约定，车队一上青藏线，就是军事化管理，必须有问必答。都是律师，诚信就不强调了。今晚理塘见吧！"

几个车用对讲机互相扯了一会儿，都有些倦了。潘越对柴进说："我睡会儿，过会儿叫醒我来开，你睡。"

"不行！这路太寂寞了。没人跟我说话，我也能睡着。"

潘越坐直了身体说："那咱俩讨论讨论米英捷的案子吧。现在这个结果，你意外吗？"

虽然柴进戴着墨镜，潘越也能看到他眼睛里的笑飞快地消逝了："还记得我一直反复跟你说过的话吗——全在他的舌头上。他没管住。"

潘越沉默了好一会儿："我确实没想到，他会是死刑。"

柴进淡淡地说："经济型犯罪相比暴力型犯罪来说，社会危害性轻。而且破坏性巨大的经济案件往往是由于制度缺陷造成的。英美法系从这个角度出发，认为经济案件不应当适用死刑，大陆法系的很多国家也接受这种理论。所以理论上说，米英捷不应当适用死刑。但是你知道的，虽然号称我们是大陆法系国家，但是真正的法学人才都在岛上，我们的法学是断档的。我们不是不按牌理出牌，我们是边打牌边搞规则。"

"那下一步怎么办？"

柴进握着方向盘，面无表情地看着无尽的长路，说："尽力而为。"

潘越的心情沉甸甸的："这也是这次我为什么一定要参加这个青藏自驾送车

活动的原因之一，感觉胸闷！"

柴进没说话。过了一会儿又问："说起米英捷，你上次提到的刘秉璋怎么样了？检察院什么态度？"

长路漫漫，潘越也就耐心地说："刘秉璋和米英捷，就好像是一棵大树和它的影子。"

"怎么说？"

"刘秉璋就是那棵树，挺拔茂盛，一坡春水绕花身，但是招蜂引蝶；米英捷除了挺拔茂盛，还身影妖娆占尽春，多了灵性，可惜就是镜花水月了无痕。"

"老潘，你能不能说人话？用正常人能听懂的语言表述一下，刘秉璋的情人把举报信交给了检察院，现在检察院是个什么情况？"

潘越叹了口气："本来这个事情不能说。今天特殊，那就天知地知，你知我知，咱们说过就算被风吹了。举报信和相关的资料确实是全部都交给了检察院。但是出现了几个问题，一是她递交的是县检察院；二是她直接交了原件；三是她在人家办公室一对一交的。结果，你懂得。"

柴进问："不是说都有孩子了吗？怎么又突然？"

"孩子出了车祸，死了。"

车子突然扭了几扭，潘越叫："我靠，当心！"

柴进稳住车："什么情况？"

"什么情况？这只有天知道了。冬天的时候女人带着孩子去东北滑雪玩，回机场的路上出了车祸。孩子当场没了，女人重伤。"

"谁开车？"

"在当地借的车，据说是一个当地人介绍的司机。当天气温零下十几度，路面确实全部结冰，结果就出事了。"

"司机有事吗？"

"轻伤。"

"你觉得司机有问题吗？"

潘越慢慢地说："司机在这个事情结束以后去俄罗斯做生意了。"

"小孩多大？"

"一岁多点儿吧。"

"人渣！"

两人心照不宣，但都很久没有说话，看着车窗外寂寞的好风景。

"女人残废了，觉得没指望了，就把他举报了？"柴进终于没忍住。

"女人蛮神奇的。当时肋骨断了三根，脊椎从胸部断裂，都说就算救过来也会终身瘫痪。可是后来居然恢复了，不但能走，还能靴底朝天。她以前唱过戏，看来童子功确实厉害！"

柴进叹息说："举报这件事情，他们总是要按住的。不管怎样也不会再来硬的了吧？所以检察院那边没事了？"

"是的。而且，现在，涛声依旧了。"

柴进嗤了一声，说："我知道有的人家里被偷了不敢报警。但是胆子大到这种程度，我倒是出乎意料！"

潘越苦笑。忽然想到："你是怎么知道的？举报信的事情？"

"老潘啊，从政的人，和我们不一样的。我们只要洁身自好就够了。他们有时候连洁身自好都未必得个善了，更何况还搞了一屁股屎？世上没有不透风的墙，他出事情只是时间问题。"

"相比来看，米英捷，不值得多了。"

"都是滥用公权力，无所谓值得不值得。可就算见一个杀一个，也是治标不治本。不能把法制落实，就是借刀杀人。所以蔺瀚文现在高举废除死刑的大旗，信佛了。"

潘越对于蔺瀚文有着另外一层认识，而这层认识，是裹着柔情和缠绵的，他并没有说透。

"听说他离开你们律所了？"

"道不同不相为谋。刑事辩护体现的是'生死之辩'，无论案子大小，对当事人而言都是生与死的恐惧。悲天悯人应该有吗？应该。但律师不是和尚，最起码在做出职业判断的时候不应该受到佛经的约束。虽然我不明白他一个学哲学的，怎么就突然要普度众生。但不理解、不认同，不代表我对他个人就不欣赏、不接受。我依然很欣赏他，只不过不再是同事，而仅仅限于朋友了。"

"哲学和宗教原本就是一家。普度众生好啊，起码比我这样为了生活无所畏惧，人挡杀人、佛挡杀佛的人活得轻松。"

潘越的话音刚落，车子转过一个弯，在笔直伸到天际的公路上，出现了一个小点。

两人同时激动地喊："有人！有人！"

这一路行来，沿途都是湛蓝的天空、纯白的云彩、碧蓝的湖水、连绵的雪山，除了粗犷和雄壮，还有无穷无尽的冷峻和苍凉。哪怕它是最接近天堂的地方，几个小时的单调的重复，也让人产生了疲倦和寂寞。

为了对抗困倦，打发寂寞，他俩酸不拉叽地互相交换了半辈子攒下来的鸡汤，也快腻着了。就在这个时候，居然在渺无人烟的、漫无尽头的公路的地平线上，出现了一个行走的行人！

柴进的小眼睛倏地瞪圆了："我的天！就一个人！在走！"

潘越坐直了身体："神奇啊！从上一个镇子走到这里，怎么也得走了十个小时以上！"

"最起码还得再走五六个小时，才能到下一个有人烟的地方！"

车子近了一些，两人看清楚了一些那个人影，再次惊叹："是个女人！"

一个穿着旧藏袍的女人，背着破旧的布包，半弯着腰，沿着公路边不紧不慢地走着。

柴进说，"我度不了众生，但是我能帮一个是一个，我问问她要不要搭车。"

"不行！车队有纪律！咱们可是律师，不能违反规则。"

"你得理解制定规则的目的是什么？是为了保证安全！现在的问题是，她是一个女人，我们是两个男人。而这个女人很有可能在天黑前走不到有人烟的地方，那才是真正的危险！"

"如果人人都这样，那还要规则干什么？每一个破坏规则的人都有理由。我们作为律师，应该首先维护规则权威。"

"规则是为人服务的，不能本末倒置，因为规则失去人性。我不管你怎么说，我肯定要问她的。只要她愿意搭车，我就搭她。我认罚！老潘，在这种人类显得如此渺小的地方，人不帮人，谁来帮人？"

潘越觉得心突然被什么击中了，只觉得鼻子一酸，眼泪毫无防备地涌了出来。他将眼镜摘下来，捂着眼睛说不出话来。

柴进很意外，也没有再说什么。

藏族女人听到了车子的声音，就转向公路站住了。她没有伸手拦车，只是保持着半弯着腰的姿势站着，晒得黝黑的脸上露出纯朴的笑容。

柴进慢慢停下车子，问她要不要搭车。她听不懂汉话，只是站在那里看着他笑，黑红的脸上，既没有望不到路的尽头的绝望，也没急切想要搭车的渴望，只是单纯的遇到了同类的那种欣喜。

柴进下车拉开车门给她指了指。她这才连声说："图及其，图及其！"

车子又开起来。柴进拿起对讲机说："我们在路上遇到一个步行的藏族女人，我开着车，自作主张搭了她。我认罚，老潘不同……"

潘越抢过对讲机说："我现在同意了。在这种地方，人不帮人，谁帮人？我也认罚！"

柴进脸上闪过几乎看不出来的微笑。

潘越和柴进经过四天的朝夕相处、风雨兼程，到达拉萨时，两人已经分别从自己上数三代的家族史，到今生今世的大事记，全部交代清楚了。后来，两人也成了终身的铁杆朋友，这又是后话了。

潘越在西藏优哉游哉，最头疼的不是高原反应，而是接马鸿钧的电话。马鸿钧每天有无数鸡零狗碎的事情来问潘越，搞得两个人都火冒三丈。终于有一次，马鸿钧在电话里说："老潘，你这个骗子！你给我回来把合伙人层级均摊成本数对起来！"

"你想得美！有本事你来拉萨找我吧！"

"骗子，骗子！我不干了！"

现实终究只能暂时逃避，潘越从人间天堂西藏回到滚滚红尘的上海，还是要面对一堆让马鸿钧深恶痛绝的破事，其中的一件破事真让他哭笑不得。

去年周亦慧那一批实习生不是还有两个博士生吗？其中一个博士生待了半年后去了最高院。留下的那一个，法学理论满腹，动手能力奇差，特别喜欢争论。因为他是均昊所招收的第一批博士应届生，刚开始大家对他还比较客气，后来渐渐就被晾晒起来。下半年所里进来一个哥伦比亚大学法学院的小牛，他就更被边缘化了。

那天下午大家都比较忙，赵淳就拿了一摞案卷让他去浦东法院立案。原本连往返时间加起来两个小时搞定的事情，他上午十点多出门，一直到下午三点多还没回所。

赵淳刚结束了在香格里拉会议中心的重大交易架构设计法律风险分析。他身后是一张全英文的、复杂的跨国公司股权收购交易图，面前坐着七八个西装革履、高鼻子蓝眼睛的伦敦总部高管，脚下感受着一寸多厚的纯羊毛地毯带来的尊贵感，心里更是十分享受这些洋人崇拜敬重的眼神。正在十分受用的时候，浦东法院保卫处一个电话把他拉回了现实，人家很客气地问他，能不能来一次法院，把你们均昊所的律师领走，让他别闹了。

赵淳惊讶地追问是怎么回事？对方压抑着不耐烦说："你们能不能来人？不能来我们就交给警察了。"

赵淳的脑袋"嗡"地大了，如果那样，均昊所可就在律师界丢了大人了！他迅速给马鸿钧打电话，安排人去浦东法院。一面拒绝了客户高大上的晚宴，赶回了律所了解情况。

原来这博士同学在立案时，发现少带了一套案卷。立案法官让他去复印室复印，他认为应该法官去复印。他就到底该谁复印的问题和法官争论了半天，把立案的法官气得索性关上窗口上厕所去了。

浦东新区法院号称是全中国最忙碌的法院，这个窗口的法官上厕所暂停受理案件，直接影响了一大批排队的人。早就看不过去的人轮番和他吵了一通，但是谁也不告诉他应该去哪复印，好不容易找到了复印室，复印室的人一看见他就关上门说，中午下班了。

下午上班再去复印，又因为十块钱复印费和复印室的大妈争论起来。复印室里一个大妈开着四台复印机，忙得转着圈复印，哪有空跟他磨牙。大妈的功力远远超出立案法官几个等级，根本不用亲自出手，三句话就让排在他后面的人把他骂了个半死。

他憋着气复印完以后，让复印大妈给十块八毛钱的复印费开发票。复印大妈一个字"莫"！

他马上得了理，顶着众人的唾骂站在那里非要和复印大妈说清楚为什么收费就必须开发票的问题。立案大厅里的律师们很快传播起了这个均昊所律师的传奇，好多人还不敢相信，纷纷打听围观。更有甚者去鼓动他，一定要为律师争口气，这点发票不是钱的问题，是司法透明度的问题！他有了为民请命的正义感，也不立案了，开始找法院的各个部门投诉。

赵淳听完这个故事，拼命忍住了"蠢货"二字，扭头去找马远程，发现锁着门才想到他也去西藏了，就打电话跟周亦慧说："不管用什么方法，只要明天日落以前均昊所没有这个人。"

赵淳除了坐着均昊所外交官的第一把交椅，还是个有名的老好人。把老好人都逼急了这事也是个大新闻。周亦慧后来跟马远程汇报的时候，为了渲染这件事情的匪夷所思，就说"逼得连赵律师都放狠话了"。

还有一个影响巨大的事情是，高级合伙人梁燕妮提出了转所申请。

潘越回到所里一听到这个消息就想去问梁燕妮，被汪昭一把拉住。汪昭说："不要问了，同意吧。"

"为什么？怎么回事？刘查理和她正面冲突了吗？"

马鸿钧打死不想做均昊所上海分所的主任，并不代表其他人也不想。其中竞争最激烈的两个人就是梁燕妮和刘查理。

刘查理在上海滩师出名门、少年得意，自己创立的律所在上海滩名头也算响亮。只因年少气盛和其他合伙人不能相容，他负气出走、加入均昊所是当年的律师界沸沸扬扬传播的一件大事。而且他跟潘越是明说的，不争馒头争口气，他就是奔着均昊所上海分所"主任"而来的。

梁燕妮虽然看起来温柔典雅，笑语嫣然，但是工作作风精明凌厉、水泼不进。在整个均昊所中，一直是亚洲法律事务的权威人士。作为一个女人，如果能够成为均昊所上海分所的主任，这种成就感是显而易见的。

她和刘查理之间一直斗得很厉害，所以潘越有此一问。

汪昭摇摇头，神秘地说："是因为私人问题。"

潘越想起来梁燕妮扑在他怀里痛哭的情形，略微有些气短："什么意思？"

"据说她和所里哪个已婚男律师搂搂抱抱……正好被一个合伙人撞见。"

潘越想起那天，梁燕妮梨花带雨地说"……人的一生，爱和被爱，总不会在一个时空遇见。有太多太多的牵挂，让人不能够去不顾一切地追求爱情……"，不由自主地叹了口气说："爱情这个东西……没办法评价……唉！"

均昊所将事态控制得非常好，没什么人知道她转所的真正原因，潘越没有刻意打听，也就到最后也不知道那个"已婚男律师"到底是谁。梁燕妮很快办完了转所手续。

第二十三章
"巨匠"律师实务培训

我要采用一种诊所式教育模式
搞律师实务教育，
用理论联系实际的办法
培养一批律师界将来的栋梁。

电视上、报纸上、网络上，铺天盖地都是米英捷的新闻。这个既不是官二代，也不是富二代，完全凭借个人能力，拿着高中毕业文凭，从县文化站鸡毛干部一直干到副厅级高官的传奇人物，经历了几个月剥皮抽筋式的审判后，被迅速执行了死刑。

几个月后，在一个寒风凛冽、阴沉欲雨的午后，潘越和蔺瀚文一起，接到了从监狱里出来的米芃。

米芃走出监狱大门，形容消瘦、胡子拉碴，一件灰色外套敞着，露出里面的T恤衫，双手抱着一个半旧的皮包。

监狱的大铁门在他身后"咣啷"一声关上了！他在铁门边站住脚，眯起眼睛仰头看了好久暗蓝色浓云密布的天空，一句话也没说。

米芃的案子是潘越接手的第一个刑事案件。接受委托的时候，他在上海律师圈里还不算立住脚跟，蔺瀚文刚刚把律师执业关系转入上海，钱婷婷还没有拿到律师执业证。

记得第一次在看守所里会见米芃，潘越甚至不知道刑事案件会见的基本程

320

序；米芃白白胖胖，开口讲的第一句话是开了一个玩笑；钱婷婷因为米芃色色的眼神还狠狠瞪了他几眼……

那时他们都乐观地认为，米芃很快就能离开那里。所以第一次会见的时候，米芃曾骄傲地说：我没有吃一口牢饭！

然而，几年时间就这样过去了，他们的世界已经更新迭代了数次，而米芃也终于耗尽心智，变得形销骨立、阴冷寡言。他呆呆站了好一会儿，突然对着天空嘶吼："啊……啊……啊……"每一声都歇斯底里、椎心泣血、声嘶力竭……

他一边吼叫，一边将手里的包朝着大路上奋力扔了出去！破皮包在荒凉的马路上打了几个滚躺在了路中间。接着，他脱下鞋子，扔了出去，脱下袜子扔出去，脱下外套扔出去，脱下T恤扔出去……一直脱得只剩下一条破旧的灰色内裤。他赤裸着身体，站在寒风里仰头长长地、拼尽了全力地、发出非人类的嚎叫。

潘越的眼睛也湿润了。

无论他曾经做过什么，如今兄死父亡、一无所有。他的自由代价实在太高昂了！

这时，高墙看守塔上的士兵对着他们居高临下地大声警告："差不多行了，赶紧离开！"

潘越赶紧跳下车，将米芃推进车后座。

车子绕过路上的破包绝尘而去，从车后窗里扔出一条内裤，飘过看守所荒凉的门口，和那些被风吹得散乱的衣服一起，属于另一个世界了。

米英捷案件结后，潘越的心情落寞了很久。他跟邓九阳说："我不适合做刑事案件，没办法。我到底是个文人，还是酸。"

邓九阳点点头，又摇摇头："师傅，我更庆幸自己当初选择了留在学校。如果换了我，我可能要得抑郁症。"

"所以什么老师带什么徒弟。你看我就带出你这样的徒弟，柴进就带出蔺瀚文那样的徒弟。律师说到底，还是应该是师徒相承。"

"说到师徒相承，咱们跟律协写的关于成立教育委员会的报告，都已经到第七稿了。到底如何？"

"有进展，走程序，等表决。"潘越说，"之前石建山跟我说，上海要另起炉灶，先把青年律师的培训搞起来。还没有搞起来，他的任期满了，秘书长改选了。

好吧，重打鼓，另开张，故事又得重新说。"

邓九阳也泄气不少。两人喝了几口闷酒，邓九阳突然说："为什么一定要跟律协合作搞呢？"

"培养青年律师，当然应该和律协合作。"

"老潘！"邓九阳兴奋起来，师傅也不叫了，"培养青年律师，为什么不能和大学合作呢？"

"中国的法学院教育是有重大弊端的。国外的法学教育没有本科。一般初级法学教育是以职业为目标，因此要在本科先取得一个基础学科的学位，比如理工、文学、医学，然后再通过法学的入学考试，成为法学专业的研究生。这种叫应用型法律人才。还有一种叫学术型法律人才，那是更高一个层级的培养模式了。而我们国家的法学教育，两种法律人才的培养模式混为一谈！我就是不能接受这种教育，所以才要和律协合作，我要采取一种诊所式教育模式，搞我的律师实务教育，培养一批律师界将来的栋梁！"

邓九阳把酒杯重重放在桌上："老潘，我们法学院新任院长诸朝明，四十出头，风华正茂，特别想从目前死气沉沉的法学教育中突围！你再想想，诊所式教育为什么不能从法学院开始？"

潘越微笑地摇摇头。突然豁然开朗："对啊！我为什么只想到律协教育委员会才能干青年律师教育的事情呢？现在正是教育产业化风起云涌的时候，我为什么不一举多得呢？"

潘越是个说干就干的行动派，几天后，潘越和诸院长就建立青年律师培训基地的事情已经达成了初步意向。潘越一鼓作气，跟邓九阳说："我要去北京。"

"去北京？搞新闻发布会？"

"我要在中国大地搞第一个针对青年律师的诊所式律师实务教育培训基地，就绝对要豪华配置。我去北京找我的老师王述，我要开北京分校！我要去司法部，争取让我的学生这一年的培训能够折抵一年的实习期间；我要去国家教委，争取能让我的学生师出有名，毕业有证。年轻人需要各种证书做敲门砖，我要尽可能给他们增加含金量。"

"老潘，你真敢想！"一万个怕麻烦的邓九阳说，"依我说，正规大学的法学院能够接受民间资本联合办学，你已经完成了一件了不起的突破。没想到你这么能折腾！"

人生贵在折腾。随便一折腾这一年又过去了，又到了年末开合伙人大会的时间。2002 年是丰收的一年，是进步的一年，是皆大欢喜的一年。本年度均昊所蝉联了世界律师联合会评选的，中国最值得信赖的律师事务所排行榜冠军；荣获全国律协投票选出的最值得信赖的律师事务所第一名；在权威杂志统计的律师事务所综合创收排名第一名。

今年的全体合伙人会议结束，马鸿钧主动、积极、迫不及待地辞去了均昊所上海分所主任的职位，改由年轻有为的刘查理担任。

晚上大家聚餐结束，刘查理意犹未尽地拉着潘越找了家临水的酒吧，在门前喝酒。他说："老潘，我们的缘分太神奇了！"

确实，距离第一次听说刘查理的大名，已经过去了九年；距离第一次勾搭刘查理，已经过去了七年；距离刘查理失荆州居然也过去快三年了！

潘越照了照窗户，漆黑的窗玻璃像一面镜子，里面反映出他标准的中年律师形象，无奈地说："以前有了白头发还拔一拔，现在不敢了。再拔就要成葛优了。"

"呵呵，老潘，还记得咱们第一次见面吗？"

"怎么不记得？那时你在上海滩少年成名，约你比约香港小姐还难！好不容易答应了，你约在美国中心，号称那里中国人少。我俩偷偷摸摸在角落里见了个面。就说像偷情我认了吧？费了那么大劲我那次还没偷着！"

他一边说，刘查理一边笑。

酷帅的刘查理过了年轻气盛的傲娇的阶段，现在看起来很有十年前潘越的气质，谦虚儒雅中带着自负。

"我那时确实目空一切，总有一种'只要我想要，我肯定能得到'的妄念。"

"你那时春风得意马蹄疾，恨不能一日看尽长安花。"

"后来不是交学费了嘛。老潘，不过说实在的，我真没有想到，兜兜转转，我居然成了假想敌均昊所上海所的主任。这就好比说我一直觉得那女孩是我的劲敌，我处心积虑要干掉她。结果过了几年，我居然娶了她！太神奇了！"

"你这一代人神奇无非就是这样了。我这一代人经历了太多神奇的事情，早就到了俯视芸芸众生的境界。"

刘查理特别真诚地问："老潘，你听说过文人骚客这个词儿吗？味道大吗？"

两人都笑起来。

潘越说："你就绕着弯骂我吧，反正我不玩儿了。"

刘查理抬眼盯着他："又来了！人老了爱矫情。"

"你们才矫情！"潘越顿了一下，"我发现在上海这破地方待久了人会生锈！我现在连粗话都不说了，干净得了无生趣！"

"哪个'们'？谁'们'？你怎么一竿子打翻一船人？"

"就是你们！"潘越加重了"们"的发音。"你们这一群人，每年在一个高大上的地方开一次全体会议……"潘越不屑地朝着周围富贵堂皇的环境挥了挥手，"你们就把均昊所当成了元老院，把自己当成了贵族，穿上华丽的衣服待在富丽堂皇的地方，走到哪里都看起来像个三代传承的老贵族。实际上呢？世界千变万化！"

"老潘，你又来了，开疆拓土那一套！我跟你说，上海的市场做透了，你就是全国的老大，你信不信？"

"不信！还记得当初你跟我说，你要在五年内超过均昊所吗？我告诉你，五年只是一个律师事务所刚刚经历完磨合，开始走上正轨的开始。现在是不是印证了我的话？我现在再说一句话：律师事务所规模化是趋势，而且势不可挡！十年左右，肯定会出现超大体量的律师事务所，而且肯定是从北京开始蔓延，逐渐到上海，到全国其他地区。那时候，如果均昊所还是把自己高高架在塔上，一副我专业，我牛辦，我清高，我骄傲的德行，只能渐渐从顶级的律所序列中出局。"

"好了，好了。下午的合伙人会议，你跟邢然、蒋力宇他们已经激愤过了，跟我就算了吧。我左右不了整个均昊所的大局。但是你也不能走！老马当主任的时候你那么支持他，搞得均昊所上海分所在2002年风头一时无两，我现在需要你的帮助。"

"我心有余而力不足了。既然我在均昊所干不了开疆拓土的事，那我就出去干。我想好了，找个国企舒舒服服地当个官，把时间拿出来干我的律协教育委员会的事情，干青年律师实务培训的事情。这两件事情做好了，跟开疆拓土一样让我高兴！"

"你干这两件事可都是学雷锋。尤其是搞培训，很有可能还要赔钱。教育可是个无底洞。""你真有闲心！对了，你是不是因为梁燕妮离开了，所以觉得均昊所待着没劲了？"

潘越笑了："你这么说倒是让我觉得自己还有几分魅力，已经好久没有人说我和谁谁谁有绯闻了，这也就意味着我在女人跟前的魅力降低了。你不用跟我扯！想让我多留一年，你得满足我几个条件。"

说到条件，这就是谈判了。刘查理眼睛里的光瞬间闪了几闪，让潘越觉得懒洋洋的豹子刹那间被惊醒的样子。心里赞叹："这真是一个天生的律师。"

刘查理微笑着，并没有立即接话。

"第一，我要你承诺，如果针对青年律师的律师实务培训基地能够建立，不管它叫什么名字吧，均昊所上海分所就是青年律师的实训基地之一。"

刘查理眼睛里十级防备的目光狐疑地看着他，弱到了八级："这当然可以。"

"第二，你本人必须承诺至少讲一个学期的课程。你本人，多高级别的助理都不行，没钱给！免费！必须布置作业、批改作业！"

刘查理不可思议地看着他："这些就是你的条件？老潘，你走火入魔了吧？这都太容易了啊！"

潘越喝着酒笑眯眯地说："你以为老潘放出的要做青年律师培训第一人的话是西北风啊？"

年会过后就是2003年的新年。但在潘越的记忆里，这一年春节是没有过完的，因为从大年初三开始，他就被电视里"厅长被情妇举报"的新闻反复碾压。经过反复识别，他终于能够确认，那个被举报的人就是刘秉璋！

他愤怒地把手里的电视遥控器摔了，气得在屋里转了十几圈！他的愤怒中，既有"恨铁不成钢"的遗憾，又有"可怜之人必有可恨之处"的活该，但是更多的是无比的可惜，无比的心痛！

刘秉璋是一个多么优秀的政治人才啊！在做县级市副市长的时候，就抗住压力，大胆启用昂贵的北京律师，用专业方式主导镜湖最大的国企镜湖电子厂的改制。这一步走得很艰难，但是果实也尤为丰盛：电子厂改制完成的当年就甩掉了亏损的帽子，以后连续几年重新成了镜湖的利税大户。为此，从中央到地方，电视台、电台、报纸都曾连篇累牍地报告过，连美国回来的马鸿钧第一次认识潘越，还是看了某份报道成功改制的报纸。之后，推动电子厂上市成功、率先引导大型跨国公司落户绍兴、把水乡打造成一张世界名片向全世界推广、引进大学校区落户……说他造福一方百姓，一点都不夸张。这样一个稀缺的、天生的政治人才，有胆识、有见识、有能力、有担当，居然会在那么龌龊的事情上跌跟头，怎么能不让潘越怒气不争！

潘越愤怒还在于，如果不是刘秉璋往死里作，以潘越的才能，他有信心辅佐他成为更有成就的政治家！现在，潘越只能看着电视，深深地叹了口气！

镜湖电子厂改制全流程法律服务，是潘越律师执业生涯中非常重要的一笔。电子厂改制成功后，工厂恢复了昔日的热闹。上下班时间，厂门口的大马路又开始出现拥堵，侯秘书还专门拍了照片放大，送给了当时参与改制的几个人。潘越和刘秉璋都在自己办公室墙上挂了好久。不夸张地说，电子厂成功改制并最终上市，是刘秉璋平步青云的重要政绩，也是潘越成为公司法律专家的一个里程碑。

时隔几年而已，一起同行过那么重要的一段路的人，在一个点偶然地分开了，就越走越远，终于再也不能是同路人了。

那个 1993 年，镜湖宾馆的酒店包房里，他们举杯共饮。刘秉璋想要把电子厂打造成黄金名片，以便"横着在老米面前走一走"。如今，当时在当地最被瞩目的两个人，一个骨灰盒已经生尘，一个又将进入牢房……往事不胜唏嘘！

生活就像海洋，每个人都被裹挟其中，每个人都身不由己。

这种挫败感直到春节过后上班才恢复过来。钱婷婷一看到他，进了办公室就一步跳到他跟前，一伸手："给我！"

潘越莫名其妙看着她："什么？"

她笑得喜气洋洋，引得潘越不能不笑，不由自主地掏出钱包来抽了一张百元大钞给她："开始流行讨开工红包了吗？"

钱婷婷抓过钱，还是伸着手，嬉皮笑脸地看着他。

他看了看她身后，并没有别人跟进来。果断收起钱包："没有了没有了，你别忽悠我！"

钱婷婷说："你确定？都不问问我要的什么红包就乱发！"

"什么红包？总不可能是嫁人红包吧？"

"嘿嘿！什么叫总不可能？你就认准了我嫁不出去？可能了是不是就翻倍？"

潘越转身惊喜地看着她："你？"

钱婷婷笑得眼睛眯眯地："怎么着？"

潘越喜得将钱包直接塞给她："都给你都给你！太不容易了！"

钱婷婷哈哈大笑起来。

"我的天！至于嘛，傻乐成这样！"

"至于！这不是没嫁过人嘛！"钱婷婷弹坐在沙发上，"'五一'哈，你别忘了你的诺言！"

"什么诺言？你别给我挖坑。"

"你可是要把我送到新郎手里的，你十年前就答应过！"

"噢噢，那个当然没忘！"潘越追问，"怎么就结婚了？新郎官我认识吗？春节放假前不还在闹人到处求包养呢吗？怎么过了个春节就把自己嫁掉了？"

"驴友。不瞒你说，十天前我还不认识他呢！"

潘越看定了她："开什么玩笑？"

"谁跟你开玩笑？"钱婷婷豪气地把小红本往茶几上一拍，"有证有真相！绝对持证上岗！"

"你妈知道吗？"

钱婷婷一口茶喷了出来："老潘！我断奶好久了好吧！"

潘越认真地看着结婚证："不靠谱，太不靠谱了！十天怎么能认识一个人呢？亏你还是个律师！"

"我们来电！老潘，你知道什么叫来电吗？"钱婷婷的脸上罩上了一层粉红，让她美丽得像是会发光。

潘越心里羡慕极了，就在这一刻，他知道，这姑娘是找到自己的爱人了。她终于从往事里走出来了。

潘越和钱婷婷约定一起午饭，算是先来个小庆祝。潘越到早了，就在饭店的大堂里等着。旋转门转动，从门外走进来一个年轻的女孩，双手插在长大衣的口袋里，栗色的短发齐肩，风吹过，大衣与短发一起随风轻扬。那一刻，他仿佛看见十年前的林洋走进了镜湖宾馆。

女孩看到潘越正盯着他看，便对他嫣然一笑，走过来说："不好意思，我迟到了。"

潘越怔了一下，立刻明白她认错了人。他笑说："没迟到，刚刚好。"一面掏出名片来给她："那么，认识一下。"

女孩子也从小包里掏出名片说："吴端。请江导多指教。"收了他的名片，惊讶说，"你不是江镇导演？"

潘越看了看手中的名片"上广集团传媒中心"，笑说："上广集团是我们均吴律师事务所的签约顾问单位。"

吴端乌黑的眼眸从齐眉的刘海下如水流转："那么多搭讪的，就属律师水平最高。"

潘越含笑说："我一直不知道我在等谁？原来在等你。"

吴端的嘴角撩起一个若有似无的微笑，那微笑在嘴角边形成了一个浅浅的小酒窝，别提多娇俏了。

她轻启朱唇："骗子。"这个词从她口里说出来，别提有多少风流婉转、千娇百媚。

潘越未及答言，旁边匆匆走过来一个人："是吴小姐吗？江导在里面等你呢。"

潘越看着她。她乌黑的眼珠在浓密的睫毛里面缓缓地游动，突然飞快地眨了一下，转身走了。

潘越的心就被她那两道浓密的睫毛托着，颤颤巍巍地被带走了。

等钱婷婷来了两人落座，他的心神都还没有归位。

钱婷婷拿出手机调出一张照片给他："你看看。"

手机像素不是那么好，但看得出一片青山绿水，山涧间几块石头跨河而过，一个灰衣女尼孤单的背影正在踩着那些石头往对岸而去。

"图片已经不错。不过你这手机像素比我的像素差远了，我送你个手机做结婚礼物之一吧。"

"晕死！谁让你比像素了？知道这个背影是谁吗？"

潘越仔细看了看，"不知道。我每顿无肉不欢，不认识这么仙风道骨的人。"

钱婷婷深深地叹了口气："连你都不记得了！难怪她觉得红尘了无牵挂。她是姜半夏！"

"啊！"潘越拿过手机重新看了好一会儿，"那么爱惜羽毛的女孩，这个背影……哎！你去看她了？"

"我去看她不止一次了。"钱婷婷说，"我和秦大江第一次分手那次，秦大江劈腿那会儿，领结婚证前一天，我都去了。"

"哦？她好吗？给你了什么神秘的指点吗？"

钱婷婷白了他一眼："你要把宗教信仰和封建迷信严格地区分开来！她现在特别柔和，以前身上那种刀削斧劈般的决绝已经很难感觉到了。跟她坐下来喝喝茶，聊聊天，心就静了。心静了，很多事情就简单了。"

"蔺瀚文去看过她吗？"

"你知道蔺瀚文和她？"钱婷婷诧异地看着他。又无奈地摇头说，"也许去过，也许没去过。不过，那又怎么样呢？佛说，前世的五百次回眸才能换得今生的一次擦肩而过。有缘无分，各有各的方向，不也就是这样？蔺瀚文以为，戴上一串佛珠就是爱。可是别人的爱是用一生去埋葬的，怎么能比呢？"

"你还是年轻啊！"潘越叹息说，"男人，尤其是像蔺瀚文那样在生活中毫不拖泥带水的男人，愿意不怕麻烦地每天戴一串佛珠，已经是最用心的爱了。"

钱婷婷叹了口气："老潘，你说人结婚有意思吗？"

"当然有意思。结婚才叫有家，有家才叫有幸福。人生哪有那么多激情？有了稳定的、安全的家庭，才会体会到开枝散叶、温暖平常的幸福。"

"真是服你，横竖都是你，射手座老潘！"

春暖花开，潘越前些年埋下的种子也都迎着春风，次第开花。

邓九阳介绍的诸朝明院长十分欣赏潘越的想法，对于面向青年律师开展诊所式律师实务培训的教育理念特别赞同。经过多次接触，两人已经初步达成了合作意向：潘越负责办理相关的培训招生批准文件，包括向教育部和司法部申请学位。审批通过后面向全国招生，自负盈亏。法学院提供教室、宿舍、图书馆、食堂、公共课等便利条件，法学院的教授接受邀请讲课，课时费特别优惠。

面对这样的重大利好，潘越和邓九阳击掌相庆！接着，两人开始为这个培训机构起名字费尽心思。

上广集团主办的新媒体论坛上，潘越心如所愿成了贵宾席特邀嘉宾。他边走边兴致勃勃地想着怎么给吴端有个意外之喜，不提防和他擦肩而过的人突然走回身推了他一下。他感到莫名其妙，生气地回身定睛一看，竟然是赵亚黎！

上次见到赵亚黎是十年前，在他们两个的离婚酒宴上。没错，就是离婚酒宴。

还记得那还是冬天，她为了显得漂亮，毅然决然光腿穿着丝袜，艳惊四座，让他倍儿有面子！

今天她穿着一身特别得体的宝蓝色套装，一副成功女干部的形象，正半怒半笑地看着他。

"你？"不知怎么，潘越的第一反应还是喜悦，心里隐约是家人久别重逢的感觉。

赵亚黎嗔笑问："看你那表情，心里又在琢磨什么坏事吧！"

"你没戴口罩就敢跟我说话？"潘越反应也很快。离婚那天赵亚黎觉得丢人，戴了一个巨大的口罩蒙着脸，今天潘越才算是报了仇。

"德行！看你衣冠楚楚的样子，骗着小姑娘吗？"

潘越知道这是在问他结婚了没，笑说："劳你操心，骗着了。"

他俩轻松地斗着嘴，潘越有意识地让着她，完全不再有十年前那样句句针锋相对的气盛。

身边人群嘈杂，十年的光阴像是一条奔腾的大河，一眨眼就倾泻而过。

潘越又问："一切都好？"

赵亚黎笑了："你变得这么敦厚倒是让我意外。就像你看到的这样，就算挺好吧。你这个人还真是不安分！从镜湖到北京，从北京到海南，从海南到北京，从北京到上海……真能折腾！现在只要是个跟法律沾点边的、像回事的论坛，就有你站在那里一本正经地骗人！"

潘越心里充满了被承认的成就感，原来她都知道。脸上忍不住就乐开了花："你怎么也来受骗？你在北京还是在镜湖？"

"我还在镜湖电视台，这个岁数都是幕后了。这个会我们是被要求必须参加的。知道你在上海混，就怕遇到你，还是遇到了！"

"为什么怕？晚上我尽一尽地主之谊。"

"晚上我们都要跟车回去，谢谢你的心意。"赵亚黎并没有解释为什么怕。她的话说完，两个人中间突然出现了短暂的停顿，气氛有些尴尬。有些话不能深聊，有些事又不想提起，两人的大脑都在飞快地运转，寻找着最合适的切入点。

这时，不知谁的手机铃声突然响了起来"今天的你我，怎样重复昨天的故事……"

潘越的心一下子回到了那个 10 月的下午，他们两个人从民政局出来。镜湖小县城下午的阳光无拘无束、没心没肺，初秋的风卷着街边的纸屑四处游逛，吹得她的长风衣随风飞舞……

潘越笑了："你记得这首歌吗？"

赵亚黎也笑了："那天从民政局出来……月落乌啼霜满天，一重逢就是这个画面，怎一个惨字了得！看来咱俩这是真正的八字犯冲啊！"

赵亚黎和他对面站着。吴端晃晃悠悠地端着一纸杯咖啡站在赵亚黎身后不远的地方，黑眼睛瞟着他，一根涂着鲜红指甲油的指尖在脸上轻轻刮了两下，羞他。

潘越的心立刻就像是被挂在了秋千索上，悠了起来。赵亚黎反应极快，回头一看，吴端立刻喝着咖啡若无其事地左右张望着。

她回过头来："你还是……哦，算了。呵呵，她有个日本名字。"

"叫什么？"

"哼！"赵亚黎讥讽地一笑。

潘越意识到上了当，脸上微微一热。

赵亚黎很高兴看到他的尴尬："叫'无端生事'。"

潘越没有明白过来。

"她在圈子里很有名气。"她强调了"圈子里"这个三个字。

"你想多了……"

"得了吧！我们两个都曾经把自己最丑陋、最不堪的一面淋漓尽致暴露给对方。你还有什么瞒得过我的眼睛？我可能不是最爱你的人，但肯定是最了解你的人。"

即便潘越同意她的论断，那也是潘越最不愿意回忆的一段时光。那是作为一个男人感觉最失败、最难堪、最失控的一段时光。

有人匆匆走来，看清了赵亚黎，惊喜地打招呼："赵主任，你也来啦！"

潘越忙笑说："那你先忙，咱们回头聊。"

赵亚黎意味深长地看了他一眼："平常也是福气，珍惜吧！"

赵亚黎的这句话当然是对的，可是不幸它是写在沙滩上的，而吴端就是那海浪。有句话说，一个同时拥有天真头脑和魔鬼身材的女人，是对男人具有致命杀伤力的。吴端正好满足了这两个条件。潘越在很短的时间里，就沉醉在她的娇憨和风情万种里。她就像是毒品，明知道贻害无穷，可潘越就是不愿意、也不舍得戒除。

潘越为律师培训的事儿付出了太多心力，就像是自个儿的孩子。如今稍有眉目，反倒不知该给它起个啥名字好。他想到了梁燕妮，就约她出来吃饭。希望她能给他一些启发。和梁燕妮这样的女人吃饭，是会让每个男人觉得荣幸和骄傲的。她永远精致文雅、女人味儿十足。她现在是一家日本律师事务所上海代表处的首席代表。

她感慨说："以前也和日本律师合作，但是没有这么深入过。他们实在是太可怕了，简直把案件当成艺术品来做。"

"其实我也赞成这样，律师和匠人没有本质的区别，都是要把自己的事情尽力做到极致。"

"说到匠人，日本人对于匠人文化的推崇是无与伦比的，他们认为'百年只做一件事'才是对手艺最大的尊重。像很多厨师、陶艺师都是几代人都在做同一件事情。"

"这样的人值得尊敬。"

"是啊。在日本，被人称为'老师'，是很骄傲的事情；但是被人称为'大匠'，那就是荣耀。"

潘越心里一动："难道就没有人敢称为'巨匠'吗？"

梁燕妮笑了："在日本被称为'巨匠'而活着的人，恐怕十个人都不到。这是非常尊贵、非常荣耀的称谓。"

潘越一拍桌子："好！就这么定了！"

"什么定了？"

潘越笑而不答，岔开话题说："你离开均昊所那么快就结婚了？而且结婚也不说一下。"

梁燕妮低眉慢慢地抿了几口茶，微笑说："有些事情，经历过了，发现也不过如此。也就死心了。"

潘越说："我这个人才不在乎什么众口铄金呢。相反，我一直很佩服那些想干什么就干什么的人。"

梁燕妮抬眼看他："你和我，都是有过故事的人。一般来说，人年轻时候有点故事，结婚以后会有免疫力。但是人到中年时，会有个中年危机。这个时候总想着要抓住点什么的尾巴，简直是听凭自己往下掉。所以，你说出这样的话，我就不能不提醒你，你要当心哦！"

潘越满腹心事，听了这个话竟然说不出话来了。心里对这个经历世事沧桑，万事淡然看透的女人添了几分佩服。同时又忍不住暗自对比：梁燕妮身上的女人味儿，那是点到即止，攻守自如。美归美，但男人总会时刻担心自己会输掉哪一局；吴端身上的女人味儿则纯粹多了，就像是没心没肺的野火，你在哪里放点柴火，她的火自然而然就烧到哪里。这种无限激发男人征服欲的特质，太让人着迷了！

和梁燕妮一告别，潘越就兴奋地给邓九阳打了个电话："培训机构的名字有了！就叫'巨匠'，'巨匠律师实务培训'！"

"巨匠？师傅，名字有点大啊！"邓九阳好歹读过几本书，对于这两个字的分量还是反应很快的。

"现在的青年律师正好最需要这种匠人精神。法律职业是一个精细活，容不得浮躁和粗糙。用精雕细琢、精益求精的匠人心态来做律师，才能最终成为真正的职业律师。'巨匠'就是我们的最高追求！"

"师傅，日本多少大师，终身只干一件事情，成为一个行业的领军人物，到了七老八十的时候，也就被尊称为一声'大匠'。咱们这样，会不会太赤裸裸地野心勃勃了？"

"这不是野心！我们心怀'巨人之心'，专注'匠人之术'，要用严谨专业、勤勉敬业的态度来对待律师这个职业，我们既'胸怀远大'，又'脚踏实地'。我要让我们培养的青年律师，在十年之后成为中国律师的中坚力量！"

邓九阳被他鼓舞得热血沸腾："师傅，'巨人之心、匠人之术，胸怀远大、脚踏实地'就是我们巨匠的文化理念了！就它了！'巨匠'！"

潘越兴奋地说："从今以后，巨匠就是我的另一个孩子，我要倾注一切心血把它打造成为中国律师培训的黄埔军校！"

一个针对一批中国青年律师影响深远的培训机构的名字，就这样在上海诞生了！

"上海这边你继续盯着，工作可以往更细的方向去推进。比如我们的学生入住学校学生宿舍的事情、能够和在校研究生一样办理食堂饭卡和图书馆借书证的事情以及诸如此类的事情。"

他说一件，邓九阳都应下来。

"你在上海忙不过来，就可以开始以项目组的名义招人了。"

邓九阳说："招人？前期费用呢？"

"我个人先垫着，你就不要管了。你就负责把上海学校的事情落实清楚。我明天去北京，再拜访一次我的老师，把青华大学法学院敲定下来！按照咱们原来的计划，培训由上海外经大学法学院和青华大学法学院联办，前半年在上海，后半年在北京。我要发动目前全国在各个法律门类最一线的大律师来给我的学生上课，我要改变现在中国青年律师培养的模式！我要搞中国最牛的律师实务培训！"

"师傅，我服你！你真有股韧劲儿！从你几年前第一次说搞这种培训，谁都没当真，谁都认为不可能！现在，居然不但搞成了，而且比我们想象的还要好！你太能坚持了！"

"'不可能'这三个字是存在的，但是它代表的含义永远是'暂时的'。我在全国律协搞教育委员会，从第一次提出这个方案来到现在差不多都十年了。还不是一样？刚开始律师们都觉得这事没什么意义，到现在，也差不多定下来了！我太高兴了，今年真是个丰收年！"

有时候潘越也想写一本自己的双城记——北京和上海。这两个地方对于他来说都像是第二故乡，直到结婚后在上海稳定下来，对于上海才有了比北京更亲切的归属感。

想到婚姻，潘越暗自叹了口气。纸里包不住火，章云苏默默地把显示暧昧短信的手机扔给他后，什么都没说。只是第二天就带着儿子搬到了学校宿舍去住了。

潘越没想到她竟然这样决绝。他自知理亏，跑了好多趟学校，章云苏都避而不见。给他的短信只有寥寥几句："好好想想，再给我答案。但是不要欺骗我。"

几句话，压得潘越心里像是有几座大山。是的，什么是对的，他当然知道。可是就像梁燕妮说的那样，他有种不甘心，有种想要享受最后的青春的任性！他给自己找借口"为什么要一直都做对的？做一次错事又能怎样！"

他找不到更好的解决办法，或者说他根本不想解决，所以就这么拖着。用句时髦的话说"痛并快乐着。"

北京之行收获丰盛，和青华大学法学院的谈判比想象中的还要顺利，他的老师王述不但同意了和上海外经大学联手进行巨匠律师实务培训的合作，而且向他推荐了一个人："陈振华，你应该认识，他现在在司法部律师工作指导司做副司长。"

潘越思来想去："名字很陌生。"

王教授点着他："说起来他是你的师兄，在证监会刚刚成立的时候，你打着我的旗号去人家办公室考了人家半天！"

潘越恍然大悟，惊喜说："陈处嘛！他调到司法部做副司长了？"

王院长微笑说："教育的目的在于解决问题。不能解决问题的，不是真教育。不管是青华大学法学院还是巨匠律师实务培训，在法学教育的传承和发展这一点上是平等的。所以，我认为青华大学法学院可以给学生的东西，巨匠培训也可以给。虽然我不赞成"证书"决定一切，但是对于孩子们来说，有证书总比没有证书要少走几步路。要是你想认认真真、长长远远地把这个教育办下去，能有学位证书给孩子们不是更好吗？要取得颁发有关法律专业学位证书的资格，司法部和教育部可能是你绕不过去的两座大山。其中的一座山，山神土地我已经告诉你喽！"

潘越禁不住喜笑颜开。

"小潘啊，我欣赏你做事的这种柔和地坚持。既然你做的是一件有意义的好事，又决心要把它做好，我能帮你就一定会帮你！"

这件事一定下来，潘越就地立刻开始招兵买马，成立了项目小组，项目小组兵分两路，一路成立公司，通过公司对培训项目进行系统化、正规化管理；一路确定师资、敲定教室饭卡宿舍。

很快，青华大学法学院的网站上，和上海对外贸易大学法学院的网站上同时打出了招生广告。虽然两个漂浮的小广告像是两块小补丁，但是潘越喜在心头，左看右看，怎么都看不够！

与此同时，央企重华国际的董事长知道潘越在北京，再次约他面谈，话题无非是让他到重华国际任职的事情。

潘越笑说："这个事情我在小规模的合伙人会议上提过一次，大家反应比较激烈。现在均昊所合伙人内部有分歧，外部又有精赎所攻城略地，内忧外患之中，大家都希望军心稳定。我是均昊所的元老，从我手里创设的分所就有三个：作为联合创始人的海口分所，独立创始人的三亚分所和独立创始人的上海分所，我的稳定对于均昊所的稳定还是有些影响的。"

"你上次提交的那个方案：从法律风险和经营效益的角度出发，建议把重华国际的物流产业链从集团公司中单独剥离出去，来降低运营成本、提高服务质量、分散法律风险、提升整体实力，这很好！可是这个方案的整体设计是你这个律师搞出来的，实现它就得方方面面都要考虑法律框架和经营策略的结合。"

"哦，那是我在给咱们重华国际做全流程法律风险监控的过程中的一些思考，未免贻笑大方。"

"目前集团的情况是这样的，懂业务的不懂经营、懂经营的不懂法律、懂法律的不懂业务。所以，这活谁都不敢揽！大家思来想去，都觉得你这个律师既然能在业务和经营上都提出这么专业的方案，那一定是懂的，法律就更不用说了。所以大家还是一致推举你来做。"

"领导，我……"

"重华国际是央企，又是上市公司，高管的薪酬都是透明的，和你当律师没法比。这点明知道是为难你，也不得不为难你。好的一点是，我在力所能及的范围内可以给你在待遇上补偿一些，运气好的话，可以成为部级退休。"

"我还没有想……"

"你是党员，我们都是受党教育这么多年的人，现在党需要你来奉献，你难道还要跟党讲条件？"

潘越想，这个帽子又大又虚空，却可以一言以蔽之地让理由变成了借口，难怪给国家打工的人都会讲这种怪话！

"我再认真考虑考虑。"

这次潘越在北京盘桓了半个月之久，除了巨匠的事情、律协的事情、重华国际的事情、均昊所总所的事情之外，还好好的和几个老伙计没日没夜地聊了几天。他不想回上海，一方面想远离被他自己弄得一团乱麻的上海生活；另一方面他也想让自己冷静冷静，毕竟任性也应当有个边界。

邓九阳打电话来报告喜讯："师傅，赶紧回来面试！有人报名啦！"

潘越还故作镇静："背景怎么样？我们要做巨匠，刚毕业、没有实际律师执业经验的学生，或者还没有取得司法考试资格证书的人，简历就直接筛掉。"

邓九阳一板一眼地念着："欧阳宇，湖南人，中南大学法学学士、湖南大学财经学院经济学硕士，财政部驻湖南省监察专员，专门从事财政、税务等审核稽查工作。拥有法学和经济学的复合结构……"

潘越不待他念完这份简历，兴奋地一拍桌子："太好了！我就是要寻找这样的人来做我的徒弟！给他打电话，马上通知他到上海面试！"

邓九阳笑说："师傅，巨匠的事情，我不计报酬全程参与，现在我有一个请求。"

潘越想，是该给人家发工资了，老师的那点薪水养家糊口也就是温饱，就说："你提吧，多少？"

"不是多少。我的要求是，我不要报酬给巨匠项目当助教，但是我想全程蹭课……能听到柴进、石建山、赵久书、李红斌、章学军、王君峰这样的大腕讲课，实在太稀缺了。"

潘越笑说："准！"

"那我还是大师兄啊，不管欧阳也好、司马也好，座次都只能从二师兄排起了！"

后来，欧阳宇从巨匠毕业后，在湖南大展拳脚，成为当地名律！可惜的是，尽管他算是第一个加入巨匠的人，在巨匠同学开同学会时，也只能是永远的"二师兄"了！

潘越不能不回上海了。虹桥机场一落地，他就开始纠结，到底是先去章云苏那里，还是先去看吴端。

他随着下飞机的人流边走边想着，有人从后面拍了他一下，一个女声惊异的声音："老潘？哪能，我们一班飞机回来的？"

潘越回头一看，我的天！萨拉！

潘越还没从惊异中反应过来，又看到萨拉左手挽着一个年轻的型男帅哥。那帅哥斜着眼睛瞟了一眼潘越就看向远方。

萨拉笑说："Oh my GOD！ Long time no see,许多辰光没见面啦！"她还是喜欢英语、上海话和普通话混搭着说话。因为故意说了一句中式英语，把自己逗得乐起来。

潘越笑说："怎么我们总是在机场相遇？"

"每次都匆匆而过？"萨拉笑盈盈地说，"你后来就 get married ？"

"是，结婚生子、开枝散叶，毅然担负起养家糊口的重任。"

"伊拉车子上还只放'卡萨布兰卡'？"萨拉狡黠地笑问。

潘越笑了："儿子上幼儿园以后，车上就只放儿歌口诀、古诗精选了。"接着问，"你好吗？"

"阿拉移民拿了美国人的绿卡。侬晓得哇？美国一点点意思也莫，阿拉是憋也憋死特了。索性回来常住，反正阿拉妈、阿拉爸、阿拉男朋友……"她晃了晃手上牵着的人，"也都去过了，回来也都好炫耀了，阿拉也能歇口气了。"

潘越知道一点她的家事，了解她的不易。但是看她习以为常的样子，就没有安慰她："上海现在也不比纽约差，物价已经快接近纽约了。"

两人说着一边走到了行李处。萨拉说："阿拉去等行李。"

潘越松了口气："我没有行李托运。"

两人站住了，想说点什么。萨拉旁边的年轻男人不耐烦地说："嘎多事体。"声音不大不小。

潘越说："咱们回见吧。"

萨拉抱歉地笑说："男朋友被我惯坏了。老潘，希望有机会再见侬。"

潘越上了出租车还在回味刚才：萨拉穿着一身豹纹低领紧身衣，小露事业线，纵然皮肤依旧雪白，可毕竟不再是二十几岁的女孩。那样的打扮只有让她更像俗艳的中年女人。

想当年，二十几岁的萨拉一身丝绸衣服被大雨淋湿贴在身上，媚眼如丝、火辣前卫，给他上了一堂波伏娃的"性自由"启蒙课。岁月太无情，那个为所欲为、洒脱自信的女孩，如今竟然顾忌起一个没什么品的年轻男孩。

唉！

第二十四章
不做守业的老贵族

唯有开疆拓土，

方显英雄本色。

潘越正出神，吴端打来电话："亲爱的，你落地了？"

"刚落地。"一听到她的声音，潘越就忍不住微笑。

"也不报道，坏人！赶快过来，我给你一个惊喜！"

潘越挂了电话不再犹豫，对司机说："师傅，麻烦不去上海大学了，咱们去石门一路。"

汽车在路口调了个头，向电视台方向开去。

潘越靠着闭目养神，忽然觉得什么东西滴落在手上，又觉得鼻子痒痒的，就揉了揉鼻子。伸手一看，吓了一大跳！一手背的血！再一低头，裤子上也是！往鼻子上摸了摸，又摸出一手血！

潘越虽然一副读书人的模样，但好歹也是从小在农村长大，身体底子一直很好，莫名其妙流鼻血，这还是第一次！

他惊慌地说："师傅，我流鼻血了！"

出租车司机从倒后镜里看了他一眼说："哎呀！你当心啊，不要弄到座位上，我们要扣钱的！"

潘越一手捏着鼻子，一手在口袋里乱摸找纸巾出来。用纸巾把鼻子塞住了，仰着头一动不敢动。到底是什么原因流鼻血？在北京那么干燥也没有过，以前也从来没有过，小时候也很少有……越想越害怕，他说："师傅，麻烦你，咱们还去上海大学。"

出租车在路口又转了个弯，调头去上海大学。

快到的时候，他给章云苏打了个电话："那个，我从北京回来了……我先把行李放你这里吧？"

章云苏的声音淡淡的："你在哪？你怎么了，声音怪怪的？"

"没什么。我马上到学校大门口了。"

"等着吧，我过来拿。你不要进来了。"

潘越沮丧地想：这就是嫌弃我吧！

他在学校门口等了一小会儿，远远看见章云苏骑着辆小电瓶车过来了。她穿着简单的白衬衫、黑长裤，怎么看都是个干净清爽的女学生，头发剪得刚刚落在肩上，迎风像蝴蝶的翅膀忽闪着。

潘越心里又有一些难过：怎么她骑上了电瓶车？送给她的白色奥迪车她一直珍爱有加。现在讨厌他，连爱车也不喜欢了，宁肯骑这种小电驴？

章云苏在他面前下了车，他正欲把手上的行李给她。章云苏睁大了眼睛："你流鼻血了！"

潘越为了不显得那么慌张，其实已经擦开净了，没想到还是被她看了出来。他赶紧说："在出租车上突然流出来的，不知道怎么回事，以前也从来没有过。现在好像不流了，就是鼻子还是痒痒的。"

章云苏把潘越的小行李包扔在前踏板上，说："上车！"

"干吗？"

章云苏冷冷地看着前面，说："上车吧，让校医看看。"

潘越看看她的小电驴，俩轱辘还没脸盘大，"它经得起两个人吗？"

章云苏没理他。他讪讪地跨坐上，自我解嘲说："没想到我屁股这么小。"

小电驴开起来。潘越搂着章云苏的腰，她的发丝带着清新的洗发水味道，丝丝缕缕地拂在他的脸上。过了校园的大门，沿着操场边一路开过去。春风扑面，春意浓浓，沿途柳梢淡绿，白玉兰花一片妖娆。操场上学生们的笑声、闹声、喝彩声，到处充满了青春洋溢的喧闹。一切都是暖洋洋的、从容容的、笃定定的。

潘越想："我是猪油蒙了心吗？"

从校医那里出来，潘越的鼻子里塞着个小药棉球。他心虚地说："一起回家吧。"

　　章云苏的眼神安静而忧郁，她说："你伤了我，总要给我一个解释吧。"

　　潘越的手机在口袋里不停地震动着，他知道那是吴端催促的电话。

　　内心在两者之间做了一番激烈的争斗，最后，还是吴端妖娆的身影占了上风。他一狠心，说："好吧，那我今天先回去换衣服，明天来接你。"

　　章云苏的眼底瞬间略过伤心和失望。她一眼也没在看他，转身骑车走了。

　　潘越重新打车到了吴端租住的小房子里，吴端扑上来搂着他，鸡啄米似的亲个不住。潘越被她亲吻得越久，心里越失望、越冷硬。过了一会儿，潘越推开她。

　　吴端嘟着嘴说："干吗？不开心？"

　　潘越近距离看这张浓妆艳抹的脸，突然觉得有几分狰狞。他对自己感到吃惊：这种女人是怎么迷住他的？

　　他勉强笑问："惊喜呢？你给我的惊喜呢？"

　　吴端后退了两步，原地转了个圈："看！"

　　"看什么？"

　　"讨厌！你心里都没有人家！你看人家的头发！"

　　"头发怎么了？"

　　"酒红色，我染成了酒红色！"

　　"这就是你要给我的惊喜？"

　　"你不惊喜吗？不漂亮吗？人家是专门为你才染的，好贵啊，你报销啊！"

　　"哦。"潘越点头说，"惊喜。"

　　"你怎么了？"她过来搂住他，双手捧着他的脸，忽闪着眼睛看着他："亲爱的，你怎么了？我的眼里只有你，你的目光怎么飘忽不定？"

　　潘越看着这双乌黑的、魅惑的眼睛。真的，她的眼睛像猫，没有什么男人可以抗拒。他第一次看到她，就是被这双眼睛把魂牵走了。

　　潘越赶紧移开目光，说："你的眼里只有我？那你看我有什么不一样吗？"

　　吴端深情地抚摸着他的脸，心疼地说："瘦了，宝贝，你瘦了好多。我来好好慰劳你！"

潘越推开她："马上还有个重要的会议，我得马上过去。我改天联系你。"

"你！"

潘越边出门边说："晚一点我打你电话。"

这个春天的下午，潘越站在石门一路的街头，看着老上海的破乱的小巷和蹒跚的老人，心里无比感慨：原来爱就是神笔马良的毛笔。有了爱，眼睛看到哪里，哪里就闪闪发光。而一旦失去了这支神笔，看什么都是死水一潭。是什么拿走了潘越手里那支神笔？是刚才那个神奇的校医，他在潘越的鼻孔里塞了一小团药棉。

章云苏从电话里第一声就听出了他声音的异样，而吴端不管是捧着他的脸深情端详，还是和他深情相拥亲吻，居然都没有发现鼻孔里的药棉！

潘越把鼻子里已经被血染红的药棉扔进了路边的垃圾桶。同时，也从心里把这一段荒唐的热情扔了进去。

一回到均昊所上海，潘越前脚进办公室，后脚邓辉就走进来。他戴着无框眼镜，穿着小细条纹西装，头发一丝不乱，比十年前胖了一圈，一副太平绅士的模样。

"老潘啊，为了你，重华国际的董事长都出马了。"

潘越一点也不奇怪他的消息灵通。这家伙看着不显山不露水，律师做得很低调，其实是个货真价实的官二代。

"你说我该怎么办？"

邓辉一笑，"我说你该怎么办？我当年还是被你骗来的呢！"虽然是地道的上海人，可是在人大读了四年大学，他有一口流利地道的京腔。

潘越严肃地说："谁都可以说被我骗的，唯有你不能说！"

"啊，也对！"他说，"是龚骏。你当时坐着睡着了。看看，你睡着了都能把我骗来！"

两人都笑了。潘越沏上茶，认真地说："前年我还真跟邢然他们提过这个事情。"

"拉倒吧，你少跟我装！他们同不同意，和你想不想，这是两个概念。你老潘想干的事情谁能让你干不成？"

潘越没说话。

邓辉说："那就是其实是想的，顾忌什么呢？第一条肯定是钱的问题，那你不用犹豫了，那种单位挣十年工资不一定抵得上你干一年律师的收入。给国家干活，讲的是奉献。"

"这个我倒是有准备。"

"那就不是钱的问题。第二条，地位？这个也不用犹豫，且不说目前整个法律生态系统中律师的地位是最低的，就是将来律师的地位提高了，和一个中华人民共和国的副部级干部还是不能相提并论。你是聪明人，其他衍生的利好我就不说了。"

"我也曾经是中华人民共和国物资系统最年轻的副经理，是有过职务的人。"

"哈哈哈！有相关工作经验，那更好了！那你顾忌的是什么？兄弟情谊？"

"你还别笑我矫情，我还真顾忌的就是这个！"潘越说，"我当时提出了两个要求，第一，想让我不离开均昊所，那就把我放出去。成都也好、西安也好，让我去把均昊所的江山扩大。"

邓辉嘴角上扬，但表情却是沉思的。

"中国法律市场以后一定是一个大融合的市场。当初均昊所要在上海开分所，司法局的人要跟我商量怎么走程序，一天一个条件，一天一个要求。为什么？因为这事新生事物，从来没有过！均昊所是上海司法局接受的第一家外地律师事务所。谁都不知道该怎么办。当时出了很多洋相，比如律师证只能是挂在上海的所里的律师才能在上海执业，比如北京律所的上海分所不能从上海本地所里挖人……到现在不过短短十年。大上海有多少家外地分所？北京有多少家外地分所？连三线小城都可以开律所的分所了！"

"律所发展的事情，你不用跟我说。我和你们心态不一样，我和马远程差不多。你们天天打打杀杀，攻城略地，我们就想工作的时候工作，生活的时候生活。老马爬完了包括珠穆朗玛峰在内的中国名山大川，现在已经开始爬世界名山，听说今天要爬比利牛斯山。我不喜欢爬山，累得要命。我游山玩水是享受型的，最近迷上了高尔夫球，干别的都没意思。"

"我想做律师，我喜欢做律师。我是希望你去给邢然吹吹风，帮我争取，让我去成都。"

"呵呵！老潘，我劝你别想了！大家现在都觉得，字号镶着金边，出入亮着金字招牌，西装革履、人模狗样的，挺好的。这话我只劝你一次，以后再也不说了。"

"唯有开疆拓土，方显英雄本色！现在律师服务市场这么活跃，我空有一身本事，却不给我机会，我着急！"

"你是英雄，我认！可是英雄不也得跟着时势嘛！所以才有时势造英雄一说。你现在是要逆势而行！"

"第二个呢？"

"第二就是放我走。"

邓辉双手交叉做着手指操，想了一会儿，说："这都是前年的事儿？"

"是。"

"那就是说其实你早就想走，只是走不了。"

"反正前年邢然踢了我一脚。"

邓辉想了一会儿说："我最后只说一句话：重华国际打算将来把重华物流独立上市，交给你是因为你是公司股权设计方面的专家。"

如果之前潘越还抱着无可无不可的态度在律师与央企之间徘徊的话，这句话无疑起到了一锤定音的作用！能够把一个公司从零开始打造直到 A 股上市，这对于渴望建功立业的男人来说，诱惑实在太大了！

送走了邓辉，钱婷婷进来瞪着眼睛问："老潘，你真的要走？"

潘越嘴角带着不置可否的笑说："你怎么看？"

钱婷婷嘟着嘴："老潘，官儿没那么好当的！那种地方，比你狡猾的狐狸一窝一窝的。"

潘越笑她："你怎么知道？"

钱婷婷犹豫了一下，说："你以为社科院下属研究所的小会计工作，是那么容易干上的？我妈好歹也是个副司长，要不是我偷摸地拿着鸡毛当令箭，哪轮得着我一个大专毕业生啊！"

潘越倒是吃了一惊："真的假的？！"

"切！你没听说过吗？从国贸楼上扔块砖，能一下砸死三个共和国部长。副司长在北京根本不算官儿好吧！"

潘越忽然想通了第一次在镜湖带着她和县政府的官员吃饭，她在饭局上不但一点儿也不怵，还把"发动群众斗群众"的战术发挥得游刃有余，至今还留有传说。当时还想，这个连飞机都没坐过的小姑娘，哪来的那种从容大气？原来如此！

"我妈当了十几年副司长，还不是住了一辈子筒子楼、骑了一辈子自行车、屯了一辈子大白菜？我老爸住院还不是得排一天一夜，否则也不能够……不说了！现在当官儿的都是两极，要么就是我妈那样的极品，自个儿两袖清风，家人更倒霉，她的清风都不能跟着喝，否则就是占国家的便宜！要么就是专门修炼厚黑学，杀人不见血，吃人不吐骨头。老潘，你虽然狡猾，但在那个圈儿里，道行还是不够。"

"我是律师出身，不是政治学出身。企业也不是政府。我相信企业还是业绩优先的。"

"老潘，你这人不是好人，但也绝对不是坏人，这就是我觉得你不适合混国家机构的原因。当然，你问我，我肯定劝你别去。你要是想去，那我全力支持你！反正人就这一辈子，失败了又怎么样呢！"

潘越一拍她的肩膀："不枉我一直偏心你！知我者，你也！"

钱婷婷走到门口，又回头说："找你说正事呢，老是忘！你搞明白自己在我婚礼上的角色了吗？"

"好家伙，这口气！那你给我安排个角色吧。"

"怎么叫我给你安排个？你可是十年前就说好的，要扮演我父亲的角色！你可不能反悔。"

潘越严肃说："那怎么能反悔！我明天就去买套新西装，配上领花、手帕，保证让你风风光光出嫁！"

钱婷婷笑了："这还差不多。4月30日下午两点彩排，明天赶紧去买西装！"

上海虹桥西郊宾馆花园的风景超过了一般的小公园。草坪在阳光下像翡翠色缎子铺展开来，远处是湖光山色掩映下的别墅群，湖中野鹤以一种主人般的从容和优雅看着草坪上嬉笑欢乐的年轻人们。春末夏初、万物生长，一切都在金色的阳光下闪着金光。

公园里的一群人中不时传出惊叫"你也回来啦"，"天啊！居然有丹顶鹤"或者"哈哈，我也打个滚"。

这一群人里，有从美国回来的赵展和闫妍，有从北京回来的李洛薇，有从日本回来的宋健，还有人源源不断地乘着各种各样的交通工具从四面八方向这里赶来。

草坪上白色的婚礼纱帐已经初具规模。纱帐周围这一群人是几个明天做伴娘伴郎的年轻人，围着穿着运动衣的钱婷婷和新郎官在试走程序，年轻人叽叽咕咕不时爆发出哄笑。

树荫下面放着几张咖啡桌椅，其他人不需要排练，都站在树荫下嘻嘻哈哈地叙旧。潘越穿着藏蓝色阿玛尼三件套，身上出了一层汗。正被汪昭取笑："老潘，我一直以为婷婷结婚你会哭，没想到居然还有心情提前把自己搞得那么帅！"

潘越笑说："我是被吓得！她怎么通知你们的我不知道，反正通知我的时候是说'你搞清楚自己在我婚礼上的身份了吗'？这口气！那我必须搞清楚啊！昨天现买的西装，从里到外四万多块大洋呢！也没人告诉我，彩排不用穿正式西装啊！"

汪昭的女儿盈盈刚刚两岁，摇摇摆摆走过来抱住了潘越的大腿。潘越赶紧一把抱起了她，举到空中晃着。

宋健说："这么贵的新衣服可不能弄脏，看老潘的胳膊能撑多久吧。"

众人大笑。许佳妮笑着接过女儿带着去追气球了。

潘越说："你们这帮臭小子，现在都青出于蓝了，好样的！"他一眼看见人群里的赵展："赵展、闫妍，美国的月亮比中国圆吗？"

赵展比以前瘦了，也黑了些，但是依旧是个出众的帅哥。他笑说："报告师傅，在美国就忙着为五斗米折腰，还没时间看月亮。"

众人笑，闫妍笑说："回来这几天是我们这大半年来最放松的几天了。赵展读书特别辛苦，每天有太多的书要读，书包根本背不动，都是用行李箱拖着去教室的。白天拉一行李箱书进教室，晚上拉一箱书进图书馆。看书看到天亮都是常态。他太拼了！"

赵展笑说："哪有那么夸张。我的基础不好，人又懒，其实多拿几次也是一样。"

邓九阳问："闫妍也在读书吗？"

赵展搂着闫妍的肩膀，疼爱地笑说："她比我辛苦。"

闫妍说："法学院的学费那么贵，总要先读出来一个嘛。我在学校附近的咖啡店里打工，正好练练英语。让他先读出来再说吧。"

路易莎说："女人都是感性的动物。没办法。"

汪昭说："你在英国留学也是要打工吗？"

路易莎说："我稍微好一些，但是也要打工，练口语啊，接触一下真正的英国社会嘛。我读书也算蛮拼的了，但是也没有拼到赵展这种程度。不过英国即便是读得好也不允许考 BAR 的，不像美国。纽约是可以考 BAR 的吧？"

赵展笑说："能考也不可能考过的。这几年大家都知道纽约的 BAR 准入相对低一些，中国人去考的很多，而中国人是最善于考试的了。"

闫妍看着他说："你总归试一下嘛！"

赵展说："当然会试一下。路易莎，你男朋友好酷啊！"

大家都去转头去看，草坪上，一个四人小乐队正在排练，最前面站着的人头顶扎着小辫儿，身上挂着电贝斯，正中断了音乐指导其他人。

潘越想起路易莎的爸爸路思齐来律所找"组织上"的事情。原来这个小辫儿青年就是路思齐嘴里的"王八蛋"啊。他努力地想看清他的脸，可惜实在太远，只能看到他随着音乐想起，酷酷地弹起电贝斯，一边唱歌的样子，在阳光下酷帅酷帅的。看得出，还是有几个女孩羡慕路易莎这个男朋友的。"看多了西装革履的律师帅哥，偶尔看到一个异类也还不错嘛！"

大家都看着贝斯手，只有赵展默默地看着贝斯手附近帮着钱婷婷走位的李洛薇。他知道，只要有他在的地方，她是能不凑就不凑。

"明天总所都有谁来上海参加？"周亦慧笑问。

宋健说："我觉得应该问都有谁不来参加。"

潘越笑说："这个说法客观。小钱是均昊所上海分所的元老，今年又是咱们上海分所成立十周年纪念，她又正好赶在'五一'结婚。借着这个日子，我和马鸿钧、刘查理商量了一下，和她达成了个协议：上海分所十周年纪念就和她的婚礼一起办了！活动以她为主，她当新娘子，想怎么任性就怎么任性，不管最终多少费用，反正所里承担一半，也算是上海分所代表大家合伙送给她的一个大红包了。"

"喔！"大家一起惊喜地欢呼起来。

"那么邢律师肯定来啦！"

"钱婷婷结婚，邢然不一定来，上海分所十周年大庆他必须来啊！怎么？为什么单独问他？"

"邢律师是我的偶像啊！"

潘越笑了："不但你的偶像会来，梁庆的偶像吴大维，还有谁谁的偶像周笑麟都会来，龚骏更不用说了，他是和钱婷婷并肩战斗过的战友。"

汪昭接口说："马远程律师从比利牛斯山回来了，刚才浦东机场已经落地，明天准到；梁燕妮律师特意从日本赶过来；赵淳律师全家去澳大利亚度假分了两批走，家人先走，他喝完喜酒再走……"

"总所行政部由王怡带队，要来三四个人呢……"

大家越说人越多，感觉人潮滚滚，均昊所全国各个分所都有人在赶来。不知道谁嘴快："咦？秦大江不来吗？"

人群静了一下。潘越转过话头说："周文静都通知你们了吧？明天每个人都要走红毯。都要穿礼服的啊！"

路易莎眨了眨眼睛："我要穿大露背哦！"

潘越说："女士们穿裙子，能露多少露多少，这个你们这些洋派懂。据说反而是露得少的、穿裤子的不能进场。男士们看到我了吗？就以我今天这个为标准。当然，你说我不喜欢三件套，我就要穿苏格兰裙，那也没问题。不过苏格兰裙标准的穿法是不能穿内裤，明天咱们在这里可是有风，尺度你们自己把握吧。"

他一边说，大家一边哄笑起来。周文静远远地跑过来接上另一个刚到的四人工作小组，领着她们去看场地，路过这一群人时，特意对他们大声说："靓仔靓妹们，这是在咱们的化妆师，明天中午大家赶早来，有专业化妆师噢，先到先化妆！"

"哇噢！"大家又是一阵惊呼。

他们这里阵阵惊呼让纱帐那里的人群羡慕起来，那边高喊着："今晚我们要给新郎开单身party，我们包了溪东二号别墅，你们有人参加吗？"

汪昭、宋健都高呼："有啊！有啊！"

钱婷婷喊着："怎么我没有单身party吗？"

李洛薇说："咱们包了七号别墅啊，光啤酒就买了10箱。"

潘越看着远处穿着运动套装的钱婷婷他们，再看看周围这一群T恤牛仔裤的人，突然发现原来他们这么年轻！

在办公室里，他们是杰克、瑞秋、安吉拉，男孩子们一年到头穿着藏蓝色或者黑色的西装，女孩子们永远妆容精致，穿套装和高跟鞋，看不出四季变化。他们从早到晚地对着电脑手指飞快地敲着键盘，一本正经地用英语核对到底是 FOB 还是 CIF，或者放下电话立刻从办公桌下面拉出行李箱边走边订机票。

潘越已经忘了这些孩子们刚从学校毕业的样子了，只是越来越感觉到，他们好像一生下来就是这样穿着西装打着领带，一副和他同龄的模样。这一刻才发现，原来他们只是一群二十五六岁的大孩子！在阳光底下推推操操、嘻嘻哈哈，男孩子们穿着运动鞋跑得飞快，轻松跃过半米多高的木栅栏；女孩子们走起路来脚下像是安了弹簧，全身自然而然地散发着骄傲。

年轻真好啊！

原来律所规定必须穿正装，是为了保护中老年人脆弱的心灵啊！

夜色在人群的哄闹中不知不觉地降临了。均昊所里留洋的人是主流，推崇结婚前一晚上新郎和新娘子不能见面，各自搞单身 party。

潘越本想开车回市区住，顺便早上接章云苏和儿子过来。结果被钱婷婷没收了车钥匙硬留了下来："我包了一辆大巴，明天早上专门接市区的朋友过来。至于师娘，我派专人去接！"

女士们包场的小别墅有个小院子，女孩们在院子里点满了蜡烛，桌子上摆着冷餐和酒，月色撩人，路易莎的男朋友用吉他轻轻弹奏着《彩云追月》，路易莎合着吉他哼唱，琴音如水，月白风清。

每个人可以点一首自己喜欢的歌，再在音乐里跟钱婷婷说出自己的祝福。

轮到钱婷婷自己的时候，钱婷婷说："让咱们的吉他手休息一下吧，我看咱们还有萨克斯手，我请他为老潘吹一曲《卡萨布兰卡》吧。"

潘越的心弦一下就被撩动了！

萨克斯手吹得很好，只听那略带忧伤的萨克斯风在夜风里四处飘开，穿过手指间隙，散落在树梢，散落在女孩们柔软的长发上，连周围别墅的窗口都探出身影来，静静地听着。

一曲终了，周文静笑说："单独点给老潘，有故事吗？"

钱婷婷笑说："记得1994年我跟着老潘在上海开疆拓土，老潘总说这个词儿，我都学会了。那时候所里只有一辆总所支援的抵债过来的破桑塔纳。这个破车开了好几年。几年里，这个车上只放这一首歌。其实我也一直想问老潘，有故事吗？"

潘越笑："怎么能没故事呢？你们都觉得自己这个年纪，一掐都能出水，骄傲得不得了。老潘生下来就老得掐不动吗？当然不是！老潘也有一掐就能出水的年纪，也曾有过故事，也有过 Love more and more each day as time goes by 的布尔乔亚情绪。"

大家都从来没有听过潘越说英语，今晚居然冒了一句英语，把大家逗坏了！又都特别好奇，到底是怎样的奇女子，能让老潘这样的人念念不忘。

老潘笑说："我的故事的结尾就是：王子和公主从此过上了幸福的生活！仅以此故事作为祝福，送给今晚的女主角！"

大家还要起哄，闫妍说："今晚的女主角，你就说点什么吧？"

钱婷婷穿着件素净的棉布长裙，头发半湿披在肩上，薄施脂粉、淡扫蛾眉，月光下楚楚动人。她傻笑地说："那个……不好意思……以前没结过婚……现在我该说什么？"

大家都笑了。

潘越笑说："说说你终于要摆脱'剩斗士'的内心感悟吧。"

"怕啊！万一嫁错人了怎么办？万一天天被家暴怎么办？万一婆媳不和怎么办？万一婚内出轨怎么办？……"

"没出息！"潘越打断她，"你的娘家可是均昊所上海分所，全中国第一流的律师事务所，娘家人里随便拎出一个来，都能把一件莫须有的事情从一审打到再审！那个准老公连律师都不是，你居然这么早就长别人志气灭自己威风，唉！"

许佳妮笑说："就是，你干女儿的妈还是公安局的呢！你要彻底摒弃老公负责制，坚决贯彻老潘负责制……老婆负责制！"

众人早已哈哈大笑起来。钱婷婷也笑起来："我在单位是老潘负责制，回家也是老潘负责制……"

"以后就这样，老潘在均昊所上海分所，上管天，下管地，中间管空气，还要管着女律师的床上问题！"

一群人闹起来，有人拿来了红纸，要老潘手写"批准上床证"。大家笑得喘不过气来，"新郎必须持证上床，这个证可是无价之宝啊！"

"新郎官抛头颅洒热血，不就是为了这个证嘛！"

女孩们乱闹起来，潘越悄悄地起身离开了。一个人在月光里沿着小路去找自己住的那幢别墅。女孩子们的笑闹声渐渐远了，笑容却一直挂在潘越的脸上。他孩子气地想：时光美好，要是一直都不到明天多好！

他一边走一边看路牌，不提防旁边的空院子里有人说："你喝多了！"这是李洛薇的声音。

潘越在树影里停住脚。

赵展带着酒气的声音："我是下决心今天要喝多的。我也不知道怎么回事，一直在这里等你。"

"快放手，我得赶紧去拿东西。"

"要赶那么紧吗？你留几分钟给我，好不好？"

"赵展，现在说这些话毫无意义。"

"还记得吗？以前你出差的时候，我晚上打电话给你唱歌，我唱着唱着你就睡着了。"

"我忘了。"

赵展轻声唱："你把手一挥，说要往北飞。爱情被一刀剪碎，我的心一片黑……"他的声音哽咽起来。

潘越看过去，月光下，李洛薇的眼泪长落而下。赵展抬手去擦，被李洛薇挡开。

"这么远，这么久，这么努力，可都不能抵销，我依然爱你。"

"赵展，这些毫无……"

赵展自顾自地说："你看，原来说出来这么简单。为什么我以前就是不敢说？我知道现在说出来什么都不能改变，以后也不会再说这样的话了。以后，我也会像老潘一样，做模范丈夫、模范爸爸、模范女婿，总而言之，做一个合格的上海男人。但是我要你知道，你的生命里永远会有一个人是你最可以信赖的依靠！你不用那么拼！"

李洛薇的眼泪再次涌出。

潘越悄悄离开了。谁没有故事呢？只有年轻时候的那个故事，才最珍贵、最柔软、最无所畏惧吧。

手机响了，传来邓九阳带着酒味的声音："老潘你回来了吗？大家都说你被她们吃得连骨头都不剩了！"

"哈哈，那没有被吃是不是因为她们嫌我老啊？你出来接接我，我迷路了。"

一会儿，在小路的十字路口看到一端有人拿着手机的手电筒晃着。邓九阳走过来笑说："你猜谁来了？"

潘越脱口而出："不会是秦大江吧？"

"嚯！果然师徒情深！这都能猜出来！"

潘越毫不掩饰心中的喜悦："是个男人！这样吧，你等下悄悄地把他叫到房间来。我从后门进去直接上楼了，我不能熬夜，现在一晚睡就浑身骨头疼。对了，你面试的几个巨匠的学生，到底怎么样？"

"面试了十几个，有几个真不错。赵盛，苏州大学国际法的研究生。跟我说在做律师和考公务员之间徘徊。我看他虽然书生气重了一些，但有想法有思考，如果他决定走律师这条路咱就收下了。"

"苏大法学院这两年发力，能进去的学生基本功是没问题的。"

"还有华政两兄弟，同一个班同一个寝室。一个叫周城，一个叫罗……罗铭，温州人，是个眉清目秀的小帅哥。"邓九阳笑说，"他来外贸学院和我见过面，估计担心我们是骗子。他现在在律所算是一年级律师，挺有想法的，听了我们的师资情况也特别愿意来。"

"这上下铺兄弟挺有意思。我都要了。"

"赵剑峥你见了吗？他是你们镜湖人。他说他父亲是镜湖老电子厂的老工会主席，特别推崇你。"

"赵主席的儿子？这个简历你没有给我，回头别忘了，赵主席是个令人尊敬的人。"

"还有个来自四川的李强，四川大学法学院毕业。他在电话里跟我说，觉得在成都那种地方太舒适了，人没有斗志，想到上海这样的大城市拼搏一把。"

"外地的律师更欢迎。等等，咱们是要招罗汉班吗？就没有女生吗？"

邓九阳笑了："给你的名单里没有女生？有几个很不错啊，比如建威所的朱月明，是专门做房地产的很优秀的律师。"

"太好了！九阳，连这样已经在不错的律所里执业的年轻律师都愿意来我们这里学习，这说明我们的办学宗旨是对的，确实有一批有理想、有抱负的律师需要专业的指导和提升，他们想做巨匠！"

"杨梅，郑州工学大学的老师，建筑专业毕业，自学考过了司法考试。我跟她说我们只招收有工作经验的律师和有志于从事律师职业的人。她非常坚持。"

"我觉得她的专业很好，我喜欢非法律专业的律师。"

"哦，那太好了，还有一个陈晓娟你更喜欢——本科是同济大学建筑工程专业，也已经司法考试，特别聪明的一个女孩。"

"九阳，你太牛了，居然能招来同济建筑工程专业的本科生！本科能考进这个专业就跟考进青华的机电专业差不多吧。喜欢喜欢！咱们推行诊所式律师培养方式，有一个专业不是学法律的优先录用。她们的法律基本功可能会差一些，但律师是个终身职业，只要她们够努力、够坚持，会在后面加速超车的。让她们来面试吧。"

"要说咱们在青华网站上的小广告影响力还真大，靳慧，小城房地产公司的行政兼法务，打了好几次电话来确认我们是不是骗子。"

"哈哈，这种 In-House 律师咱们的生源里现在好像还没有？让她来面试吧。"

"还有个叫马辰，一家上市的房地产公司上海分公司的法务。"

"这么好的工作都愿意放弃？叫来面面看。你看着人数，总数不要超过 30 个人，男女生比例掌握好。"

"还有……"

他俩说着已经走到了别墅门口，客厅里的热闹隐约传出来。两人也就打住了话头。邓九阳从大门进去神不知鬼不觉地打开后门，让潘越从后门悄悄地上了楼。

房间布置得很雅致，潘越拉开窗纱，外面还有一个小阳台，放着一对藤椅。他就烧上开水，准备着泡茶。没多久就听见秦大江操着重庆普通话和邓九阳边聊天边上楼的声音，不禁一笑。他对秦大江这种土了吧唧的普通话很有一种亲切感。

秦大江看到潘越，笑得嘴巴一直咧到耳朵后面："嘿嘿嘿，师傅。"

潘越笑着看他，条纹 T 恤束在裤腰里，小肚子挺着，手里拎着件黑色外套，一副土豪模样："你小子！"

秦大江说："我带了点腊肉给你，让邓师兄放你车上吧。上次师娘说喜欢嘞。"

邓九阳拿了他两人的车钥匙下了楼。潘越和秦大江在小阳台坐下，潘越说："谁通知你的？"

秦大江不笑了，给潘越和自己都点上了烟，眯着眼睛说："我知道嗦，她的一举一动我都知道嗦。她是闪婚嘛。"

"你呀！真不如不来。"

"我不能不来嗦。还记得十年前咱们在镜湖大酒店的酒吧里说过的话吗？她结婚你要当她爸爸，把她送到新郎手里。我说那我就去给她放炮，感谢……"秦大江笑嘻嘻地，却说不下去了.

十年前……好久了！潘越看出去，西郊宾馆西式园林在月光下无限美好。在远远的、月光照不到的地方，十年前的钱婷婷趴在镜湖大酒店装修拙劣的酒吧吧台上，哭得两眼红肿，孩子气地说："你看见美女就跑了，根本不管我是专门千万里追着你来的，你无情无义！"

那时的秦大江穿着土黄色的夹克衫，一副民工打扮，在酒店服务生鄙薄的目光里穿梭在酒吧和宾馆大门之间，一边看着不能让钱婷婷丢了，一边看着不能让潘越错过。

潘越有些莫名的伤感："婷婷也不容易，那天晚上陪着她的两个男人，一个比一个无情无义。"

"我确实无情无义。要不是生了小孩，早就离婚了嚅！其实现在有了小孩也想离婚，等小孩上了幼儿园肯定离的。我又不能让她等。"

"你以为你是谁啊！让她等？她凭什么等你！你还真把自己当根葱了！"

"我还不是仗着她心里有我。"

"你这么坦白地无耻，倒让我无话可说了。我警告你，你不要再去打扰她！你要是还有一点点良心，就应该让她把你忘了！"

秦大江咬紧牙关忍了好久，才把突然涌出的眼泪咽回去。他若无其事地说，"唉！我其实在她面前一直自卑嗦！你看我现在在重庆电视台每周都有法学讲座；是重庆大学法学院的客座教授；现在重庆市政府引进大的项目，十之八九都要邀请我参加研讨会。我做得这么拼命，还不是想告诉她，她没有喜欢错我，我是值得她喜欢的。就算是前男友，人家也会说，钱婷婷很厉害，连前男友都不是一般人。我能为她做得不就只能是这样了莫。"

"你明天还真的打算以前男友的身份出席啊！"

"我十年前怎么答应她的，明天就怎么去做喽。"

潘越记不起来秦大江十年前承诺过什么，不过他没忘了叮嘱："我十年前就教过你穿衣打扮，你明天这副样子可不行。"

秦大江苦笑："你放心吧。"停了一歇，他说："工商银行的沈达成，你还记得吗？"

"不记得。倒是想起来小钱有过一个交通银行的男朋友。"

"别气我了！他都还记得你。说你仗着北京律师的招牌很会摆谱。不过他对你的评价还是肯定的，他当初为难你，在镜湖电子厂改制的时候没重组一分钱贷款，还把电子厂起诉了。后来你搞来搞去把电子厂搞活了，不但还了工行的贷款，还又帮他们搞了好多存款。"

"是他啊！"潘越想起来在镜湖那个晚宴上的交锋，沈达成讽刺他是"出口转内销的大律师"。"存款的事情我就不知道了，不过要不是他逼我，我还真想不出税前抵补这个方案。镜湖电子厂改制是我做的第一个大型法律服务项目，我在上面是真真正正地花了心血的。你怎么认识他？"

"他调到工行重庆分行当行长了。我现在是重庆工行的法律总顾问，沈达成听说我师傅是潘越，对我的专业性特别认可。"

"是吗！"潘越感慨不已，"没想到当年一个县城的副行长，今天能升到一级分行的行长；没想到吃顿饭的缘分，居然能有这样的因果，世事难料啊！"

想到世事难料，就不能不想起十年前镜湖宾馆那次晚宴：当时意气风发的刘秉璋，因为女人今天还在深牢大狱；当时刘秉璋最羡慕的人米英捷，如今坟上想必已是草木萋萋；侯秘书止步在市计委主任；电子厂白胖的张厂长再无联系，耿直的赵主席在安享退休的时候，还想着让儿子来跟他学艺。

"那天还遇到了证监会的几个人，还记得吗？那个时候证监会刚刚组建，人员还都是从人民银行和其他几个单位借调的呢。"

"记得有个陈处长。现在好像不在证监会了。"

"他调到司法部哪个司做了副司长。法律部那个刚毕业没多久的大学生李腾，现在是副处了。市场监管部的马竞，是个不显山不露水的专家，现在调到了发改委，职务不高，却是真正的实权派。"

秦大江默默地抽着烟，说："这些人我都只见过一面。现在我也偶尔去证监会问政策，可惜能见着人的机会很少。师傅，我步步紧跟着你。所以你错，我也错。"

"什么意思？"

"你在那天遇到了你的白天鹅，没有好好珍惜。我在那天遇到了我的白天鹅，也没有好好珍惜。"

"呵呵！你这话我怎么那么爱听呢！"

"其实我那天看到白天鹅的时候，想的是，以后我也要像你一样，也要像你能追那么漂亮的女孩！后来我就朝着这个方向努力！谁知道嗦，每个人都有自己那个人，我一直舍本逐末。"

潘越想起来，那天晚上镜湖的月色也是这么好。他和林洋乘着乌篷船漂在河上，阿娇羞涩的身影从更远的过去走出来。他们在石板小巷里深吻。月色朦胧，小巷幽幽，时光美得不像话……好神奇啊，他们两个在那之前、在那以后也都再也没有同时回过镜湖，第一次接吻居然是在镜湖的石板巷里。

潘越掐掉烟站了起来，从伤感的回忆里走出来："说到镜湖，咱们一起吃过饭的高局长，还记得吗？思想特别前卫，一个小小的县物资局副职，在 1993 年就思考股票、证券这些资本市场的事情。可惜的是没有专业的人做指导，差点就碰到非法集资的红线。后来一蹶不振，可惜了！"

"我记得他，他当时不理我嗦。他把你从棺材板仓库里解脱出来，算是你的贵人喽。"

"已经去世的马良才马书记和高局长，都绝对是我的贵人！我拖着柴进用足了十分力来给他辩护，把他辩成无罪，当时还成了经典案例。年轻时那么意气风发的一个人，后来信佛了，现在还经常给我发些向善、福报的短信。"

"说起来信佛，我觉得最不可思议的就是柴进的徒弟蔺瀚文。人家都说我看起来像土匪，我看他面相比我还凶悍！还是学哲学的人，居然搞起了唯心主义？据说现在到哪里都宣称佛教。"

"人家性情比你真！你像土匪，突出体现一个'土'字！蔺瀚文看起来多酷，每次律协开年会，有他的地方就有成群结队的女律师。谁都不知道他早已心如止水了啊。"

"我知道，是为了姜半夏嘛！"

潘越一直记得那天晚上，优雅的姜半夏脱了高跟鞋坐在华山路的马路牙子上，和他一人喝着一罐啤酒。法国梧桐树叶纷纷飘落，她大大方方地说："我嘛……我爱上了一个人……蔺瀚文……他结婚了……"

潘越说："我后来看过姜半夏的照片，是个背影。穿着灰色的尼袍，沿河而去。一见杨过误终身啊。"

"姜半夏从汗毛眼儿里都看不上我嗦！不过嘞，她做事确实让人敬佩。有些事情不怪她看不上我，我自己也看不上自己！"秦大江感慨说，"那两天在镜湖还发生了好些事，事赶事，十年下来，似水流年，仿佛过电影一样历历在目。"

"何止是那两天？那一年发生了多少事？我鬼使神差地被指派到上海开分所，带着你和婷婷哼哈二将在上海滩拉开架势；我从总所糊弄来龚骏这个大牛；我去海南摆平罗明亮；我把刘秉璋的举报信大象无形地化解掉……还记得离开北京的那天一大早打车去机场，从行人寥落的长安街上过，看着天安门慢慢后退……真是一转眼啊！"

邓九阳探出头来："还在追忆似水年华呢？半夜了，睡吧。临时来了好多人，大家都打地铺。别的屋地铺都插不下脚了，我和大江就在你屋里混了啊。"

看着邓九阳蹲着把被子铺在地毯上，秦大江不知怎么的，心里突然涌起一阵悲伤。

徐汇田林那个破旧的小区，那个破旧的老公房，条件实在有限，朋友们来了就只能打地铺。钱婷婷就是这样，先蹲着铺一层塑料布，再跪在塑料布上，用心地把被子摊好……

那时候真穷啊！破房子的小客厅四季不见阳光，一南一北两间小屋，南屋稍微大一些，放得下两张床。开始他住南屋，她住北屋；后来姜半夏来了，她俩住南屋，他住北屋；后来他俩一起住南屋；再后来，他走了，她一个人住着，又住了好多年……那时他无数次地想过，以后一定要好好补偿她，一定要买套大房子给她，一定要让她在朋友面前扬眉吐气！

十年一梦，除了对她一次又一次的伤害，他其实什么都没做！

明天！明天！明天永远也不要来，多好！

第二十五章
成功很难，要对自己狠一点

不用焦虑，

一切美好都会如期而至。

婚礼如期而至。

老天爷特别照顾草坪婚礼的特点，既没有阳光炙热，也没有狂风骤雨，云薄风轻，舒适惬意。草坪上到处是鲜花和气球，边上的条桌铺着雪白的桌布，摆满了糖果点心、香槟饮料，白衬衫黑马夹的服务生端着托盘来回穿梭。小乐队在大阳伞下轻描淡写地吹奏者欢快的乐曲，一条 20 米长的红毯的尽头是一块巨型签名版，画面是碧蓝的天空下一对新人相拥在均昊所的背景前，红毯两边是观礼席，正对着婚礼主棚。

婚庆公司的人员在红毯入口、中间和签名版前都已经扎好机器，孩子们四处追逐奔跑，各种亲戚朋友举着相机纷纷占据有利地势，气氛喜庆热烈。

男女主持人也让人有意外惊喜：男主持是中国首届律师辩论大赛金奖选手宋健，女主持人居然请到了均昊所总所第一代大管家、王先生的夫人欧姨——现在大家都尊称她欧总。她满头银发、气质如兰，和旁边的年轻挺拔、少年老成的宋健相得益彰。

走红毯是好玩的大事，要留下影音资料的。欧总和宋健正式拉开了婚礼的序幕，新郎和新娘的家人羞羞答答、嘻嘻哈哈、拖拖扯扯地走完了第一波。

第二波第一批走上红毯的，是均昊所的几个创始合伙人：邢然和吴大维簇拥着代表王先生的欧总，蒋力宇拉上了潘越。他们五个一走上红毯，周围就响起了热烈的掌声。

潘越和大家一起笑得合不拢嘴，一边走，一边向大家挥手。虽然这是摄影师为了影像好看要求的动作，但是当他们向大家停下来，面向所有人挥手致意时，却是充满了成就和喜悦！

潘越想起均昊所在北京平和宾馆九楼开业，办公室满铺地毯、一年四季有鲜花开放、每一张办公桌配置一台电脑，办公环境堪比外国商社，当时曾经让多少人惊讶啊！

那一天，他们五个人在白色小会议室里开会，讨论要不要开上海分所、谁去开上海分所的情景还历历在目。那时，整个均昊所总所的工作人员也不到二十个人。现在，单单上海分所的人数就超过了一百人，还有从海口、大连、广州、深圳、日本、美国、这些地方赶过来的人。人，就是明天，就是希望。

他们在签名板前签名后，宋健首先表达了对五位创始高伙的仰慕和敬佩。邢然接过话筒。他稍微停了几秒钟，喧闹的声音下了下去。他微笑说："今天很多感慨……祝福新人，也祝福均昊所……借着今天的喜气，我宣布几个好消息吧……"

一片掌声。

"法律界影响意义重大的《亚洲法律》杂志，在本年的中国法律大奖评选中，对咱们均昊所颁发了'中国律师事务所大奖''年度最佳雇主大奖''资讯科技/电信业律师事务所大奖'和'商业诉讼律师事务所大奖'四项大奖！"

大家一片欢呼和热烈的掌声。

邢然看了看身边的潘越，笑说："再说个和上海分所的主任潘越律师有关的……"

潘越笑说："那些咱们下面说，这里就不说了。"

马上有人起哄："现在说！现在说！"

邢然笑说："你人气这么高，不说现在过不了关啊！"就对大家说："这个消息我请中华全国律师协会的副会长、上海律师协会的会长朱洪昌朱会长宣布吧！"

红毯的那端，不肯走红毯、企图从边上绕过去的朱会长被工作人员左拦右挡，此时看到大家都在看他，这才笑着和已经等候在旁边的女伴梁燕妮一起走上红毯。

在签名板上留名后，他先说了一大串已经准备好的祝福。欧总笑着打断他说："这些您就放在等会儿新人祝词那个环节说吧。现在都说完了，一会儿还得现想词儿。这会儿，您就说说潘越的好事儿，大家都等着这个呢！"

欧总一口京片子，她一路说，大家一路笑。

朱会长一挥手："好！我来宣布，中华全国律师协会正式成立教育委员会！均昊律师事务所高级合伙人潘越，当选为中华全国律师协会教育委员会第一任秘书长！"

"噢……"人群一阵欢呼，小乐队的架子鼓也不甘寂寞地敲出了一连串有力的音符！潘越看到人群外的邓九阳跳起来，激动地向他挥着双手。

站在潘越身边的梁燕妮和潘越来了个拥抱。被邢然一眼看见，就做了个鬼脸摇摇头。

梁燕妮接过宋健递过来的话筒说："我那时候从世界五百强出来，老潘给了我一次提条件的机会。我那时想，得抓住机遇趁火打劫，好好提点要求！结果一回头看到了邢然。他作为高伙居然那么年轻，还帅得那么张扬，于是我就忘了想好的条件……"

邢然等大家笑够了，这才说："Jany 说'那时候'，还真是，不知不觉已经到了回忆'那时候'的时候了。虽然 Jany 现在不在我们的律所做律师了，但在她还没有见我之前，我们几个人对她说是久仰大名一点也不为过。那时候——我又说了那时候，老潘要建上海分所，对我们提出的要求就是，他看中的人，都得拼了命地帮他拐进来。所以还好 Jany 只是看着我帅而已，她要是觉得我好吃，想咬一口，估计我也不敢不让……"

台下一片哄笑。

后面，大家按照进入均昊所的先后顺序走过红毯，周笑麟、龚骏、邓辉、马鸿钧、刘查理、赵淳、马远程、张国万、沈燕华……还有均昊所的那些老朋友柴进、石建山、田维常、岳德和、高武廷、侯秘书、梁宏磊……他们都穿着正装，带着或青春靓丽，或风情别致，或优雅含蓄，或性感靓丽的女伴，一对对从红毯上走过。

日渐黄昏，微风轻拂，新郎已经走上了红毯。

钱婷婷穿着简洁不失华丽的婚纱，挽着潘越的手等候在纱帘后面："老潘，我有点紧张啊！"

潘越细心地看着钱婷婷，笑说："多好看的新娘！别紧张。你只要想想，你是在中央电视台面对全国人民做辩手拿过金奖的人。没有什么大不了的。"

"可是，今天一点错都不能出啊！"

"胡说！今天才是你真正的主场！恰恰相反，今天你做什么都是对的！错的也是对的！这是你的婚礼！"

钱婷婷突然热泪盈眶："老潘，谢谢你！"

潘越赶紧帮她把眼泪擦掉："傻丫头，不能哭，一哭就不好看了。"

旁边的化妆师赶紧过来补妆。

潘越突然想起来一件事！他着急地左右看了一圈。旁边的王怡问他："你找谁？"

潘越说："赶紧把汪昭或者邓九阳帮我叫过来！快点！"

一会儿两人都一路小跑过来："怎么了？"

潘越对着他俩的耳边说："秦大江呢？"

俩人面面相觑，张圆了嘴巴！从早上到现在，好像谁都没有见过秦大江！

"赶紧赶紧！务必找到他！务必看住他！千万别让他捅出什么篓子！"

外面传来主持人的声音："请新娘的父亲送新娘出场……他将亲手将新娘的手，交给焦急地等待在路途中间的新郎……"

音乐响起，两个小花童排好了队等在红毯两边，潘越和钱婷婷面前的薄纱掀了起来，一束追光灯眼花缭乱地晃着，定格在他们身上。在他们面前，一条红毯铺向前方，红毯两边，亮起了温柔的地灯，远处纱棚的所有的灯光都已经打开，人群突然静了下来。

潘越轻声说："挺直后背，你今天是最美丽的公主！走得慢一点。放心，有我呢！"

钱婷婷深吸了一口气，微笑地挽起长裙，挽着潘越慢慢走上了红毯。

潘越的表情有些严肃。确实，亲手嫁女儿这样的事情对于任何一个男人来说，都不是一件喜事。更何况，他还有更焦虑的担心！

他一面压着步子配合着钱婷婷缓缓向前走，一面用眼睛不动声色地询问着汪昭和邓九阳，一看到他们无奈的样子，更觉得秦大江这个没谱的人会做出什么事情来！他一边走，一边盘算着各种应急方案，一边观察着人群和地形，一颗心分了七八个方面。

终于顺利地把新娘交给了新郎。在主持人的鼓动下人群响起了一阵掌声。伴娘和伴郎开始撒花、扔丝带、撒彩纸，小花童汪盈盈出了点问题，她忙着往自己的小竹篮里捡花，忘了跟着新娘了。惹得众人一阵嬉笑不已。

潘越站在原地松了口气，这才觉得热。这场秀走得他筋疲力尽，汗把衬衣都湿透了，贴在身上很不舒服。

大家都在笑，只有他一点也不想笑，也说不上喜悦，倒是满心充满了失落。原本他只是个代理父亲，此时此刻却真正有了做父亲的心态。"还好我生了个儿子，以后结婚不用这么揪心。"他想着，看着追光灯跟着他们的背影。

他再次看了看不远处的汪昭，汪昭一颗心都在女儿身上了，完全忘了自己是有任务的。

新郎和新娘在礼台前站定，证婚人在主持人的邀请下入场，主持人向旁边望了望，示意多拿一个话筒。音响旁边的服务生拿着话筒一路小跑过去递给了主持人。

没有人注意到这一点，大家都被主持人的插科打诨逗得不断地哄堂大笑。

那个小跑递上话筒的服务生头发打着发蜡，穿着统一的白衬衫、红领结、黑马甲，一刻也不闲着。飞快地为提出要求的每个人服务,利索地收走空的酒瓶酒杯、移走不用的花车……

潘越看着那个忙碌的身影，百感交集。

从来没有看到他穿得这么一丝不苟。

从来没有看到他行动这么眼疾手快。

从来没有见过他表情这么严肃认真。

他就是秦大江。

这一刻，潘越突然想起了十年前在镜湖大酒店的酒吧里，秦大江说过的话"你嫁人那天，我当服务员去端茶送水、奏乐点炮……"

一对新人总算把交换戒指、倒香槟塔、切蛋糕的流程都走完了。旁边有人推过来一辆红色的小电动车，新郎骑上电动车，新娘喜笑颜开地坐在后座上，电瓶车缓缓开动，后面挂着一串易拉罐哗啦哗啦地响着。

这时候，突然想起了鞭炮声，所有人都惊了一跳！因为不许放鞭炮，突然有这么大的响声，都纷纷回头。不远处挂着一壁电子鞭炮做成的瀑布，噼里啪啦响得欢快无比。鞭炮声一响，气氛立刻不一样了，人群欢呼起来，看着新郎带着新娘拖着长长的婚纱消失在绿荫深处……

秦大江默默地站在暗影里，没有表情地看着红色的仿真鞭炮一明、一暗，一明、一暗。

鞭炮熄了、音乐停了、彩灯灭了，人群兴奋了一整天，在礼宾的指引下三五成群地向餐厅走去。

潘越走到树荫的暗影里，也不心疼四万块钱的西装了，就在草地上挨着秦大江坐下来："你这是何苦呢！"

秦大江一手捏着红色的领结，一手拎着一瓶白酒往嘴里喝了一大口。

潘越拿过酒也喝了一口，辣得直咧嘴，但是不忘记警告他："你喝多了到我房间睡觉去，别闹啊！"

"老潘，你说我现在闹，还能不能回到过去？"

远处酒店里传出来喧哗声，有人在一把一把地撒巧克力和小红包，有人在喊："老潘呢？今晚不能放过他！"

秦大江黯然一笑："叫你嗦。"

潘越说："别理他们。不管怎么说吧，今天你算是有情有义。"

"我一直很注意嗦，一直看着摄像机，保证拍不到我正脸。"他笑说，"免得她以后看录像看到有我，没得好心情。"说完，眼泪已经流了一脸。

"都说这个世界不公平，这个世界多公平嗦！她一个学会计的大专生，整夜整夜地看书，一次性通过律师考试成了真正的律师……"他想起在田林那个老公房里，半夜灯火通明，他和钱婷婷一人一间屋憋着劲较量，谁也不先关灯……"她为了支持我开律所，把存了好几年的钱全部给我了嗦。我连一次街都没陪她逛过……"

潘越转移话题说："前段时间婷婷已经升了高级合伙人，你什么都不用担心了。"

"我们还曾经有过一个小孩……我是个大傻子……"秦大江仰头灌了一大口酒，眼泪顺着眼角落湿了肩膀，全身都在发抖。潘越也红了眼睛。

潘越的手机不停地震动着，一个接一个的电话都在找他。

世界就在这一刻分成了两个。

那边是灯火通明的现实。那里，人声鼎沸，喜笑颜开的人们畅饮美酒。

这边是蛰鸣阵阵的往事。这里，旧梦依依，真正长大的男人肝肠寸断。

潘越想起了自己那一年5月，在北京城暴走了整整一个下午。那一天他累到精疲力竭，那一天他瘫坐在陌生人家的门口举着电话被眼泪呛得说不出一个字，那一天他在深夜抱着大树吐得披肝沥胆……从那时起，他就真正地无所畏惧了。

潘越没有安慰秦大江。每个男人一生都只有一次为爱情挖心刻骨的疼痛，这种疼痛是无价的宝贝。从这个角度来想，他还有些羡慕秦大江，居然还有这样的宝贝。人越活越世故，激情越来越少，这样的宝贝越来越不可求……

他站起身来，整理好了衣服，不紧不慢地向喧腾绚丽的地方走去。人生本来就是这样，不管经历过什么，但总是要朝着光明，才能走到光明。

风从很远很远的地方吹来，穿花度柳，百转千回。它路过乡下的矮墙时慢慢悠悠，路过月亮下的石板路时细细长长，路过城市的高楼时匆匆忙忙；它还路过荒唐激情的青春，路过从楼顶一跃而下的死亡，路过身不由己的悲愤，路过峰回路转的惊喜……

它从哪里出发的？

它把沉沉的心事放到哪里了？

它把密密麻麻的故事讲给谁听了？

它是怎么做到的？跨越万水千山地走到今天，居然还能如此晶莹剔透、不染纤尘地带着薄荷的味道。

还是它根本就不在乎，一路走来，不知道的就不知道，知道的就知道了。

（本书内容参考了许多律师前辈的经历和同行的专业书籍，得到了各位同行、同业、同学、朋友的支持，在此一并感谢！如有不当之处，请与作者联系。谨谢！）